全国医学院校高职高专系列教材

医学免疫学与微生物学

主　编　黄建林　桂　芳
副主编　宋爱萍
编　者　（以姓氏笔画为序）
　　　　　乜国雯（青海卫生职业技术学院）
　　　　　卢　杰（大庆医学高等专科学校）
　　　　　吕茂利（大庆医学高等专科学校）
　　　　　许红霞（张掖医学高等专科学校）
　　　　　李剑平（江西护理职业技术学院）
　　　　　宋爱萍（黔东南民族职业技术学院）
　　　　　张　桥（山东万杰医学院）
　　　　　桂　芳（怀化医学高等专科学校）
　　　　　黄建林（大庆医学高等专科学校）
　　　　　曹德明（黑龙江护理高等专科学校）

北京大学医学出版社

YIXUE MIANYIXUE YU WEISHENGWUXUE

图书在版编目（CIP）数据

医学免疫学与微生物学/黄建林，桂芳主编．—北京：北京大学医学出版社，2010.12（2015.9重印）
（全国医学院校高职高专系列教材）
ISBN 978-7-5659-0031-0

Ⅰ.①医⋯ Ⅱ.①黄⋯②桂⋯ Ⅲ.①医药学：免疫学—高等学校：技术学校—教材②医药学：微生物学—高等学校：技术学校—教材 Ⅳ.①R392②R37

中国版本图书馆 CIP 数据核字（2010）第 240742 号

医学免疫学与微生物学

主　编：黄建林　桂　芳
出版发行：北京大学医学出版社
地　　址：(100191) 北京市海淀区学院路 38 号　北京大学医学部院内
电　　话：发行部 010-82802230；图书邮购 010-82802495
网　　址：http://www.pumpress.com.cn
E - mail：booksale@bjmu.edu.cn
印　　刷：莱芜市圣龙印务有限责任公司
经　　销：新华书店
责任编辑：药 蓉　　责任校对：金彤文　　责任印制：罗德刚
开　　本：787mm×1092mm　1/16　印张：16.25　字数：412 千字
版　　次：2010 年 12 月第 1 版　2015 年 9 月第 5 次印刷
书　　号：ISBN 978-7-5659-0031-0
定　　价：28.00 元

版权所有，违者必究
（凡属质量问题请与本社发行部联系退换）

全国医学院校高职高专系列教材编审委员会
组成名单

主任委员：王德炳
学术顾问：程伯基
第一副主任委员
    陈涤民 怀化医学高等专科学校   校长
副 主 任 委 员（以姓氏笔画为序）
    匡奕珍 山东万杰医学院   院长
    杨文明 常德职业技术学院   院长
    何旭辉 大庆医学高等专科学校   校长
    姚军汉 张掖医学高等专科学校   校长
    秦海洸 柳州医学高等专科学校   副校长
    高炳英 青海卫生职业技术学院   党委书记
    雷巍娥 湖南环境生物职业技术学院 副院长
秘 书 长：李晓阳 怀化医学高等专科学校   副校长
委　　　员（以姓氏笔画为序）

马红茹	马晓健	王化修	王晓臣	王喜梅	王嗣雷	邓 瑞	邓开玉
艾晓清	叶 玲	申小青	田小英	付林海	冯丽华	冯燕俊	吕 冬
向开祥	向秋玲	邬贤斌	庄景凡	刘一丁	刘兴国	刘金宝	刘振华
许健瑞	阳 晓	李 兵	李争鸣	李金成	李钟峰	李淑文	李雪兰
李新才	李豫青	杨立明	杨新忠	吴 艳	吴水盛	吴和平	吴德诚
宋 博	宋国华	张 申	张 萍	张 慧	张 薇	张玉兰	张振荣
张跃新	张琳琳	陆 春	陆 涛	陈小红	陈良富	陈建中	易德保
岳新荣	周 毅	周旺红	周德华	郑丽忠	柳 洁	赵亚珍	郝晓鸣
段于峰	饶利兵	姜海鸥	姚本丽	贺 伟	桂 芳	耿 磊	聂景蓉
徐凤生	郭 毅	陶 莉	黄建林	黄雪霜	曹庆旭	曹述铁	阎希青
彭 湃	彭 鹏	彭艾莉	董占奎	蒋乐龙	曾孟兰	谢日华	蓝琼丽
蒲泉州	鲍缇夕	蔡岳华	谭占国	熊正南	戴肖松		

序

医药卫生类高职高专教育是我国高等医学教育体系的重要组成部分。目前我国正在积极推进医药卫生体制改革，力争用几年时间基本建成覆盖全国城乡的基本医疗卫生制度，初步实现人人享有基本医疗卫生服务的目标。因此，对基层卫生服务人才的需求在大量增加，同时对其素质要求也在提高。卫生部针对基层人才严重缺乏的问题，指出当前和今后一段时间内还需要培养高等专科水平的医学人才，充实基层卫生服务技术人才队伍。

在新一轮医药卫生体制改革逐步推进的大背景下，为配合教育部"十二五"国家级规划教材建设，中国高等教育学会医学教育专业委员会与北京大学医学出版社共同发起成立全国医学院校高职高专系列教材编审委员会，组织二十余所医学院校启动了全国医学院校高职高专系列教材的编写、出版工作。本系列教材包括4个子系列，即基础课程（14种）、临床专业课程（10种）、全科医学专业课程（5种）和护理专业课程（11种），有些教材还编写了配套实验指导与学习指导。

这套教材编写的指导思想是：符合人才培养规律，体现教学改革成果，确保教材质量。各教材在编写中把握了以下原则：①根据专业培养目标、就业需要及本课程在教学计划中的地位、作用和规定学时数确定编写大纲及内容的深度、广度、重点和字数。②着重于基础理论、基本知识和基本技能的叙述。基础课教材要体现专业特色，要为专业课服务。③保证内容的科学性、启发性、逻辑性、先进性和适用性。应做到概念清楚，定义准确，理论有据，名词术语准确统一；启发学生理解、分析问题，有利于提高学生的学习兴趣和培养他们的钻研探索精神。④恰当处理相关课程内容之间的交叉与衔接，以避免知识点的不必要重复。⑤内容涵盖执业助理医师或护士执业资格考试最新版考试大纲的要求，以利于学生应考和就业。

这套教材的编写、出版和使用，离不开二十余所医学院校领导和教务部门的支持，凝聚了各教材编写组老师们的辛勤劳动和汗水。这套教材的出版时值国家"十二五"规划开局之年，我们会积极努力申报，争取有更多教材入选"十二五"国家级规划教材，为医药卫生类高职高专教育的改革和发展贡献力量！

王德炳

2010年12月

前　言

高等职业技术教育是我国高等教育的重要组成部分，随着社会经济的发展和人民对医疗卫生服务要求的不断提高，医学高等职业技术教育近几年呈迅猛发展之势。为全面提高高等职业教育教学质量，促进其良性发展，更好地服务于社会；为适应医学高职高专教育快速发展的要求，丰富教材数量，充分满足广大师生对教材选择的需要，北京大学医学出版社组织召开了高职高专临床医学专业教材建设研讨会。全国六十多所专科院校的领导、专家参会，各位专家经过全面、深入、细致的讨论，确定本系列教材的编写是必需、必要和可行的。

医学免疫学与微生物学是一门重要的医学基础课，与后续病理学、药理学、传染病学等课程密切相关，学好这门课对临床专业学生是非常必要的。

编委们按照本次的会议精神及本学科的教学大纲要求，针对目前已有教材存在的内容过多、难度偏大等问题，确定了本门课程的编写方案，旨在满足教学和学生学习要求。如免疫学部分将主要组织相容性抗原内容合并入抗原一章，并降低了内容难度，加强了超敏反应内容以提高学生兴趣；微生物学部分重视总论和学习方法培养，简化了各论内容，以够用、适用为度。

本教材在编写过程中得到哈尔滨医科大学、沈阳医学院等院校老师的指导和帮助。吕茂利、卢杰老师负责图片处理和最后的文字整理。对各位老师的辛勤工作和帮助在此一并表示感谢。

由于我们编写经验尚不足，编写时间紧，教材中难免有所疏漏。希望广大老师、同学在今后使用过程中多多批评指正。

黄建林　桂　芳
2010 年 10 月

目 录

第一章 绪论 ………………………………… 1
  第一节 医学免疫学概述 ………………… 1
    一、免疫的概念与功能 ………………… 1
    二、免疫学的地位和作用 ……………… 2
  第二节 医学微生物学概述 ……………… 2
    一、微生物的概念与分类 ……………… 2
    二、医学微生物学的地位和作用 ……… 2

第二章 免疫系统 …………………………… 6
  第一节 免疫器官 ………………………… 6
    一、中枢免疫器官 ……………………… 6
    二、外周免疫器官 ……………………… 7
  第二节 免疫细胞 ………………………… 8
    一、淋巴细胞 …………………………… 8
    二、抗原提呈细胞 ……………………… 10
    三、其他免疫细胞 ……………………… 11
  第三节 细胞因子 ………………………… 11
    一、细胞因子的概念 …………………… 11
    二、细胞因子的种类及作用 …………… 11
    三、细胞因子的作用特点 ……………… 13
    四、细胞因子与临床 …………………… 13

第三章 抗原 ………………………………… 15
  第一节 抗原的概念与分类 ……………… 15
    一、抗原的概念 ………………………… 15
    二、抗原的分类 ………………………… 15
  第二节 决定抗原免疫原性的条件 ……… 16
    一、异物性 ……………………………… 16
    二、理化性质 …………………………… 16
    三、机体因素 …………………………… 17
  第三节 抗原的特异性与交叉反应 ……… 17
    一、抗原的特异性 ……………………… 17
    二、共同抗原与交叉反应 ……………… 18
  第四节 医学上重要的抗原物质 ………… 18
    一、病原微生物及其代谢产物 ………… 18
    二、动物免疫血清 ……………………… 19
    三、异嗜性抗原 ………………………… 19
    四、同种异型抗原 ……………………… 19
    五、自身抗原 …………………………… 20
    六、肿瘤抗原 …………………………… 20
    七、超抗原 ……………………………… 20
  第五节 免疫佐剂 ………………………… 20

第四章 免疫球蛋白与抗体 ………………… 22
  第一节 免疫球蛋白的结构与类型 ……… 22
    一、免疫球蛋白的基本结构 …………… 22
    二、免疫球蛋白的功能区 ……………… 24
    三、免疫球蛋白的水解片段 …………… 25
  第二节 各类免疫球蛋白特性及
          功能 ……………………………… 26
    一、IgG ………………………………… 26
    二、IgM ………………………………… 26
    三、IgA ………………………………… 26
    四、IgD ………………………………… 26
    五、IgE ………………………………… 27
  第三节 免疫球蛋白的生物学活性 ……… 27
    一、特异性结合抗原 …………………… 27
    二、激活补体 …………………………… 28
    三、与细胞表面Fc受体结合 …………… 28
    四、通过胎盘和黏膜 …………………… 28
    五、免疫调节作用 ……………………… 28
  第四节 人工制备抗体的类型 …………… 28
    一、多克隆抗体 ………………………… 28
    二、单克隆抗体 ………………………… 29
    三、基因工程抗体 ……………………… 29

第五章 补体系统 …………………………… 31
  第一节 概述 ……………………………… 31
    一、补体的定义 ………………………… 31
    二、补体系统的命名与组成 …………… 31
    三、补体的理化性质 …………………… 32
  第二节 补体系统的激活与调节 ………… 32
    一、补体系统的激活 …………………… 32
    二、补体激活的调节 …………………… 36

第三节　补体系统的生物学功能 …… 37
　　　一、溶菌和溶解细胞作用 ………… 37
　　　二、调理作用 …………………… 37
　　　三、清除免疫复合物 …………… 38
　　　四、炎症介质作用 ……………… 38
　　　五、免疫调节作用 ……………… 38
　　第四节　血清补体异常与疾病 …… 39
　　　一、补体的遗传缺陷 …………… 39
　　　二、补体含量增高 ……………… 39
　　　三、补体含量降低 ……………… 40

第六章　免疫应答 ……………………… 41
　　第一节　概述 ……………………… 41
　　　一、免疫应答的概念 …………… 41
　　　二、免疫应答的类型 …………… 41
　　　三、免疫应答的基本过程 ……… 41
　　　四、免疫应答的特点 …………… 42
　　第二节　抗原呈递 ………………… 42
　　　一、内源性抗原的呈递 ………… 42
　　　二、外源性抗原的呈递 ………… 42
　　第三节　B 细胞介导的免疫应答 … 44
　　　一、TD-Ag 诱导的体液免疫应答 … 44
　　　二、B 细胞对 TI-Ag 的体液免疫
　　　　　应答 ………………………… 45
　　　三、抗体产生的一般规律 ……… 45
　　第四节　T 细胞介导的免疫应答 … 46
　　　一、细胞免疫应答的过程 ……… 46
　　　二、细胞免疫的生物学效应 …… 47
　　第五节　免疫耐受与免疫调节 …… 47
　　　一、免疫耐受的概念 …………… 47
　　　二、免疫耐受的类型 …………… 47
　　　三、诱导免疫耐受的条件 ……… 48
　　　四、研究免疫耐受的意义 ……… 49
　　　五、免疫调节 …………………… 49

第七章　超敏反应 ……………………… 51
　　第一节　Ⅰ型超敏反应 …………… 51
　　　一、参与反应的物质 …………… 51
　　　二、发生机制 …………………… 52
　　　三、临床常见疾病 ……………… 53
　　　四、防治原则 …………………… 53
　　第二节　Ⅱ型超敏反应 …………… 54

　　　一、发生机制 …………………… 55
　　　二、临床常见疾病 ……………… 55
　　第三节　Ⅲ型超敏反应 …………… 56
　　　一、发生机制 …………………… 57
　　　二、临床常见疾病 ……………… 57
　　第四节　Ⅳ型超敏反应 …………… 58
　　　一、发生机制 …………………… 58
　　　二、临床常见疾病 ……………… 58

第八章　免疫学应用 …………………… 61
　　第一节　免疫学防治 ……………… 61
　　　一、免疫预防 …………………… 61
　　　二、免疫治疗 …………………… 63
　　第二节　免疫学诊断 ……………… 64
　　　一、检测抗原与抗体的体外实验 … 64
　　　二、免疫细胞的测定 …………… 66
　　第三节　移植免疫 ………………… 67
　　　一、同种异体移植排斥反应的
　　　　　机制 ………………………… 67
　　　二、同种异体移植排斥反应的
　　　　　类型 ………………………… 68
　　　三、同种异体移植排斥反应的
　　　　　防治 ………………………… 68
　　　四、异种移植 …………………… 69

第九章　细菌的形态与结构 …………… 71
　　第一节　细菌的大小与形态 ……… 71
　　　一、细菌的大小 ………………… 71
　　　二、细菌的形态 ………………… 71
　　第二节　细菌的结构 ……………… 72
　　　一、细菌的基本结构 …………… 72
　　　二、细菌的特殊结构 …………… 75
　　第三节　细菌形态检查法 ………… 78
　　　一、光学显微镜检查 …………… 78
　　　二、电子显微镜检查 …………… 78

第十章　细菌的生理 …………………… 80
　　第一节　细菌的生长繁殖 ………… 80
　　　一、细菌的化学组成和物理性状 … 80
　　　二、细菌的营养物质 …………… 81
　　　三、细菌的生长繁殖 …………… 81
　　第二节　细菌的人工培养 ………… 82
　　　一、培养基 ……………………… 82

二、细菌在培养基中的生长现象 … 83
　　三、细菌人工培养的意义 … 84
　第三节　细菌的代谢产物及意义 … 84
　　一、细菌的分解代谢产物及其
　　　　意义 … 84
　　二、细菌的合成代谢产物及其
　　　　意义 … 85
第十一章　细菌的分布与消毒灭菌 … 87
　第一节　细菌的分布 … 87
　　一、细菌在自然界的分布 … 87
　　二、细菌在正常人体的分布 … 88
　第二节　消毒与灭菌 … 89
　　一、基本概念 … 89
　　二、物理消毒灭菌法 … 89
　　三、化学消毒灭菌法 … 91
第十二章　细菌的遗传与变异 … 93
　第一节　细菌的变异现象 … 93
　　一、形态与结构的变异 … 93
　　二、菌落变异 … 93
　　三、毒力变异 … 94
　　四、耐药性变异 … 94
　第二节　细菌遗传变异的物质基础 … 94
　　一、细菌染色体 … 94
　　二、质粒 … 94
　　三、噬菌体 … 95
　第三节　细菌变异的发生机制 … 96
　　一、基因突变 … 96
　　二、基因转移与重组 … 96
　第四节　细菌遗传变异在医学中的
　　　　　应用 … 98
　　一、在疾病诊断、治疗与预防中的
　　　　应用 … 98
　　二、在检测致癌物质方面的应用 … 98
　　三、在基因工程方面的应用 … 99
第十三章　细菌的感染与免疫 … 100
　第一节　细菌的致病性 … 100
　　一、细菌的毒力 … 100
　　二、细菌的侵入数量 … 102
　　三、细菌侵入的途径 … 103
　第二节　机体的抗菌免疫 … 103

　　一、非特异性免疫 … 103
　　二、特异性免疫 … 104
　第三节　感染的来源与类型 … 105
　　一、感染的来源 … 105
　　二、感染的类型 … 105
第十四章　球菌 … 108
　第一节　葡萄球菌属 … 108
　　一、生物学性状 … 108
　　二、致病性与免疫性 … 110
　　三、微生物学检查 … 111
　　四、防治原则 … 111
　第二节　链球菌属 … 111
　　一、生物学性状 … 111
　　二、致病性与免疫性 … 112
　　三、微生物学检查 … 114
　　四、防治原则 … 114
　第三节　肺炎链球菌 … 114
　　一、生物学性状 … 115
　　二、致病性与免疫性 … 115
　　三、微生物学检查与防治原则 … 115
　第四节　奈瑟菌属 … 116
　　一、脑膜炎奈瑟菌 … 116
　　二、淋病奈瑟菌 … 117
第十五章　肠道杆菌 … 120
　第一节　概述 … 120
　　一、共同特征 … 120
　　二、分类 … 121
　第二节　埃希菌属 … 121
　　一、生物学性状 … 121
　　二、致病性 … 122
　　三、微生物学检查 … 122
　　四、防治原则 … 123
　第三节　志贺菌属 … 123
　　一、生物学性状 … 123
　　二、致病性与免疫性 … 124
　　三、微生物学检查 … 124
　　四、防治原则 … 125
　第四节　沙门菌属 … 125
　　一、生物学性状 … 125
　　二、致病性与免疫性 … 126

三、微生物学检查……………… 127
　　四、防治原则…………………… 127
　第五节　其他肠杆菌科细菌………… 127
　　一、克雷伯菌属………………… 127
　　二、变形杆菌属………………… 128
第十六章　弧菌属与弯曲菌属………… 130
　第一节　弧菌属……………………… 130
　　一、霍乱弧菌…………………… 130
　　二、副溶血性弧菌……………… 131
　第二节　空肠弯曲菌………………… 132
　　一、生物学性状………………… 132
　　二、致病性与免疫性…………… 132
　　三、微生物学检查及防治原则… 133
　第三节　幽门螺杆菌………………… 133
　　一、生物学性状………………… 133
　　二、致病性与免疫性…………… 133
　　三、微生物学检查及防治原则… 133
第十七章　厌氧性细菌………………… 135
　第一节　厌氧芽胞梭菌属…………… 135
　　一、破伤风梭菌………………… 135
　　二、产气荚膜梭菌……………… 136
　　三、肉毒梭菌…………………… 137
　第二节　无芽胞厌氧菌……………… 137
　　一、常见无芽胞厌氧菌种类及在
　　　　人体中的分布……………… 137
　　二、致病性……………………… 138
　　三、微生物学检查……………… 139
　　四、防治原则…………………… 139
第十八章　分枝杆菌属、放线菌属与
　　　　　诺卡菌属………………… 140
　第一节　结核分枝杆菌……………… 140
　　一、生物学性状………………… 140
　　二、致病性……………………… 141
　　三、免疫性与超敏反应………… 142
　　四、微生物学检查……………… 143
　　五、防治原则…………………… 143
　第二节　麻风分枝杆菌……………… 144
　　一、生物学性状………………… 144
　　二、致病性与免疫性…………… 144
　　三、微生物学检查……………… 144

　　四、防治原则…………………… 145
　第三节　放线菌属和诺卡菌属……… 145
　　一、放线菌属…………………… 145
　　二、诺卡菌属…………………… 146
第十九章　动物源性细菌……………… 148
　第一节　布鲁菌属…………………… 148
　　一、生物学性状………………… 148
　　二、致病性与免疫性…………… 148
　　三、微生物学检查……………… 149
　　四、防治原则…………………… 149
　第二节　耶尔森菌属………………… 149
　　一、鼠疫耶尔森菌……………… 149
　　二、小肠结肠炎耶尔森菌……… 150
　第三节　炭疽芽胞杆菌……………… 150
　　一、生物学性状………………… 150
　　二、致病性与免疫性…………… 151
　　三、微生物学检查……………… 151
　　四、防治原则…………………… 152
第二十章　其他致病菌………………… 153
　第一节　白喉棒状杆菌……………… 153
　　一、生物学性状………………… 153
　　二、致病性与免疫性…………… 153
　　三、微生物学检查……………… 154
　　四、防治原则…………………… 154
　第二节　百日咳鲍特菌……………… 154
　　一、生物学性状………………… 154
　　二、致病性与免疫性…………… 154
　　三、微生物学检查……………… 155
　　四、防治原则…………………… 155
　第三节　流感嗜血杆菌……………… 155
　　一、生物学性状………………… 155
　　二、致病性与免疫性…………… 155
　　三、微生物学检查……………… 156
　　四、防治原则…………………… 156
　第四节　铜绿假单胞菌……………… 156
　　一、生物学性状………………… 156
　　二、致病性与免疫性…………… 156
　　三、微生物学检查……………… 156
　　四、防治原则…………………… 156
　第五节　嗜肺军团菌………………… 157

一、生物学性状 …………………… 157
二、致病性 ………………………… 157
三、微生物学检查 ………………… 157
四、防治原则 ……………………… 157

第二十一章 其他原核细胞型微生物（支原体、立克次体、衣原体、螺旋体） …………… 159
第一节 支原体 ……………………… 159
一、生物学性状 …………………… 159
二、主要病原性支原体 …………… 160
三、微生物学检查 ………………… 160
四、防治原则 ……………………… 160
第二节 立克次体 …………………… 161
一、生物学性状 …………………… 161
二、致病性与免疫性 ……………… 162
三、微生物学检查 ………………… 162
四、防治原则 ……………………… 162
第三节 衣原体 ……………………… 163
一、生物学性状 …………………… 163
二、致病性与免疫性 ……………… 163
三、微生物学检查 ………………… 164
四、防治原则 ……………………… 164
第四节 螺旋体 ……………………… 164
一、钩端螺旋体 …………………… 165
二、梅毒螺旋体 …………………… 166
三、伯氏疏螺旋体 ………………… 167
四、回归热疏螺旋体与奋森疏螺旋体 …………………………… 167

第二十二章 真菌 …………………………… 169
第一节 真菌的生物学性状 ………… 169
一、形态与结构 …………………… 169
二、培养特性 ……………………… 170
三、抵抗力 ………………………… 171
第二节 真菌的致病性与免疫性 …… 171
一、致病性 ………………………… 171
二、免疫性 ………………………… 172
第三节 常见病原性真菌 …………… 173
一、浅部感染真菌 ………………… 173
二、皮下组织感染真菌 …………… 174
三、深部感染真菌 ………………… 174

第四节 真菌感染的微生物学检查及防治原则 ……………………… 176
一、微生物学检查 ………………… 176
二、防治原则 ……………………… 176

第二十三章 病毒的基本性状 …………… 178
第一节 病毒的形态与结构 ………… 178
一、病毒的大小与形态 …………… 178
二、病毒的结构与化学组成 ……… 179
第二节 病毒的增殖 ………………… 181
一、病毒的复制周期 ……………… 181
二、病毒的异常增殖 ……………… 182
三、病毒的干扰现象 ……………… 183
第三节 病毒的变异 ………………… 183
一、基因突变 ……………………… 183
二、基因重组 ……………………… 183
第四节 理化因素对病毒的影响 …… 183
一、物理因素对病毒的影响 ……… 184
二、化学因素对病毒的影响 ……… 184
第五节 病毒的分类 ………………… 184
一、病毒的分类方法 ……………… 184
二、亚病毒感染因子 ……………… 185

第二十四章 病毒的感染与免疫 ………… 186
第一节 病毒的感染 ………………… 186
一、病毒感染的途径和方式 ……… 186
二、病毒的感染类型 ……………… 187
第二节 病毒的致病机制 …………… 188
一、病毒对宿主细胞的直接作用 … 188
二、病毒感染的免疫病理损伤 …… 189
第三节 抗病毒免疫 ………………… 189
一、非特异性免疫 ………………… 189
二、特异性免疫 …………………… 190

第二十五章 病毒感染的检查方法与防治原则 ……………………… 192
第一节 病毒感染的检查 …………… 192
一、标本的采集与送检 …………… 192
二、病毒的形态学检查 …………… 192
三、病毒的分离培养 ……………… 192
四、其他检查方法 ………………… 193
第二节 病毒感染的防治原则 ……… 194
一、病毒感染的预防 ……………… 194

二、病毒感染的治疗 …………… 194
第二十六章 呼吸道病毒 …………… 196
　第一节　流行性感冒病毒 …………… 196
　　一、生物学性状 …………… 196
　　二、致病性与免疫性 …………… 197
　　三、微生物学检查 …………… 198
　　四、防治原则 …………… 198
　第二节　麻疹病毒 …………… 198
　　一、生物学性状 …………… 198
　　二、致病性与免疫性 …………… 199
　　三、微生物学检查 …………… 199
　　四、防治原则 …………… 199
　第三节　腮腺炎病毒 …………… 199
　　一、生物学性状 …………… 199
　　二、致病性与免疫性 …………… 200
　　三、微生物学检查 …………… 200
　　四、防治原则 …………… 200
　第四节　冠状病毒 …………… 200
　　一、生物学性状 …………… 200
　　二、致病性与免疫性 …………… 200
　　三、微生物学检查 …………… 200
　　四、防治原则 …………… 201
　第五节　风疹病毒 …………… 201
　　一、生物学性状 …………… 201
　　二、致病性与免疫性 …………… 201
　　三、微生物学检查 …………… 202
　　四、防治原则 …………… 202
　第六节　腺病毒 …………… 202
　　一、生物学性状 …………… 202
　　二、致病性与免疫性 …………… 202
　　三、微生物学检查与防治原则 …………… 203
　第七节　呼吸道合胞病毒 …………… 203
　　一、生物学性状 …………… 203
　　二、致病性与免疫性 …………… 203
　　三、微生物学检查与防治原则 …………… 203
第二十七章 肠道病毒 …………… 205
　第一节　脊髓灰质炎病毒 …………… 205
　　一、生物学性状 …………… 205
　　二、致病性与免疫性 …………… 206
　　三、微生物学检查 …………… 206

　　四、防治原则 …………… 206
　第二节　柯萨奇病毒与埃可病毒 …………… 207
　第三节　轮状病毒 …………… 207
　　一、生物学性状 …………… 207
　　二、致病性与免疫性 …………… 207
　　三、微生物学检查与防治原则 …………… 207
　第四节　其他肠道感染病毒 …………… 207
　　一、杯状病毒 …………… 207
　　二、肠道腺病毒 …………… 208
　　三、星状病毒 …………… 208
第二十八章 肝炎病毒 …………… 210
　第一节　甲型肝炎病毒 …………… 210
　　一、生物学性状 …………… 210
　　二、致病性与免疫性 …………… 211
　　三、微生物学检查 …………… 211
　　四、防治原则 …………… 211
　第二节　乙型肝炎病毒 …………… 211
　　一、生物学性状 …………… 212
　　二、致病性与免疫性 …………… 214
　　三、微生物学检查 …………… 215
　　四、防治原则 …………… 215
　第三节　丙型肝炎病毒 …………… 216
　　一、生物学性状 …………… 216
　　二、致病性与免疫性 …………… 216
　　三、微生物学检查 …………… 216
　　四、防治原则 …………… 216
　第四节　丁型肝炎病毒 …………… 217
　　一、生物学性状 …………… 217
　　二、致病性与免疫性 …………… 217
　　三、微生物学检查 …………… 217
　　四、防治原则 …………… 217
　第五节　戊型肝炎病毒 …………… 217
　　一、生物学性状 …………… 217
　　二、致病性与免疫性 …………… 218
　　三、微生物学检查 …………… 218
　　四、防治原则 …………… 218
　第六节　肝炎相关病毒 …………… 218
　　一、庚型肝炎病毒 …………… 218
　　二、TT型肝炎病毒 …………… 218

第二十九章 反转录病毒 ……………… 220
第一节 人类免疫缺陷病毒 ……… 220
一、生物学性状 …………………… 220
二、致病性与免疫性 ……………… 221
三、微生物学检查 ………………… 222
四、防治原则 ……………………… 222
第二节 人类嗜T细胞病毒 ……… 223
第三十章 虫媒病毒与出血热病毒 …… 225
第一节 虫媒病毒 ………………… 225
一、流行性乙型脑炎病毒 ………… 225
二、登革病毒 ……………………… 226
三、森林脑炎病毒 ………………… 226
第二节 出血热病毒 ……………… 227
一、汉坦病毒 ……………………… 227
二、新疆出血热病毒 ……………… 228
三、埃博拉病毒 …………………… 228
第三十一章 疱疹病毒 …………………… 229
第一节 单纯疱疹病毒 …………… 230
一、生物学性状 …………………… 230
二、致病性与免疫性 ……………… 230
三、微生物学检查 ………………… 231
四、防治原则 ……………………… 231
第二节 EB病毒 …………………… 231
一、生物学性状 …………………… 231
二、致病性与免疫性 ……………… 231
三、微生物学检查 ………………… 232
四、防治原则 ……………………… 232
第三节 水痘-带状疱疹病毒 ……… 232
第四节 巨细胞病毒 ……………… 233
一、生物学性状 …………………… 233
二、致病性与免疫性 ……………… 233
三、微生物学检查 ………………… 234
四、防治原则 ……………………… 234
第三十二章 其他病毒及朊粒 …………… 235
第一节 狂犬病病毒 ……………… 235
一、生物学性状 …………………… 235
二、致病性与免疫性 ……………… 235
三、微生物学检查 ………………… 236
四、防治原则 ……………………… 236
第二节 人乳头瘤病毒 …………… 236
一、生物学性状 …………………… 236
二、致病性与免疫性 ……………… 237
三、微生物学检查 ………………… 237
四、防治原则 ……………………… 237
第三节 朊粒 ……………………… 237
一、生物学性状 …………………… 237
二、致病性与免疫性 ……………… 238
三、微生物学检查 ………………… 238
四、防治原则 ……………………… 238
参考文献 ……………………………………… 239
中英文专业词汇对照索引 …………………… 240

第一章 绪 论

> **学习目标**
> 1. 掌握免疫的概念、免疫的功能、微生物的概念和种类。
> 2. 熟悉医学微生物学和免疫学的发展过程。
> 3. 了解医学微生物学和免疫学的发展方向。

第一节 医学免疫学概述

免疫学是研究机体免疫系统的构成和功能的一门科学。随着医学科学的发展，人类对免疫的认识逐渐深入，免疫学已成为生命科学的前沿科学，与分子生物学、细胞生物学并列为推动医学科学飞速发展的三大动力。此外，以免疫学为主干形成了许多分支学科如免疫化学、分子免疫学、变态反应学等，为免疫学的发展注入了新的活力。

医学免疫学是研究人体免疫系统的组成和功能、免疫应答的规律和效应、免疫功能异常所致疾病及其发生机制，以及免疫学诊断与防治的一门生物科学。

一、免疫的概念与功能

（一）免疫的概念

免疫（immunity）一词是借用拉丁字 immunis 演变而来，其原意为免除瘟疫。人类在与传染病长期斗争中发现，机体接触各种微生物刺激后，会产生排除这些异物的保护反应，因此长期以来免疫仅指机体抗感染的防御能力。进入 20 世纪以后，免疫学的发展逐渐突破了抗感染研究的局限。因此，现代免疫的概念指机体识别并清除抗原性异物以维持自身生理平衡和稳定的功能。

（二）免疫的功能

机体的免疫功能主要表现在三个方面：

1. **免疫防御** 指机体识别、排除病原生物等抗原的能力，但异常情况下可引起超敏反应或免疫缺陷病。
2. **免疫稳定** 指机体识别和清除损伤或衰老、死亡的细胞，以维护机体的生理平衡。若此功能失调可导致自身免疫性疾病。
3. **免疫监视** 指机体识别和清除体内出现的突变细胞，防止肿瘤发生。免疫监视功能低下易患恶性肿瘤。

（三）免疫的分类

按照免疫应答发生机制，将免疫分为固有免疫和适应性免疫。

1. **固有免疫** 固有免疫是机体在长期进化过程中逐渐形成的防御功能，与生俱来，并非针对特定抗原而产生，故又称天然免疫，亦称非特异免疫。其主要特点为：先天具有；无特异性；无记忆性；作用快，在感染的 0～96h 即可发挥作用。

2. **适应性免疫** 适应性免疫是个体受特定抗原刺激而建立起来的免疫功能，仅针对该特定抗原产生反应，故又称特异免疫。此外，免疫的分类方法还有：按照免疫的次数分为初次应答和再次应答，按照免疫的结果分为正免疫应答和负免疫应答（免疫耐受）。

二、免疫学的地位和作用

随着现代免疫学迅速发展，免疫学形成了诸多分支学科和交叉学科，如免疫遗传学、免疫病理学、肿瘤免疫学、移植免疫学、临床免疫学等，极大地促进了现代医学发展。免疫学理论几乎涉及基础医学和临床医学各学科。

从 1796 年英国医生琴纳开始采用接种牛痘的方法来预防天花，到计划免疫的广泛实施，人类经过不懈努力，终于在 1979 年 10 月 26 日由世界卫生组织（WHO）宣布在全世界消灭了天花，很多传染病的发病率也大大降低。随着免疫学的发展、新疫苗的不断问世，免疫预防范围将进一步扩大，并为人类的健康作出更大的贡献。

第二节　医学微生物学概述

微生物学（microbiology）是研究微生物的结构、遗传、代谢等生物学特性、生命规律及其与宿主间关系的科学。医学微生物学是微生物学的一个分支，主要研究病原微生物的生物学特性、致病性及免疫性、微生物学检查法及特异性预防和治疗原则的一门科学。

一、微生物的概念与分类

微生物是存在于自然界的一群体形微小，结构简单，肉眼看不见，必须借助光学显微镜或电子显微镜放大数百倍、几千倍乃至几万倍方能看到的微小生物的总称。微生物的种类繁多，依据分化程度、化学组成可分为三大类：

（一）非细胞型微生物

非细胞型微生物是最小的一类微生物，能通过滤菌器，无典型的细胞结构，缺乏产生能量的酶系统，必须寄生于活的宿主细胞内才能增殖，如病毒。病毒核酸类型为 DNA 或 RNA，但两种核酸不同时存在。

（二）原核细胞型微生物

细胞核分化程度低，仅有 DNA 盘绕形成的拟核，无核膜、核仁，细胞器不完善，仅有核糖体，DNA 和 RNA 同时存在。原核细胞型微生物种类繁多，包括细菌、支原体、衣原体、立克次体、螺旋体和放线菌。

（三）真核细胞型微生物

细胞核分化程度较高，具有核膜、核仁和染色体，胞浆中具有完整的细胞器，如真菌。

二、医学微生物学的地位和作用

医学微生物学领域已取得巨大成绩，但距离控制和消灭传染病的目标尚存在很大距离。目前，由病原微生物引起的多种传染病仍严重威胁人类的健康。据 WHO 报道，近年全球平均每年有 1700 多万人死于传染病。大量的广谱抗生素的滥用，使许多菌株发生变异，导致耐药性的产生，造成了强大的药物选择压力，人类健康受到新的威胁。如耐药性结核分枝杆菌的出现使原本已经控制的结核感染又在世界范围内猖獗起来；某些微生物的快速变异，如流行性感冒病毒、人类免疫缺陷病毒等给疫苗的设计和治疗造成了很大障碍，人类与病原微生物的斗争远不会结束。21世纪是生命科学飞速发展的时代，科学技术的进步为医学微生物学发展提供了极为有利的条件，医学微生物学将在控制、消灭传染病，保障人类健康方面作出更大贡献。

病原生物学及免疫学的发展经历了漫长的历史，近一个世纪是本学科飞速发展的时期，表1-1为一个世纪以来本学科取得的重大成果，可以带我们回忆本学科的发展历程并努力开创其美好的未来。

表1-1　病原生物学及免疫学相关学科获得诺贝尔奖的科学家与主要工作（1901—2008）

时间	获奖者	主要成就
2008	Harald zur Hausen（德国）	发现人乳头瘤病毒（HPV）是导致宫颈癌的病因
	Françoise Barré-Sinoussi（法国）	发现了人类免疫缺陷病毒循环复制及病毒感染的方式
	Luc Montagnier（法国）	
2005	Barry James Marshall（澳大利亚）	发现幽门螺杆菌是导致人类罹患胃炎、消化性溃疡的病因
	John Robin Warren（澳大利亚）	
1997	Stanley Ben Prusiner（美国）	发现新的蛋白致病因子朊蛋白，提出朊粒（prion）是瘙痒病和疯牛病的病因
1996	Peter Charles Doherty（澳大利亚）	提出MHC限制性，即T细胞的双识别模式
	Rolf Martin Zinkernagel（瑞士）	
1993	Kary Banks Mullis（美国）	从耐热菌Thermus aquaticus中分离耐热DNA聚合酶，建立聚合酶链反应（PCR）技术
1990	Joseph Edward Murray（美国）	关于人体器官和细胞移植的研究
	Edward Donnall Thomas（美国）	
1989	John Michael Bishop（美国）	1976年发现Rous鸡肉瘤病毒的癌基因也存在于动物和人类细胞，提出原癌基因（proto-oncogene）概念
	Harold Varmus（美国）	
1987	Susumu Tonegawa（日本）	阐明抗体多样性的遗传基础
1984	Georges Jean Franz Köhler（德国）	用杂交瘤技术制备单克隆抗体
1980	Baruj Benacerraf（美国）	发现细胞表面调节免疫反应的遗传基础
	Jean Dausset（法国）	
	George Davis Snell（美国）	
1978	Werner Arber（瑞士）	发现细菌限制性内切酶及其在分子遗传学方面的应用
	Daniel Nathans（美国）	
	Hamilton Othanel Smith（美国）	
1977	Roger Charles Louis Guillemin（美国）	肽类激素的放射免疫分析法
	Rosalyn Sussman Yalow（美国）	
	Andrew Victor Schally（美国）	
1976	Baruch Samuel Blumberg（美国）	发现HBV的澳抗，继而发现了乙型肝炎病毒
	Daniel Carleton Gajdusek（美国）	发现Kuru病、羊瘙痒病是由慢病毒引起

续表

时间	获奖者	主要成就
1975	David Baltimore（美国） Renato Dulbecco（美国） Howard Martin Temin（美国）	1970年发现某些肿瘤病毒含反转录酶，证明遗传信息可从RNA流向DNA
1972	Gerald Maurice Edelman（美国） Rodney Robert Porter（英国）	发现抗体的分子结构，阐明抗体的本质
1969	Max Delbrück（美国） Alfred Day Hershey（美国） Salvador Edward Luria（美国）	通过噬菌体研究发现病毒的感染复制机制和遗传结构
1966	Francis Peyton Rous（美国）	发现鸡肉瘤病毒，证明Rous病毒可致肿瘤
1965	François Jacob（法国） Jacques Louis Monod（法国）	发现细菌蛋白合成的乳糖操纵子模型（lac operon）
1960	Frank Macfarlane Burnet（澳大利亚） Peter Brian Medawar（英国）	提出抗体生成的克隆选择学说 发现获得性免疫耐受性
1958	Joshua Lederberg（美国）	通过影印培养方法证明细菌的耐药性和抗噬菌体变异无需接触药物和噬菌体就能发生，促进了细菌遗传学研究
1957	Daniel Bovet（意大利）	抗组胺药治疗过敏反应
1954	John Franklin Enders（美国） Thomas Huckle Weller（美国） Frederick Chapman Robbins（美国）	建立了脊髓灰质炎病毒体外培养方法
1952	Selman Abraham Waksman（美国）	发现链霉素
1951	Max Theiler（南非）	将黄热病病毒经鼠传代制成黄热病疫苗
1946	Wendell Meredith Stanley（美国） John Howard Northrop（美国）	发现纯化结晶的烟草花叶病毒仍具有感染性，制备出病毒晶体
1945	Alexander Fleming（英国）	发现青霉素具有抗菌作用
	Ernst Boris Chain（英国） Howard Walter Florey（澳大利亚）	分离纯化了青霉素，开创了抗生素时代
1944	Oswald Theodore Avery（美国）	肺炎链球菌DNA转化实验
1939	Gerhard Domagk（德国）	发现磺胺的抗菌作用
1930	Karl Landsteiner（奥地利）	发现人类ABO血型系统
1928	Charles Jules Henry Nicolle（法国）	斑疹伤寒的研究
1919	Jules Bordet（比利时）	发现补体，建立补体结合试验
1913	Charles Robert Richet（法国）	发现过敏反应
1908	Paul Ehrlich（德国） élie Metchnikoff（俄国）	提出体液免疫理论和抗体生成的侧链学说 发现细胞吞噬作用，提出细胞免疫理论
1905	Robert Koch（德国）	分离、鉴定结核分枝杆菌、霍乱弧菌，提出细菌致病学说
1901	Emil Adolf von Behring（德国）	制成白喉抗毒素血清，开创免疫血清疗法

小结

免疫是指机体识别并清除抗原性异物以维持自身生理平衡和稳定的功能。免疫的功能表现为免疫防御、免疫稳定、免疫监视。根据发生机制分为固有免疫和适应性免疫。

微生物是存在于自然界的一群体形微小，结构简单，肉眼看不见，必须借助显微镜放大才能看到的微小生物。根据分化程度、化学组成可分非细胞型微生物、原核细胞型微生物、真核细胞型微生物。

思考题

1. 简述免疫的概念及功能。
2. 简述免疫功能的双重性。
3. 简述微生物的概念及分类。

（大庆医学高等专科学校 黄建林）

第二章 免疫系统

> **学习目标**
> 1. 掌握 T 细胞和 B 细胞的主要表面标志。
> 2. 熟悉免疫细胞的种类及功能，细胞因子的种类及生物学活性。
> 3. 了解免疫系统的组成及中枢免疫器官和外周免疫器官的主要功能。

机体执行免疫功能的物质基础是免疫系统，由免疫器官、免疫细胞和免疫分子组成。

第一节 免疫器官

免疫器官按发生的早晚和功能的差异，分为中枢免疫器官和外周免疫器官。中枢免疫器官包括胸腺和骨髓，它们是免疫细胞发生、分化和成熟的场所，对外周免疫器官的发育也有促进作用。外周免疫器官包括淋巴结、脾及黏膜相关淋巴组织，它们是 T 淋巴细胞和 B 淋巴细胞定居、增殖及接受抗原刺激发生适应性免疫应答的部位。

一、中枢免疫器官

（一）骨髓

1. 骨髓的结构　骨髓位于骨腔中，分红骨髓和黄骨髓。红骨髓具有造血功能，由造血组织和血窦组成。造血组织由基质细胞和造血细胞组成。

2. 骨髓的功能　骨髓是各类血细胞和免疫细胞发生的场所，多能造血干细胞在骨髓中增殖、分化、发育，成熟为粒细胞、单核细胞、红细胞、血小板及 B 细胞，因此骨髓是 B 细胞发生和成熟的部位。多能造血干细胞分化形成的淋巴样祖细胞，在骨髓微环境中，分化成熟为具有免疫功能的骨髓依赖性淋巴细胞，简称为 B 淋巴细胞或 B 细胞。骨髓为机体重要的中枢免疫器官，同时也是再次体液免疫应答发生的主要部位。

腔上囊又称法氏囊，是鸟类特有的中枢免疫器官，位于泄殖腔后上方。腔上囊是禽类 B 细胞分化成熟的场所。

（二）胸腺

1. 胸腺的结构　胸腺位于胸腔上纵隔前部、胸骨的后方，分左右两叶，表面为被膜，被膜深入胸腺实质，将实质分隔成胸腺小叶。胸腺小叶的外层为皮质，内层为髓质，皮质和髓质交界处含有大量血管。

2. 胸腺的功能　胸腺是 T 细胞分化、发育和成熟的器官。从骨髓迁入的淋巴样祖细胞，在胸腺微环境中，分化成熟为具有免疫功能的胸腺依赖性淋巴细胞，简称为 T 淋巴细胞或 T 细胞。

人胸腺的大小和结构因年龄的不同而有明显差异。新生儿期胸腺重约 10~20 g，而后逐渐长大，至青春期最重，可达 30~40 g，青春期后逐渐退化。老年期胸腺萎缩，功能衰退，机体易发生感染和肿瘤。

二、外周免疫器官

(一) 淋巴结

人体全身约有 500～600 个淋巴结，淋巴结沿淋巴管道分布，主要含 T 细胞、B 细胞、巨噬细胞和树突状细胞。

1. 淋巴结的结构　淋巴结基本结构分为被膜和实质，被膜与实质间为被膜下淋巴窦。实质又可分为皮质和髓质两部分（图 2-1）。皮质分为浅皮质和深皮质两个区域，浅皮质区是 B 细胞定居的场所，称为非胸腺依赖区。B 细胞受抗原刺激大量增殖时，可形成生发中心。深皮质区亦称副皮质区，是 T 细胞定居的场所，称为胸腺依赖区。毛细血管后微静脉位于深皮质区，在淋巴细胞再循环中起主要作用，血管内的淋巴细胞由此进入淋巴结。

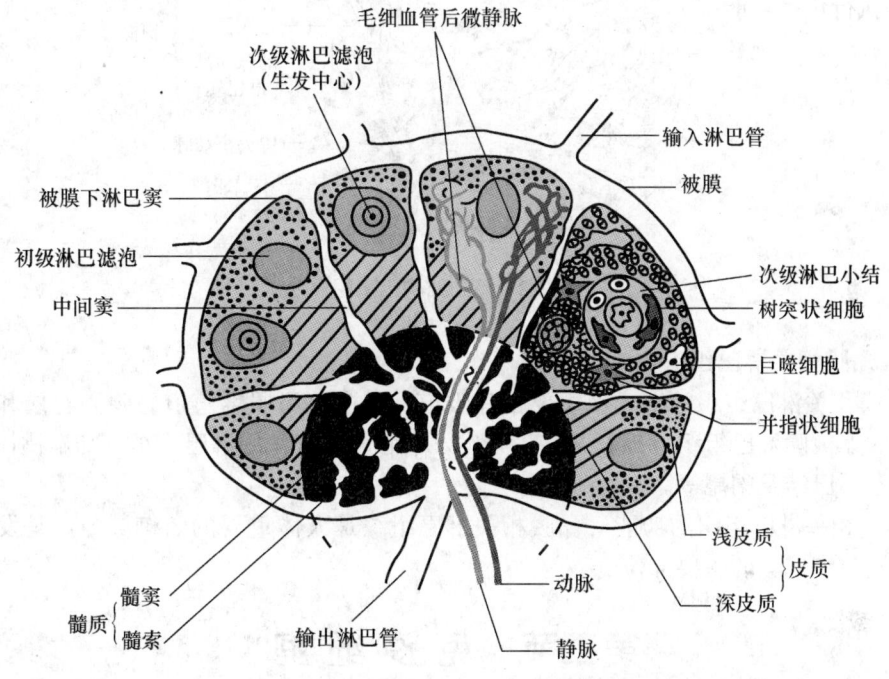

图 2-1　淋巴结的结构及其细胞组成示意图

2. 淋巴结的主要功能　①过滤淋巴液，是淋巴液的有效滤器。机体通过淋巴窦内吞噬细胞的吞噬作用、抗体和其他免疫分子的作用，杀伤、清除进入淋巴液中的病原微生物及有害物质，从而净化淋巴液，防止病原体扩散。②是 T 细胞和 B 细胞定居及接受抗原刺激后增殖与分化，产生免疫应答的场所。③参与淋巴细胞再循环。

成熟的淋巴细胞进入外周免疫器官后，不同种类的淋巴细胞定位于不同部位，其中某些淋巴细胞还可以离开外周免疫器官，进入淋巴液、血液，在体内循环，接受抗原刺激后可再返回外周免疫器官发生免疫应答，这一过程称为淋巴细胞再循环。淋巴细胞再循环增加了淋巴细胞与抗原接触机会，利于发生免疫应答。

(二) 脾

脾是人体最大的免疫器官，具有造血、贮血和过滤作用，也是 T 细胞和 B 细胞定居及接受抗原刺激后发生免疫应答的重要场所。

1. 脾的结构　脾表面由被膜包裹，实质部分由红髓和白髓组成，两者交界处为边缘区。白髓由中央动脉周围淋巴鞘和淋巴滤泡两部分组成（图2-2）。中央动脉周围淋巴鞘主要含 T 细胞，相当于淋巴结的深皮质区，为脾的胸腺依赖区。淋巴滤泡又称脾小结，主要含 B 细胞，为脾的非胸腺依赖区。红髓由脾索和脾血窦组成，主要含 B 细胞、巨噬细胞、树突状细胞及其他血细胞。边缘区含 T 细胞、B 细胞和巨噬细胞，该区为血液中淋巴细胞经脾再循环的场所。

2. 脾的功能　①胚胎期，脾是多能造血干细胞增殖分化的场所，具有造血功能。②脾为血液的滤过器，可以清除血中病原微生物和自身衰老损伤的细胞。③脾是 T 细胞和 B 细胞定居及接受抗原刺激后发生免疫应答的场所。

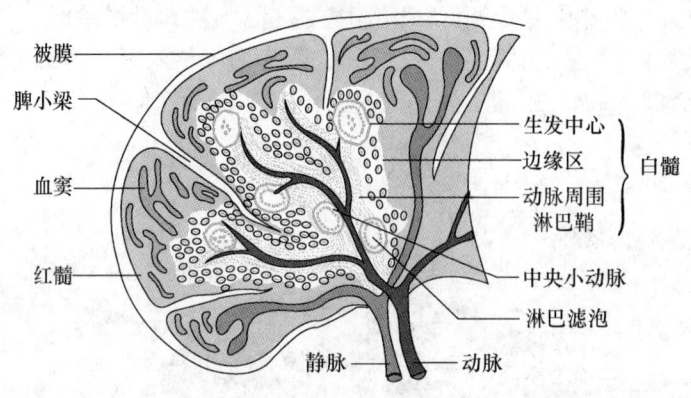

图 2-2　脾的结构示意图

（三）黏膜相关淋巴组织

1. 黏膜相关淋巴组织的组成　主要指呼吸道、肠道及泌尿生殖道黏膜固有层和上皮细胞下散在的无被膜淋巴组织，以及某些带有生发中心的器官化的淋巴组织，如扁桃体、小肠的派氏集合淋巴结及阑尾等。

2. 黏膜相关淋巴组织的功能　黏膜相关淋巴组织是人体重要的防御屏障，是发生黏膜局部适应性免疫应答的主要部位。

第二节　免疫细胞

凡与免疫应答有关的细胞统称为免疫细胞，包括淋巴细胞、单核-巨噬细胞、树突状细胞、粒细胞、肥大细胞等。其中 T 细胞和 B 细胞可接受抗原刺激而活化、增殖和分化，发生适应性免疫应答，称为免疫活性细胞，亦称抗原特异性淋巴细胞。

不同的免疫细胞在不同的发育阶段及活化过程中，在细胞表面会出现或消失不同的标记分子，称为分化抗原。这些分化抗原与细胞的分化发育及活化等密切相关，并可作为表面标志用于细胞的鉴定。应用以单克隆抗体鉴定为主的方法，将来自不同实验室的单克隆抗体所识别的同一分化抗原，其编码基因及其分子表达的细胞均鉴定明确者，统称为 CD（cluster of differentiation）。人 CD 分子的编号已从 CD1 命名至 CD247。

一、淋巴细胞

（一）T 细胞

T 细胞在外周血中占淋巴细胞总数的 65%～80%，T 细胞在介导适应性免疫应答的同时也参与免疫调节。

1. T细胞的表面标志　T细胞表面表达的不同糖蛋白分子与T细胞功能有关，也可鉴别T细胞及其活性状态。

(1) TCR-CD3复合物：T细胞表面能特异性识别和结合抗原的结构称为T细胞抗原受体（T cell receptor，TCR）。TCR与CD3分子以非共价键结合成复合物，是T细胞识别抗原和转导活化信号的主要单位。

TCR是T细胞特有的表面标志，有α、β、γ、δ四种肽链，依据所含肽链的不同分为TCRαβ和TCRγδ两种类型。

(2) CD4和CD8分子：CD4和CD8分子是T细胞重要的表面标志，为T细胞辅助受体。CD4分子与MHC-Ⅱ类分子结合，CD8分子与MHC-Ⅰ类分子结合。CD4和CD8分子参与抗原刺激信号的转导，此外，还参与T细胞在胸腺内的发育、成熟及分化。

(3) CD28：CD28的天然配体为CD80（B7-1）和CD86（B7-2）。CD28与配体结合，为T细胞提供重要的协同刺激信号。

(4) CD40L（CD154）：主要表达于活化的$CD4^+$T细胞和$CD8^+$T细胞。它是B细胞表面的CD40的配体，参与B细胞的活化，并能诱导记忆性B细胞形成。

(5) CD2（LFA-2）：参与T细胞的活化。该分子又名绵羊红细胞受体，若将绵羊红细胞在体外与T细胞混合，绵羊红细胞与T细胞上的相应受体结合而呈花环状，称为E花环试验。

(6) 丝裂原受体：T细胞表面表达多种识别丝裂原的膜分子。丝裂原是非特异性的激活剂，可通过相应受体刺激静止期淋巴细胞转化为淋巴母细胞，发生有丝分裂而增殖。能刺激T细胞增殖分化的丝裂原包括植物血凝素（PHA）、刀豆蛋白A（Con-A）、美洲商陆（PWM）。据此可进行淋巴细胞转化试验，以判断机体的细胞免疫功能，正常人T细胞转化率为60%～80%。

2. T细胞的分类　外周成熟的T细胞是由具有不同免疫功能的亚群组成的群体。

(1) 按CD分子不同：分为$CD4^+$T细胞和$CD8^+$T细胞两个亚群。

(2) 按TCR类型不同：分为TCRαβ和TCRγδ两类T细胞。

(3) 按功能不同：分为辅助性T细胞（Th）、细胞毒性T细胞（Tc或CTL）和调节性T细胞（Tr）。

(4) 按对抗原应答不同：分为初始T细胞、抗原活化过的T细胞和记忆性T细胞。

（二）B细胞

B细胞在外周血中占淋巴细胞总数的8%～15%。B细胞的主要功能是产生抗体、提呈抗原和通过分泌细胞因子参与免疫调节。

1. B细胞的表面标志　B细胞表面有众多的表面分子，其中BCR复合物、CD40和CD80/CD86在细胞活化中发挥非常重要的作用。

(1) BCR复合物：①B细胞抗原受体（B cell recepter，BCR），是膜表面免疫球蛋白（mIg）。mIg有单体mIgM和mIgD两种。若仅表达mIgM者为不成熟B细胞，同时表达mIgM和mIgD者为成熟B细胞。mIg的功能是与相应抗原特异性结合，是B细胞的特征性表面标志。②CD79a（Igα）和CD79b（Igβ），与BCR相连，转导抗原与BCR结合所产生的信号。

(2) CD40：CD40与T细胞表面的CD40L结合后，在B细胞活化中起协同刺激作用。

（3）CD80/CD86：CD80/CD86 与 CD28 结合，在 T 细胞活化中起协同刺激作用。

2. B 细胞的分类　依照 CD5 表达与否，将 B 细胞分成 B-1 细胞和 B-2 细胞。B-1 细胞表面表达 CD5，B-2 细胞即通常所指的 B 细胞。

（三）NK 细胞和 LAK 细胞

1. NK 细胞　自然杀伤（natural killer，NK）细胞是淋巴细胞中的一类杀伤细胞，它不需抗原预先刺激即能杀伤靶细胞，因而称为自然杀伤细胞。NK 细胞具有重要的免疫监视功能，在早期抗感染和抗肿瘤中发挥重要作用。

NK 细胞发源于骨髓多能造血干细胞，在人类主要分布于外周血和脾，在外周血中约占淋巴细胞总数的 10%，淋巴结及其他组织内也有少量存在。

目前临床将 $CD3^-$、$CD56^+$、$CD16^+$ 淋巴样细胞认定为 NK 细胞。CD16 为低亲和性 IgG Fc 受体，当靶细胞膜上的抗原与抗体 IgG 特异性结合时，NK 细胞通过其 Fc 受体与 IgG 结合，触发对靶细胞的杀伤作用（图 2-3）。由于这种杀伤作用必须依赖抗体 IgG，故称为抗体依赖性细胞介导的细胞毒作用（antibody dependent cell-mediated cytotoxicity，ADCC）。

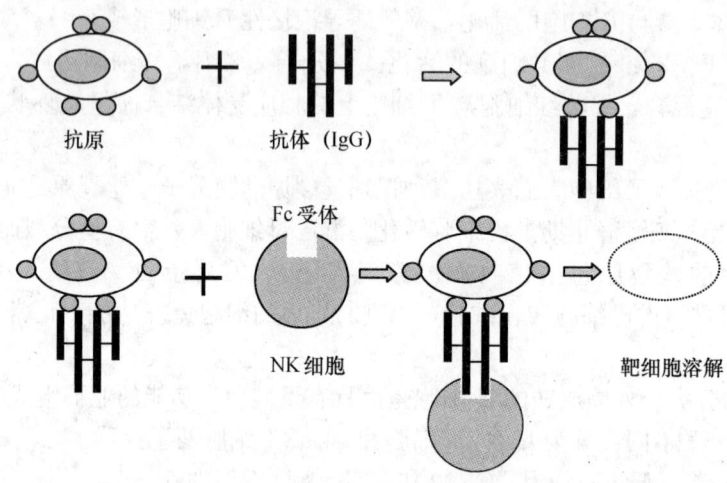

图 2-3　ADCC 作用示意图

2. LAK 细胞　新鲜的外周血淋巴细胞（或脾细胞）在 IL-2 存在下，经 4～5 天的培养后，能诱导出一种新的杀伤细胞，称为淋巴因子激活的杀伤（lymphokin activated killer，LAK）细胞，其最突出的特征是能杀伤对 NK 细胞不敏感的实体瘤细胞，具有广谱的抗肿瘤作用。

二、抗原提呈细胞

通常将具有提呈抗原作用的细胞称为抗原提呈细胞（antigen presenting cell，APC）。抗原提呈细胞除单核-巨噬细胞外，还有树突状细胞和 B 细胞等。

（一）单核-巨噬细胞

单核-巨噬细胞包括血液中的单核细胞和组织中的巨噬细胞。单核细胞在骨髓中发育成熟后进入血流，然后通过毛细血管进入肝、脾、淋巴结及全身结缔组织，发育、分化为巨噬细胞。

单核-巨噬细胞表面具有多种受体，如 IgG 的 Fc 受体、补体 C3b 受体等。这些受体与单核-巨噬细胞发挥多种免疫功能有关。单核-巨噬细胞在免疫中的作用有：①吞噬作用。可吞噬多种病原微生物、肿瘤细胞、体内衰亡细胞等，而且可因抗体或补体的参与而加强。

②处理、提呈抗原。巨噬细胞在摄取抗原性异物后，可将其加工处理成抗原肽，以抗原肽-MHC-Ⅱ/Ⅰ类分子复合物形式表达于细胞表面，诱导 T 细胞发生适应性免疫应答。③分泌多种生物活性物质，参与适应性免疫应答的调节，如白细胞介素-1、干扰素等。

（二）树突状细胞

树突状细胞（dendritic cell，DC）广泛分布于脑以外的全身组织和脏器，数量较少，仅占人外周血单个核细胞的 1%，因其具有许多分枝状突起而得名。

树突状细胞对抗原有处理与提呈作用，是体内功能最强的抗原提呈细胞，通过摄取、加工处理和提呈抗原，启动适应性免疫应答。

树突状细胞也是体内重要的免疫调节细胞，可通过分泌不同的细胞因子参与固有和适应性免疫应答。

（三）B 细胞

B 细胞在体液免疫应答中有重要的作用，它们不仅能在体外将蛋白质抗原有效地提呈给辅助性 T 细胞，在体内也能发挥抗原提呈作用，尤其是当抗原浓度较低时。B 细胞的抗原提呈功能主要与其表达的膜免疫球蛋白有关，它能浓集抗原并使之内化。B 细胞的提呈功能对于辅助性 T 细胞的活化及 B 细胞对胸腺依赖性抗原应答产生抗体，具有极为重要的作用。

三、其他免疫细胞

（一）嗜酸性粒细胞

嗜酸性粒细胞占血液白细胞总数的 1%～3%，在血液中停留时间仅 6～8 h，进入结缔组织后可存活 8～10 天。嗜酸性粒细胞具有趋化作用和一定的吞噬杀菌能力，在抗寄生虫感染中具有重要作用。此外，嗜酸性粒细胞还可通过释放组胺酶和芳基硫酸酯酶，灭活肥大细胞脱颗粒释放的组胺和白三烯，发挥阻抑炎症反应作用。

（二）嗜碱性粒细胞和肥大细胞

嗜碱性粒细胞约占血液白细胞总数的 0.2%，具有趋化作用，进入组织中可存活 10～15 天。肥大细胞存在于黏膜和结缔组织中。嗜碱性粒细胞和肥大细胞形态特征及分布不同，但二者的功能相似，由于细胞表面均表达高亲和力 IgE 的 Fc 受体，细胞内均含丰富的嗜碱性颗粒，颗粒中均含肝素、组胺和嗜酸性粒细胞趋化因子等，故二者是参与 I 型超敏反应的重要效应细胞。

第三节 细胞因子

一、细胞因子的概念

细胞因子（cytokine，CK）是由机体多种细胞分泌的具有调节细胞生理功能、介导炎症反应、参与免疫应答和组织修复等多种生物学效应的小分子多肽或糖蛋白。

二、细胞因子的种类及作用

（一）白细胞介素（interleukin，IL）

最初是指由白细胞产生又在白细胞间发挥作用的细胞因子，后来发现白细胞介素可由其他细胞产生，也可作用于其他细胞，目前发现的白细胞介素已有 35 种。常见白细胞介素及其主要功能见表 2-1。

表 2-1　常见白细胞介素及其主要功能

名称	主要产生细胞	主要功能
IL-1α	单核-巨噬细胞、内皮细胞	发热，激活 T 细胞，激活巨噬细胞
IL-1β	单核-巨噬细胞、内皮细胞	发热，激活 T 细胞，激活巨噬细胞
IL-2	活化 T 细胞	T 细胞增殖
IL-3	活化 T 细胞	协同刺激造血
IL-4	活化 T 细胞、肥大细胞	B 细胞激活、增殖、分化，Ig 产生，IgE 类别转换，抑制 Th1 细胞
IL-5	活化 T 细胞、肥大细胞	嗜酸性粒细胞增殖、分化
IL-6	单核-巨噬细胞、T 细胞、内皮细胞	T、B 细胞增殖、分化，急性期蛋白产生，发热
IL-7	骨髓基质细胞	T、B 细胞前体细胞的增殖和分化
IL-8	单核-巨噬细胞	趋化并激活中性粒细胞
IL-9	T 细胞	刺激 Th2 细胞和肥大细胞
IL-10	活化 T 细胞、巨噬细胞	抑制巨噬细胞
IL-11	骨髓基质细胞	协同刺激造血
IL-12	B 细胞、单核-巨噬细胞	激活 NK 细胞，诱导 T 细胞向 Th 细胞分化
IL-13	活化 T 细胞	B 细胞的增殖和分化，抑制单核-巨噬细胞产生炎性因子
IL-14	T 细胞、B 细胞	促进活化 B 细胞的增殖
IL-15	单核-巨噬细胞	抑制 Th 细胞，激活 T 细胞和 NK 细胞
IL-16	活化 T 细胞、肥大细胞、嗜酸性粒细胞	趋化 $CD4^+$ T 细胞、单核细胞和嗜酸性粒细胞
IL-17	活化 $CD4^+$ T 细胞	诱导上皮细胞、内皮细胞、单核-巨噬细胞、成纤维细胞释放促炎和趋化性细胞因子，引发自身免疫性疾病或炎症反应
IL-18	激活的单核-巨噬细胞	诱导 T 细胞和 NK 细胞产生干扰素 γ

（二）肿瘤坏死因子 (tumor necrosis factor, TNF)

TNF 是一种能使肿瘤发生出血坏死的物质。肿瘤坏死因子分为 TNF-α 和 TNF-β 两种。前者主要由活化的单核-巨噬细胞产生，接受抗原刺激的 T 细胞、活化的 NK 细胞和肥大细胞也可分泌 TNF-α。TNF-β 主要由活化的 T 细胞产生，又称淋巴毒素（LT）。两类 TNF 基本的生物学活性相似，除具有杀伤肿瘤细胞外，还有免疫调节、参与发热和炎症的发生等作用。大剂量 TNF-α 可引起恶病质，因而 TNF-α 又称恶病质素。

（三）干扰素 (interferon, IFN)

IFN 是最先发现的细胞因子，因其具有干扰病毒感染和复制的作用而得名。根据来源和理化性质，可将干扰素分为 α、β 和 γ 三类。IFN-α/β 主要由白细胞、成纤维细胞和病毒感染的组织细胞产生，也称为 I 型干扰素。IFN-γ 主要由活化 T 细胞和 NK 细胞产生，也称为 II 型干扰素。各种不同的 IFN 生物学活性基本相同，具有抗病毒、抗肿瘤和免疫调节等作用。

（四）集落刺激因子 (colony stimulating factor, CSF)

CSF 是指能够刺激多能造血干细胞和不同发育分化阶段的干细胞进行增殖分化，并在半固体培养基中形成相应细胞集落的细胞因子。目前发现的集落刺激因子有粒细胞-巨噬细胞集落刺激因子（GM-CSF）、单核-巨噬细胞集落刺激因子（M-CSF）、粒细胞集落刺激因子（G-CSF）等。此外，红细胞生成素（EPO）、干细胞生长因子（SCF）和血小板生成素也是重要的造血刺激因子。

（五）趋化性细胞因子（chemokine）

趋化性细胞因子是一个蛋白质家族，主要由白细胞与造血微环境中的基质细胞分泌，可结合在内皮细胞的表面，对中性粒细胞、单核细胞、淋巴细胞、嗜酸性粒细胞及嗜碱性粒细胞具有趋化和激活作用。

（六）生长因子（growth factor，GF）

GF 是具有刺激细胞生长作用的细胞因子，包括转化生长因子 β（TGF-β）、表皮细胞生长因子（EGF）、血管内皮细胞生长因子（VEGF）、成纤维细胞生长因子（FGF）、神经生长因子（NGF）、血小板衍生生长因子（PDGF）等。

三、细胞因子的作用特点

细胞因子通过旁分泌、自分泌或内分泌的方式发挥作用，其作用特点为：①多效性，一种细胞因子可作用于多种细胞，产生多种生物学效应；②重叠性，几种不同的细胞因子作用于同一种细胞，产生相同或相似的生物学效应；③拮抗性，一种细胞因子抑制其他细胞因子的功能；④协同性，一种细胞因子强化另一种细胞因子的功能。

四、细胞因子与临床

（一）细胞因子与疾病的关系

1. 引发内毒素中毒性休克　革兰阴性菌等病原体所致严重感染时，菌体脂多糖释放，刺激单核-巨噬细胞、中性粒细胞过度表达 IL-1、TNF-α 和 IL-6 等，导致内毒素中毒性休克，重者可发生弥散性血管内凝血。

2. 与某些肿瘤的形成有关　细胞因子的异常表达与某些肿瘤的形成密切相关。

（1）某些肿瘤细胞可通过分泌大量的 TGF-β 和 IL-10 等细胞因子，对巨噬细胞、NK 细胞和 CTL 细胞的杀瘤活性产生抑制作用。

（2）某些肿瘤细胞如骨髓瘤、心脏黏液瘤、子宫颈癌和膀胱癌细胞可产生大量 IL-6，通过自分泌作用促进肿瘤生长。

3. 与某些免疫相关性疾病的发生有关

（1）免疫缺陷病：某些细胞因子或其受体缺陷可引发免疫缺陷病。

（2）Ⅰ型超敏反应：Th2 细胞功能异常增高，产生过量的 IL-4、IL-5、IL-6 和 IL-13 等，导致特异性 IgE 类抗体产生，引发Ⅰ型超敏反应。

（3）自身免疫性疾病：体内 Th1 细胞功能异常增高，产生过量的 IFN-γ，可诱导自身组织细胞表达 MHC-Ⅱ类分子，引发自身免疫性疾病，如胰岛素依赖性糖尿病。

（4）移植排斥反应：IL-2 和 IFN-γ 等细胞因子参与急性排斥反应。测定 IL-2 和 IFN-γ 等细胞因子的水平，可作为监测排斥反应的指标。

（二）细胞因子在临床疾病防治中的应用

1. 感染性疾病　①IFN 已用于某些感染性疾病，如病毒性肝炎、角膜炎和感染性生殖器疣的治疗；②IFN 对某些寄生虫，如利什曼原虫和弓形虫感染也有一定疗效；③IL-2 可用于艾滋病的辅助治疗,以提高患者 Th1 细胞数目。

2. **肿瘤** ①IFN 已用于淋巴瘤、黑色素瘤、多发性骨髓瘤和浅表膀胱癌的治疗,取得程度不同的疗效;②IL-2 体外诱导自体 LAK 细胞生成,回输患者获得一定疗效;③IL-2 与肿瘤疫苗联合使用,可通过增强 CTL 和 NK 细胞杀伤活性等作用,达到防治肿瘤的目的。

3. **免疫相关性疾病**

(1) 超敏性反应:IFN-γ 可通过抑制 IL-4 对 IgE 抗体的诱生作用,预防 Ⅰ 型超敏反应的发生。

(2) 自身免疫性疾病:抗 TNF-α 的抗体、可溶性 TNF 受体、IL-1 受体拮抗剂已在临床应用,使类风湿关节炎滑膜内 TNF-α、IL-1 和其他炎性介质分泌减少,获得较好疗效。

(3) 血细胞减少症:多种细胞因子可用于血细胞减少症的治疗。例如 GM-CSF、M-CSF 和 G-CSF 用于治疗白细胞减少症;IL-11 用于治疗放疗和化疗引起的血小板减少症;EPO 治疗红细胞减少。

小结

免疫系统由免疫器官、免疫细胞和免疫分子组成。

免疫器官分为中枢免疫器官和外周免疫器官。前者包括胸腺和骨髓,它们是免疫细胞发生、分化和成熟的场所;后者包括淋巴结、脾及黏膜相关淋巴组织,它们是 T 淋巴细胞和 B 淋巴细胞定居、增殖及接受抗原刺激发生适应性免疫应答的部位。

免疫细胞包括淋巴细胞、单核-巨噬细胞、树突状细胞、粒细胞、肥大细胞等。其中 T 细胞和 B 细胞可接受抗原刺激而活化、增殖和分化,发生适应性免疫应答。

细胞因子是由机体多种细胞分泌的具有调节细胞生理功能、介导炎症反应、参与免疫应答和组织修复等多种生物学效应的免疫分子,可通过自分泌、旁分泌和内分泌的方式发挥生物学效应。

思考题

1. 简述免疫系统的组成与功能。
2. 列表说明 T 细胞和 B 细胞的主要表面标志及意义。
3. 简述细胞因子的生物学活性。

(黑龙江护理高等专科学校 曹德明)

第三章 抗 原

> **学习目标**
> 1. 掌握抗原的概念及构成条件。
> 2. 熟悉常见的抗原物质。
> 3. 了解佐剂的概念及应用。

在免疫学研究的早期，人们应用细菌或外毒素给动物注射，经过一定时间后，血清中会产生一种能与细菌或毒素结合的物质。后经过研究，人们将血清中这种具有特异性反应的物质称为抗体，而将刺激机体的物质统称为抗原。抗原是机体免疫系统识别和清除的对象，既可以是侵入机体的异物，也可以是体内形成的"异物"。抗原是刺激机体产生特异性免疫反应的始动因素和必备条件，没有抗原刺激就没有特异性免疫的形成。

第一节 抗原的概念与分类

一、抗原的概念

能刺激机体免疫系统产生特异性免疫应答，并能与相应的免疫应答产物在体内外发生特异性结合的物质称为抗原（antigen，Ag）。

抗原具有两种基本特性：①免疫原性，即抗原能刺激特定的免疫细胞，使免疫细胞活化、增殖、分化，最终产生免疫效应物质的特性。②抗原性，也称免疫反应性，是指抗原与其诱生的抗体或效应淋巴细胞特异性结合，产生免疫反应的特性。

具有这两种特性的物质称为完全抗原，大多数蛋白质类抗原属完全抗原。而多糖、类脂、某些药物能与相应的抗体结合而具有免疫反应性，却无免疫原性，称为半抗原。半抗原与蛋白质等物质偶联后，能诱导机体产生抗半抗原抗体即具有免疫原性，此称为半抗原-载体效应。使半抗原变成完全抗原的物质称为载体。

二、抗原的分类

（一）根据抗原激活 B 细胞产生抗体是否需要 T 细胞协助分类

1. 胸腺依赖性抗原（thymus dependent antigen，TD-Ag） 这类抗原刺激 B 细胞产生抗体必须有 T 细胞的参与。大多数天然抗原（如细菌、异种血清等）和大多数蛋白质抗原为 TD-Ag。此类抗原的特点是：相对分子质量大，结构复杂，既有 B 细胞决定簇，又有 T 细胞决定簇，刺激机体主要产生 IgG 类抗体，既能引起体液免疫，又能引起细胞免疫，具有回忆应答。

2. 胸腺非依赖性抗原（thymus independent antigen，TI-Ag） 这类抗原刺激 B 细胞产生抗体无须 T 细胞的参与。少数抗原为 TI-Ag，如细菌脂多糖、荚膜多糖、聚合鞭毛素等。

此类抗原的特点是：结构简单，有相同B细胞决定簇，且重复出现，无T细胞决定基，刺激机体主要产生IgM类抗体，只能引起体液免疫，不能引起细胞免疫，不引起回忆应答。

（二）根据抗原的来源及与机体的亲缘关系分类

1. 异种抗原　指来源于不同物种的抗原物质，如微生物、异种动物血清、植物花粉等。
2. 同种异型抗原　指来自同一种属不同个体间的特异性抗原，如人类红细胞血型抗原、主要组织相容性抗原等。
3. 自身抗原　正常情况下，机体自身的组织细胞无免疫原性，但在病理或某些特殊情况下，自身组织细胞也可成为自身抗原，引起自身免疫病。
4. 异嗜性抗原　指不同种属生物间存在的共同抗原。

（三）抗原的其他分类方法

抗原按照其物理状态可分为可溶性抗原和颗粒性抗原，按照抗原的化学组成不同可分为脂蛋白抗原、糖蛋白抗原、核蛋白抗原等，按照抗原的性质可分为完全抗原、半抗原，按照抗原获得方式可分为天然抗原、人工合成抗原和应用分子生物学技术制备的重组抗原等。诱导产生免疫耐受的抗原称之为耐受原。引起超敏反应的抗原称之为变应原。

第二节　决定抗原免疫原性的条件

一、异物性

正常情况下，机体的免疫系统具有精确识别"自己"和"非己"物质的能力。"非己"物质是指与宿主自身成分相异或胚胎期未与宿主免疫细胞接触过的物质，抗原就是"非己"的物质，"非己性"即为异物性。

具有异物性的物质有三类：①异种物质，抗原的异物性与宿主种系关系越远、组织结构差异越大，其免疫原性越强。例如各种病原微生物、免疫动物获得的血清等对人都是良好的抗原。又如鸡卵蛋白对鸭的免疫原性较弱，而对家兔则是强抗原。②同种异型物质，是由于同种不同个体间的遗传差异，组织细胞或体液中有些成分的分子结构也存在不同程度的差异，将这些同种异型物质输入另一个体，即可引起免疫反应，例如人类血型抗原、主要组织相容性抗原等。③自身组织，体内有些物质从胚胎发育直到出生，都未与免疫系统接触，即处于隐蔽状态，若出生后由于某些因素影响，如炎症、外伤等，使隐蔽物质释放，则成为自身抗原，可刺激机体发生免疫反应。自身其他正常组织成分无免疫原性，但在感染、烧伤、冻伤、电离辐射、药物等因素影响下，其结构发生改变，可成为自身抗原，引起免疫系统对自身物质进行排斥，发生自身免疫病。

二、理化性质

1. 大分子物质　抗原一般为有机物，分子量较大，一般在10 000以上，分子量小于4000者一般无免疫原性。大分子物质免疫原性较强的原因是：①分子量越大，其表面的化学基团（抗原决定簇）越多，而淋巴细胞要求有一定数量的抗原决定簇刺激才能活化。②大分子的胶体物质，化学结构稳定，在体内不易降解清除，停留时间长，能使淋巴细胞得到持久刺激，有利于免疫反应的发生。大分子物质降解成小分子后免疫原性降低或丧失。分子量并非决定免疫原性的唯一条件，多肽类激素如胰岛素分子量虽只有6000亦具有免疫原性，长期应用来自异种动物的胰岛素能诱导免疫应答而产生抗体，导致注射局部的炎症反应。

2. 结构与化学组成　抗原必须有较复杂的化学组成。在有机物中蛋白质免疫原性最强，若含有大量的芳香族氨基酸，尤其是酪氨酸时，免疫原性强；以直链氨基酸为主的蛋白质则免疫原性弱。例如明胶蛋白，分子量虽高达 100 000，但由于其构成主要成分为直链氨基酸，在体内易被降解为小分子物质，故免疫原性很弱，如在明胶分子中加入 2% 酪氨酸其免疫原性可显著增强。多糖免疫原性次于蛋白质，由单糖的数目和类型决定。核酸的免疫原性更弱，但与蛋白质载体连接后可具有免疫原性。脂类一般无免疫原性。

3. 易接近性　免疫原性与抗原分子中决定免疫原性的分子与免疫细胞表面分子间的接近程度有关。这些分子暴露越好则免疫原性越高。

4. 物理状态　免疫原性的强弱还与抗原分子的物理状态有关，一般聚合状态的颗粒性抗原比胶体状态的可溶性抗原免疫原性强。因此，在制作抗原时可以把免疫原性弱的物质吸附于颗粒物质表面以增强其免疫原性。

三、机体因素

决定某一物质是否具有免疫原性，除与上述条件有关外，还受机体的遗传、性别、年龄、生理状态、健康状态等诸多因素的影响。此外，抗原进入机体的剂量和途径也会影响免疫原性，免疫间隔时间、次数以及佐剂的使用等均影响免疫应答的强弱。

第三节　抗原的特异性与交叉反应

一、抗原的特异性

抗原的特异性是免疫应答中最重要的特点，也是免疫学诊断和防治的理论依据。抗原的特异性既表现在免疫原性上，也表现在免疫反应性上。前者是指抗原只能激活具有相应受体的淋巴细胞系，使之发生免疫应答，产生特异性抗体和致敏淋巴细胞；后者是指抗原只能与相应的抗体和致敏淋巴细胞特异性结合而发生免疫反应。

（一）抗原决定簇

抗原决定簇存在于抗原分子表面，是决定抗原特异性的特殊化学基团，又称表位。决定簇的性质、数目和空间构象决定着抗原的特异性，抗原借此与相应淋巴细胞表面的抗原受体结合，激活淋巴细胞引起免疫应答；抗原也借此与相应抗体发生特异性结合。因此，抗原决定簇是被免疫细胞识别的标志，也是免疫反应具有特异性的物质基础。一个抗原分子可具有一种或多种不同的抗原决定簇。不同的抗原有各自特有的抗原决定簇，也有相同的抗原决定簇。

（二）重要的抗原决定簇

将　种半抗原偶氮化后再结合到蛋白质载体上，制备成人工复合抗原。用此复合抗原免疫动物后可分别获得针对半抗原和载体蛋白的相应抗体，因为这种复合抗原蛋白质载体上除原有的抗原决定簇外，还附加了半抗原这一决定簇。每一种半抗原可以理解为单一的抗原决定簇，而天然蛋白质抗原常带有多种不同的抗原决定簇，可以说是带有多种半抗原的大分子。

免疫应答中，B 淋巴细胞识别半抗原，并提呈载体决定簇给 T 淋巴细胞，T 淋巴细胞识别载体决定簇，以此将 T、B 淋巴细胞连接起来，方能激活 B 细胞产生特异性免疫应答，此称为半抗原-载体效应。半抗原-载体效应解释了一些低分子化合物（如青霉素、阿司匹林、苯胺染料等）与体内组织蛋白（载体）结合后，可成为完全抗原诱导机体产生超敏反应，造成免疫损伤的机制。

二、共同抗原与交叉反应

我们把存在于不同抗原分子上相同或相似的抗原决定簇称为共同抗原。一种具有共同抗原决定簇的物质刺激机体产生的抗体，可与其他含有共同抗原决定簇的物质发生结合反应，称为交叉反应（图 3-1）。交叉反应由于两者之间并不完全吻合，故结合力较弱，为低亲和力。进行血清学诊断时应予注意，以免造成误诊。

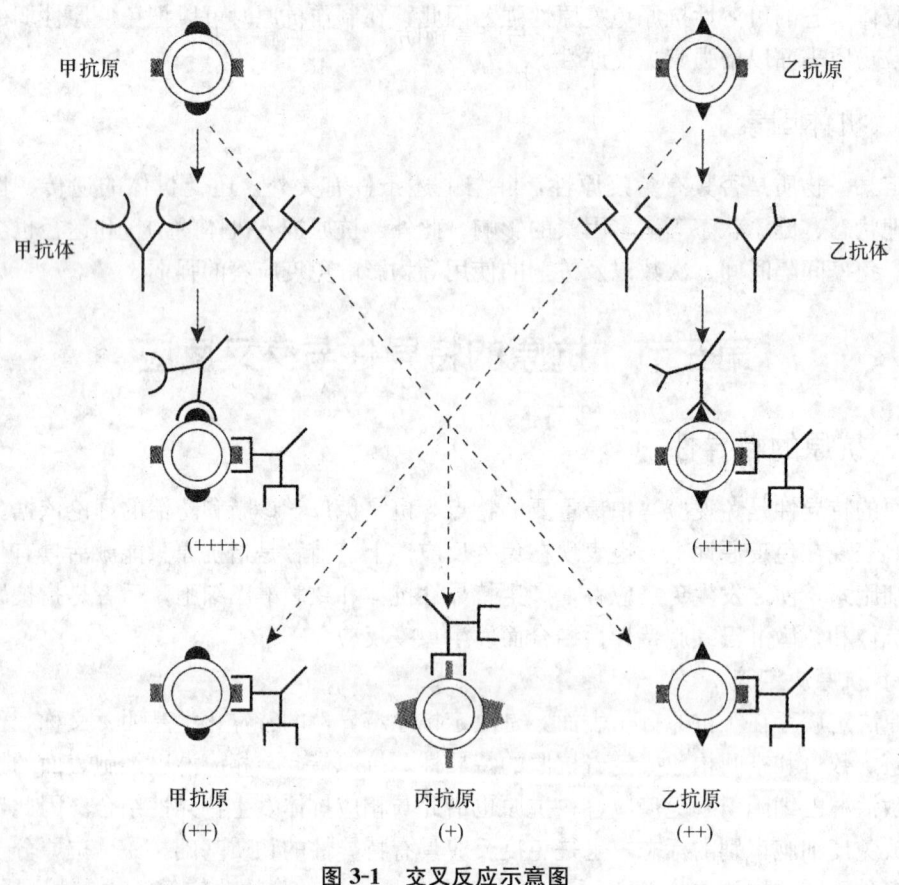

图 3-1　交叉反应示意图

第四节　医学上重要的抗原物质

一、病原微生物及其代谢产物

各种病原微生物如真菌、细菌、病毒、螺旋体等对机体均有较强的免疫原性。微生物虽结构简单，但化学组成却相当复杂。各种微生物均含有多种不同的蛋白质及与蛋白质结合的多糖、类脂等，因此，病原微生物是一个含有多种抗原决定簇的天然抗原复合物。以大肠埃希菌为例，就具有菌体抗原、鞭毛抗原、菌毛抗原、K抗原等，这些抗原成分均可作为大肠埃希菌鉴定、分型的依据。

外毒素是细菌的合成代谢产物，其化学本质为蛋白质，具有很强的免疫原性，能刺激机体产生相应的抗体即抗毒素。外毒素经0.3%~0.4%甲醛处理后，可使其失去毒性而保留免疫原性，称为类毒素。类毒素可作为人工自动免疫制剂（疫苗），刺激机体产生相应的抗毒素以中和外毒素的毒性作用，在预防相应疾病中起重要作用，例如白喉类毒素和破伤风类毒素可预防白喉流行及破伤风的发生。

二、动物免疫血清

用类毒素免疫动物（如马）后，动物血清中可产生大量的抗毒素，即动物免疫血清。临床上常将抗毒素用于疾病的特异性治疗与紧急预防。这种来源于动物血清的抗毒素具有双重性，一方面可向机体提供特异性抗体（抗毒素），可中和细菌产生的相应外毒素，起防治疾病的作用；另一方面，这种抗毒素是异种动物蛋白质，对人来说本身也是抗原，可引起免疫反应，故注射前应做皮肤过敏试验，以防超敏反应的发生。

三、异嗜性抗原

异嗜性抗原首先由Forssman发现，故又称为Forssman抗原。异嗜性抗原是一类存在于不同种系生物间的共同抗原。由异嗜性抗原引起的交叉反应可导致某些疾病的发生，也可以应用于疾病诊断。

四、同种异型抗原

在同一种属的不同个体间，由于遗传基因不同而存在的不同抗原称为同种异型抗原。例如人类的红细胞、白细胞、脏器及免疫球蛋白等均有同种异型抗原存在。

（一）红细胞抗原（血型抗原）

红细胞抗原是存在于红细胞表面的同种异型抗原。

1. ABO血型抗原　按照人红细胞表面是否存在A、B抗原，将人类血型分为A、AB、B、O四种血型。人类血清中存在ABO血型抗原的天然抗体。

2. Rh血型抗原　人类红细胞表面存在恒河猴红细胞相同抗原称为Rh抗原（主要为D抗原）。红细胞表面有D抗原的为Rh阳性，缺乏D抗原的为Rh阴性，汉族人中99.64%的人为Rh阳性。正常情况下人类血清中不存在Rh抗原的天然抗体。

（二）白细胞抗原

组织相容性是指器官或组织移植时供者与受者相互接受的程度。诱导排斥反应的抗原称为组织相容性抗原。起决定性作用的一组抗原称为主要组织相容性抗原，其编码基因称为主要组织相容性复合体即MHC。

人类的主要组织相容性抗原也称为人白细胞抗原即HLA，其编码基因位于第6号染色体短臂，共有3个基因区。

Ⅰ类基因编码产物以MHC-Ⅰ分子表示，主要分布于各种有核细胞及血小板表面，而在神经细胞、滋养层细胞和成熟红细胞表面尚未检出。功能是提呈内源性抗原肽，结合CD8分子，诱导$CD8^+$T细胞活化。

Ⅱ类基因编码产物以MHC-Ⅱ分子表示，主要分布于抗原提呈细胞、胸腺上皮细胞及活化的 T 细胞表面。功能是提呈外源性抗原，结合 CD4 分子，诱导 CD4$^+$T 细胞活化。

Ⅲ类基因多数功能不明，少数为编码血清补体成分和其他血清蛋白的基因，产物包括 C4、C2、B 因子、肿瘤坏死因子和热休克蛋白等。

目前，对 MHC 及其编码分子的研究逐渐深入，应用于器官移植的组织配型、法医学鉴定、免疫应答发生的机制研究及与疾病相关性研究等，其意义已远远超出了移植免疫的范畴。

五、自身抗原

能引起自身免疫应答的自体成分称为自身抗原。正常情况下，机体对自身成分不产生免疫应答，即免疫耐受。如果机体对自身抗原产生强免疫应答，可导致自身免疫病的发生。自身抗原包括：自身隐蔽抗原、经修饰而改变的自体组织。

1. 隐蔽的自身抗原　有些自身物质由于屏障作用，在正常情况下与免疫系统隔离，称为隐蔽抗原。如甲状腺球蛋白、眼葡萄膜色素抗原释放，引起交感性眼炎；精子抗原入血引起男性不育症等。脑组织和眼晶状体蛋白也属于隐蔽的自身抗原。

2. 修饰的自身抗原　正常情况下自身物质无免疫原性，但在化学药物、病原微生物感染或损伤影响下，自身成分的分子结构有时可发生改变，形成新的抗原决定簇而成为自身抗原，刺激机体引发自身免疫病。常见的有用药后导致各种血细胞减少。

六、肿瘤抗原

（一）肿瘤特异性抗原

肿瘤特异性抗原是肿瘤细胞表面特有的抗原。在黑色素瘤、结肠癌、乳腺癌等肿瘤细胞表面可检测到此类抗原。

（二）肿瘤相关抗原

肿瘤相关抗原是在寻找肿瘤特异性抗原过程中发现的与肿瘤有关的抗原，这类抗原并非肿瘤细胞所特有，但在细胞癌变时体内含量明显增多，超出正常水平，无严格的特异性。如甲胎蛋白可用于原发性肝癌的诊断。

七、超抗原

超抗原是指那些同时能与抗原提呈细胞表面 MHC 分子及 T 细胞表面抗原受体结合，从而激活多克隆 T 细胞的抗原。其特点是极低浓度抗原即可使 T 细胞产生大量细胞因子，引起强烈免疫反应，常见的有：金黄色葡萄球菌毒性休克综合征毒素、链球菌致热外毒素等。

第五节　免疫佐剂

免疫佐剂是同抗原一起或预先注入机体，能增强机体对该抗原的免疫应答或改变其免疫应答类型的物质，又称为佐剂。一般可分为以下几类：

1. 无机佐剂　如氢氧化铝、明矾、磷酸铝等。

2. 有机佐剂　如微生物及其代谢产物，主要有分枝杆菌（结核分枝杆菌、卡介苗、耻垢杆菌）、短小棒状杆菌、百日咳杆菌、革兰阴性菌的内毒素（脂多糖）等。

3. 合成佐剂　人工合成的双链多聚核苷酸，如多聚肌苷酸：胞苷酸（poly I：C）、多聚腺苷酸：尿苷酸（poly A：U）等。

4. 油剂　弗氏佐剂是目前在动物实验中最常用的佐剂，可分为弗氏不完全佐剂和弗氏完全佐剂两种。前者是将抗原和油剂（石蜡或花生油）混合，再加入乳化剂（羊毛脂或吐温80），使成为油包水乳剂，即为不完全佐剂，如加入分枝杆菌（杀死的结核分枝杆菌或卡介苗）就成为完全佐剂。弗氏佐剂作用较强，在注射局部形成肉芽肿和持久性溃疡，因而不适于人体使用。

近来，人工合成一种卡介苗细胞壁中的有效佐剂成分——胞壁酰二肽，分子量小于500，并含有D-谷氨酰胺，对生物学降解作用有抵抗力，易溶于水；可口服，无不良反应。由于胞壁酰二肽可增强机体的免疫功能，故可提高疫苗接种的效果。

小结

抗原是能刺激机体免疫系统产生特异性免疫应答，并能与相应的免疫应答产物在体内外发生特异性结合的物质。抗原具有两种基本特性：免疫原性、免疫反应性。

决定抗原免疫原性的条件包括异物性、一定的理化性状（分子量、结构、化学成分、空间构型、物理状态）。

抗原具有特异性，这是由抗原决定簇决定的。把不同抗原分子上相同或相似的抗原决定簇称为共同抗原。共同抗原可引起交叉反应。

医学上重要的抗原物质包括异种抗原、异嗜性抗原、同种异型抗原、自身抗原、肿瘤抗原、超抗原。

免疫佐剂是同抗原一起或预先注入机体，能增强机体对该抗原的免疫应答或改变其免疫应答类型的物质。

思考题

1. 简述抗原的概念及分类。
2. 试述决定抗原免疫原性的条件。
3. 列举医学上重要的抗原。

（大庆医学高等专科学校　黄建林）

第四章 免疫球蛋白与抗体

> **学习目标**
> 1. 掌握免疫球蛋白、抗体及单克隆抗体的概念，免疫球蛋白的基本结构和生物学活性。
> 2. 熟悉免疫球蛋白的功能区、水解片段，各类免疫球蛋白的特性与功能。
> 3. 了解人工制备抗体的类型。

抗体（antibody，Ab）是B细胞在抗原的刺激下活化、增殖、分化为浆细胞，由浆细胞所产生的一类具有免疫功能的糖蛋白。由于在血清蛋白电泳分析中抗体主要存在于γ球蛋白区，故曾被称为γ球蛋白。抗体主要存在于血清、组织液和分泌液中，能与相应的抗原（如病原微生物及其毒素）发生特异性结合，是介导体液免疫的重要效应分子。

免疫球蛋白（immunoglobulin，Ig）是指具有抗体活性和/或化学结构与抗体相似的球蛋白。根据存在部位不同分为两种：存在于血液和组织液中的称为分泌型，具有多种生物学功能；作为抗原识别受体存在于B细胞表面的称为膜型。

免疫球蛋白是化学结构的概念，包括抗体以及某些未证实有抗体活性但化学结构与抗体相似的球蛋白（如多发性骨髓瘤、巨球蛋白血症患者血清中的异常球蛋白）；而抗体是功能性的概念，指其能发挥体液免疫效应。因此抗体均是免疫球蛋白，而免疫球蛋白并非都是抗体。

第一节 免疫球蛋白的结构与类型

一、免疫球蛋白的基本结构

（一）四肽链结构

免疫球蛋白的基本结构是由两条相同的重链（heavy chain，H链）和两条相同的轻链（light chain，L链）通过二硫键连接而成的一个呈"Y"字形的四肽链分子，称为免疫球蛋白单体（图4-1）。

1. 重链 每条重链分子量约为50 000~70 000，由450~550个氨基酸残基组成，链间由二硫键相连。根据重链结构和抗原性不同，将其分为α、γ、μ、ε、δ五种类型，它们与轻链组成的免疫球蛋白分别称为：IgA、IgG、IgM、IgE、IgD。

2. 轻链 每条轻链分子量约为25 000，由约214个氨基酸残基组成，轻链与重链间由二硫键连接。根据轻链结构和抗原性不同，将其分为κ和λ两型，人类血清中κ型和λ型Ig比例约为2∶1。一个天然Ig分子中两条轻链和两条重链的型别总是相同的。

（二）免疫球蛋白的分区

1. 可变区和恒定区 免疫球蛋白分子的多肽链两端分别为氨基端（N端）和羧基端（C

端），重链近 N 端的 1/4 或 1/5、轻链近 N 端的 1/2 区段内，大约 110 个氨基酸的组成和排列具有多变性，称为可变区（variable region，V 区），重链和轻链的 V 区分别称为 VH 和 VL；其余近羧基端的区段内氨基酸残基的组成和排列相对稳定，称为恒定区（constant region，C 区），重链和轻链的 C 区分别称为 CH 和 CL，重链的恒定区较长，从氨基端开始分为：CH1、CH2、CH3、CH4。

2. 超变区和骨架区　在 VH 和 VL 中各有 3 个特定区域内的氨基酸组成和排列顺序具有更大的变异性，称为超变区（hypervariable region，HVR），分别为 HVR1、HVR2、HVR3。这三个区域共同组成特定的空间结构，与相应的抗原表位互补结合，决定抗体与抗原表位结合的特异性，因此又称为互补决定区（CDR）。

免疫球蛋白可变区中超变区之外的氨基酸组成和排列顺序变化小，称为骨架区，此区域对维持 CDR 的空间构型具有重要作用。

3. 铰链区　位于重链 CH1 和 CH2 之间，由十几个氨基酸组成，富含脯氨酸，具有弹性，易于伸展弯曲，可使免疫球蛋白分子的构型发生改变，便于其与抗原分子结合，也有利于免疫球蛋白分子中补体结合位点的暴露。五类免疫球蛋白中，IgG、IgA、IgD 的重链有铰链区，IgM 和 IgE 无铰链区。

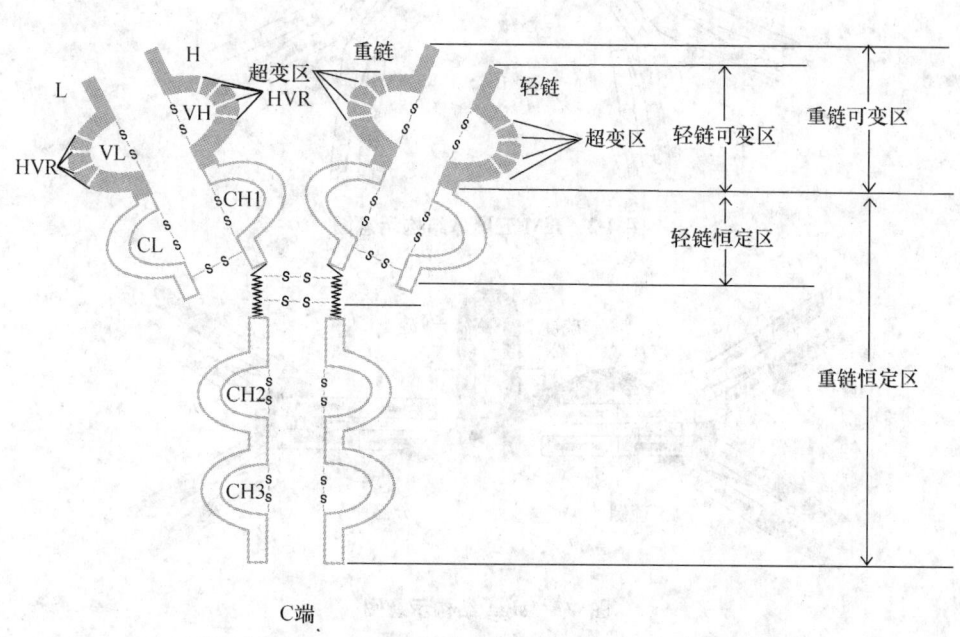

图 4-1　免疫球蛋白（IgG）分子基本结构及功能区示意图

（三）免疫球蛋白的其他结构

1. 连接链（joining chain，J 链）　是一条富含半胱氨酸的多肽链，由浆细胞合成，主要功能是将两个或两个以上的免疫球蛋白单体分子连接为多聚体。血液中 IgM 是由 5 个 IgM 单体分子通过二硫键和 J 链连接成的五聚体；分泌型 IgA（secretory IgA，sIgA）是两个 IgA 分子经 J 链连接而成的二聚体，并与分泌片非共价结合（图 4-2，图 4-3）；IgD、IgG、IgE 为单体结构，不含 J 链。

2. 分泌片（secretory piece，SP）　又称分泌成分，是由黏膜上皮细胞合成的一种含糖肽链，是分泌型 IgA 的一个重要组分。其主要生物学作用是：①介导 sIgA 从黏膜下转运至黏膜表面；②保护 sIgA 铰链区，使之不被蛋白酶水解。

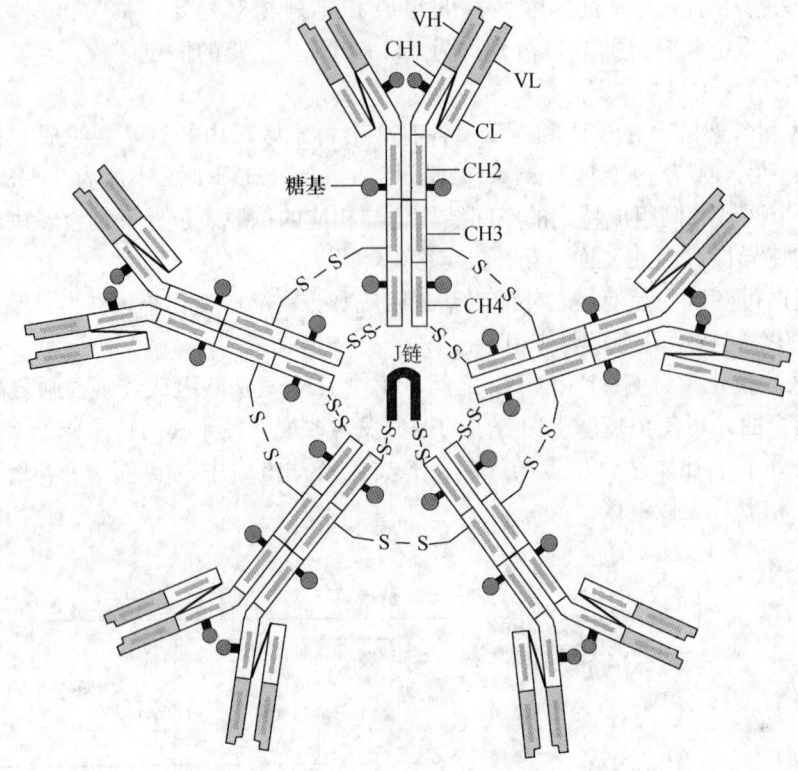

图 4-2　IgM 五聚体结构示意图

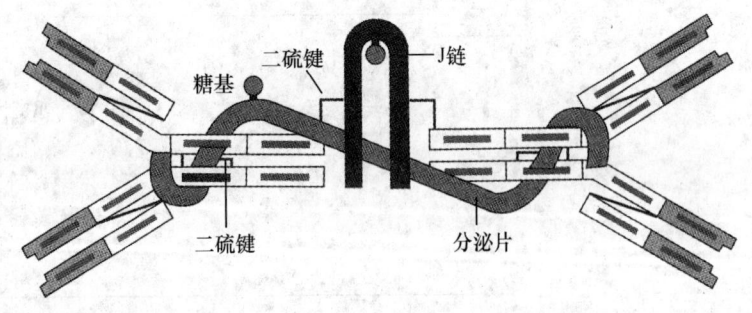

图 4-3　sIgA 结构示意图

二、免疫球蛋白的功能区

免疫球蛋白分子的每条肽链通过链内二硫键连接折叠，形成若干个球形结构域，每个结构域约含 110 个氨基酸残基，分别具有一定的功能，称为免疫球蛋白的功能区。虽然各区功能不同，但其二级结构相似，均有典型的"三明治样"立体结构，即由几条多肽链折叠形成两个反向平行的 β 片层，中心通过一个链内二硫键垂直连接，形成"β 桶状"结构，这种折叠方式称为免疫球蛋白折叠。

轻链有 VL 和 CL 两个功能区；IgG、IgA 和 IgD 的重链有 VH、CH1、CH2、CH3 四

个功能区（图 4-1），IgM 和 IgE 多一个 CH4，有五个功能区。

各功能区的主要功能如下：①VH 和 VL 中的 HVR 是与抗原表位结合的区域；②CH1 和 CL 具有 Ig 同种异型的遗传标志；③IgG 的 CH2 和 IgM 的 CH3 具有补体 C1q 结合位点，参与补体经典激活途径的激活；④IgG 的 CH2 介导 IgG 通过胎盘；⑤IgG 的 CH3 和 IgE 的 CH2/CH3 可与多种免疫细胞表面的相应受体结合，从而介导不同的生物学效应。

三、免疫球蛋白的水解片段

（一）木瓜蛋白酶水解片段

木瓜蛋白酶能从铰链区链间二硫键近 N 端切断重链，将 IgG 分子裂解为 3 个片段（图 4-4）。其中两个片段完全相同，均由一条完整的轻链和部分重链（VH 和 CH1）构成，具有单价抗体活性，只能与一个相应的抗原表位结合，不能形成大分子免疫复合物，称为抗原结合片段（fragment antigen binding，Fab）。另外一个片段不能结合抗原，由于在低温下可结晶，故称可结晶片段（fragment crystallizable，Fc）。Fc 段由两条重链的 CH2 和 CH3 功能区构成，通过铰链区链间二硫键连接，是 IgG 与免疫分子和具有 IgGFc 受体的效应细胞结合并相互作用的部位。IgG 同种异型抗原表位存在于 Fc 段，用人 IgG 免疫动物可得到针对人 IgGFc 段的抗体，称为抗人 Ig 同种异型抗体，又称第二抗体。

（二）胃蛋白酶水解片段

胃蛋白酶在铰链区二硫键近 C 端切断重链，将 IgG 裂解为一个大分子片段和若干小片段（图 4-4）。大分子片段是由二硫键连接的两个 Fab 段，称 F(ab′)$_2$ 片段。该片段具有双价抗体活性，与相应的抗原结合后可形成大分子复合物，发生凝集或沉淀反应。水解后剩余的部分重链间因无二硫键连接，故进一步被水解成若干小分子片段，称为 pFc′，无生物学活性。据此，将来自于动物的抗毒素（如白喉或破伤风抗毒素）经胃蛋白酶消化后精制提纯，使其具有同种异型抗原表位的 Fc 段裂解，可大大减少临床使用时可能引起的超敏反应。

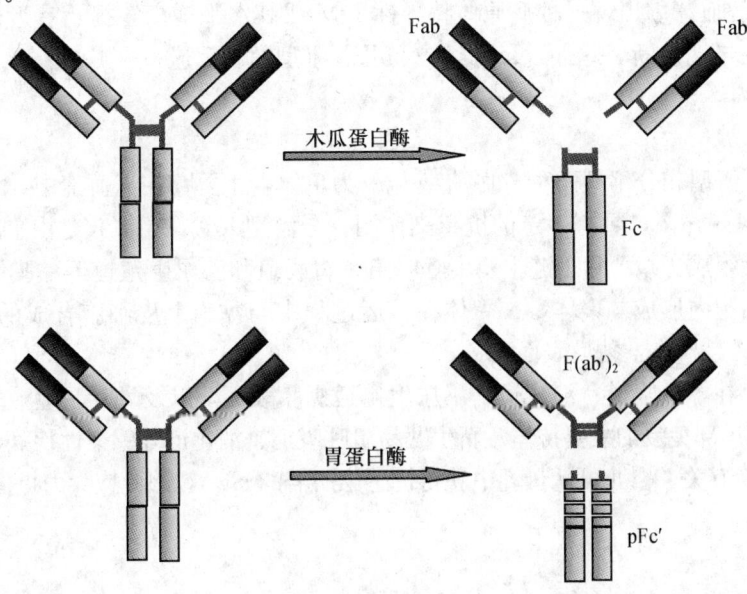

图 4-4　免疫球蛋白水解片段示意图

第二节 各类免疫球蛋白特性及功能

一、IgG

IgG 以单体形式存在,人类 IgG 分为 IgG1、IgG2、IgG3、IgG4 四个亚类,其中以 IgG1 为主。IgG 主要存在于血液和组织液中,占血清 Ig 总量的 75%~80%,是血液中的主要抗体成分,分子量约为 150 000,血清半衰期最长,约 23 天。婴儿出生后 3 个月开始合成,3~5 岁达成人水平,40 岁后逐渐下降。

IgG 主要由脾和淋巴结中的浆细胞合成分泌,是再次免疫应答产生的主要抗体,具有重要的抗感染作用,大多数抗菌、抗病毒抗体和抗毒素都为 IgG。IgG 是唯一能够通过胎盘的抗体,因此在新生儿抗感染中起重要作用。某些自身抗体也是 IgG(如抗核抗体、抗甲状腺球蛋白抗体),IgG 还参与 Ⅱ、Ⅲ 型超敏反应。

IgG 具有亲细胞性,能与具有相应受体(FcγR)的吞噬细胞和 NK 细胞结合,发挥调理吞噬和 ADCC 效应;IgG 还可通过其 Fc 段与葡萄球菌 A 蛋白(SPA)结合,可用于纯化抗体或进行协同凝集试验。

二、IgM

IgM 分为两种:膜结合型 IgM(mIgM)是单体,是 B 细胞抗原识别受体;血清型 IgM 是五聚体,分子量最大,又称巨球蛋白,由于不能通过血管壁,故主要存在于血液中,占血清免疫球蛋白总量的 5%~10%。天然血型抗体亦为 IgM。IgM 的抗原结合价(>5)和激活补体的能力均高于 IgG,具有高效抗感染作用。

IgM 是个体发育过程中最早合成分泌的抗体,在胚胎晚期即可合成,脐带血 IgM 含量增高,提示胎儿宫内感染。IgM 也是免疫应答过程中最早出现的抗体分子,且血清半衰期短(约 5 天),故血清中出现某种病原体特异性 IgM 或其水平增高,提示有近期感染,有助于感染性疾病的早期诊断。此外,IgM 还参与 Ⅱ、Ⅲ 型超敏反应。

三、IgA

IgA 分为血清型和分泌型两种。血清型 IgA 为单体,主要存在于血清中,占血清免疫球蛋白总量的 10%~15%,具有一定的抗感染作用。分泌型 IgA(sIgA)是由 J 链连接而成的二聚体与分泌片组成。IgA 和 J 链主要由呼吸道、胃肠道和泌尿生殖道等黏膜固有层的浆细胞合成,在浆细胞内形成二聚体,二聚体在转运过程中与黏膜上皮细胞合成的分泌片结合,形成完整的 sIgA,分布于黏膜表面。

sIgA 主要存在于呼吸道、消化道、泌尿生殖道黏膜表面,以及乳汁、唾液、泪液等外分泌液中,是黏膜局部免疫的主要抗体。新生儿易患呼吸道、消化道等感染性疾病,可能与其自身合成 sIgA 较晚有关。婴儿可从母乳中获得抗感染所需的 sIgA,因此应大力提倡母乳喂养。

四、IgD

IgD 分为膜结合型和血清型两种,均以单体形式存在。血清型 IgD 含量很低,占免疫球蛋白总量的 0.3%,有一个相对较长的铰链区,对蛋白酶和高温十分敏感,故半衰期短,仅为 3 天，其生物学功能尚不清楚。膜结合型 IgD（mIgD）是位于 B 细胞表面的抗原受体，是 B 细胞成熟的标志，未成熟 B 细胞只表达 mIgM，成熟 B 细胞同时表达 mIgM 和 mIgD，活化的 B 细胞和记忆 B 细胞表面 mIgD 逐渐消失。

五、IgE

IgE 是种属进化过程中最晚出现的免疫球蛋白，主要由黏膜下淋巴组织中的浆细胞合成，血清中含量最少，仅占血清免疫球蛋白总量的 0.02%，但在过敏性疾病或寄生虫感染时，特异性 IgE 含量显著增高。IgE 可通过其 CH2 和 CH3 与肥大细胞、嗜碱性粒细胞表面的高亲和力受体（FcεRⅠ）结合，介导Ⅰ型超敏反应。

各类免疫球蛋白的主要理化特性和生物学功能见表 4-1。

表 4-1 各类免疫球蛋白的主要理化特性和生物学活性

理化及生物学活性	IgG	IgM	IgA	IgD	IgE
分子量	150 000	950 000	160 000/400 000	184 000	190 000
重链	γ	μ	α	δ	ε
主要存在形式	单体	五聚体	单体/二聚体	单体	单体
血清中检出时间	生后 3 个月	胚胎后期	生后 4~6 个月	较晚	较晚
血清含量（mg/ml）	9.5~12.5	0.7~1.7	1.5~2.6	0.03	0.0002
占血清 Ig 比例	75%~80%	5%~10%	10%~15%	0.3%	0.02%
半衰期（d）	23	5	6	3	2.5
抗原结合价	2	>5	2/4	2	2
经典途径激活补体	+	++	−	−	−
旁路途径激活补体	+（IgG4）	−	+	−	−
中和作用	+	+	+	−	−
结合吞噬细胞/调理作用	+	+	+	−	−
结合嗜碱性粒细胞/肥大细胞	−	−	−	−	+
介导 ADCC	+	−	−	−	−
抗菌、抗病毒活性	+	+	+	−	−
黏膜局部免疫	−	−	+	−	−
介导Ⅰ型超敏反应	−	−	−	−	+
通过胎盘	+	−	−	−	−
结合 SPA	+	−	−	−	−

第三节 免疫球蛋白的生物学活性

免疫球蛋白中的抗体是体液免疫应答的效应分子，具有多种生物学活性，这些生物学活性由不同的功能区来完成。

一、特异性结合抗原

免疫球蛋白的可变区能特异性识别和结合抗原，并发挥相应的免疫学效应。其特异性是由可变区中 HVR 的氨基酸组成和空间构型决定的，HVR 与抗原表位的空间结构互补才能发生特异性结合。五聚体 IgM 具有 10 个抗原结合位点，其抗原结合价最高（>5），在感染早期具有重要作用。免疫球蛋白可变区与病原体或其毒素结合后，在补体、吞噬细胞或 NK 细胞的参与下，可介导溶菌、杀菌、调理吞噬和中和毒素的作用。

二、激活补体

当抗体（IgG1～IgG3，IgM）与相应的抗原结合后，由于构象发生改变使其位于 CH2/CH3 功能区内的补体结合点暴露，继而从经典途径激活补体；聚合的 IgG4、IgA 则从旁路途径激活补体。补体被激活后能发挥溶菌、杀菌和调理作用（详见第五章）。

三、与细胞表面 Fc 受体结合

免疫球蛋白可通过其 Fc 段与多种具有 Fc 受体的细胞结合，从而产生不同的生物学效应。

（一）调理作用

IgG 类抗体与相应的细菌等颗粒性抗原特异性结合后，通过其 Fc 段与具有 IgGFc 受体（FcγR）的中性粒细胞、巨噬细胞结合，从而促进吞噬细胞对这些颗粒性抗原的吞噬，称为调理作用。

（二）抗体依赖性细胞介导的细胞毒作用

IgG 类抗体的 V 区与靶细胞（如肿瘤细胞、病毒感染细胞）表面的抗原特异性结合后，再通过其 Fc 段与具有 FcγR 的多种效应细胞（如 NK 细胞、巨噬细胞、中性粒细胞）结合，促进效应细胞杀伤破坏靶细胞，简称 ADCC 效应。

（三）介导 I 型超敏反应

IgE 为亲细胞抗体，能与具有 IgEFc 受体（FcεR）的肥大细胞、嗜碱性粒细胞结合，使其处于致敏状态，当相同抗原再次与致敏细胞表面的特异性 IgE 结合时，促使这些细胞脱颗粒释放生物活性介质，引起 I 型超敏反应（详见第七章）。

四、通过胎盘和黏膜

人类 IgG 是唯一能通过胎盘进入胎儿体内的免疫球蛋白。母体内的 IgG 类抗体可通过其 Fc 段与胎盘母体一侧的滋养层细胞 Fc 受体结合，然后通过胎盘进入胎儿血液循环。这种自然被动免疫机制对于新生儿抗感染具有重要意义。此外，sIgA 通过分泌片介导其穿越呼吸道、消化道等黏膜上皮细胞，到达黏膜表面发挥抗感染作用。

五、免疫调节作用

抗体对免疫应答具有正、负调节作用。

第四节 人工制备抗体的类型

抗体是一类具有多种生物学活性的重要免疫分子，用各种方法人工制备抗体，对疾病的诊断、预防和治疗都具有十分重要的作用。人工制备的抗体主要有多克隆抗体、单克隆抗体、基因工程抗体等类型。

一、多克隆抗体

多克隆抗体（polyclonal antibody，PcAb）是利用抗原免疫动物后获得的免疫血清（抗血清），在含有多种抗原表位的抗原物质刺激下，诱导体内多个 B 细胞克隆产生针对该抗原多种抗原表位的抗体混合物，这些由不同 B 细胞克隆产生的针对多种表位的抗体混合物称为多克隆抗体。恢复期患者血清或免疫接种人群血清也可获得多克隆抗体，这是人工制备抗体最早采用的传统方法。

多克隆抗体的优点是来源广泛，制备容易，免疫作用全面，但特异性差，易出现交叉反应。

二、单克隆抗体

单克隆抗体（monoclonal antibody，McAb）是指由单一 B 细胞克隆杂交瘤细胞产生的只识别某一特定抗原表位、具有高度特异性的抗体。

单克隆抗体是用杂交瘤技术制备而成，此技术是 Köhler 和 Milstein 于 1975 年建立的一种体外细胞融合技术。将小鼠免疫脾细胞（B 细胞）与小鼠骨髓瘤细胞融合成为杂交瘤细胞，它既有骨髓瘤细胞可无限大量增生的特点，又具有免疫 B 细胞合成分泌抗体的能力。这种融合细胞经特殊的选择培养基培养并筛选出来，再进行体外培养扩增或接种于小鼠腹腔，即可从培养上清液或腹水中获得单克隆抗体。

单克隆抗体的优点：高均一性、高纯度、特异性强、效价高、易大量制备和纯化，故广泛应用于生命科学的各个领域。例如：①用 McAb 代替 PcAb 能提高免疫学实验的特异性和敏感性，用于检测或分离纯化各种含量极低的抗原物质，包括肿瘤抗原、受体、激素、药物、神经递质及细胞因子等；②用识别细胞表面特异性标志的 McAb 与荧光素结合，可用于免疫细胞的快速准确鉴定和分类；③将识别肿瘤抗原的 McAb 与药物、毒素或放射性物质偶联，用于肿瘤患者的体内定位诊断和肿瘤的治疗；④抗 T 细胞、抗 IL-2R 的 McAb 可用于防治移植排斥反应。

三、基因工程抗体

基因工程抗体是通过 DNA 重组和蛋白质工程技术，在基因水平对编码免疫球蛋白分子的基因进行切割、拼接和修饰，形成新型的抗体分子。例如：对鼠源性抗体进行改造，保留其 V 区，将 C 区剪切，拼接上人源性抗体的 C 区，从而获得人-鼠嵌合抗体。这种抗体既保留了鼠源性抗体的特异性和亲和力，又显著减少了其对人的免疫原性，以避免可能引起的超敏反应。其他基因工程抗体还有小分子抗体、单链抗体、双特异性抗体等。

小结

抗体是 B 细胞在抗原刺激下活化、增殖、分化为浆细胞，由浆细胞所产生的一类具有免疫功能的免疫球蛋白，是功能性的概念；免疫球蛋白是指具有抗体活性或化学结构与抗体相似的球蛋白，是结构上的概念。抗体都是免疫球蛋白，但免疫球蛋白不一定都是抗体。

免疫球蛋白是由两条重链和两条轻链通过二硫键连接而成的四肽链结构。免疫球蛋白分子中具有若干功能区，分别具有不同的功能。其生物学活性有：特异性结合抗原、激活补体，并可通过其 Fc 段结合细胞后发挥调理作用、ADCC 作用、介导 I 型超敏反应等。

根据重链不同，免疫球蛋白被分为IgG、IgM、IgA、IgD、IgE五类。IgG是血清含量最高的免疫球蛋白，也是唯一能通过胎盘的免疫球蛋白，具有重要的抗感染作用；IgM是个体发育和免疫应答过程中最早合成的免疫球蛋白，其抗原结合价最高，在感染早期即可发挥作用；IgA分为血清型和分泌型，sIgA是黏膜局部抗感染的主要抗体；膜结合型IgD是B细胞成熟的标志；IgE血清含量最低，但在过敏性疾病和寄生虫感染时显著增高，参与抗寄生虫免疫和Ⅰ型超敏反应。

人工制备抗体在疾病的诊断、防治方面有广泛应用，其类型主要有多克隆抗体、单克隆抗体、基因工程抗体等。

思考题

1. 何谓免疫球蛋白？免疫球蛋白和抗体有什么区别和联系？
2. 绘出免疫球蛋白的分子结构，标出各功能区及其功能。
3. 免疫球蛋白分为哪几类？简述各类免疫球蛋白的主要特性。

（怀化医学高等专科学校　桂　芳）

第五章 补体系统

学习目标

1. 掌握补体的定义，补体系统的组成，补体的激活途径及其生物学功能。
2. 熟悉补体的理化性质、激活过程及特点，血清补体异常与疾病的关系。
3. 了解补体激活的调节。

第一节 概 述

一、补体的定义

19 世纪末，Bordet 通过实验发现在人和动物新鲜血清中存在一种不耐热的成分，能辅助抗体的溶菌作用，由于它是抗体发挥溶菌、溶细胞作用必须补充的条件，故称为补体（complement，C）。补体并非单一分子，而是存在于人和脊椎动物血清和其他体液中的一组具有酶活性的蛋白质，包括 30 多种可溶性蛋白、膜结合蛋白和补体受体等，故称补体系统。

二、补体系统的命名与组成

（一）补体系统的命名

补体通常以符号"C"表示。参与经典激活途径的固有成分按照发现的先后顺序分别命名为：C1、C2、C3……C9；补体系统其他成分以英文大写字母表示，如：B 因子、D 因子、P 因子、H 因子、I 因子等；补体调节蛋白多以其功能命名，如 C1 抑制物、C4 结合蛋白、促衰变因子等；补体活化后的裂解片段用英文小写字母表示，如 C3a、C3b、C5a、C5b 等，其中 a 为小片段，b 为大片段；补体被激活后的成分，在其符号上方加一横线表示，如 $\overline{C4b2b}$，被灭活的成分在其符号前加 i 表示，如 iC3b。

（二）补体系统的组成

根据补体系统各组分的生物学功能，将其分为以下三类：

1. 补体固有成分 存在于体液中，是参与补体激活酶促级联反应的成分，包括：①参与经典激活途径的成分：C1、C4、C2；②参与甘露糖结合凝集素激活途径的成分：甘露糖结合凝集素（mannan-binding lectin，MBL）及其相关的丝氨酸蛋白酶（MASP）；③参与旁路激活途径的成分：B 因子、D 因子、P 因子；④补体激活的共同成分：C3、C5～C9。

2. 补体调节蛋白 是指存在于体液中和细胞表面的参与补体激活调节的蛋白质。体液中可溶性补体调节蛋白有：C1 抑制物、H 因子、I 因子、C4 结合蛋白、S 蛋白、过敏毒素灭活因子；细胞膜表面的补体调节蛋白有：促衰变因子（DAF）、膜辅助蛋白（MCP）、保护素（CD59）等。

3. 补体受体（CR） 存在于多种细胞膜上，能够介导补体活性片段或补体调节蛋白发挥生物学效应，主要包括：CR1~5、C3a 受体（C3aR）、C5a 受体（C5aR）等。

三、补体的理化性质

补体固有成分大多由肝细胞合成，少量由单核-巨噬细胞、肠黏膜上皮细胞和内皮细胞等合成。补体的化学成分均为糖蛋白，多数为 β 球蛋白，少数为 α 或 γ 球蛋白。

正常情况下血清补体含量相对稳定，约占血清免疫球蛋白总量的 10%，血清含量最高的补体成分是 C3，含量最少的是 D 因子。分子量从 25 000（D 因子）至 410 000（C1q）不等。补体性质不稳定，对多种理化因素敏感，56℃加热 30 min 即被灭活。室温条件下活性亦逐渐减弱或消失，在 0~10℃活性仅保持 3~4 天。故检测补体必须用新鲜血清，若保存补体应置于-20℃以下。此外，机械振荡、紫外线照射、强酸、强碱、乙醇、蛋白酶、某些添加剂等多种因素也可使补体灭活。

第二节 补体系统的激活与调节

一、补体系统的激活

生理条件下，体内的补体固有成分以无活性酶前体形式存在，只有在某些激活物（如抗原-抗体复合物、病原微生物、寄生虫等）的作用下，经不同途径被激活后，才能通过其活化产物发挥调理吞噬、溶细胞、清除免疫复合物、介导炎症等多种生物学功能，广泛参与机体抗感染免疫，同时也可引起免疫病理损伤。补体系统的激活途径有三条：经典激活途径、旁路激活途径、甘露糖结合凝集素（MBL）激活途径。

（一）经典激活途径

又称传统激活途径，其激活物是抗原-抗体复合物，IgG（IgG1、IgG2、IgG3）或 IgM 类抗体与相应的抗原结合后，暴露出抗体分子中的补体结合点，使补体固有成分按照 C1→C4→C2→C3→C5~C9 的顺序依次被激活，产生一系列生物学效应。此途径可分成三个阶段：识别阶段、活化阶段、攻膜阶段。

1. **识别阶段** 当 IgG/IgM 类抗体与相应的抗原结合后，抗体分子的构象发生改变，位于 CH2/CH3 上的补体结合位点暴露出来，继而与 C1 结合并使之被激活，此过程为识别阶段。

C1 是由一个 C1q 分子、两个 C1r 和两个 C1s 分子通过 Ca^{2+} 连接维系而成的大分子复合物，其中 C1q 分子量最大，由 6 个相同的呈放射状排列的花蕾样亚单位构成，每个亚单位的羧基端呈球形，是与抗体分子中的补体结合位点结合的部位（图 5-1）。当 C1q 同时与两个以上的补体结合位点"桥联"结合后，C1q 的分子构型发生改变，导致与之相连的 C1r 和 C1s 相继活化。活化的 $\overline{C1s}$ 具有酯酶活性，可依次裂解 C4 和 C2。

IgM 为五聚体，只需一分子 IgM 与抗原结合后即可激活 C1（图 5-2）；IgG 为单体，至少需两个紧密相邻的分子与抗原结合后，方可激活 C1（图 5-3）。

2. **活化阶段** 活化的 $\overline{C1s}$ 使 C4 裂解成 C4a 和 C4b 两个片段，大片段 C4b 结合到细胞或免疫复合物表面。在 Mg^{2+} 存在的条件下，C2 与细胞表面的 C4b 结合，继而被 $\overline{C1s}$ 水解，产生的大片段 C2b 与 C4b 结合，形成的复合物 $\overline{C4b2b}$ 即为经典途径的 C3 转化酶。裂解过程中产生的小片段 C4a、C2a 均释放到液相中，发挥各自的生物学活性。

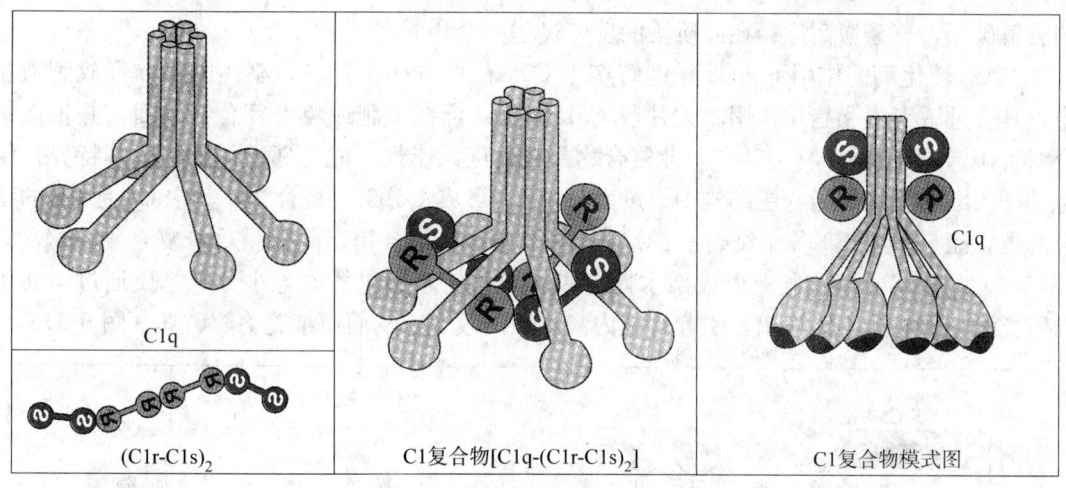

图 5-1　C1 复合物分子结构示意图

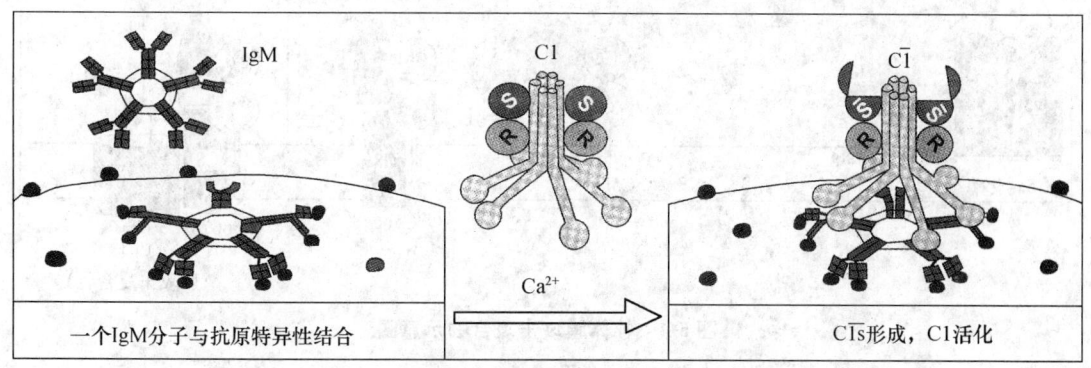

图 5-2　抗原-抗体（IgM）复合物活化 C1 示意图

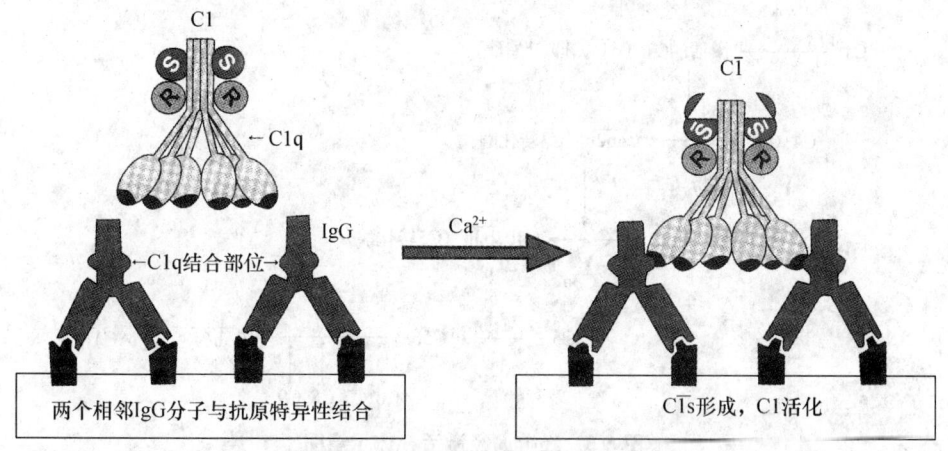

图 5-3　抗原-抗体（IgG）复合物活化 C1 示意图

在 C3 转化酶的作用下，C3 被裂解成 C3a 和 C3b 两个片段，小片段 C3a 释放到液相中，具有过敏毒素作用，大片段 C3b 与细胞或免疫复合物表面的 $\overline{C4b2b}$ 结合，形成的复合物 $\overline{C4b2b3b}$ 即为经典途径的 C5 转化酶。

3. 攻膜阶段　该阶段是补体激活过程的最后一个阶段，最终导致病原微生物或靶细胞的裂解破坏，三条激活途径在此阶段的反应过程完全相同。

在 C5 转化酶的作用下，C5 被裂解产生 C5a 和 C5b 两个片段，小片段 C5a 释放到液相中，具有过敏毒素和趋化作用；大片段 C5b 松散结合在细胞或免疫复合物表面，并依次结合 C6、C7，形成复合物 C5b67，此复合物具有高度亲脂性，能与邻近的细胞膜非特异性结合，插入细胞膜的磷脂双层结构中，进而吸附 C8 形成 C5b678 复合物，其中 C8 是 C9 的结合部位，能与多个 C9 分子结合，最终形成 $\overline{C5b6789}$ 复合物，此即膜攻击复合物（MAC）（图 5-4）。MAC 在细胞膜上形成亲水性穿膜孔道，使水和电解质等小分子物质通过，而蛋白质类大分子物质不能逸出，引起细胞内渗透压的改变，从而使细胞溶解破坏（图 5-5）。

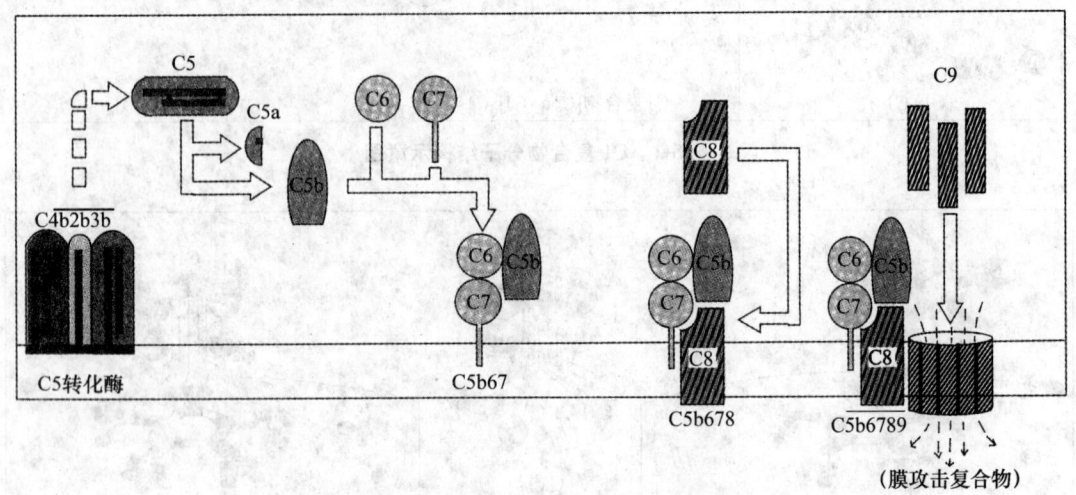

图 5-4　补体膜攻击复合物示意图

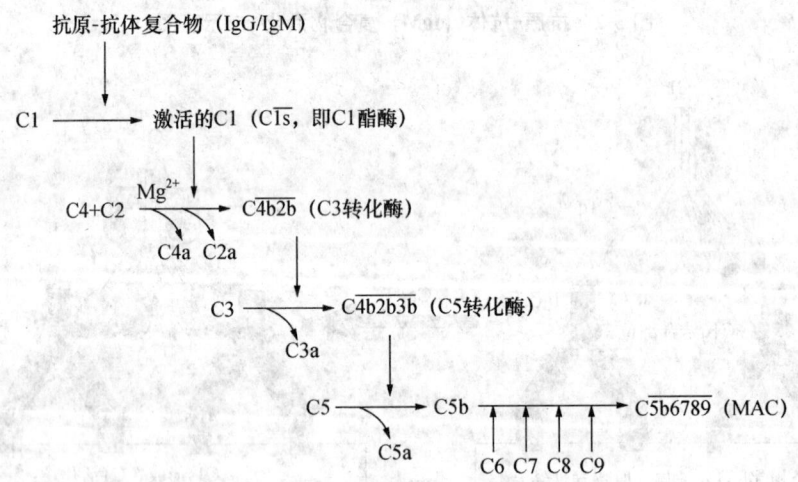

图 5-5　经典途径激活补体示意图

（二）甘露糖结合凝集素（MBL）激活途径

MBL 途径的激活物是病原微生物（如某些真菌、病毒、细菌）以及寄生虫表面的甘露糖残基，它们可与血浆中的甘露糖结合凝集素结合。此凝集素是感染早期由肝细胞合成分泌的一种急性期蛋白，其结构类似于 C1q 分子，MBL 在血浆中与两个丝氨酸蛋白酶（MBL-associated serine protease，MASP）分子结合形成复合体。当 MBL 与病原体表面的甘露糖残基结合后，导致其分子构象发生改变，继而使与之相连的 MASP 活化，活化的 MASP 具有与 $\overline{C1s}$ 相同的生物学活性，可裂解 C4 和 C2，形成 C3 转化酶（$\overline{C4b2b}$）（图 5-6），之后的反应过程与经典激活途径相同。其激活过程为：MASP→C4→C2→C3→C5~C9。

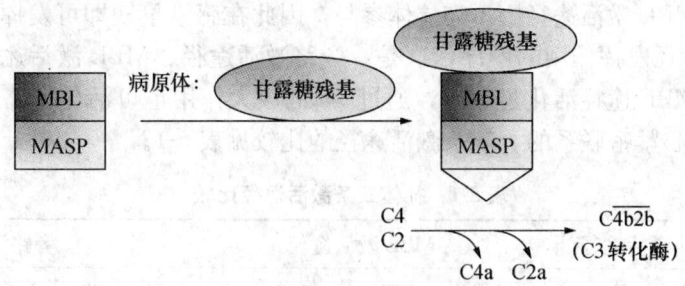

图 5-6 MBL 途径激活补体示意图

（三）旁路激活途径

旁路激活途径又称替代激活途径，其激活物是革兰阴性菌脂多糖、酵母多糖、葡聚糖、凝聚的 IgA 和 IgG4 等。与经典途径不同的是越过 C1、C4、C2，在 B 因子、D 因子、P 因子的参与下，直接从 C3 开始激活，然后完成 C5~C9 的激活过程。

1. 生理状态下 C3 的自发水解作用 在生理状态下，血清中的 C3 分子可自发水解，缓慢、持续地产生少量的 C3b。C3b 与血清中的 B 因子结合形成 C3bB 复合物。在 D 因子的作用下，B 因子被裂解为 Ba 和 Bb 两个片段，小片段 Ba 游离到血清中，大片段 Bb 与 C3b 结合形成 $\overline{C3bBb}$ 复合物，此即液相 C3 转化酶。此种 C3 转化酶不稳定，易被 H 因子和 I 因子灭活，但在灭活前其酶活性仍足以使血清中的 C3 分子裂解，产生少量的 C3b。

2. 激活物引发的酶促级联反应 当旁路激活途径的激活物存在时，可为 $\overline{C3bBb}$ 提供结合的表面，并可抵抗补体调节蛋白的降解作用，此即旁路途径的 C3 转化酶。$\overline{C3bBb}$ 不稳定，与 P 因子结合后可形成稳定状态的 C3 转化酶（$\overline{C3bBbP}$）。在 C3 转化酶的作用下，更多的 C3 被裂解，小片段 C3a 释放到液相，具有过敏毒素作用；大片段 C3b 与 C3 转化酶结合形成 $\overline{C3bBb3b}$（又写为 $\overline{C3bnBb}$）复合物，此即旁路途径的 C5 转化酶（图 5-7），之后的反应过程与经典途径相同。

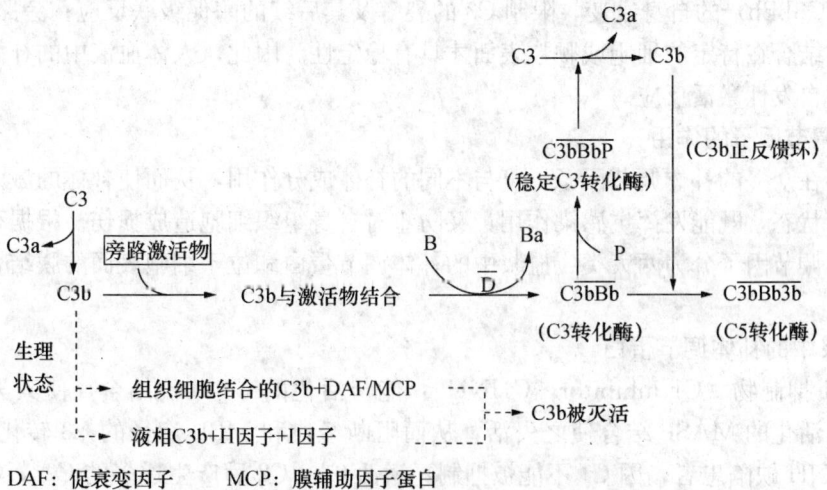

图 5-7 旁路途径激活补体示意图

在旁路激活途径中，C3b 既是 C3 转化酶的组成部分，又是 C3 转化酶的作用产物。在激活物存在时，$\overline{C3bBb}$ 裂解 C3 产生 C3b，C3b 再与 Bb 结合形成更多的 C3 转化酶，因此 C3b 对 C3 的激活具有放大效应，称为 C3b 正反馈环。

旁路途径和 MBL 激活途径因不需抗体参与，因此在感染早期即可发挥作用，在病原体感染时三条激活途径发挥作用的顺序依次是：旁路激活途径、MBL 激活途径、经典激活途径。经典途径和 MBL 途径活化过程中，通过 C3 的放大作用也可活化旁路途径，可见三者是以 C3 活化为中心紧密联系的。三条激活途径的比较见表 5-1。

表 5-1 补体三条激活途径比较

比较项目	经典激活途径	MBL 激活途径	旁路激活途径
激活物	抗原-抗体复合物	病原体甘露糖残基	细菌脂多糖、葡聚糖、酵母多糖、凝聚的 IgA/IgG4 等
参与成分	C1~C9	MBL、MASP、C2~C9	B、D、P 因子，C3，C5~C9
所需离子	Ca^{2+}、Mg^{2+}	Ca^{2+}	Mg^{2+}
C3 转化酶	$\overline{C4b2b}$	$\overline{C4b2b}$	$\overline{C3bBb}/\overline{C3bBbP}$
C5 转化酶	$\overline{C4b2b3b}$	$\overline{C4b2b3b}$	$\overline{C3bBb3b}$
生物学作用	参与体液免疫，在感染的中晚期发挥作用	参与非特异性免疫，在感染早期发挥作用	参与非特异性免疫，在感染初期发挥作用

二、补体激活的调节

补体的激活对机体既有保护作用，又有一定的损伤作用。为使补体的激活保持适度有序，体内多种调节机制可控制补体的活化，以保证在不损伤自身组织细胞的情况下，协助免疫细胞和其他免疫分子发挥免疫学效应，产生对机体有利的抗感染作用。

（一）自身衰变调节

某些补体裂解产物极不稳定，容易发生自身衰变，形成对补体激活的一种自我调控机制。例如：C2b、C3b、C4b、C5b 的自身衰变，限制了后续补体成分的激活；C3 转化酶（$\overline{C4b2b}$ 和 $\overline{C3bBb}$）的自身衰变，限制 C3 的裂解及其后续的酶促级联反应；旁路途径的 C3 转化酶只有结合在特定的细胞或颗粒表面才具有稳定性。因此，人体血液中的补体成分不会发生过强的自发性激活反应。

（二）调节因子的作用

体内存在众多的补体调节因子，可与不同的补体成分作用，从而使补体的激活与抑制处于一种平衡状态，既能发挥抗感染作用，又防止对自身组织细胞造成损伤。根据存在部位不同，将补体调节因子分为两大类：血浆中的补体调节蛋白和位于细胞表面的膜结合补体调节蛋白。

1. 血浆中的补体调节蛋白

（1）C1 抑制物（C1 inhibitor，C1INH）：能与活化的 C1 共价结合，使其失去酯酶活性；也可与活化的 MASP 结合使之失活，从而阻断经典和 MBL 途径的 C3 转化酶的形成。遗传性 C1INH 缺陷患者，因 C1 不能被抑制，激活 C4、C2 后产生过多的 C2a，C2a 为补体激肽，可增强血管通透性，因此患者发生以面部为中心的皮下血管性水肿。

(2) C4 结合蛋白：能与 C2 竞争结合 C4b，抑制经典途径的 C3 转化酶（$\overline{C4b2b}$）形成，可取代 C3 转化酶中的 C2b 使其衰变失活，并可促进 I 因子对 C4b 的裂解。

(3) H 因子：能与 B 因子或 Bb 竞争结合 C3b，抑制旁路途径 C3 转化酶（$\overline{C3bBb}$）的形成，可取代 C3 转化酶中的 Bb 使其衰变失活，并可促进 I 因子对 C3b 的裂解。

(4) I 因子：具有丝氨酸蛋白酶活性，能在 C4 结合蛋白、H 因子和膜辅助蛋白的辅助下，使液相中或膜结合的 C3b、C4b 裂解失活，从而抑制经典途径和旁路途径 C3 转化酶的形成。

(5) S 蛋白：又称膜攻击复合物抑制因子，能与 C5b67 结合，使其丧失与细胞膜结合的能力，阻止 MAC 复合物的形成，从而保护细胞不被破坏。

2. 膜结合补体调节蛋白

(1) 膜辅助蛋白（MCP）：广泛分布于白细胞、上皮细胞、成纤维细胞和其他组织细胞表面，可作为辅助因子，促进 I 因子对 C3b 和 C4b 的裂解灭活，从而抑制经典途径和旁路途径 C3 转化酶的形成，避免组织细胞因补体的激活而损伤。

(2) 促衰变因子（DAF）：广泛分布于外周血细胞、内皮细胞和各种黏膜上皮细胞表面，与 C2 和 B 因子竞争结合细胞膜上的 C4b、C3b，抑制经典途径和旁路途径的 C3 转化酶，并可促进其衰变失活。

(3) 保护素：又称膜反应性溶解抑制因子，广泛表达在多种组织细胞表面，能抑制 C9 与 C5b678 复合物的结合，阻止 MAC 的形成，保护自身组织细胞不被破坏。

(4) 补体受体 1（CR1）：广泛表达于红细胞和有核细胞表面，类似 DAF 的作用，能与 C2 和 B 因子竞争结合细胞膜上的 C4b、C3b，抑制 C3 转化酶的形成，并可促进 I 因子对 C4b 和 C3b 的灭活。

第三节　补体系统的生物学功能

补体系统既是执行非特异性免疫的效应分子，也参与特异性免疫应答。补体系统被激活后，产生的膜攻击单位可发挥溶菌、杀菌、溶细胞效应；同时其激活过程中产生的各种裂解片段也具有多种生物学活性。

一、溶菌和溶解细胞作用

病原体感染机体后，可按照下述顺序分别从不同途径激活补体，产生的膜攻击单位在细菌或细胞膜表面形成亲水性穿膜孔道，导致细菌或肿瘤细胞、病毒感染的靶细胞溶解破坏：①在感染的初期，具有旁路激活物的某些病原体可直接从旁路途径激活补体，立即发挥抗感染作用；②急性期蛋白产生后，从 MBL 途径激活补体发挥免疫防御作用；③特异性抗体产生后，从经典途径激活补体，协助抗体溶解细菌或靶细胞，如某些革兰阴性菌、支原体、有包膜病毒、异体红细胞和血小板等。补体激活后产生的溶菌和溶细胞作用是机体抗感染免疫的重要机制之一，但在病理情况下，也可导致正常组织细胞溶解破坏。

二、调理作用

补体激活过程中产生的 C3b、C4b 是一类非特异性调理素，它们与细菌或其他颗粒性抗原结合后，再与中性粒细胞、巨噬细胞等吞噬细胞表面的相应受体结合，从而在细菌与吞噬细胞之间形成"桥梁",促进吞噬细胞的吞噬作用,称为补体的调理作用。

三、清除免疫复合物

体内形成分子中等大小的抗原-抗体复合物(免疫复合物)可沉积在血管壁上,进而激活补体造成周围组织损伤。补体某些成分可抑制免疫复合物的形成,并通过免疫黏附作用等方式清除免疫复合物。补体清除免疫复合物的方式有:①补体裂解片段 C3b 或 C4b 能与免疫复合物结合,进而黏附于具有相应受体的红细胞和血小板上,形成大分子复合物,有利于被吞噬细胞吞噬清除,此为免疫黏附作用;②C3b 可与抗体分子的 Fc 段结合,使其空间构象改变,导致中等大小的免疫复合物无法形成,C3b 也可嵌入到免疫复合物中,使抗原、抗体分子解离,便于降解或排出。

四、炎症介质作用

(一)过敏毒素作用

C3a、C4a、C5a 为过敏毒素,能与肥大细胞或嗜碱性粒细胞表面的相应受体结合,使其脱颗粒,释放组胺等多种生物活性介质,引起血管扩张、毛细血管通透性增加、平滑肌收缩等炎症反应。

(二)趋化作用

C5a 是中性粒细胞趋化因子,能吸引中性粒细胞向炎症部位聚集,并使之活化增强其吞噬杀伤能力。

(三)激肽样作用

C2a 具有激肽样作用,能增加血管通透性,引起组织充血水肿。

五、免疫调节作用

补体活化产物可通过参与免疫应答的各个环节发挥免疫调节作用,主要有:①C3b、C4b 介导的调理作用可促进抗原提呈细胞对抗原的摄取和呈递;②补体活化产物可与多种免疫细胞相互作用,调节免疫细胞的增殖和分化,如 C3b 可与 B 细胞表面的相应受体结合,促进 B 细胞的活化;③补体参与多种免疫细胞发挥免疫效应,如 C3b 与杀伤细胞结合后可增强其对靶细胞的 ADCC 作用;④滤泡树突状细胞通过细胞表面的 CR1 与抗原-抗体-C3b 复合物结合,使其长期滞留于淋巴结内,刺激 B 细胞产生免疫应答。

补体的生物学功能见表 5-2。

表 5-2 补体的生物学功能

功能	补体成分	机制
溶细胞作用	C5~C9	形成 MAC 溶解靶细胞
调理作用	C3b、C4b	与细菌等颗粒性抗原结合后,再与吞噬细胞结合,促进吞噬细胞的吞噬作用
清除免疫复合物	C3b	与 Ig 分子结合,抑制免疫复合物形成,并可通过免疫黏附作用清除免疫复合物
过敏毒素作用	C3a、C4a、C5a	刺激肥大细胞释放组胺等生物活性介质,使血管扩张,毛细血管通透性增加,平滑肌收缩

续表

功能	补体成分	机　制
趋化作用	C5a	吸引中性粒细胞聚集，并促进其吞噬杀伤作用
激肽样作用	C2a	小血管扩张，通透性增加，引起炎性充血水肿
免疫调节作用	C3b、CR1	参与抗原呈递，促进免疫细胞增殖分化，参与免疫细胞发挥免疫效应

第四节　血清补体异常与疾病

血液中各补体成分含量相对稳定，在某些遗传缺陷或病理状态下，血清补体含量或活性可能出现异常，通过检测血清补体含量和活性可反映机体的免疫功能状态及与某些疾病的相关性。血清补体异常通常包括补体遗传缺陷、补体含量增高和补体含量降低三种情况。

一、补体的遗传缺陷

（一）补体固有成分的缺陷

补体各种固有成分都有可能发生遗传性缺陷，使机体的免疫防御功能下降，易发生各种感染或免疫性疾病。如 C3 缺陷可使患者反复发生严重细菌感染，常伴有肾小球肾炎；C1、C2、C4 缺陷易发生红斑狼疮等免疫性疾病；C5～C9 缺陷易发生革兰阴性菌感染，以奈瑟菌感染最常见。

（二）补体调节分子缺陷

1. C1 抑制物缺陷　由于 C1 抑制物缺陷，使 C1 酯酶持续水解 C4 和 C2，产生过多的 C2a，引起血管神经性水肿。该病为常染色体显性遗传病，表现为反复发作的局限性皮肤和黏膜水肿，常波及胃肠道和咽喉等处。若水肿发生在胃肠道，可引起腹痛、恶心、呕吐或腹泻；若发生在咽喉部，则因咽喉水肿阻塞气管而窒息，严重者危及生命。

2. I 因子缺陷　由于 I 因子缺陷，加上旁路途径的 C3b 正反馈放大作用，使 C3 转化酶生成失控，血清中 C3 被大量裂解，导致血液中 C3 含量极度减少。C3 是经典途径和旁路途径的枢纽，体内缺乏 C3，必定大大降低补体介导的调理吞噬和溶菌作用。因此，患者的抗感染能力显著下降，易反复发生严重的细菌（特别是化脓性细菌）感染。此外，C3 缺乏影响免疫复合物的清除，故患者常伴有肾小球肾炎。

3. 膜结合补体调节蛋白缺陷　可发生阵发性血红蛋白尿，此类患者的红细胞和其他细胞不表达膜结合补体调节蛋白，使自身细胞表面 C3 转化酶及 MAC 的形成失控，导致自身细胞的溶解破坏。红细胞对膜结合补体调节蛋白的缺乏特别敏感，因此出现反复发作的血管内溶血。

二、补体含量增高

补体含量增高主要见于：①传染性疾病患者早期可发生补体含量代偿性增高，但在急性期或病情危重时补体活性往往降低；②恶性肿瘤患者血清补体总量可比正常人高 2～3 倍，其意义尚不清楚。

三、补体含量降低

血清补体总量低于正常值者，称为低补体血症。主要见于以下情况：①补体合成减少：主要见于肝病患者，如肝硬化、慢性活动性肝炎和急性重症肝炎；②补体消耗增加：多发生在血清病、系统性红斑狼疮、链球菌感染后肾小球肾炎、自身免疫性溶血性贫血、类风湿关节炎等自身免疫病患者；③补体的大量丢失：见于外伤、手术、大失血的患者和肾病综合征、大面积烧伤等情况。

小结

补体是存在于人和脊椎动物血清和其他体液中的一组具有酶活性的蛋白质，包括三十多种可溶性蛋白、膜结合蛋白和补体受体等，故称补体系统。

补体必须被激活后才能发挥其生物学活性，其激活途径有三条：以抗原-抗体复合物为激活物的经典途径；通过病原微生物的脂多糖、酵母多糖、凝聚的 IgA/IgG4 等激活的旁路途径；由 MBL 介导的 MBL 激活途径。补体激活途径中的关键环节是 C3 转化酶和 C5 转化酶的形成，补体被激活后形成的 MAC 能发挥溶菌、杀菌、溶细胞效应。此外，激活过程中产生的各活性片段也可发挥多种生物学功能，包括：调理作用、清除免疫复合物、炎症介质作用、免疫调节作用等。补体的激活受多种机制的调节，以保证在不损伤自身组织细胞的情况下，辅助免疫细胞和其他免疫分子发挥对机体有利的抗感染作用。

血清中各补体成分的含量相对稳定，在某些遗传性疾病或病理状态下，血清补体含量可出现异常（如含量增高或降低），这与机体的免疫功能或某些疾病状态密切相关。

思考题

1. 何谓补体？激活补体的三条途径有何异同点？
2. 补体系统被激活后能发挥哪些生物学功能？

（怀化医学高等专科学校　桂　芳）

第六章 免疫应答

> **学习目标**
> 1. 掌握免疫应答的概念、基本过程。
> 2. 熟悉B细胞介导的体液免疫应答及T细胞介导的细胞免疫应答,抗体产生的一般规律及意义。
> 3. 了解免疫耐受的概念、诱导免疫耐受的条件及研究免疫耐受的医学意义,免疫调节的主要机制。

第一节 概 述

一、免疫应答的概念

免疫应答(immune response)又称适应性免疫应答,是指体内T、B细胞受到抗原刺激后,自身活化、增殖、分化,产生一系列免疫效应的全过程。正常情况下,机体的免疫系统能识别"自己"与"非己",通过对抗原性异物的清除,从而维持机体内环境的平衡和稳定。如免疫应答发生异常,对机体可造成损害,引起疾病(如超敏反应性疾病)。

二、免疫应答的类型

1. 根据在免疫应答中起主要作用的免疫活性细胞的不同,可分为B细胞介导的体液免疫应答和T细胞介导的细胞免疫应答。
2. 根据抗原进入体内的时间、次数不同,分初次应答和再次应答。
3. 根据免疫应答是否表现出效应,分为正免疫应答和负免疫应答。正免疫应答即抗原刺激后产生抗体或效应T细胞,导致免疫效应发生。负免疫应答又称免疫耐受,即抗原刺激后,机体不产生免疫应答。

三、免疫应答的基本过程

免疫应答基本过程可分为三个阶段。

(一)抗原提呈与识别阶段

在抗原的提呈与识别阶段中,抗原经提呈细胞吞噬、加工、处理后,以抗原肽-MHC复合物形式表达于细胞表面,供T细胞识别。

(二)活化、增殖、分化阶段

此阶段是指T细胞和B细胞受抗原刺激后,在细胞因子的作用下,活化、增殖和分化为效应淋巴细胞的阶段。B细胞分化成为浆细胞,由浆细胞合成分泌抗体;T细胞分化成为效应T细胞。其中部分细胞停止分化,成为B记忆细胞和T记忆细胞。记忆细胞有记忆功能，寿命较长，可引起回忆反应。

(三) 效应阶段

此阶段即浆细胞合成分泌抗体发挥特异性体液免疫效应，效应 T 细胞通过释放细胞因子及效应 T 细胞直接杀伤靶细胞发挥特异性细胞免疫效应的阶段。

四、免疫应答的特点

免疫应答具有排异性、特异性、记忆性、MHC 限制性等特点。

(一) 排异性

抗原特异性 T、B 淋巴细胞通常对自身组织产生天然耐受，对非己抗原性异物产生免疫排斥反应。

(二) 特异性

机体受到某种抗原刺激后，只能产生针对该种抗原特异性的免疫应答，而且相应的免疫效应物质（抗体）和效应 T 淋巴细胞只能对该种抗原和表达此种抗原的靶细胞产生作用。

(三) 记忆性

已被某一抗原免疫的机体再次接触相同抗原时，能迅速发挥排异效应的现象称为免疫应答的记忆性。免疫记忆的物质基础是机体对抗原初次应答时产生的记忆细胞。

(四) MHC 限制性

当免疫细胞相互作用时，不仅要识别细胞表面的抗原决定簇，还需识别细胞上的 MHC 分子，只有双方 MHC 一致，免疫应答才可产生，这一现象称 MHC 限制性。

第二节 抗原呈递

抗原呈递细胞（APC）摄取、加工、处理抗原，并将抗原肽与自身的 MHC 分子结合形成的复合物转运至细胞表面，供 T 淋巴细胞上 TCR 识别的整个过程，称为抗原呈递。APC 加工、处理的抗原据其来源不同可分为内源性抗原和外源性抗原两种。

一、内源性抗原的呈递

内源性抗原是指在细胞内合成的抗原如病毒感染细胞合成的病毒蛋白及肿瘤细胞产生的肿瘤抗原等。内源性抗原的加工处理和提呈途径简称内源性途径，又称 MHC-Ⅰ类途径。抗原提呈细胞对内源性抗原的加工处理和提呈过程如下（图 6-1）：①内源性抗原由胞浆进入蛋白酶体；②在蛋白水解酶作用下降解为 8～10 个氨基酸的小分子多肽片段（抗原肽），经抗原转运体（TAP-1、TAP-2）转运至内质网中；③抗原肽经加工修饰后，与胞内新合成 MHC-Ⅰ类分子结合，组成抗原肽-MHC-Ⅰ类分子复合体；④抗原肽-MHC-Ⅰ类分子复合体以分泌囊泡形式，通过高尔基体经糖基化修饰后进入胞浆，并通过胞吐作用表达于 APC 表面，供 $CD8^+$ T 细胞识别。

二、外源性抗原的呈递

外源性抗原是指 APC 从细胞外摄入的抗原物质，如病原微生物、被吞噬的细胞等。外源性抗原加工处理和提呈途径简称外源性途径，又称溶酶体途径或 MHC-Ⅱ类途径。APC 对外源性抗原的加工处理和提呈过程简述如下（图 6-2）：①外源性抗原被 APC 摄入胞浆形成内体，即吞噬体；②内体与溶酶体融合形成内体-溶酶体；③抗原在内体-溶酶体内被蛋白水解酶降解成小分子多肽片段（抗原肽）；④内质网中合成的 MHC-Ⅱ类分子进入高尔基体，通过分泌小泡与吞噬溶酶体融合，使 MHC-Ⅱ类分子与抗原肽结合，形成抗原肽-MHC-Ⅱ类分子复合体；⑤该复合体形成后，再经胞吐作用与细胞膜融合，使抗原肽-MHC-Ⅱ类分子复合体表达于 APC 表面，供 CD4$^+$T 细胞识别。

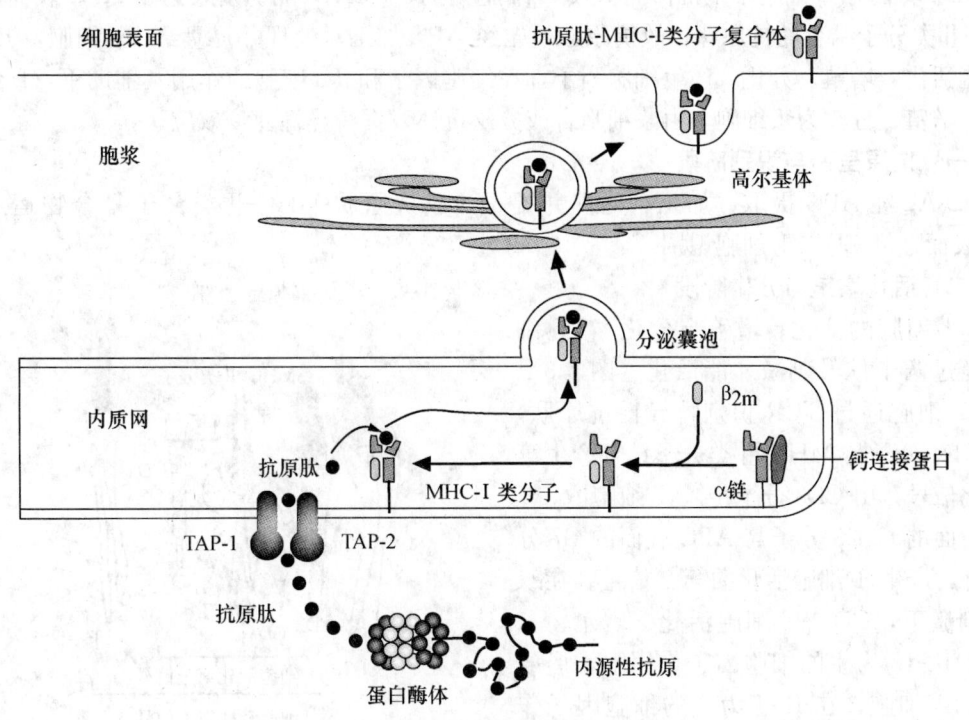

图 6-1　内源性抗原的加工及提呈过程

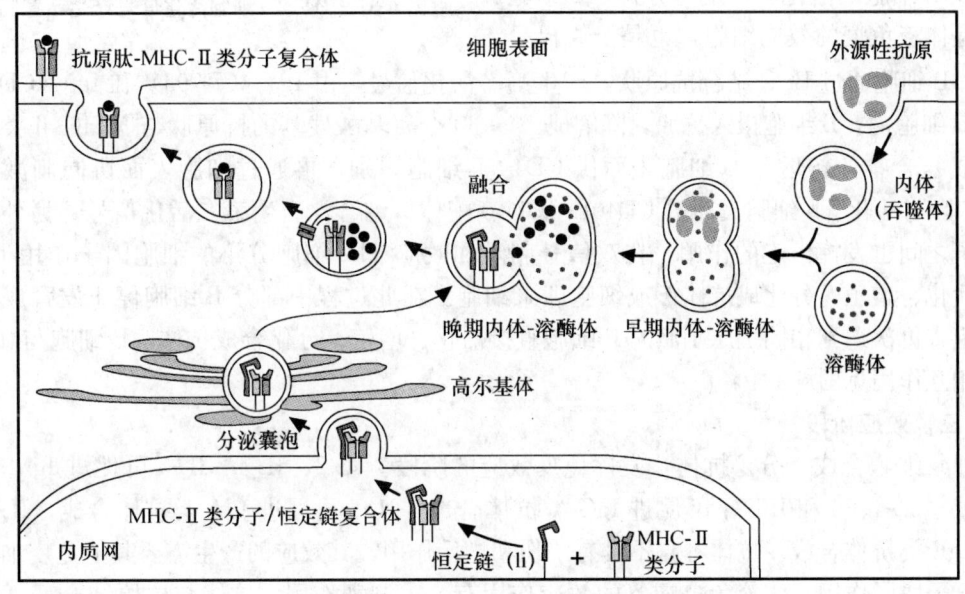

图 6-2　外源性抗原的加工及提呈过程

第三节 B细胞介导的免疫应答

一、TD-Ag诱导的体液免疫应答

TD-Ag诱导B细胞产生抗体需依赖T细胞辅助，TCR只能识别表达于APC表面的与MHC-Ⅱ类分子结合的抗原肽。故抗原必须先经APC加工、处理并提呈给Th细胞，Th细胞才能活化、增殖、分化，产生细胞因子，在细胞因子和Th细胞的作用及辅助下，B细胞活化、增殖、分化为浆细胞，由浆细胞合成分泌抗体发挥特异性免疫效应。

（一）抗原呈递与识别阶段

TD-Ag经APC摄取、加工、处理并提呈，以抗原肽-MHC-Ⅱ类分子复合物运送到APC表面，供$CD4^+$T细胞识别。

（二）活化增殖与分化阶段

1. T细胞的活化、增殖与分化　Th细胞需经过两个信号刺激才能活化（图6-3）。$CD4^+$T细胞通过TCR识别特异性抗原肽，通过CD4分子与MHC-Ⅱ类分子结合产生第一活化信号，由CD3分子传入T细胞内，T细胞表面的CD28分子与APC表面的B7分子结合，产生T细胞活化的第二信号。在双信号刺激下，$CD4^+$T细胞活化、增殖、分化，在IL-12为主的细胞因子作用下，形成效应Th1细胞，在IL-4为主的细胞因子作用下形成Th2细胞。

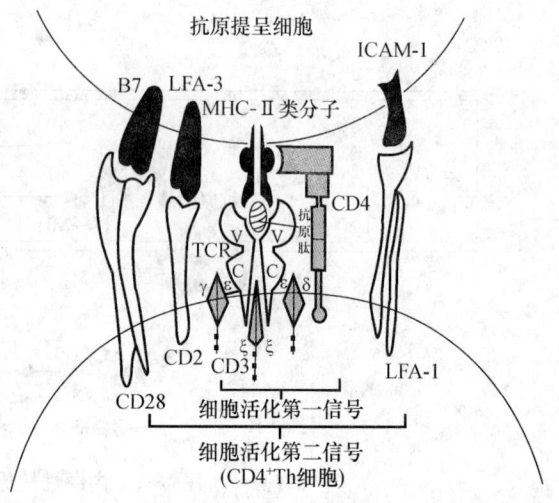

图6-3　$CD4^+$Th细胞活化信号产生示意图

2. B细胞的活化、增殖与分化　B细胞不仅是体液免疫的效应细胞，也是抗原提呈细胞。B细胞通过BCR结合抗原肽，产生第一活化信号，由Igα（CD79a）和Igβ（CD79b）传入B细胞内，B细胞摄入抗原，降解成10～30个氨基酸残基的抗原肽与MHC-Ⅱ类分子结合成复合物，转运至B细胞表面供$CD4^+$T细胞识别；再通过细胞表面协同刺激分子（CD40）与活化Th细胞表面的CD40L（CD40配体）结合，产生第二活化信号；另外其他膜分子之间也发挥一定的作用。在双信号刺激和效应Th2细胞分泌的细胞因子作用下，B细胞活化、增殖、分化成抗体形成细胞即浆细胞。在此过程中部分B细胞停止发育成为记忆细胞，再次遇到相同抗原刺激时B细胞直接活化、增殖、分化合成抗体。B细胞与Th细胞间相互作用见图6-4。

（三）效应阶段

即浆细胞合成、分泌抗体，发挥免疫效应的阶段。IL-2、IL-4、IL-5可促进IgM类抗体合成，IL-4、6和IFN-γ可促进IgG类抗体合成，IL-5可促进IgA类抗体合成，IL-4可促进IgE类抗体合成。抗体本身不具有杀伤和排斥作用，其效应的产生需要其他免疫细胞及免疫分子协同作用。体液免疫应答的效应作用有：①调理作用：抗体与抗原结合后，抗体（IgG类）的Fc段与吞噬细胞膜上的Fc受体结合，可显著增强吞噬细胞的吞噬能力；②中

和作用;IgG、sIgA类抗体能阻止微生物进入机体和易感细胞或破坏细菌外毒素的毒性作用;③激活补体作用:抗体与抗原结合后,可通过经典途径活化补体,产生溶解靶细胞的作用;④ADCC作用:凡有IgGFc受体的吞噬细胞或具有杀伤活性的细胞,如NK细胞、巨噬细胞等,均可通过ADCC效应杀伤靶细胞。

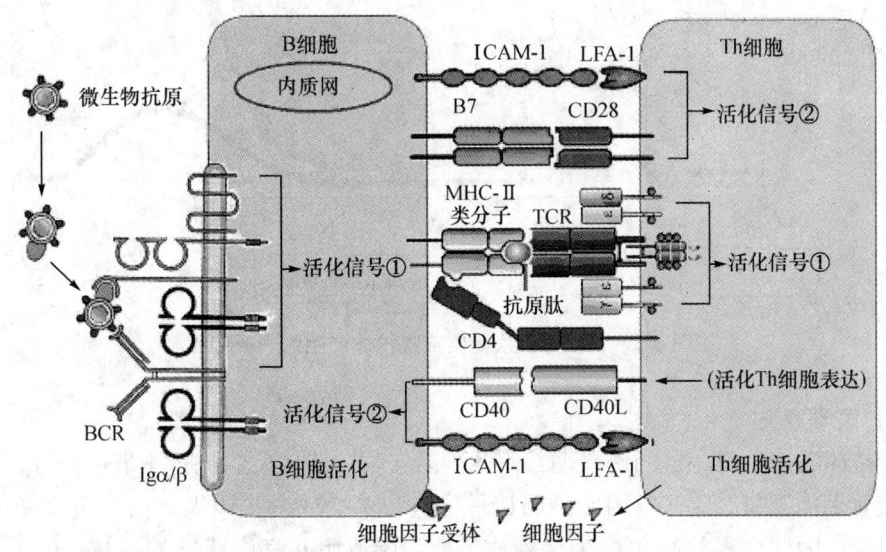

图6-4 B细胞和Th细胞间相互作用及其活化信号产生示意图

二、B细胞对TI-Ag的体液免疫应答

TI-Ag可直接激活B细胞,使B细胞增殖、分化成浆细胞,浆细胞合成、分泌抗体,不需$CD4^+$T细胞辅助和APC对抗原的加工处理,并且在免疫应答过程中不形成记忆细胞,故TI-Ag诱导激发的体液免疫无再次应答反应。

体液免疫的生物学效应包括:调理吞噬、中和毒素、中和病毒、激活补体、参与ADCC、介导超敏反应等,可以快速清除细胞外游离和细胞表面的抗原,可通过免疫血清转移。因此,B细胞介导的体液免疫应答,在阻止毒素血症、细胞外寄生菌及细胞外病毒在体内扩散和引起再感染方面发挥重要的作用。

三、抗体产生的一般规律

(一)初次应答

初次应答是抗原进入机体后引起的第一次免疫应答,其特点是诱导期较长(1~2周),抗体效价低,亲和力低,在体内维持时间短,首先出现IgM类抗体,然后才出现IgG类抗体。

(二)再次应答

再次应答是机体再次接触相同抗原时引起的免疫应答,又称回忆反应,其特点是诱导期短(1~2天),抗体效价高出几倍至十几倍,亲和力高,在体内维持时间长,增多的抗体主要是IgG(图6-5),而IgM含量与初次应答相似。再次应答由记忆细胞引起。

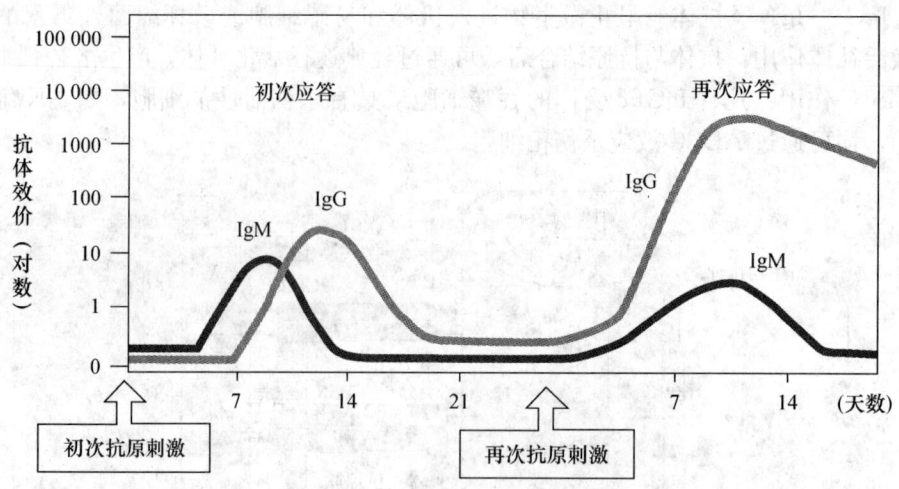

图 6-5　初次与再次免疫应答抗体产生的一般规律

（三）医学意义

由于抗体的产生需一定的诱导期，因此预防接种应在传染病流行季节前进行；由于再次应答免疫效果优于初次应答，因此预防接种应进行两次或两次以上；由于 IgM 在初次应答中最早出现，因此检测 IgM 可作为传染病早期诊断或胎儿宫内感染的指标；由于再次应答抗体水平高于初次应答几倍至十几倍，因此若传染病恢复期血清抗体效价高出早期 4 倍以上时，具有诊断价值。

第四节　T 细胞介导的免疫应答

一、细胞免疫应答的过程

由 T 细胞介导的免疫应答称细胞免疫应答。细胞免疫应答与体液免疫应答相似，可分为抗原提呈与识别，活化、增殖、分化，效应三个阶段。

（一）抗原提呈与识别阶段

外源或内源性 TD 抗原经 APC 摄取、加工处理后，以抗原肽-MHC-II/I 类分子复合物的形式，表达于 APC 或靶细胞表面供 $CD4^+$ T 细胞或 $CD8^+$ T 细胞识别，并在二者表面黏附分子间相互作用基础上，诱导 T 细胞活化。

（二）活化、增殖、分化阶段

T 细胞活化需要双信号刺激，第一信号来自 T 细胞表面的 TCR、CD4/CD8 分子分别与 APC 上的抗原肽-MHC 分子的结合；第二信号来自 APC 或靶细胞上的协同刺激因子（B7 分子）与 T 细胞表面的相应受体（CD28）的结合。在双信号及细胞因子的作用下，T 细胞活化、增殖、分化为具有免疫功能的效应 Th1 细胞/CTL 细胞。在增殖分化过程中部分 Th1 细胞/CTL 细胞停止分化，形成记忆细胞。

（三）效应阶段

Th1 细胞通过分泌 IL-2、IFN-γ 和 TNF-β 等细胞因子，产生免疫效应；CTL 通过释放穿孔素、颗粒酶、FasL 对靶细胞产生细胞毒作用，使靶细胞裂解凋亡。

1. Th1 细胞的效应 效应 Th1 细胞释放 IL-2、IL-3、IFN-γ、TNF-β 等细胞因子，引起抗原所在局部的以单核细胞浸润为主的慢性炎症反应或迟发型超敏反应。

(1) IL-2：促进 Th1 细胞增殖分化，分泌 IL-2、IFN-γ、TNF-β 等细胞因子，扩大细胞免疫效应，增强 NK 细胞、巨噬细胞杀伤活性等，刺激 TCL 增殖、分化为效应 TCL 细胞。

(2) TNF-β：①活化血管内皮细胞使之表达黏附分子，同时刺激血管内皮细胞分泌 IL-8 和单核细胞趋化蛋白-1（MCP-1）等趋化性细胞因子。这些黏附因子和趋化因子能使血液中的中性粒细胞、淋巴细胞和单核细胞等与血管内皮细胞黏附，并迁移和外渗至局部组织，引起慢性炎症反应。②激活中性粒细胞，增强其吞噬杀菌功能。③局部产生高浓度 TNF-β，导致周围组织细胞发生损伤坏死。

(3) IFN-γ：①诱导 APC 表达 MHC-Ⅱ类分子，提高抗原提呈能力，增强体液免疫及细胞免疫应答功能。②激活单核-巨噬细胞，增强其吞噬和胞内杀伤功能，并使之获得杀伤肿瘤的功能。③活化 NK 细胞、单核-巨噬细胞，增强其抗肿瘤和抗病毒的作用等。④诱导树突状细胞和巨噬细胞分泌 IL-12，促进 Th1 细胞分化，进一步扩大 Th1 细胞的免疫效应，同时分泌 IL-1、IL-6、血小板活化因子（PAF）和前列腺素等炎症介质，产生对机体有益的免疫效应或对机体有害的病理性免疫损伤。

2. CTL 细胞的免疫效应 致敏效应 CTL 细胞脱颗粒，释放穿孔素和颗粒酶（丝氨酸蛋白酶），穿孔素嵌入靶细胞膜形成跨膜孔道，效应 CTL 细胞表达 FasL，FasL 与靶细胞表面的 Fas（凋亡分子）结合，启动凋亡信号，使颗粒酶激活。大量的水分伴随 Ca^{2+} 通过跨膜孔道进入靶细胞内，蛋白质等大分子物质外流，导致靶细胞内渗透压降低，细胞被溶解、破坏；活化的丝氨酸蛋白酶进入靶细胞内激活 DNA 内切酶使 DNA 断裂，也可以导致靶细胞凋亡。

二、细胞免疫的生物学效应

1. 抗感染作用 细胞免疫主要作用于抗胞内寄生菌（如结核分枝杆菌、麻风分枝杆菌、伤寒沙门菌等）、病毒、真菌及某些寄生虫感染。

2. 抗肿瘤 效应 CTL 细胞可特异性直接杀伤带有相应抗原的肿瘤细胞。多种细胞因子如 TNF、IFN、IL-2 等既是效应分子，又可活化增强巨噬细胞、NK 细胞等抗肿瘤作用。

3. 免疫损伤 细胞免疫在临床上可出现迟发型超敏反应或造成某些自身免疫病。

细胞免疫应答与体液免疫应答相比其特点是：反应速度慢，多局限于抗原所在部位；清除细胞内寄生的病原生物、肿瘤细胞及移植的组织细胞，可通过效应 T 细胞和细胞因子转移。

第五节 免疫耐受与免疫调节

一、免疫耐受的概念

免疫耐受是指机体经某种抗原（耐受原）诱导后形成的特异性无应答状态，又称负免疫应答。免疫耐受具有特异性，只对特定的抗原无应答，对其他非耐受原仍引起良好的免疫应答。

二、免疫耐受的类型

(一) 天然免疫耐受

1945 年，Owen 发现一对异卵双生小牛在胚胎时期由于胎盘血管融合而发生血液交流。

出生后，在这两头小牛体内同时存在两种不同血型抗原的红细胞，而不产生相应的血型抗体。这种血型嵌合体小牛不仅允许对方不同血型的红细胞在体内长期存在，而且还能接受对方的皮肤移植物而不发生排斥反应，但接受其他无关小牛的皮肤移植时则会出现移植排斥反应。Owen将这一现象称为天然免疫耐受。

（二）人工诱导的免疫耐受

1953年，Medawar等人成功建立了胚胎期诱导耐受的动物模型。他们将CBA系黑鼠的脾细胞注入A系孕鼠的胚胎内，子代A系小鼠8周龄后可接受CBA系黑鼠的皮肤移植而不排斥，但对其他品系小鼠的皮肤移植物则产生排斥反应。这一实验结果与Burnet的克隆选择学说相吻合，即胚胎期接触某种抗原后可使体内相应的免疫应答血细胞克隆被清除，从而产生针对该抗原的免疫耐受。此种耐受试验在新生期小鼠中也获得成功。1962年Dresser用去凝聚的可溶性蛋白在成年动物诱导免疫耐受获得成功。这些实验证明，成年鼠也可诱导免疫耐受，但较胚胎期和新生期明显困难，产生的免疫耐受也不能持久维持。

三、诱导免疫耐受的条件

（一）抗原因素

1. **抗原的性状**　一般来说，小分子、可溶性、非聚合状态的抗原（如血清蛋白、多糖等）多为耐受原，其免疫原性差，导致耐受能力强。这些小分子的可溶性抗原在体内不易被APC有效加工和递呈给T细胞，因而不能有效刺激T细胞活化；而大分子颗粒性物质和蛋白质聚合物，如血细胞、细菌等，易被吞噬细胞摄取，经加工处理提呈后，能有效刺激淋巴细胞产生免疫应答，故为良好的免疫原。

2. **抗原的剂量**　足以诱导耐受的抗原剂量随抗原种类，动物的种属、品系及年龄，参与效应细胞类型等的不同而有所差异。一般来说，抗原剂量越大所诱导的耐受越完全和持久。经研究表明，小剂量抗原引起T细胞耐受，而大剂量抗原则引起T细胞和B细胞都耐受。T、B细胞产生耐受所需抗原剂量明显不同。T细胞所需抗原量较B细胞要小，而且发生快（24h内达高峰），持续时间长（数月）。而B细胞形成耐受不但需要抗原量大，且发生缓慢（1~2周），持续时间短（数周）。小剂量抗原引起的免疫耐受称低带耐受，大剂量抗原所引起的免疫耐受称高带耐受。

3. **抗原注射途径**　一般来说，抗原经静脉注射最易诱导机体产生耐受性，腹腔注射次之，皮下及肌内注射最难。但不同的部位静脉注射引起后果可各异。人丙种球蛋白经颈静脉注入引起免疫应答，经肠系膜静脉注入引起免疫耐受；IgG或白蛋白注入门静脉能致耐受，注入周围静脉则引起免疫应答。有些半抗原经皮内注射能诱导抗体生成及迟发型变态反应，但通过口服则发生耐受性。

通过肠系膜及门静脉注射易于致耐受的原因，可能是由于肝起着生物学过滤的作用，将抗原解聚，聚合抗原被肝巨噬细胞吞噬降解，从而除去了免疫原性强的抗原部分，剩下非聚合抗原进入外周血流或淋巴道。

（二）机体因素

1. **机体免疫系统的发育程度**　诱导免疫耐受形成的难易与机体免疫系统的发育成熟程度有关。通常在胚胎时期最易诱导免疫耐受的形成，新生期次之，成年期最难。体外实验证实，未成熟免疫细胞易于被诱导产生免疫耐受，成熟免疫细胞往往难以诱导产生耐受。通常诱导成熟免疫细胞耐受所需的抗原量比未成熟免疫细胞所需要的抗原量高30倍以上。

2. **遗传因素** 免疫耐受的诱导及维持的难易程度随品系不同而异。大鼠和小鼠对免疫耐受的诱导敏感，在胚胎期或新生期均易诱导成功；兔、有蹄类和灵长类在胚胎期较易诱导产生耐受，出生后则较困难。同一种属不同品系动物诱导产生耐受的难易程度也有很大差异。

3. **免疫抑制的联合应用** 单独使用抗原一般不易对成年机体诱发耐受性，而常需要与各种免疫抑制措施联合应用。常用的有效方法有：①全身淋巴组织照射；②应用抗淋巴细胞血清或抗 Th 细胞抗体，破坏成熟的 Th 细胞；③用环磷酰胺、环孢素及糖皮质激素等免疫抑制药物，选择性抑制 B 细胞和 Th 细胞。

上述现象不仅已被许多实验所证明，而且在器官移植临床工作中已被证实是延长移植物存活的有效措施，认为是常规防止移植物排斥的方法。

四、研究免疫耐受的意义

研究免疫耐受无论在免疫理论及医学实践中均具有重要的意义。机体对"自身"和"非己"物质的识别机制，是免疫学理论研究的核心问题之一。免疫耐受的诱导、维持、破坏与某些疾病的发生、发展、转归密切相关。故研究免疫耐受具有如下意义：①能解释机体天然耐受的原因；②能通过控制免疫耐受防治病原微生物感染和肿瘤发生；③能通过诱导免疫耐受防止移植排斥反应和超敏反应的发生。

五、免疫调节

（一）基因水平的免疫调节

控制免疫应答的基因主要有两大类：即编码直接识别抗原的分子（T 细胞、B 细胞抗原受体和免疫球蛋白）及编码控制免疫应答分子的基因。前者是免疫系统识别"自己"与"非己"，决定免疫应答特异性的物质基础；后者存在于 MHC 中，主要包括控制免疫细胞间相互作用的基因和控制机体对特定抗原发生免疫应答能力的基因。MHC 的表达及其表达产物的作用十分重要，因为多种免疫细胞对抗原的识别过程均有 MHC 限制性，即双重识别。如 Th 细胞与 APC 间受 MHC-Ⅱ类分子的限制，CTL 对靶细胞的作用受 MHC-Ⅰ类分子的限制。

（二）分子水平的免疫调节

抗原对免疫应答具有直接的调节作用，其特点有：①抗原的性质可以影响免疫应答的类型；②抗原的剂量和免疫途径决定免疫应答的强度，同时也能影响免疫应答的类型；③抗原活化诱导的细胞死亡对免疫应答的终止起调节作用。除此之外，抗体、补体、细胞因子等都可以起调节作用。

（三）细胞水平的免疫调节

1. **T 细胞的调节** Th1 和 Th2 两个亚群间通过分泌细胞因子相互调节。Th1 细胞分泌 IFN-γ 抑制 Th2 细胞的功能；Th2 细胞产生 IL-4、IL-10，可抑制 Th1 细胞的活性。调节性 T 细胞通过抑制细胞免疫和体液免疫，发挥负反馈调节作用。

2. **B 细胞的调节** 通过表达高亲和力的 BCR，以及协同刺激分子 CD80 进行调节。

3. **NK 细胞的调节** 在 IL-12 的作用下，活化分泌细胞因子，如 IFN-γ、IL-3、TNF-α 等参与淋巴细胞、巨噬细胞活性及造血功能的调节。

4. **独特型网络调节** 抗原进入体内后，可诱导 B 细胞扩增，产生某种抗体（Ab1），当数量足够大时，Ab1 可作为抗原在体内诱发机体产生抗抗体（Ab2）。独特型表位存在于抗体分子的抗原结合部位即 TCR/BCR 的互补结合区（CDR）和骨架区（FR）中，因此抗独特型抗体（Ab2）可分为针对 CDR 独特型表位的 β 型抗独特型抗体（Ab2β）和针对 FR 独特型表位的 α 型抗独特型抗体（Ab2α）两类。其中 Ab2β 的结构与抗原表位相似，并能与抗原竞争性地和 Ab1 结合，因而 β 型的抗独特型抗体被称为体内的抗原内影像。抗抗体中的 Ab2α 与 Ab2β 都可作为一种负反馈因素，对 Ab1 的分泌起抑制作用。大量的抗抗体产生，又可诱发抗抗抗体（Ab3），如此反复，构成独特型网络。独特型网络在临床上可用于制备疫苗，尤其是不宜直接对人体接种的病原体；因诱导 Ab2 的产生后，可减弱或除去体内原有的 Ab1 所介导的抗原特异性应答，还可用于自身免疫病的防治。

（四）整体水平的调节

免疫系统受神经内分泌系统整体调控，反之，免疫系统对内分泌系统也产生影响。

1. 内分泌系统对免疫的调节　神经内分泌系统主要由大脑、垂体和内分泌腺（如甲状腺、肾上腺、胰腺等）组成。通过分泌神经内分泌肽间接或直接作用于免疫系统，对免疫系统产生调节作用。如甲状腺激素、胰岛素、雌激素等可增强免疫功能；肾上腺皮质激素是最早发现的具有免疫抑制功能的激素；乙酰胆碱与免疫细胞表面相应受体结合后，可使细胞的 cAMP 浓度升高，对免疫细胞功能产生促进作用。

2. 免疫系统对神经内分泌系统的调节　免疫细胞和胸腺也可产生神经内分泌肽调节神经内分泌系统，还可通过分泌细胞因子、胸腺素调节神经内分泌系统，如 IL-1 通过下丘脑-垂体-肾上腺轴，刺激皮质激素合成增加。免疫系统与神经内分泌系统通过相互作用、相互影响，共同维持机体的生理平衡。

小结

免疫应答是机体免疫系统识别和排除抗原性异物的全过程，可分为三个阶段：①抗原提呈与识别阶段；②T、B 淋巴细胞活化、增殖与分化阶段；③效应阶段。特异性免疫应答包括体液免疫应答和细胞免疫应答。前者由 B 细胞介导，浆细胞分泌抗体完成免疫功能；后者由 T 细胞介导，参与的效应细胞主要是 Th1 细胞与 CTL 细胞。Th1 细胞通过合成细胞因子活化巨噬细胞等，在宿主抗胞内病原感染中起重要作用；CTL 细胞通过分泌穿孔素及诱导细胞凋亡以杀死病毒感染细胞和肿瘤细胞。

免疫耐受是 T、B 淋巴细胞对抗原的特异不应答或负应答表现。

思考题

1. 抗体产生有何规律？
2. 简述细胞免疫应答的基本过程。
3. 简述 CTL 细胞的杀伤机制。
4. 何谓免疫耐受？影响免疫耐受的主要因素有哪些？
5. 参与免疫调节的细胞主要有哪些？它们是如何发挥免疫调节作用的？

（黔东南民族职业技术学院　宋爱萍）

第七章 超敏反应

学习目标

1. 掌握超敏反应的概念及各类超敏反应的发病机制。
2. 熟悉各类超敏反应常见疾病。
3. 了解Ⅰ型超敏反应防治原则。

超敏反应（hypersensitivity）又称变态反应（allergy），指已经致敏的机体再次接受相同抗原刺激，引起以生理功能紊乱或组织细胞损伤为主的异常免疫应答。根据超敏反应的发生机制和临床特点，可将其分为四型：Ⅰ型，即速发型超敏反应；Ⅱ型，即细胞溶解型超敏反应；Ⅲ型，即免疫复合物型超敏反应；Ⅳ型，即迟发型超敏反应。

第一节 Ⅰ型超敏反应

Ⅰ型超敏反应是临床上最常见的一类超敏反应，也称过敏反应，可以发生于局部或全身，其特点是：①反应发生快，恢复也快；②由IgE抗体介导；③以生理功能紊乱为主，无明显的组织细胞损伤；④具有明显个体差异和遗传倾向。

一、参与反应的物质

（一）变应原

进入体内诱导产生IgE类抗体，导致过敏反应发生的抗原性物质称为变应原或过敏原。主要有：花粉颗粒、真菌孢子、螨及其排泄物、动物皮屑、羽毛、屋尘、昆虫、植物碎屑等，牛奶、鸡蛋、鱼、蟹、虾、海贝、蛤蟆类、鱿鱼、花生米等，食品添加剂、防腐剂、保鲜剂等，青霉素、普鲁卡因、有机碘等。

（二）IgE

IgE为过敏反应的介质，亲细胞型抗体，正常人血清内含量极低，而过敏患者血清内IgE含量异常增高。IgE合成后迅速结合到FcεRⅠ，使机体进入对该过敏原的特异致敏状态。

（三）细胞

肥大细胞和嗜碱性粒细胞是参与Ⅰ型超敏反应的主要效应细胞，肥大细胞广泛分布于皮下结缔组织中的小血管周围及呼吸道和消化道黏膜下层。嗜碱性粒细胞主要分布在外周血中，在过敏反应时集中到超敏反应部位而发挥作用。肥大细胞和嗜碱性粒细胞表面具有高亲和性IgE Fc受体，能与IgE结合而使身体处于致敏状态。肥大细胞和嗜碱性粒细胞胞浆中有大量的嗜碱性颗粒，颗粒中含有多种生物学活性物质。变应原通过与肥大细胞、嗜碱性粒细胞表面的FcεRⅠ结合而触发过敏反应。嗜酸性粒细胞主要分布于呼吸道、消化道等的黏膜下层结缔组织中，外周血中有少量存在。嗜酸性粒细胞产物如嗜酸细胞阳离子蛋白、过氧化物酶等可造成局部组织细胞损伤而加重过敏反应的症状，也可以通过抑制介质释放或吞噬肥大细胞等释放的颗粒、释放组胺酶灭活组胺、释放芳基硫酸酯酶灭活白三烯（LTs）、释放磷脂酶 D 灭活血小板活化因子参与过敏反应的负反馈调节。

（四）生物活性介质

参与过敏反应的介质主要有：组胺、激肽原酶、中性粒细胞趋化因子、嗜酸性粒细胞趋化因子、前列腺素 D_2、血小板活化因子和白三烯等。各种介质的作用大致相同，但又各有其特点。如：组胺释放快（数分钟），维持时间短（≤2h），扩张血管作用强，是引起痒感的唯一介质；白三烯的释放及发挥作用缓慢（4～6h），但维持时间长（1～2天），引起支气管平滑肌持续痉挛的效力比组胺强 100～1000 倍，是引起过敏性哮喘的主要介质。

二、发生机制

Ⅰ型超敏反应的发生可分为三个阶段，即致敏阶段、发敏阶段和效应阶段（图 7-1）。

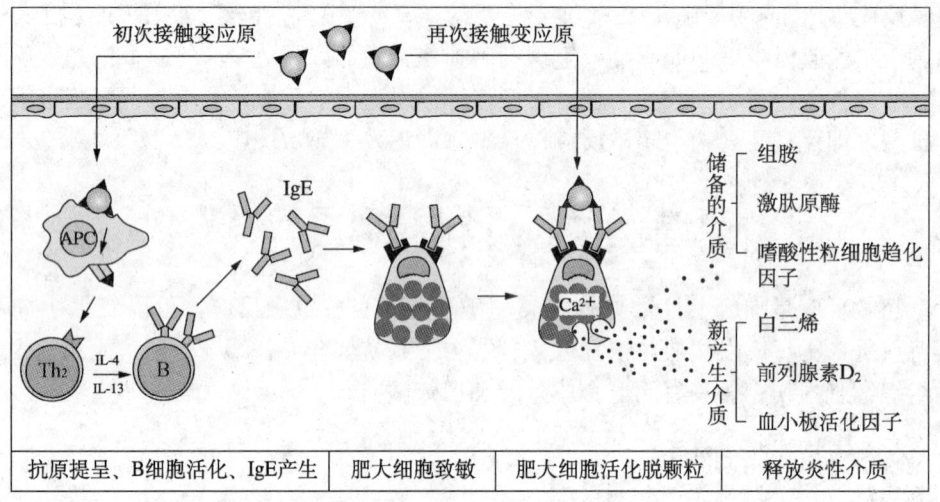

图 7-1　Ⅰ型超敏反应发生机制示意图

（一）致敏阶段

变应原进入机体经 APC 加工处理提呈后，可刺激 B 细胞增殖分化为浆细胞，产生特异性 IgE 抗体。IgE 通过其 Fc 段与肥大细胞和嗜碱性粒细胞表面相应受体（FcεRⅠ）结合，使机体处于对该过敏原特异致敏状态。致敏状态通常可维持数月或更长时间，如果长期不接触相同变应原，致敏状态可逐渐消失。

（二）发敏阶段

相同变应原再次进入致敏机体，与肥大细胞或嗜碱性粒细胞表面 IgE 的 Fab 端结合，二价或多价变应原能与两个以上相邻的 IgE 结合，从而使膜相邻近的 FcεRⅠ发生相互桥联而移位、变构，细胞被活化，从而触发细胞膜一系列的生化反应：胞外 Ca^{2+} 流入胞内，细胞脱颗粒，释放组胺等细胞预先合成介质；FcεRⅠ桥联后细胞膜脂质发生磷脂甲基化代谢，在磷脂酶 A2 和甲基转移酶作用下膜磷脂胆碱降解，释放出花生四烯酸。花生四烯酸以氧合酶途径继续代谢，形成白三烯、血小板活化因子和前列腺素等生物学活性物质，与过敏反应的迟发相关系密切。

（三）效应阶段

效应阶段指生物活性介质作用于效应器官、组织，致使出现生理功能紊乱，引起局部或全身病理变化的阶段，主要表现在：

1. 小血管扩张、毛细血管通透性增强　导致有效循环血量下降，血浆外渗、局部水肿。
2. 平滑肌痉挛　常见于气管、支气管及胃肠道平滑肌。
3. 腺体分泌增加　可表现为流泪、流涕、痰多、腹泻等。
4. 刺激感觉神经　引起强烈痒感。

过敏反应分为速发相和迟发相两个阶段，速发相指接触变应原后即刻至 30 min 内发生，主要由组胺引起，表现为血管通透性增强，可持续数小时；迟发相主要由新合成介质白三烯、血小板活化因子及部分细胞因子引起，在 6~12 h 出现，以嗜酸性粒细胞浸润、平滑肌持续痉挛等为主，持续数天时间。

三、临床常见疾病

（一）过敏性休克

过敏性休克是最严重的全身性 I 型超敏反应。致敏患者常在接触变应原后数分钟内即出现严重的临床症状，主要表现为胸闷、气急、呼吸困难、面色苍白、出冷汗、手足发凉、脉搏细速、血压下降等，抢救不及时可导致死亡。

1. 药物过敏性休克　以青霉素过敏性休克最为常见，此外头孢菌素、普鲁卡因等也可引起。青霉素本身没有免疫原性，但其降解产物青霉噻唑醛酸和青霉烯酸等半抗原与组织蛋白结合后成为变应原，能刺激机体产生特异IgE，使肥大细胞和嗜碱性粒细胞致敏。当这些变应原再次进入而诱发过敏性休克。因此，提高青霉素纯度和使用新鲜配制的青霉素制剂是预防青霉素过敏性休克的有效措施。临床发现少数人在初次注射青霉素时也可发生过敏性休克，这可能与其曾经使用过被青霉素污染的医疗器械，或吸入空气中青霉菌孢子而使机体处于致敏状态有关。

2. 血清过敏性休克　临床应用动物免疫血清如破伤风抗毒素、白喉抗毒素血清进行治疗或紧急预防时，有些患者因曾注射过相同的血清制剂已被致敏，而发生过敏性休克。

（二）呼吸道过敏反应

主要表现为过敏性鼻炎和过敏性哮喘，二者同为吸入性过敏原引发的呼吸道过敏性疾病。两种疾病常伴发且同为气道炎性反应。常见过敏原为花粉、真菌、尘螨、动物皮屑、枕垫料等，由花粉引起的季节性过敏性鼻炎常伴有过敏性结膜炎、外耳道等黏膜瘙痒，称为花粉症。过敏性鼻炎未经治疗或治疗不当可能发展为过敏性哮喘。

（三）胃肠道过敏反应

少数人进食鱼、虾、蛋、牛奶及服用某些药物后可发生过敏性胃肠炎，出现恶心、呕吐、腹泻、腹痛等症状，严重者可发生过敏性休克。

（四）皮肤过敏反应

皮肤过敏反应主要包括荨麻疹、湿疹及血管性水肿，以皮疹伴剧烈瘙痒为主要表现，可由食物、药物、化粉等多种变应原引发。

四、防治原则

（一）避免再接触过敏原

1. 确定变应原　可通过询问病史和实验室检查以确定变应原。常用的方法有：①体内试验，即激发试验、皮内试验、点刺试验等，根据机体接触抗原后的反应来判定过敏原；

②体外试验，通过各种方法检测特异 IgE 确定过敏原，此外，也可以检测总 IgE、嗜酸性粒细胞等，以此作为诊断过敏性疾病的佐证。

2. 避免再接触变应原　明确过敏原后采用避、忌、替、移等办法避免接触变应原以达到预防的目的。

（二）脱敏和减敏治疗

1. 脱敏注射　抗毒素皮试阳性但又必须使用者，可采用小剂量、短间隔（20～30 min）、多次注射的方法，可以避免过敏反应发生，称为脱敏治疗。进行脱敏注射，以减轻临床症状。其机制是小剂量过敏原进入体内，使体内介质间歇、分批次释放，但不足以引起明显的临床症状，同时介质无法在短时间内积累。因此，短时间内小剂量多次注射过敏原可以使体内致敏细胞分批次脱敏，以致最终解除致敏状态。此时再大量注射抗毒素就不会引起过敏反应。这种脱敏作用为暂时的，经过一段时间后机体可重新恢复致敏状态。也可采用精制人血抗毒素血清以避免过敏反应发生。

2. 减敏治疗　减敏治疗也称为特异免疫治疗，是对那些能够检出而难以避免的过敏原（如花粉或尘螨等），可采用标准抗原制剂以少量、多次、渐增的方法，通过皮下注射或舌下含服达到减敏的目的。其作用机制为：①封闭抗体的产生，改变抗原进入途径，诱导产生 IgG 型抗体（封闭抗体），阻止变应原与细胞表面的 IgE 结合；②免疫调节，皮下注射或舌下含服可以调节针对该抗原反应的 Th1 与 Th2 比例，以减少特异 IgE 的合成。

（三）抗过敏药物治疗

1. 抑制生物活性介质释放的药物　色甘酸钠可稳定细胞膜，防止肥大细胞等脱颗粒，从而减少或阻止活性介质的释放。肾上腺素、异丙肾上腺素和麻黄碱等能激活腺苷酸环化酶，增加胞内 cAMP 合成。甲基黄嘌呤、氨茶碱等能抑制磷酸二酯酶活性，减少 cAMP 分解。因此，上述药物能提高细胞内 cAMP 浓度，从而抑制组胺等活性介质的释放。阿司匹林可以抑制环氧合酶的活性，抑制继发产物前列腺素的合成，咪唑斯汀则可以抑制脂氧合酶活性，减少白三烯、血小板活化因子等介质的产量。

2. 生物介质拮抗药物　抗组胺药（如氯苯那敏、氯雷他啶、西替利嗪、酮替芬等）可与组胺竞争靶器官细胞膜上的组胺 H1 受体，抑制组胺活性；孟鲁司特钠可拮抗白三烯的作用，减轻平滑肌痉挛等迟发反应。

3. 改善效应器官反应性的药物　肾上腺皮质激素、钙剂、维生素 C 可以有效地降低毛细血管通透性，减轻充血和渗出。

（四）免疫疗法

通过提高 IL-2、IFN-γ 水平，降低 IL-4 水平及调节 Th1/Th2 活性，以减少 IgE 抗体的产生，或通过重组及合成抗 IgE 或抗 IgE Fc 段，清除 IgE 或阻止 IgE 与肥大细胞、嗜碱性粒细胞的结合，以控制发作。目前，人鼠嵌合型抗人 IgE 抗体已在部分地区应用，并取得一定效果。

第二节　Ⅱ型超敏反应

Ⅱ型超敏反应是由 IgG、IgM 类抗体与靶细胞膜表面相应抗原或半抗原结合，在吞噬细胞、补体或 NK 细胞的参与下，引起以细胞溶解或组织损伤为主的病理反应，故又称细胞毒型或细胞溶解型超敏反应（图 7-2）。

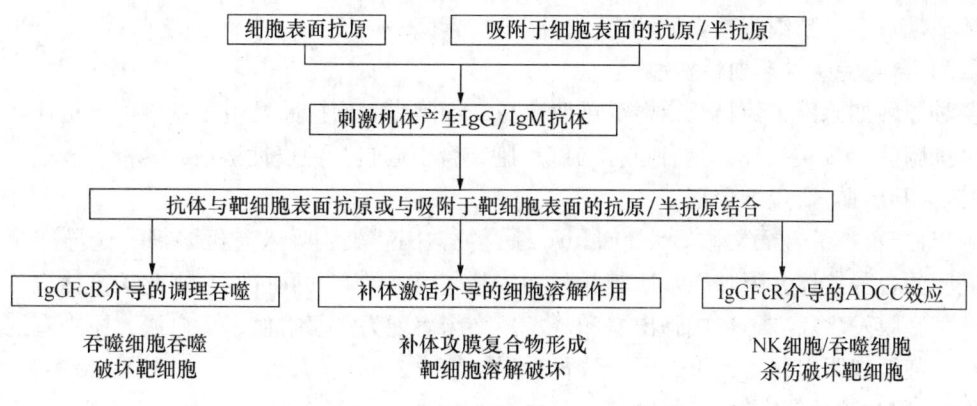

图 7-2　Ⅱ型超敏反应发生机制示意图

一、发生机制

(一) 靶细胞及表面抗原

正常组织细胞（如输入的异型红细胞）、改变的自身细胞，或吸附有外来抗原、半抗原及免疫复合物的自身组织细胞，均可以成为Ⅱ型超敏反应的靶细胞。靶细胞表面的抗原主要包括：①同种异型抗原，如 ABO 抗原、HLA 抗原；②异嗜性抗原，如链球菌细胞壁成分与心瓣膜的共同抗原；③自身抗原，如化学修饰、感染改变的自身组织抗原。

(二) 抗体、补体及效应细胞的作用

参与Ⅱ型超敏反应的抗体主要是 IgG 和 IgM，少数为 IgA。抗体与细胞膜表面相应抗原结合后，可通过三条途径损伤靶细胞：①激活补体，溶解细胞；②活化吞噬细胞，发挥调理吞噬作用；③通过 ADCC 作用，杀伤靶细胞。

二、临床常见疾病

(一) 输血反应

多发生于 ABO 血型不符的输血。输入的异型红细胞与受血者血清中相应血型抗体（IgM）结合，激活补体而引起溶血反应。常出现高热、寒战、心悸、气短、腰背痛、血红蛋白尿、急性肾衰竭和 DIC 等，后果严重。反复多次输入异型 HLA 血液可诱导产生抗白细胞、血小板抗体，出现非溶血性发热即白细胞输血反应。

(二) 新生儿溶血症

多发生于 Rh 阴性孕妇所产 Rh 阳性胎儿。母亲初次妊娠因流产、胎盘剥离出血，胎儿 Rh 阳性红细胞进入母体，可刺激母体产生抗 Rh 抗体 (IgG)。如第二胎仍为 Rh 阳性时，母体抗 Rh 抗体可通过胎盘进入胎儿体内，与胎儿 Rh 阳性红细胞结合，激活补体，导致红细胞破坏，引起流产、死产或新生儿溶血症。为防止新生儿溶血症发生，可在初产妇分娩后 72h 内注射抗 Rh 抗体，以阻断 Rh 阳性红细胞对母体的致敏。母子间 ABO 血型不符引起的新生儿溶血症很常见，但症状较轻。

(三) 药物性血细胞减少症

青霉素、磺胺、奎尼丁等药物与血细胞膜蛋白或血浆蛋白结合而成为完全抗原，从而刺激机体产生药物抗原表位特异性的抗体。该抗体与药物结合的红细胞、粒细胞、血小板作用，或与药物结合形成的免疫复合物作用后再与具有该抗体 Fc 受体的血细胞结合，引起药

物性溶血性贫血、粒细胞减少症和血小板减少性紫癜。

（四）自身免疫性溶血性贫血

各种原因如感染、药物及辐射等可使自身红细胞膜表面抗原发生改变，刺激机体产生抗自身红细胞的IgG类抗体。这种抗体与红细胞结合引起自身免疫性溶血。

（五）肺出血-肾炎综合征

肺出血-肾炎综合征又称Goodpasture综合征，因感染、吸入有机溶剂等诱导产生针对肺基底膜的自身抗体。因肺泡基底膜与肾小球基底膜之间有共同抗原，因此该抗体也可能和肾小球基底膜发生反应，造成肺出血和肾炎。临床表现为反复咯血、蛋白尿、尿中有红细胞及管型，甚至肉眼血尿，严重的可导致肾衰竭。

（六）甲状腺功能亢进

甲状腺功能亢进又称Graves病，属于自身免疫性抗受体病，是一种特殊的Ⅱ型超敏反应，即抗体刺激型超敏反应。患者体内产生促甲状腺激素（TSH）受体的自身抗体，此类抗体不引起细胞损伤，而是与甲状腺细胞表面受体结合，持续刺激甲状腺细胞分泌甲状腺激素，故称为长效甲状腺刺激素。患者表现为甲状腺功能亢进。

第三节　Ⅲ型超敏反应

Ⅲ型超敏反应是由抗原与抗体在血液中结合形成中等大小可溶性免疫复合物，并沉积于血管壁基底膜或组织间隙，通过激活补体并在血小板和中性粒细胞参与下，引起以充血水肿、局部坏死和中性粒细胞浸润为主要特征的炎症反应和组织损伤，又称免疫复合物型或血管炎型超敏反应（图7-3）。

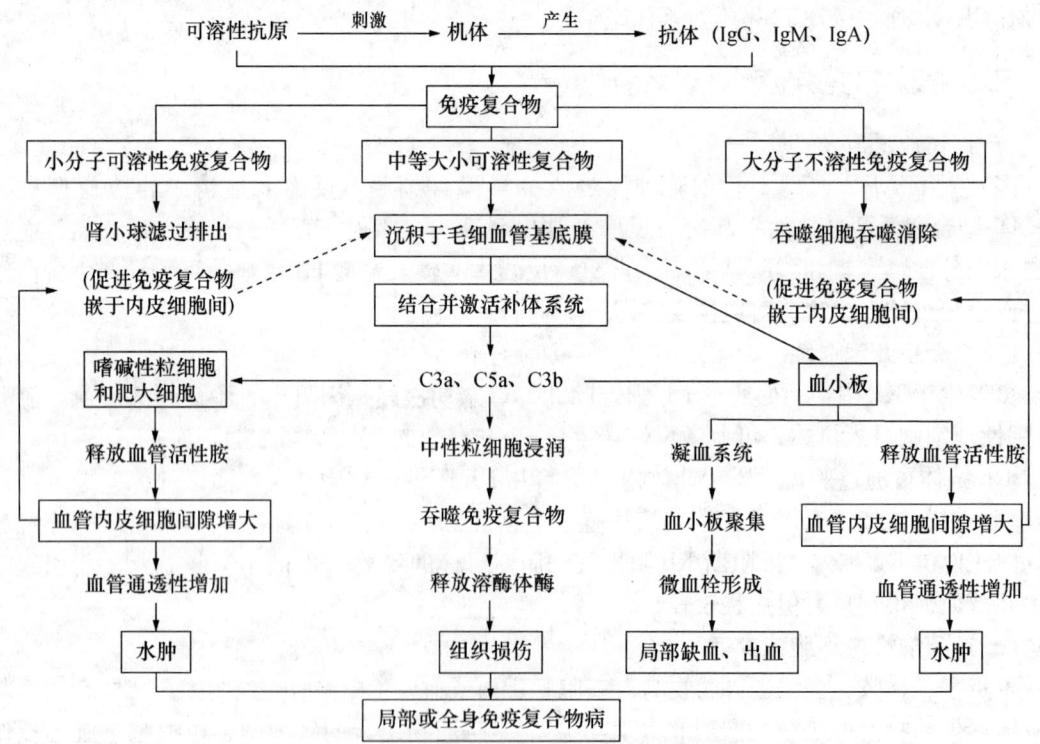

图7-3　Ⅲ型超敏反应发生机制示意图

一、发生机制

(一) 免疫复合物沉积

抗原与相应抗体结合可形成抗原-抗体复合物,即 IC。通常大分子 IC 可被体内单核-巨噬细胞及时吞噬清除,小分子 IC 在循环中比较稳定,可通过肾小球滤过清除,因此二者均无致病作用。当形成中等大小可溶性 IC(分子量 19 000)并长期存在于循环中,极有可能沉积于毛细血管基底膜,引起Ⅲ型超敏反应。中等大小可溶性免疫复合物的沉积与下列因素有关:

1. 局部解剖和血流动力学因素的作用:循环 IC 容易沉积于血管压力较高的毛细血管迂回处,如肾小球基底膜和关节滑膜等处的毛细血管。

2. 血管活性胺类物质的作用:血管活性胺类物质可使血管内皮细胞间隙增大,从而不仅增加血管通透性,而且有助于 IC 对血管内皮细胞间隙的沉积和嵌入。

(二) 组织损伤机制

循环中的 IC 只有沉积于局部才具有致病作用。IC 并不直接损伤组织,而是通过以下方式引起免疫损伤:①补体的作用,沉积的 IC 可激活补体系统,产生的 C3a、C5a 可刺激肥大细胞和嗜碱性粒细胞释放组胺、血小板活化因子等生物活性介质,使局部血管通透性增高,导致渗出性炎症反应,促进 IC 进一步沉积并促进中性粒细胞在炎症部位聚集;②中性粒细胞的作用,聚集的中性粒细胞在吞噬沉积的 IC 过程中,释放溶酶体酶、蛋白水解酶、胶原酶,造成血管基底膜和邻近组织损伤;③血小板的作用,在局部凝集、活化后释放血管活性胺类,加剧局部渗出性反应,并激活凝血过程,形成微血栓,引起局部缺血、坏死。

二、临床常见疾病

常见的Ⅲ型超敏反应包括局部免疫复合物病和全身免疫复合物病两类。前者仅发生在抗原进入部位;后者免疫复合物通过血流播散,发生多部位沉积,形成全身免疫复合物病。

(一) 局部免疫复合物病

1. Arthus 反应 Arthus 于 1903 年发现,给家兔皮下多次注射马血清后,注射局部可发生水肿、出血、坏死等剧烈炎症反应。

2. 类 Arthus 反应 见于胰岛素治疗的糖尿病患者,其局部反复注射胰岛素后可刺激机体产生相应 IgG 类抗体,若再次注射胰岛素,即可在注射局部出现红肿、出血和坏死等与 Arthus 反应类似的局部炎症反应。

(二) 全身免疫复合物病

1. 血清病 外毒素性疾病需要大剂量注射异种动物免疫血清,部分患者经过 1~2 周,出现局部红肿、全身发热、皮疹、淋巴结肿大、关节肿痛及蛋白尿等表现,称为血清病。这是由于患者体内产生的抗异种动物血清抗体,与残余的动物血清结合成 IC,引起全身免疫复合物病。随着抗体合成增加,抗原逐渐被清除,疾病即自行恢复。临床上长期使用某些药物,也可通过类似机制出现血清病样反应,称为药物热。

2. 链球菌感染后肾小球肾炎 以 A 群链球菌感染后最多见,多在链球菌感染后 2~3 周,发生急性肾小球肾炎。这是由于链球菌的细胞壁 M 蛋白与相应抗体形成 IC,沉积于肾小球基底膜所致。

3. 类风湿性关节炎 机体 IgG 类抗体发生变性,刺激机体产生抗变性 IgG 的 IgM 类自身抗体,即类风湿因子(RF)。RF 与自身变性 IgG 结合形成 IC,并反复沉积于小关节滑膜毛细血管壁，引起关节炎症性损伤。

4. 系统性红斑狼疮（SLE） SLE患者体内出现多种自身抗体，如抗核抗体、抗线粒体抗体等，自身抗体与自身成分形成的IC沉积在全身多处血管基底膜，导致组织损伤，表现为全身多器官病变。

第四节 Ⅳ型超敏反应

Ⅳ型超敏反应又称迟发型超敏反应，是由效应T细胞再次接触相同抗原后所介导，表现为以单核细胞、淋巴细胞浸润为主的病理损伤（图7-4）。其特点是：①反应发生慢（24~72h），消退也慢；②T细胞介导，无抗体和补体参与；③多在变应原进入局部时发生；④以单核细胞浸润为主的炎症反应；⑤无明显个体差异。

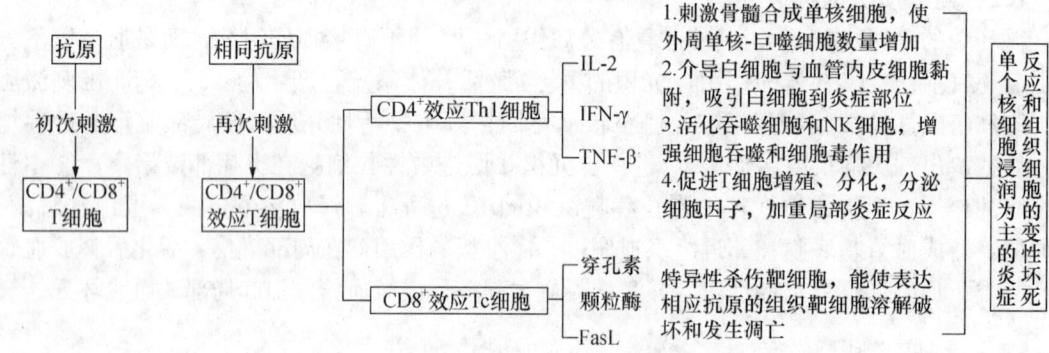

图7-4 Ⅳ型超敏反应发生机制示意图

一、发生机制

（一）抗原与细胞

引起Ⅳ型超敏反应的抗原主要包括胞内寄生菌、病毒、寄生虫、真菌、细胞抗原（如肿瘤细胞、移植细胞）和某些化学物质等。进入机体的抗原经APC加工处理后，以抗原肽-MHC-Ⅰ/Ⅱ类复合物的形式表达于抗原递呈细胞表面，活化具有相应抗原受体的$CD4^+$ Th细胞和$CD8^+$ Tc细胞，导致单核细胞和淋巴细胞进入抗原存在部位，从而进一步扩大炎症反应。

（二）效应T细胞介导炎症反应和组织损伤

胞内寄生菌等抗原经APC递呈，导致$CD4^+$ Th细胞和$CD8^+$ Tc细胞活化而使机体致敏，当抗原再次进入就会通过效应T细胞引起组织损伤：

1. $CD4^+$ Th细胞介导炎症反应和组织损伤 $CD4^+$ Th细胞活化后释放IFN-γ、TNF-β、IL-2、趋化因子等细胞因子，产生以单核细胞及淋巴细胞浸润为特征的炎性反应和组织损伤。

2. $CD8^+$ Tc细胞介导的细胞损伤 $CD8^+$ Tc细胞与靶细胞表面的相应抗原结合后，通过释放穿孔素和颗粒酶，并通过FasL/Fas途径引起靶细胞的溶解和凋亡。

二、临床常见疾病

（一）传染性超敏反应

传染性超敏反应指感染过程中发生的Ⅳ型超敏反应。机体抗细胞内寄生病原体（如病毒、胞内菌、真菌及某些原虫等）主要为细胞免疫，但在清除抗原及阻止病原体扩散的同时，因产生Ⅳ型超敏反应而导致组织损伤。

（二）接触性皮炎

接触性皮炎是指再次接触药物、染料、金属、农药、化妆品等变应原所引发的以皮肤损伤为主要特征的迟发型超敏反应。一般在接触24h后发生皮炎，48~72h达高峰，表现为接触局部红斑、丘疹、水疱，严重者可发生剥脱性皮炎。

（三）移植排斥反应

由于供受双方HLA的差异，进行同种异体器官移植后会发生不同程度的排斥反应。严重的会因移植物的坏死而致移植失败。为减轻、延缓移植排斥反应，通常需要长期使用免疫抑制剂。

小结

超敏反应指已经致敏的机体再次接受相同抗原刺激，所引起的以生理功能紊乱或组织细胞损伤为主的异常免疫应答。引起超敏反应的抗原称变应原。

超敏反应根据发生机制分四型，Ⅰ、Ⅱ、Ⅲ型超敏反应由抗体介导，Ⅳ型超敏反应由细胞介导。

表 7-1 各型超敏反应特点比较

	Ⅰ型	Ⅱ型	Ⅲ型	Ⅳ型
变应原	尘螨、花粉、真菌、食物、药物	自身变性抗原、外来药物半抗原	可溶性抗原	胞内寄生菌、化学制剂（染料、油漆、药物等）
靶组织和靶细胞	皮肤、黏膜、全身毛细血管	血细胞、肾小球基底膜、心瓣膜、心肌细胞等	血管基底膜、关节滑膜、肾小球基底膜	感染细胞、移植的异体器官、皮肤
免疫分子	IgE、IgG4	IgG、IgM、补体	IgG、IgM、补体	
免疫细胞	肥大细胞、嗜碱性粒细胞、嗜酸性粒细胞（负反馈调节）	巨噬细胞、NK细胞、中性粒细胞	中性粒细胞、血小板、嗜碱性粒细胞	Tc细胞、$CD4^+$ Th1细胞
生物活性介质	组胺、激肽原酶、白三烯、前列腺素、血小板活化因子等	膜攻击复合物	补体片段C3a、C5a、C567，溶酶体酶，血管活性胺等	穿孔素、丝氨酸蛋白酶、IL-2、IFN-γ、TNF-β等
效应	血管扩张，通透性增强，平滑肌收缩，腺体分泌增加	细胞、组织损伤	中性粒细胞浸润为主的血管炎症	单核-巨噬细胞浸润性炎症反应
常见临床疾病	过敏性休克、过敏性鼻炎、支气管哮喘、食物过敏、荨麻疹等	输血反应、新生儿溶血症、溶血性贫血、链球菌感染后肾小球肾炎	血清病、链球菌感染后肾小球肾炎、系统性红斑狼疮、类风湿关节炎等	传染性超敏反应、接触性皮炎、移植排斥反应等

思考题

1. 青霉素引起的过敏性休克属于哪一型超敏反应?简述其发生机制。
2. 临床常见的Ⅱ型超敏反应性疾病有哪些?简述其发生机制。
3. 简述Ⅲ型超敏反应的发生机制,列举其常见疾病。
4. 简述超敏反应的防治原则。

(大庆医学高等专科学校 黄建林)

第八章 免疫学应用

> **学习目标**
> 1. 掌握人工自动免疫和人工被动免疫的概念。
> 2. 掌握人工自动免疫与人工被动免疫常用生物制剂及应用。
> 3. 熟悉免疫治疗、免疫学检测的常用方法及其原理。

第一节 免疫学防治

免疫学防治包括免疫预防和免疫治疗两方面,随着科技的进步、免疫学理论及技术的快速发展,免疫学防治已从原来对传染病的防治发展到对自身免疫病、超敏反应性疾病、免疫缺陷病等的防治。

一、免疫预防

根据特异性免疫原理,采用人工方法将免疫原或免疫效应物质注入机体使其获得特异性免疫能力,以达到预防疾病的目的,称免疫预防。免疫预防是控制和消灭传染病的重要手段(表8-1)。

(一) 人工自动免疫

用人工的方法给机体输入抗原物质(如疫苗、类毒素),诱导机体产生免疫保护的方法称为人工自动免疫。

疫苗是用各种病原微生物制备的用于人工自动免疫的抗原制剂。用细菌制备的生物制品称菌苗;用病毒、螺旋体等其他微生物制成的生物制品称疫苗。广义的疫苗概念包括菌苗。

1. **灭活疫苗** 是选用免疫原性强的病原体,经人工大量培养后,用理化方法灭活制成。灭活疫苗优点是安全,易保存,可诱导特异抗体的产生;缺点是用量大,需多次接种,注射局部和全身的反应较重。常用的灭活疫苗有乙脑疫苗、百日咳疫苗、狂犬病疫苗等。

2. **减毒活疫苗** 是用人工诱导变异的方法筛选出来的减毒或无毒力的活病原体制成。在体内存留时间长,一般只需接种一次,且免疫效果良好,持续时间长。常用的减毒活疫苗有卡介苗、脊髓灰质炎疫苗、麻疹疫苗等。

3. **类毒素** 是用细菌的外毒素经0.3%~0.4%甲醛处理后制成,使其失去毒性而保留了免疫原性,接种后能诱导机体产生抗毒素。常用的类毒素有破伤风类毒素、白喉类毒素等。

4. **新型疫苗**

(1) 亚单位疫苗:是去除病原体中与诱发保护性免疫无关或有害的成分,保留有效免疫原成分制作的疫苗。如脑膜炎球菌荚膜多糖疫苗。

（2）结合疫苗：是将细菌荚膜多糖的水解物化学连接于类毒素制剂，为细菌荚膜多糖提供蛋白质载体，使其成为 T 细胞依赖性抗原。

（3）合成肽疫苗：是将具有保护性免疫作用的多肽抗原或氨基酸序列与适当载体或佐剂结合后制成的疫苗。其优势在于可对抗原表位进行合理的组合，如 HBsAg 合成肽疫苗。

（4）基因工程疫苗：有重组抗原疫苗、重组载体疫苗、DNA 疫苗等。①重组抗原疫苗是采用 DNA 重组技术制备的只含保护性抗原组分的基因工程疫苗。重组抗原疫苗不含活的病原体及病毒核酸，故安全有效，成本低廉。目前获准使用的有乙型肝炎重组抗原疫苗、口蹄疫疫苗等。②重组载体疫苗又称重组减毒活疫苗，是将编码有效抗原的基因插入到减毒的病毒或细菌载体基因组中，接种后可随微生物的繁殖而大量表达所需抗原。③DNA 疫苗是将编码有效抗原的基因与细菌质粒构建成重组体，接种后可表达出所需抗原，并刺激机体产生特异性免疫，具有维持时间长、免疫效果好、耗费较低等优点，是疫苗的发展方向之一。

（二）人工被动免疫

人工被动免疫是给机体输注免疫效应物质（特异性抗体、细胞因子等）制剂，直接发挥免疫作用，多用于感染的紧急预防及治疗。

1. 抗毒素 是用细菌外毒素或类毒素免疫动物制备的免疫血清，具有中和外毒素毒性的作用。一般临床所用抗毒素为免疫马血清，可诱发Ⅰ型超敏反应，使用前应做皮试。常用的有破伤风抗毒素及白喉抗毒素等。

2. 人免疫球蛋白制剂 包括血浆免疫球蛋白和胎盘免疫球蛋白，可用于麻疹、甲型肝炎、脊髓灰质炎等疾病的紧急预防。

3. 细胞因子及单克隆抗体 主要有 IFN、IL-2 等，可望成为治疗肿瘤、艾滋病等的有效手段；单克隆抗体是指由单一 B 细胞杂交瘤产生的只针对一种抗原决定簇的抗体，是用基因工程及现代生物技术生产的人源单克隆抗体。它具有特异、均一等优点。

表 8-1　两种人工免疫方式的比较

区别点	人工自动免疫	人工被动免疫
输入的物质	抗原	抗体
免疫力出现时间	较慢，约需1~4周潜伏期	立即
免疫力维持时间	较长（数月至数年）	较短（2周至数月）
主要用途	预防为主	治疗或紧急预防

（三）计划免疫

计划免疫简言之就是有计划地进行预防接种，即根据传染病疫情监测和人群免疫水平分析，按照科学的免疫程序有计划地利用疫苗进行预防接种，以提高人群免疫水平，达到控制以至最终消灭相应传染病的重要措施。长期以来，我国实施的计划免疫是五苗（即卡介苗、麻疹疫苗、脊髓灰质炎疫苗、白百破三联疫苗、乙肝疫苗）防七病（即结核、麻疹、脊髓灰质炎、白喉、百日咳、破伤风、乙型肝炎）。目前已经启动扩大免疫规划实施方案，在原有的五苗基础上，将甲肝、乙脑、流脑、风疹、腮腺炎等疫苗纳入国家免疫规划范围（表8-2），以达到预防十余种疾病的目标。

表 8-2　我国实施的儿童计划免疫程序

接种时间	接种的生物制品
新生儿	卡介苗、乙肝疫苗 1
1 个月	乙肝疫苗 2
2 个月	三价脊髓灰质炎疫苗第 1 丸
3 个月	三价脊髓灰质炎疫苗第 2 丸、白百破三联疫苗第 1 针
4 个月	三价脊髓灰质炎疫苗第 3 丸、白百破三联疫苗第 2 针
5 个月	白百破三联疫苗第 3 针
6 个月	乙肝疫苗 3
8 个月	麻风疫苗、乙脑灭活疫苗 1、乙脑灭活疫苗 2（或乙脑减毒活疫苗 1）
6~18 个月	A 群流脑疫苗 1、A 群流脑疫苗 2
18 个月	甲肝灭活疫苗 1（或甲肝减毒活疫苗）
1.5~2 岁	白百破三联疫苗第 4 针、麻腮风疫苗
2 岁	乙脑灭活疫苗 3（或乙脑减毒活疫苗 2）
2~2.5 岁	甲肝灭活疫苗 2
3 岁	A+C 群流脑疫苗 1
4 岁	三价脊髓灰质炎疫苗第 4 丸
6 岁	白破疫苗、A+C 群流脑疫苗 2、乙脑灭活疫苗 4

1. 预防接种注意事项　严格按生物制品使用说明的规定进行接种，应注意生物制品是否变质、过期或保存不当，注意并及时处理接种后的局部或全身反应。

2. 禁忌证　免疫功能缺陷者，高热、严重心血管疾病、肝肾疾病、活动性风湿热、急性传染病、甲状腺功能亢进、严重高血压、糖尿病患者不宜接种，正在使用免疫抑制剂者、妊娠期妇女，应暂缓接种。

二、免疫治疗

针对机体低下或亢进的免疫功能，根据免疫学原理，利用物理、化学和生物学的手段人为地增强或抑制机体的免疫功能，达到治疗疾病目的的措施，称为免疫治疗。近年来在临床应用广泛。

（一）治疗性疫苗

疫苗治疗是针对机体异常的免疫状态，人工给予抗原以增强免疫应答或诱导免疫耐受，达到治疗疾病的目的。用于传染病预防的疫苗也具有治疗疾病的作用。如预防结核的卡介苗具有良好的非特异性免疫增强作用和佐剂效应，可通过活化巨噬细胞、增强 NK 细胞的活性，诱导免疫细胞产生 IL-1、IL-2、TNF 等细胞因子发挥作用，在抗肿瘤、抗感染中疗效确切。

（二）抗体

抗体为体液免疫效应物质，具有中和毒素、激活补体及 ADCC 作用等多种生物学活性。主要用于抗感染、抗肿瘤和抗移植免疫排斥反应。目前临床常用的治疗性抗体主要有多克隆抗体、单克隆抗体及基因工程抗体。

(三) 细胞因子

1. **外源性细胞因子治疗** 重组细胞因子已用于肿瘤、感染、造血障碍等疾病的治疗。如 IFN-α 对病毒性肝炎、带状疱疹等疗效较好；GM-CSF、G-CSF 用于粒细胞低下及化疗所致的粒细胞减少症等。

2. **细胞因子拮抗剂疗法** 此法的原理是通过抑制细胞因子的产生、阻止细胞因子与相应受体结合等，从而达到阻止细胞因子发挥生物学作用。该法可用于自身免疫病、移植排斥反应、感染性休克的治疗。如重组 I 型可溶性 TNF 受体可用于治疗类风湿关节炎，也可缓解感染性休克，重组可溶性 IL-1 受体可抑制器官移植排斥反应。

(四) 过继免疫治疗和造血干细胞移植

过继免疫是将具有免疫效应的免疫细胞、细胞因子以及小分子的免疫因子如转移因子等用于治疗疾病的方法。它也是以细胞为基础的免疫治疗，是将自体或异体的造血干细胞、免疫细胞或肿瘤细胞经体外培养诱导扩增后回输机体，以激活或增强机体的免疫应答。

1. **造血干细胞移植** 造血干细胞是具有多种分化潜能和自我更新能力的细胞，在适当条件下可被诱导分化为多种组织和细胞。移植造血干细胞能使患者免疫系统得以重建或恢复造血功能。目前此法已成为临床治疗再生障碍性贫血、白血病、原发性免疫缺陷病的重要手段。

2. **免疫效应细胞** 取自体或供者的淋巴细胞经体外激活、增殖后回输给患者，可直接杀伤肿瘤细胞，发挥抗肿瘤效应，如 LAK 细胞。

(五) 生物应答调节剂和免疫抑制剂

1. **生物应答调节剂** 是具有促进和调节免疫功能的生物制品，对免疫功能异常，尤其是免疫功能低下者有促进或调节作用，已广泛用于肿瘤、感染、自身免疫病和免疫缺陷病的治疗。主要的免疫增强剂有：①微生物制剂（如卡介苗）；②化学药物（如左旋咪唑、西咪替丁）；③中药制剂（黄芪、人参）。

2. **免疫抑制剂** 是一类能够抑制机体免疫功能的生物与非生物制品，常用于超敏反应、移植排斥反应和自身免疫性疾病的治疗。常用的免疫抑制剂有：①化学药物（如糖皮质激素、环磷酰胺等），②微生物制剂（如环孢素），③中药（如雷公藤）。

第二节 免疫学诊断

免疫学诊断是对抗原、抗体、免疫细胞及细胞因子等进行定性或定量测定，协助诊断免疫相关疾病，探讨其发病机制，进行病情检测和疗效评价。

一、检测抗原与抗体的体外实验

抗原-抗体反应是指抗原与相应抗体在体内或体外发生的特异性结合反应。在一定条件下，抗原与相应抗体结合可出现肉眼可见的或仪器可检测到的反应。据此，在体外可用已知的抗原（或抗体）来检测相应的未知抗体（抗原），因抗体主要存在于血清中，故体外的抗原-抗体反应又称血清学反应。

抗原-抗体反应具有特异性、可逆性、可见性等特点。受反应体系中电解质、温度、酸碱度的影响，一般在 pH6~8、生理盐水为稀释液、反应温度 37℃ 条件下进行。

根据抗原的性质、参与反应的成分和反应呈现的结果，可将抗原-抗体反应分为凝集反应、沉淀反应、免疫标记技术等。

（一）凝集反应

颗粒性抗原（细菌、细胞）与相应抗体结合，在电解质参与下，出现肉眼可见的凝集现象称为凝集反应。

1. **直接凝集反应** 颗粒性抗原直接与相应抗体结合出现的凝集现象。包括玻片凝集和试管凝集两种方法：①玻片法为定性试验，常用已知抗体检测未知抗原。主要用于人类ABO血型鉴定和细菌鉴定；②试管法为半定量试验，常用已知抗原检测未知抗体的相对含量。临床诊断伤寒或副伤寒用的肥达反应为试管凝集反应。

2. **间接凝集反应** 将已知的可溶性抗原或抗体与免疫无关的载体颗粒结合形成致敏颗粒，再与相应抗体或抗原进行反应出现的凝集现象，称间接凝集反应。常用的载体颗粒有人O型血红细胞、聚苯乙烯胶乳颗粒等。间接凝集反应可提高反应的灵敏性，故广泛应用于临床。如将人IgG吸附在胶乳颗粒上，可用来检测患者血清中的类风湿因子。

（二）沉淀反应

可溶性抗原（如外毒素、血清蛋白等）与相应抗体结合，在一定条件下出现肉眼可见的沉淀现象，称沉淀反应。包括单向琼脂扩散试验、双向琼脂扩散试验、免疫电泳、免疫比浊法等。

1. **单向琼脂扩散** 是一种定量试验，将一定量已知抗体加入熔化的琼脂中，混匀后倾注在反应板上制成凝胶板。在适当位置打孔后，加入被测抗原使其向四周扩散。抗原与琼脂中相应抗体相遇，可在比例适当处形成以孔为中心的白色沉淀环。鉴于沉淀环直径与抗原含量成正比，可用来测定血清中IgG、IgM、IgA和补体C3等的含量。

2. **对流免疫电泳** 是一种将双向琼脂扩散和电泳技术结合在一起的检测方法。试验在装有pH8.6缓冲液的电泳槽中进行。试验时将抗原加到阴极孔内，抗体加到阳极孔内，通电后琼脂板孔内的抗原和抗体在电场和电渗作用影响下相对而行，在二者相遇最适比例处可形成白色沉淀线。本法操作简便，敏感性高，所需时间短，可用来检测血清中的HBsAg和甲胎蛋白等可溶性抗原。

3. **火箭电泳** 又称电泳免疫扩散，是将单向免疫扩散与电泳技术结合在一起的定量检测方法。本试验敏感性与单向琼脂扩散相当，但所需时间短，故可用来快速测定标本中可溶性抗原的含量。

（三）免疫标记技术

免疫标记技术是用荧光素、酶、放射性核素、铁蛋白、胶体金及（化学或生物）发光剂等作为标记物，标记抗体或抗原进行的抗原-抗体反应。常用方法有免疫荧光法、酶免疫测定、放射免疫测定法（RIA）、免疫印迹法、化学发光免疫分析法、免疫金标技术、免疫PCR等。

1. **酶免疫技术** 酶免疫技术是用酶标记抗体或抗原进行免疫学检测的技术。它将抗原-抗体反应的高度特异性与酶对底物催化作用的高效性相结合，根据酶作用于底物后的显色反应来判定结果，其试验结果可用肉眼观察判定，也可用酶标检测仪测定光密度（OD）值对抗原或抗体进行定量分析。常用于标记的酶有辣根过氧化物酶、碱性磷酸酶等。

酶联免疫吸附试验（enzyme linked immunosorbent assay，ELISA）是酶免疫测定中应用最广泛的一种技术。它是利用抗原或抗体蛋白能非特异性地吸附于聚苯乙烯等固相载体表面的特性，使抗原-抗体反应在固相载体表面进行的一种酶免疫技术，可用于多种可溶性抗原与抗体的检测。常用双抗体夹心法和竞争法等检测抗原,用间接法检测抗体,用捕获法检测特异性 IgM、IgE 类抗体。

(1) 双抗体夹心法:是先将已知抗体吸附(包被)在固相载体表面,加入待检标本,若标本中含有相应抗原即与包被在固相表面的抗体结合;洗涤去除未结合的成分,再加入与抗原相应的酶标记抗体,形成固相抗体-抗原-酶标记抗体复合物;洗去未结合的酶标记抗体,加底物后显色;抗原含量与颜色成正比。

(2) 间接法:是将已知可溶性抗原包被在固相载体表面,加入待检抗体,标本中的待检抗体与抗原结合形成固相抗原-待检抗体复合物;再加酶标记第二抗体,与上述复合物中待检抗体结合形成固相抗原-待检抗体-酶标记第二抗体复合物;洗涤后加底物显色。

2. 免疫胶体金技术 免疫胶体金技术是用胶体金标记抗体进行免疫学检测的技术。该法操作简便、快捷,无需特殊仪器设备,试剂稳定,便于保存。如临床对早孕的诊断常采用此法。

3. 放射免疫测定法 放射免疫测定法是用放射性核素标记抗原或抗体进行免疫学检测的技术。其标记物主要为 ^{125}I、^{131}I、^{14}C 等。本法具有特异性强、灵敏度高、重复性好等优点,多用于激素等微量物质的检测,如生长激素、胰岛素。

二、免疫细胞的测定

(一) 免疫细胞的分离与数量检测

检测免疫细胞的数量和功能是判断机体免疫功能状态的重要手段和主要指标,对免疫缺陷病、自身免疫性疾病、肿瘤等临床疾病的诊断、疗效的评价具有重要的参考价值。

1. 外周血单个核细胞的分离 外周血单个核细胞包括淋巴细胞和单核细胞。常用的分离方法是葡聚糖-泛影葡胺(又称淋巴细胞分离液)密度梯度离心法。其原理是红细胞和粒细胞的比重(约1.092)大于单个核细胞(约1.075),将肝素抗凝血置于比重为1.077的葡聚糖-泛影葡胺分离液液面上,低速离心(2000转/分)20 min 后,可使不同比重的外周血细胞分层,即将红细胞沉于管底,多形核白细胞分布于红细胞层与分离液之间,单个核细胞则分布于血浆层与分离液界面。此种分离方法获得的单个核细胞,其纯度可达95%。

2. 淋巴细胞分离及其亚群的检测 免疫磁珠由抗淋巴细胞表面标志的抗体与磁性微珠交联结合组成,将免疫磁珠加入细胞悬液中后,可使表达相应表面标志的淋巴细胞与之结合。然后,在磁场作用下,结合相应淋巴细胞的免疫磁珠吸附在靠近磁铁的管壁上。弃去悬液中游离的细胞,将免疫磁珠结合的细胞解离,即可获得具有某种表面标志的淋巴细胞。该法所获细胞纯度高(93%~99%),活细胞>95%。此外流式细胞仪通过荧光标记技术可以准确检测、分离不同表面标志的淋巴细胞。

3. E 花环试验 取人外周血中的白细胞与绵羊红细胞混合,因人 T 细胞表面有绵羊红细胞受体,在一定条件下两者结合,形成以 T 细胞为中心的花环,称 E 花环试验。其正常值为 60%~80%之间。

(二) 免疫细胞功能的测定

1. T 细胞功能检测

(1) T 细胞增殖试验:根据刺激物不同,T 细胞增殖可分为特异性和非特异性两种试验。前者是用某种特异性抗原如结核菌素(OT)在体外刺激已在体内被相应抗原致敏的 T 细胞,使之活化,并转化为淋巴母细胞。后者是用丝裂原(如 PHA、ConA)在体外非特异刺激 T 细胞，可使所有 T 细胞发生活化，并转化为淋巴母细胞。在细胞转化过程中，细胞 DNA 合成增加，细胞形态改变，最终导致细胞分裂增殖。两种增殖试验均可通过最终的细胞增殖程度（细胞数量）来判断 T 细胞的功能，前者既是反映机体对特定抗原的细胞免疫功能，同时也是检测机体细胞免疫功能的一种试验。

（2）皮肤试验：是检测 T 细胞功能的体内试验。正常机体建立了对某种抗原的细胞免疫后，用一定量的相同抗原注入皮内，48~72 h 后可出现以局部皮肤红肿为特征的迟发型超敏反应。细胞免疫正常者出现阳性反应，而细胞免疫低下或缺陷者以及从未接触过该抗原的受试者则呈阴性反应。本试验方法简便，可用于某些传染病和免疫缺陷病的诊断，也可用来观测肿瘤患者临床疗效和预后判断。皮肤试验常用的生物性抗原多是从病原体中提取，如结核菌素、结核菌素纯蛋白衍生物等。

2. B 细胞功能检测

（1）B 细胞增殖试验：原理与 T 细胞增殖试验相同，人的 B 细胞可用富含 SPA 的金黄色葡萄球菌菌体、抗人 IgM 抗体或丝裂原作为刺激物。

（2）体液中抗体的检测：如测定血清中免疫球蛋白和特异性抗体。

第三节 移植免疫

移植是指应用异体或自体正常细胞、组织、器官置换病变或功能缺损的细胞、组织、器官，以维持和重建机体生理功能。移植术已成为治疗多种终末期疾病的有效手段。根据移植物的来源及遗传背景不同可将移植分为四种类型：①自体移植，②同系移植，③同种异体移植，④异种移植。其中同种异体移植是目前临床上最重要的手段。

一、同种异体移植排斥反应的机制

同种异体间的器官移植一般均会产生排斥反应，受者的免疫系统对供者的移植物抗原会产生免疫应答。这是因为机体的免疫系统具有识别"自己"和"非己"的功能。其中 T 细胞在移植排斥反应中起关键作用。

（一）介导移植排斥反应的抗原

引起移植排斥反应的抗原称为移植抗原或组织相容性抗原。常见的移植抗原有主要组织相容性抗原和 ABO 血型抗原等。前者能引起强烈的排斥反应，在人类最重要的是 HLA。后者主要分布在红细胞表面，也表达于肝、肾等组织细胞和血管内皮细胞表面。若供、受者间 ABO 血型不符，受者血清中血型抗体可与供者移植物血管内皮细胞表面 ABO 抗原结合，通过激活补体而引起血管内皮细胞损伤和凝血，导致排斥反应发生。

（二）T 细胞识别同种抗原的机制

同种反应性 T 细胞是参与同种异体移植排斥反应的关键效应细胞，可通过直接和间接方式识别抗原。

1. 直接识别　是指受者的同种反应性 T 细胞直接识别供者 APC 表面抗原肽-供者的同种 MHC 分子复合物，并产生免疫应答。

2. 间接识别　是指供者移植物的脱落细胞或 MHC 抗原经受者 APC 摄取、加工、处理，以供者抗原肽-受者 MHC 分子复合物的形式提呈给受者 T 细胞，使其识别并活化。间接识别在急性排斥反应中晚期和慢性排斥反应中起重要作用。

(三) 移植排斥反应的效应机制

1. **针对移植物的细胞免疫应答** T 细胞介导的细胞免疫在同种异体移植排斥反应中发挥重要作用。机制为：①受者 $CD4^+$ Th 细胞通过识别移植物抗原并被激活；②在移植物局部所产生的趋化因子作用下，出现以单个核细胞为主的细胞浸润；③活化的 Th1 细胞等释放多种炎性细胞因子，导致迟发型超敏反应性炎症，引起移植物组织损伤。

2. **针对移植物的体液免疫应答** 移植抗原特异性 Th2 细胞被激活，可辅助 B 细胞活化并分化为浆细胞，由浆细胞分泌针对同种异型抗原的抗体，抗体可发挥调理作用、免疫黏附、ADCC 作用等，通过固定补体、损伤血管内皮细胞、介导凝血、血小板聚集、溶解移植物细胞和释放促炎症介质等机制，参与排斥反应。

二、同种异体移植排斥反应的类型

移植排斥反应是由受者即宿主与供者移植物之间发生的免疫应答所致。移植术后，受者免疫系统识别移植物抗原并产生应答，移植物中免疫细胞也可识别受者组织抗原并产生应答，前者称宿主抗移植物反应，后者称为移植物抗宿主反应。

(一) 宿主抗移植物反应

移植物中含有受者体内所缺如的移植抗原是引起移植排斥反应的根本原因，据排斥反应发生的时间、强度、机制和病理表现，可分为超急性排斥、急性排斥和慢性排斥反应三种类型。

1. **超急性排斥反应** 多发生在移植后数分钟或数小时内，其产生的原因是受者体内存在抗供者同种异型抗原（如 HLA 抗原、ABO 血型抗原和血小板抗原等）的抗体。移植术后，这些抗体与移植物细胞表面相应抗原结合，激活补体，引起移植物的血管内凝血和血栓形成，造成严重局部缺血、坏死，导致移植失败。

2. **急性排斥反应** 是最常见的排斥反应，多发生在移植数周或 1 个月内。$CD4^+$ T 细胞介导的针对移植物的迟发型超敏反应性炎症和 $CD8^+$ T 细胞介导的对移植物细胞的特异性杀伤是发生急性排斥反应的主要原因。其病理改变是一种以单核细胞、淋巴细胞浸润及移植物细胞损伤为特征的炎症反应。

3. **慢性排斥反应** 一般发生在移植后数月至数年，多继发于反复发作的急性排斥。移植物的主要病理特征是纤维化。

(二) 移植物抗宿主反应

移植物抗宿主反应最常发生于骨髓移植后，是骨髓移植成功的主要障碍。移植物中成熟的 T 细胞是介导移植物抗宿主反应的主要效应细胞。T 细胞产生的细胞因子诱导的 LAK 细胞也参与移植物抗宿主反应的发生。

三、同种异体移植排斥反应的防治

器官移植术的成败在很大程度上取决于移植排斥反应的防治，其主要原则有：①合理进行组织配型，严格选择理想供者；②抑制受者免疫应答；③诱发免疫耐受；④移植后免疫监测等。

(一) 供者的选择

在器官移植中，选择合适的供者、减少移植物的抗原性是移植成败的关键。

1. **红细胞血型检查** 人红细胞血型抗原是最重要的同种异型抗原，故供者的 ABO、Rh

血型抗原应与受者相同。

2. HLA 分型　　HLA 型别匹配程度是决定供、受者间组织相容性的关键因素。不同 HLA 基因座位产物对移植排斥的影响各异。一般而言，HLA-DR 对移植排斥最为重要。骨髓移植物中含有大量免疫细胞，若 HLA 不相配，所致排斥反应特别强烈，且不易被免疫抑制剂所控制，故对 HLA 配型的要求较高。

3. 交叉配型　　目前的 HLA 分型技术尚难以检出某些同种抗原的差异，故有必要进行交叉配型，这在骨髓移植中尤为重要。交叉配型的方法为：将供者和受者淋巴细胞互为反应细胞，即做两组单向混合淋巴细胞培养，两组中任何一组反应过强，均提示供者选择不当。

（二）免疫抑制疗法

同种异体移植术后一般均发生不同程度的排斥反应，故免疫抑制剂成为防治排斥反应的常规疗法。目前常用的免疫抑制药物有：

1. 化学类免疫抑制药　　此类药物包括糖皮质激素、大环内酯类药物（如环孢素、FK-506 等）、环磷酰胺等。环孢素是目前临床上最广泛应用的一类免疫抑制药，其作用机制主要是：直接或间接抑制 Th 细胞产生淋巴因子（尤其是 IL-2），并抑制活化的 T 细胞表达 IL-2 受体。

2. 生物制剂　　目前已用于临床的主要是抗免疫细胞膜抗原的抗体，如抗淋巴细胞球蛋白（ALG）、抗胸腺细胞球蛋白（ATG）等。这些抗体通过与相应膜抗原结合，借助补体依赖的细胞毒作用，分别清除体内 T 细胞或胸腺细胞。

3. 中草药类免疫抑制剂　　某些中草药（如雷公藤、冬虫夏草等）具有明显免疫调节或免疫抑制作用，已用于防治器官移植排斥反应。

（三）移植后的免疫监测

移植后的免疫监测有助于及时采取相应防治措施，临床上常用的免疫学检测指标包括：①淋巴细胞亚群百分比和功能测定；②免疫分子水平测定，即血清中细胞因子、抗体、补体、可溶性 HLA 分子、细胞因子受体表达水平等的测定。

四、异种移植

器官来源不足是临床同种器官移植面临的最大障碍，为拓宽移植物的来源，异种移植已成为免疫学研究的新领域。经研究发现，猪因具有来源充足、饲养方便、脏器的主要解剖学及生理学指标与人接近等优点，已成为人类提供异种移植物最理想的动物种属。

用人工免疫的方法可使机体获得特异性免疫力，它包括人工自动免疫与人工被动免疫等。人工自动免疫常用生物制剂有：疫苗和类毒素；人工被动免疫常用生物制剂有：抗毒素、免疫球蛋白、细胞因子等。前者主要用于预防，而后者用于紧急预防和治疗，在实际工作中可根据具体需要进行有效选择。

常用的体外抗原、抗体检测法主要有凝集反应、沉淀反应、免疫标记技术等。因其具有敏感度高，特异性强，能定性、定位等优势，故应用广泛。免疫细胞数量与功能检测是判断机体免疫功能的重要指标，对自身免疫病、免疫缺陷病、肿瘤等疾病的诊断具有参考价值。

> 器官移植已成为临床治疗疾病的措施之一，异体移植由于供、受体 HLA 不同，可产生排斥反应，故在移植前先进行严格的组织配型，移植后采取免疫抑制的方法防止排斥反应的发生。

思考题

1. 人工自动免疫与人工被动免疫有何区别？
2. 机体获得特异性免疫的方式有哪些？请举例说明。
3. 何谓免疫标记技术？常用的方法有哪些？
4. 如何防止同种异体移植排斥反应的发生？

（黔东南民族职业技术学院　宋爱萍）

第九章 细菌的形态与结构

> **学习目标**
> 1. 掌握细菌的结构、功能及其医学意义。
> 2. 熟悉细菌的大小与基本形态。
> 3. 了解细菌形态检查方法。

细菌（bacterium）是一类具有细胞壁和核质的单细胞原核细胞型微生物。在一定的环境条件下，细菌有相对稳定的形态结构。了解细菌的形态结构对研究细菌的生理功能、致病机制、免疫性及鉴别细菌、诊断与防治细菌引起的感染性疾病等具有重要的意义。

第一节 细菌的大小与形态

一、细菌的大小

细菌个体微小，须用光学显微镜放大数百倍至上千倍才能观察到，通常以微米（μm，1μm＝1/1000 mm）作为测量单位。不同细菌大小不一，同一种细菌随菌龄和环境变化大小也有所差异。球菌的平均直径为1μm，中等大小的杆菌长2.0～3.0μm，宽0.3～0.5μm。

二、细菌的形态

细菌的基本形态有球形、杆形和螺形三种，根据基本形态分别称为球菌、杆菌和螺形菌（图9-1）。

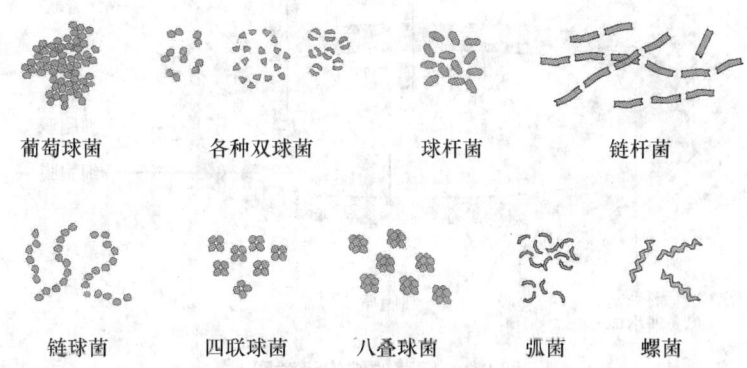

图 9-1 细菌的各种形态及排列形式示意图

（一）球菌

球菌菌体呈球形或近似球形（如肾形、矛头形等）。按其分裂方向和分裂后排列形式的不同可将球菌分为双球菌、链球菌、葡萄球菌等。

1. 双球菌 沿一个平面分裂，分裂后两个菌体成双排列，如淋病奈瑟菌。
2. 链球菌 沿一个平面分裂，分裂后多个菌体成链状排列，如乙型溶血性链球菌。
3. 葡萄球菌 沿多个平面作不规则的分裂，分裂后菌体葡萄状排列，如金黄色葡萄球菌。

此外，还有沿两个垂直平面分裂，分裂后每四个菌排列在一起的四联球菌；沿三个垂直平面分裂，分裂后八个菌体叠在一起的八叠球菌。

（二）杆菌

杆菌种类很多，其长短粗细随菌种而异，多数呈直杆状，也有的菌体微弯，有的两端钝圆膨大或平切，有的呈长丝状、分枝状或球杆状。杆菌多为散在排列，少数呈链状、栅栏状、八字形排列。

（三）螺形菌

螺形菌菌体弯曲呈螺形，可分为两类：
1. 弧菌 菌体只有一个弯曲，呈弧形或逗点状，如霍乱弧菌。
2. 螺菌 菌体有数个弯曲，如鼠咬热螺菌，也有的菌体弯曲呈弧形或螺旋形，称螺杆菌，如幽门螺杆菌。

细菌在适宜条件下培养 8~18 h，其形态比较典型，当环境条件改变时，如温度、营养条件、培养时间等，细菌形态可发生明显的变化。因此，在观察细菌形态时，应注意细菌生长条件对细菌形态的影响。

第二节 细菌的结构

细菌的结构分为基本结构和特殊结构。基本结构是各种细菌都具有的结构，包括细菌的细胞壁、细胞膜、细胞质和核质（图 9-2）。特殊结构是指某些细菌所特有的结构，包括细菌的荚膜、鞭毛、菌毛、芽胞等。

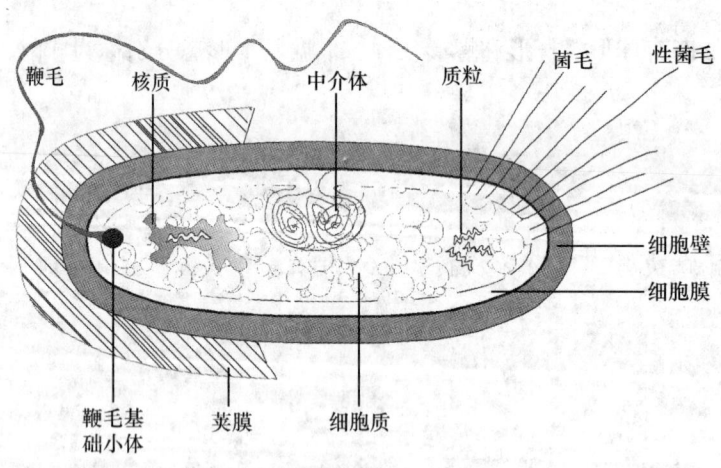

图 9-2 细菌的结构示意图

一、细菌的基本结构

（一）细胞壁

细胞壁位于细菌细胞的最外层，是包绕在细胞膜外侧的坚韧而有弹性的膜状结构，其厚度为 15~30 nm。细胞壁的主要功能有：①维持菌体固有外形，保护细菌抵抗低渗环境；②与细胞膜共同完成胞内外的物质交换；③决定细菌的免疫原性；④细胞壁上的脂多糖与致病性有关。细菌细胞壁结构复杂，经革兰染色法（Gram staining，G）染色，可将细菌分为革兰阳性菌和革兰阴性菌两大类。革兰阳性菌与革兰阴性菌的细胞壁结构存在差异，故两类细菌在染色性、致病性、免疫性、对抗生素的敏感性等均有很大差异。

1. 革兰阳性菌细胞壁　革兰阳性菌细胞壁由肽聚糖和穿插于其内的磷壁酸组成（图 9-3A）。

（1）肽聚糖：是一类复杂的多聚体，是细菌细胞壁中的主要成分，是原核生物细胞所特有的成分。肽聚糖由三部分组成（图 9-4A）：①聚糖骨架是由 N-乙酰葡萄糖胺和 N-乙酰胞壁酸交替间隔排列，以 β-1,4 糖苷键连接而成，各种细菌细胞壁的聚糖骨架完全相同；②短肽侧链是由 4 个氨基酸组成，侧链上氨基酸的种类、数量和连接方式随菌种不同而有差异，如金黄色葡萄球菌的四肽侧链由 L-丙氨酸、D-谷氨酸、L-赖氨酸和 D-丙氨酸组成，L-丙氨酸端与聚糖骨架上的胞壁酸相连，四肽侧链之间由交联桥连接；③五肽交联桥是由 5 个甘氨酸组成，其中一端与四肽侧链的第 3 位氨基酸相连，另一端与另一个四肽侧链末端的第 4 位氨基酸相连，使两个相邻四肽侧链连接在一起，从而构成十分坚韧的三维网状结构。革兰阳性菌细胞壁可聚合成多层（15~50 层）肽聚糖框架，其含量约占细胞壁干重的 50%~80%。

凡能破坏肽聚糖分子结构或抑制其合成的物质，都有杀菌或抑菌的作用。如溶菌酶能破坏肽聚糖中的 N-乙酰葡萄糖胺和 N-乙酰胞壁酸之间的 β-1,4 糖苷键；青霉素、头孢菌素可抑制五肽交联桥与四肽侧链末端第 4 位 D-丙氨酸的连接；万古霉素、杆菌肽可抑制四肽侧链的连接，从而破坏肽聚糖骨架，干扰细菌细胞壁的合成，导致细菌死亡。人体细胞无细胞壁，也无肽聚糖，故这些物质对人体无毒性作用。

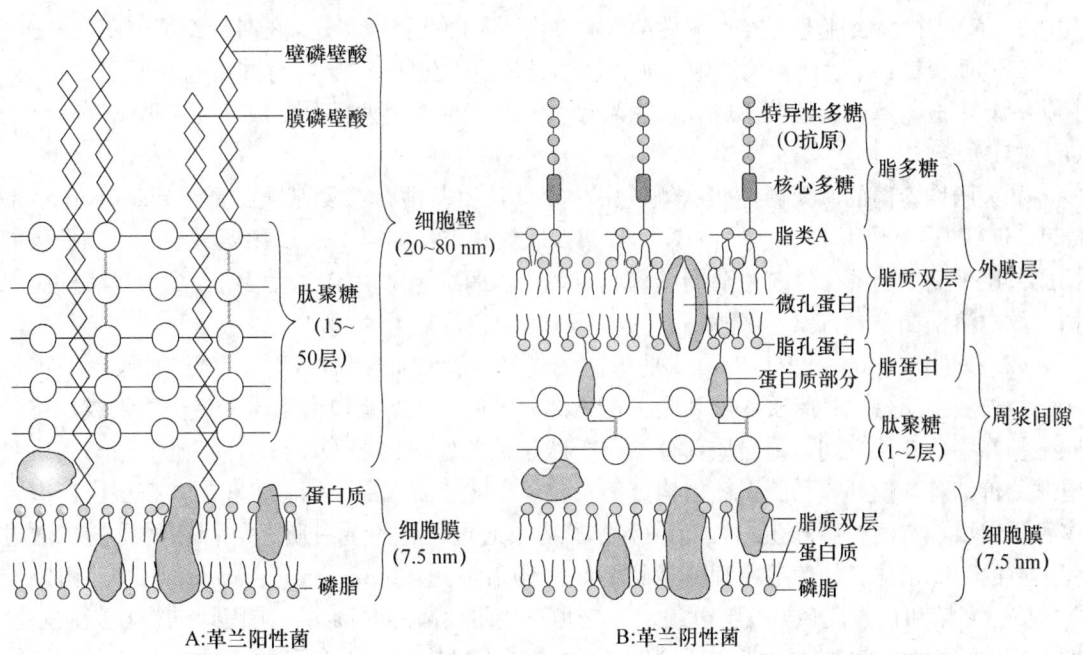

图 9-3　细菌细胞壁结构示意图

(2) 磷壁酸：是革兰阳性菌细胞壁的特有成分，含量最多的约占细胞壁干重的50%。按其结合部位可分为壁磷壁酸（结合在聚糖骨架的胞壁酸分子上）和膜磷壁酸（结合在细胞膜的磷脂上）。多个磷壁酸分子组成长链穿插于肽聚糖层中，并延伸至细胞壁外。磷壁酸的免疫原性很强，是革兰阳性菌重要的表面抗原。某些细菌的磷壁酸具有黏附宿主细胞的功能，与其致病性有关。如人类口腔黏膜与皮肤细胞、淋巴细胞、血小板、红细胞等细胞表面具有膜磷壁酸的受体，A群溶血性链球菌的膜磷壁酸可与之结合而导致疾病。

此外，某些革兰阳性菌细胞壁表面尚有一些特殊的复合多糖（即C多糖）及表面蛋白质，如金黄色葡萄球菌A蛋白、A群链球菌的M蛋白等，均与细菌的致病性和抗原性有关。

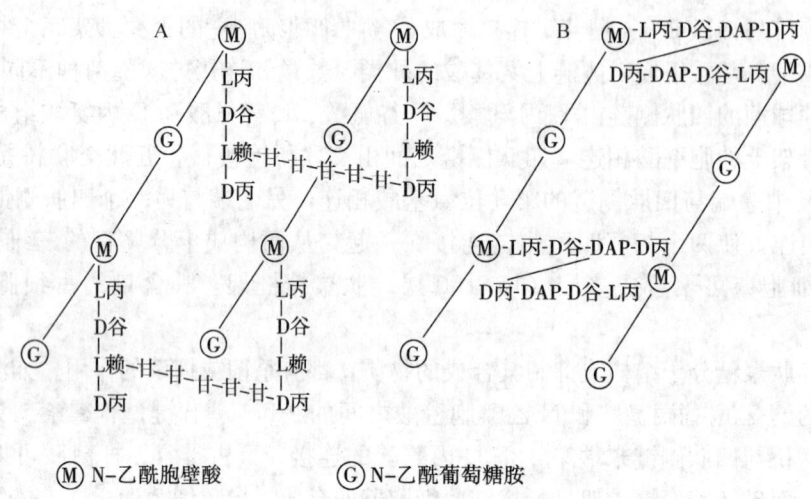

图9-4　金黄色葡萄球菌（A）与大肠埃希菌（B）细胞壁肽聚糖的结构示意图

2. 革兰阴性菌细胞壁　革兰阴性菌细胞壁由少量的肽聚糖和复杂的外膜组成（图9-3B）。

(1) 肽聚糖：革兰阴性菌细胞壁所含肽聚糖较少，仅1~2层，约占细胞壁干重的5%~10%，其组成与革兰阳性菌不同，仅由聚糖骨架和四肽侧链两部分组成，无五肽交联桥结构（图9-4B）。

如大肠埃希菌的肽聚糖，四肽侧链中的第3位氨基酸是二氨基庚二酸（diaminopimelic acid，DAP），直接由DAP与相邻聚糖骨架四肽侧链末端的第4位D-丙氨酸连接，因而仅能构成单层平面网络的二维疏松薄弱结构。革兰阴性菌细胞壁由于含肽聚糖较少，且有外膜保护，故对溶菌酶、青霉素不敏感。

(2) 外膜（outer membrane）：是革兰阴性菌细胞壁的特有成分，约占细胞壁干重的80%。外膜由脂蛋白、脂质双层和脂多糖三部分组成。①脂蛋白由脂质和蛋白质组成，位于肽聚糖和脂质双层之间，蛋白质部分结合于肽聚糖四肽侧链的DAP上，脂质部分与脂质双层非共价结合，使外膜和肽聚糖层构成一个整体。②脂质双层与细胞膜相似，双层内镶嵌着多种蛋白质，有的为微孔蛋白，允许小分子物质通过，有的蛋白质参与特殊物质的扩散过程，有的为噬菌体、性菌毛或细菌素的受体。③脂多糖（lipopolysaccharide，LPS）由脂质A、核心多糖和特异性多糖三部分组成，它是革兰阴性菌的内毒素，牢固地结合在脂质双层上，菌体溶解时方可释放。脂质A为一种糖磷脂，耐热，是内毒素的毒性成分，无种属特异性，毒性作用大致相同；核心多糖位于脂质A的外侧，具有属特异性，同一属细菌的核心多糖相同；特异性多糖位于最外层，是由多个低糖重复单位构成的多糖链，为革兰阴性菌的菌体抗原，即O抗原，故也称O特异性多糖，不同种或型的细菌其O抗原不同，借此可鉴定细菌。

在革兰阴性菌细胞膜与细胞壁外膜的脂质双层之间有一空隙，称为周浆间隙或胞质间隙（periplasmic space）。该间隙含有多种蛋白酶、核酸酶、解毒酶及特殊结合蛋白，在细菌获得营养、解除有害物质毒性等方面有重要作用。

（二）细胞膜

细菌细胞膜是位于细胞壁内侧，包绕细胞质的一层柔软有弹性且具有半透性的生物膜。占细胞干重的10%~30%。细菌细胞膜的结构与真核细胞膜相同，由含磷脂的脂质双层和镶嵌其中的多种蛋白质组成。其主要功能有：①渗透和运输作用；②呼吸作用；③生物合成作用；④形成中介体，中介体是细菌细胞膜向细胞质内凹陷、折叠形成囊状结构，多见于革兰阳性菌。

（三）细胞质

细胞质是由细胞膜包裹着的无色透明胶状物。其基本成分为水、蛋白质、核酸、脂类、少量糖和无机盐，是细菌进行新陈代谢的主要场所。内含物有：

1. **核糖体** 又称核蛋白体，是细菌的亚微结构，游离于细胞质中，化学组成为RNA和蛋白质，其沉降系数为70S，由50S和30S两个亚基组成。每个菌体内可含数万个，是细菌合成蛋白质的场所。有些药物如红霉素和链霉素能分别与核糖体上的30S小亚基和50S大亚基结合，干扰蛋白质的合成，从而杀死细菌。

2. **质粒** 是染色体以外的遗传物质，为闭合环状的双链DNA，可携带遗传信息，控制细菌某些特定的遗传性状，如性菌毛生成，形成耐药性，产生抗生素等。质粒还可通过接合或转导的方式在细菌间传递。医学上重要的质粒有F质粒、R质粒（耐药性质粒）、Col质粒及Vi质粒等，分别控制细菌菌毛的致育性、耐药性和毒力。

3. **胞质颗粒** 细菌的胞质中常含有多种颗粒，多为细菌储备的营养物质，如多糖、脂类、多磷酸盐等。有些细菌胞质中含有由RNA和偏磷酸盐组成的胞质颗粒，因其嗜碱性较强，其亚甲蓝染色后着色深，与菌体其他部分不同，故称为异染颗粒，如白喉棒状杆菌、结核分枝杆菌等，可作为鉴别细菌的依据。

（四）核质

细菌属原核细胞型微生物，不具有成形的核，且无核仁和核膜，细菌的遗传物质称为核质或拟核，集中于细胞质的某一区域。核质由一条双股环状DNA和蛋白质组成，即细菌的染色体，具有细胞核的功能，是细菌生长、繁殖、遗传和变异的物质基础。

二、细菌的特殊结构

（一）荚膜

某些细菌合成并分泌至细胞壁外的一层黏液性物质，其厚度≥0.2μm，边界明显，光镜下可见，称为荚膜。荚膜的形成受周围环境的影响。一般在动物体内和营养丰富的培养基中易形成荚膜，在普通培养基上连续传代往往易消失。荚膜的化学成分因菌种不同而异，多数细菌的荚膜由多糖组成，如肺炎链球菌，少数细菌的荚膜由多肽组成，如炭疽芽胞杆菌。荚膜对碱性染料亲和力较低，用普通染色法不易着色，显微镜下只能见到菌体周围有未着色的透明圈（图9-5）。用特殊染色法可将荚膜染成与菌体不同的颜色。荚膜的功能有：①具有抵抗吞噬细胞吞噬及消化的作用，保护细菌免受机体溶菌酶、补体、抗体及其他杀菌物质的杀菌作用，从而增强了细菌的侵袭能力，故荚膜与细菌的致病力有关。②荚膜多糖有黏附作用，可使细菌与宿主细胞特异结合，并参与细菌生物膜的形成，是引起感染的重要因素。③具有免疫原性，能据之鉴别细菌。

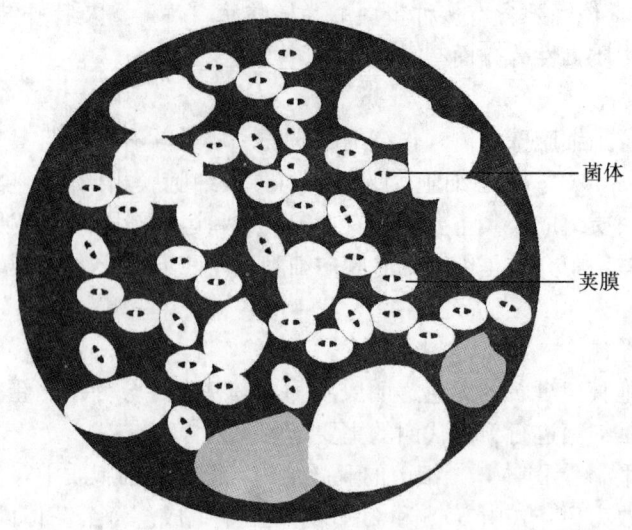

图 9-5　细菌的荚膜示意图

（二）鞭毛

某些细菌在菌体上附有细长并呈波状弯曲的丝状物，称为鞭毛。鞭毛很细，直径 12～30 nm，需用电子显微镜观察，经特殊染色法染色使鞭毛增粗后可在光学显微镜下观察。不同的细菌鞭毛数量、位置不同，根据鞭毛的数目与排列方式，可分为：①单毛菌，菌体一端只有一根鞭毛，如霍乱弧菌；②双毛菌，菌体两端各有一根鞭毛，如空肠弯曲菌；③丛毛菌，菌体一端或两端有一丛鞭毛，如铜绿假单胞菌；④周毛菌，菌体周身遍布许多鞭毛，如伤寒沙门菌（图 9-6）。

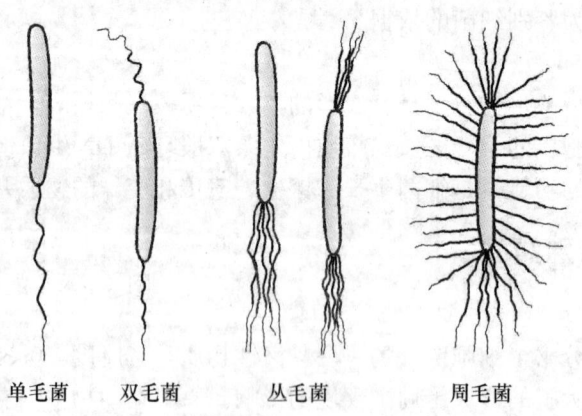

单毛菌　　双毛菌　　丛毛菌　　周毛菌

图 9-6　细菌鞭毛的数目与位置示意图

鞭毛是细菌的运动器官，有鞭毛的细菌能运动。细菌有无鞭毛可作为鉴别细菌的指标之一，有些细菌的鞭毛与致病性有关。鞭毛的化学成分是蛋白质，具有抗原性，称 H 抗原，可用于某些细菌的鉴别与分类（如沙门菌）。霍乱弧菌、空肠弯曲菌等可借鞭毛的运动穿过肠黏膜表面的黏液层，使菌体黏附于肠黏膜上皮细胞，产生毒性物质导致病变的发生。

（三）菌毛

许多革兰阴性菌和少数革兰阳性菌菌体表面的一种比鞭毛更细、更短而直的丝状物，称为菌毛，经电子显微镜观察其化学成分为蛋白质。依据功能可将菌毛分为普通菌毛和性菌毛两种。

1. 普通菌毛　普通菌毛数量多，可达数百根，遍布于菌体表面，具有黏附作用，能与宿主消化道、呼吸道和泌尿生殖道等处的黏膜上皮细胞表面的特异性受体结合，是细菌感染的第一步。无菌毛的细菌则易被黏膜细胞纤毛的运动、肠蠕动或尿液冲洗而排出。故普通菌毛是细菌的重要侵袭因素，与细菌的致病性有关。

2. 性菌毛　比普通菌毛长而粗，但比鞭毛短，每个菌体仅有1～4根，为中空管状，且仅见于少数革兰阴性菌。性菌毛由F质粒所编码，故带有性菌毛的细菌称F^+菌或雄性菌，无性菌毛的细菌称F^-菌或雌性菌。性菌毛能将F^+菌的某些遗传物质转移给F^-菌，使F^-菌获得F^+菌的某些性状。细菌的耐药性、毒力等性状可通过此种方式转移。

（四）芽胞

某些革兰阳性菌在一定的环境条件下，细胞质和核质脱水浓缩，在菌体内形成一个圆形或卵圆形小体，称为芽胞。一个细菌只形成一个芽胞，一个芽胞在适宜条件下发芽，也只形成一个菌体，故芽胞是细菌的休眠状态，不是繁殖形式。芽胞的大小、形态和位置因细菌种类不同而存在差异（图9-7），可用于鉴别细菌。芽胞具有很强的抵抗力，原因是：①芽胞含水量少，蛋白质受热后不易变性；②芽胞具有多层致密的厚膜（图9-8），不易受理化因素影响；③含有耐热性很强的酶类；④芽胞含有大量耐热的吡啶二羧酸，可提高芽胞中各种酶的热稳定性。芽胞在自然界中可存活几年甚至几十年，能耐煮沸数小时，一旦医疗器械、敷料等污染芽胞，用一般的理化方法很难将其杀死。因此临床上医疗器械、敷料、培养基等进行灭菌时，以杀灭芽胞为标准。

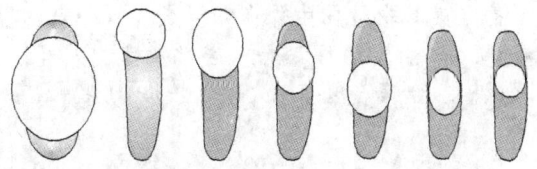

图 9-7　细菌芽胞的各种形态与位置示意图

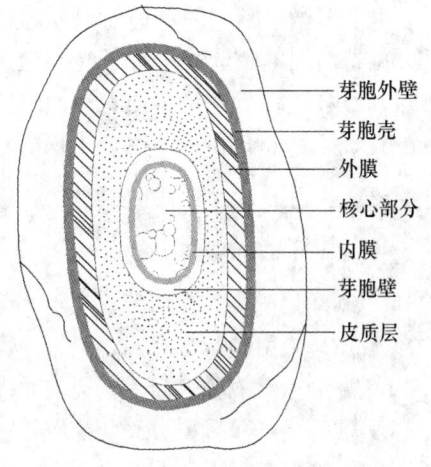

图 9-8　细菌芽胞的结构示意图

第三节　细菌形态检查法

一、光学显微镜检查

细菌结构简单，个体微小，肉眼不能分辨，需借助显微镜放大 1000 倍左右才能看到。

（一）不染色标本检查法

常用的方法有悬滴法和压滴法。主要用于观察活细菌的动力、形态、大小等。

（二）染色标本检查法

细菌个体微小，且无色半透明，折光性与周围环境相差不多，故需通过染色后才便于观察细菌的形态、结构与排列特点等。染色标本检查法是将染色剂与细菌结合后的检查法。常用的染色剂多为碱性染料，如碱性亚甲蓝、碱性复红、结晶紫等。这是因为细菌的等电点较低（pH2～5），带负电荷，易与带正电荷的碱性染料结合，使菌体显现颜色。

1. 单染色法　是用一种染料染色，所有的细菌均染成一种颜色。

2. 复染色法　是用两种以上的染料染色，可将细菌染成不同的颜色。临床常用的复染色法有：革兰染色法、抗酸染色法、特殊染色法等。

（1）革兰染色法：是细菌学中最常用的染色法之一，由丹麦细菌学家革兰（Hans Christian Gram）于 1884 年创建。其操作步骤为：涂片—干燥—固定—染色（结晶紫初染，碘液媒染，95％乙醇脱色，稀释复红复染）。通过此法染色可将细菌分为革兰阳性菌和革兰阴性菌两大类：不被乙醇脱色仍保留紫色者为革兰阳性菌；被乙醇脱色后复染成红色者为革兰阴性菌。革兰染色法对于细菌的鉴别、指导临床选择药物、研究细菌的致病性等具有重要的实际意义。

（2）抗酸染色法：操作步骤为涂片—干燥—固定—染色（石炭酸复红加温染色，3％盐酸乙醇脱色，亚甲蓝复染）。其结果将细菌分为两大类，即抗酸性细菌和非抗酸性细菌。红色为阳性，蓝色为阴性。如结核分枝杆菌的形态检查常用此法。

二、电子显微镜检查

电子显微镜常用的有透射电子显微镜和扫描电子显微镜，与光镜相比电镜用电子流代替了可见光，用电磁透镜代替了光学透镜，并使用荧光屏将肉眼不可见电子束成像。电子显微镜的分辨率（约 0.2 nm）远高于光学显微镜的分辨率（约 200 nm）。其放大倍数可达数十万倍，能分辨 1 nm 的微粒。电镜不仅能观察细菌的形态与大小，还能观察细菌的内部超微结构。

小结

细菌个体微小，依据形态特点可将细菌分为球菌、杆菌和螺形菌三大类。

细菌是一类具有细胞壁的单细胞原核微生物，其基本结构由外向内分别为细胞壁、细胞膜、细胞质和核质等。革兰阳性菌细胞壁由较厚的肽聚糖层和磷壁酸构成；革兰阴性菌细胞壁的肽聚糖层较薄，且肽聚糖层外还有外膜层。某些细菌还具有特殊结构，即荚膜、鞭毛、菌毛、芽胞。

细菌形态检查法分光学显微镜检查和电子显微镜检查，前者分为不染色标本检查法和染色标本检查法，染色法又分单染色法、复染色法和负性染色法。复染法中的革兰染色法是临床上最常用的染色法之一。

思考题

1. 革兰阳性菌与革兰阴性菌细胞壁结构有何不同？
2. 细菌的特殊结构包括哪些？各有何医学意义？
3. 简述革兰染色法的操作步骤、结果判断及实际意义。

（黔东南民族职业技术学院　宋爱萍）

第十章　细菌的生理

> **学习目标**
> 1. 掌握细菌生长繁殖的条件、方式、速度及规律，细菌的合成代谢产物及其意义。
> 2. 熟悉细菌的化学组成和物理性状，细菌的营养物质，细菌在培养基中的生长现象，人工培养细菌的意义。
> 3. 了解培养基的种类，细菌的分解代谢产物及生化反应。

细菌是一大类具有独立生命活动的原核细胞型微生物，能从外界摄取营养物质，合成自身成分并获得能量，不断进行新陈代谢及生长繁殖。细菌的生长繁殖需要一定条件，其繁殖速度快，代谢活动也非常活跃。细菌在新陈代谢过程中可产生多种在医学和工农业生产中具有重要意义的合成代谢产物和分解代谢产物。了解细菌的生长繁殖特点、生命活动规律及其代谢产物，有助于细菌的培养鉴定和分析病原菌的致病机制，对细菌感染性疾病的诊断、治疗和预防都具有重要意义。

第一节　细菌的生长繁殖

一、细菌的化学组成和物理性状

（一）细菌的化学组成

细菌的化学组成与其他生物细胞相似，包括水、无机盐、蛋白质、糖类、脂类、核酸等。此外，细菌还含有一些原核细胞型微生物特有的化学成分，如肽聚糖、磷壁酸、胞壁酸、D 型氨基酸、DAP、吡啶二羧酸、脂多糖等。

（二）细菌的物理性状

1. **带电现象**　革兰阳性菌的等电点为 pH2～3，革兰阴性菌的等电点为 pH4～5，故在中性或弱碱性环境中均带负电荷，尤以革兰阳性菌所带负电荷更多。细菌的带电现象与其染色性、凝集反应、抑菌和杀菌作用等密切相关。

2. **表面积**　细菌的体积微小，但单位体积的表面积远大于其他生物细胞。细菌表面积大的特点有利于与外界进行物质交换，因此细菌代谢旺盛，繁殖迅速。

3. **光学性质**　细菌为半透明体，当光线照射在菌体上时，部分被吸收，部分被折射，因此细菌悬液呈混浊状态。细菌数量越多，则浊度越大，故可用比浊法或分光光度计估计细菌的数量。

4. **半透性**　细菌的细胞壁和细胞膜均有半透性，允许水和小分子物质通过，有利于吸收营养和排出代谢产物。

5. **渗透压**　由于细菌细胞内含有高浓度的营养物质和无机盐，故菌体内的渗透压高，革兰阳性菌的渗透压达 20～25 个大气压，革兰阴性菌为 5～6 个大气压。

二、细菌的营养物质

细菌进行新陈代谢必须从外界吸收利用一些有机或无机化合物，用于合成细菌细胞内的各种成分，并为其提供能量。细菌生长繁殖所需要的营养物质主要有水、碳源、氮源、无机盐和生长因子等。

三、细菌的生长繁殖

(一)细菌生长繁殖的条件

各种细菌生长繁殖所需条件不尽相同，但必须具备以下基本条件：

1. 充足的营养 细菌进行新陈代谢和生长繁殖必须有充足的营养物质，用于合成菌体成分并提供足够的能量。根据细菌所利用的能源和碳源不同，可将细菌分为两大营养类型：以简单的无机物（如 CO_2、CO_3^{2-}、N_2、NO_3^- 等）为原料的称为自养菌；以有机物（如蛋白质、糖类等）为原料的称为异养菌。所有的病原菌都是异养菌。

2. 适宜的温度 病原菌在长期进化过程中适应了人体环境，故最适生长温度大多数为37℃，个别细菌如鼠疫耶尔森菌最适温度为 28~30℃。此外，某些病原菌在低温条件下也可生长繁殖，如金黄色葡萄球菌在 5℃ 冰箱中可缓慢生长并释放毒素，故食用过夜冷藏食品也可引起食物中毒。

3. 合适的酸碱度 多数病原菌生长所需的最适 pH 为 7.2~7.6，在人体血液、组织液中极易生长。个别细菌如霍乱弧菌在 pH8.4~9.2 的条件下生长最好，而结核分枝杆菌的最适 pH 为 6.5~6.8。

4. 必要的气体环境 细菌生长所需的气体是氧气和二氧化碳。根据细菌对氧气的需求不同分为以下几类：①专性需氧菌，必须在有氧的环境中才能生长繁殖，如结核分枝杆菌；②微需氧菌，在低氧压（5%左右）环境中生长，当氧压>10%时对其生长有抑制作用，如空肠弯曲菌、幽门螺杆菌；③兼性厌氧菌，兼有需氧呼吸和无氧发酵两种功能，在有氧和无氧环境中都能生长，但以有氧时生长较好，大部分病原菌均属此类；④专性厌氧菌，必须在无氧环境中才能生长，如破伤风梭菌、产气荚膜梭菌。大多数病原菌在代谢过程中产生的 CO_2 即可满足其生长需要，但某些细菌如脑膜炎奈瑟菌、淋病奈瑟菌在初次分离培养时需提供 5%~10% 的 CO_2 才能较好生长。

(二)细菌生长繁殖的方式与速度

1. 细菌的繁殖方式 细菌以简单的二分裂方式进行繁殖。

2. 细菌的繁殖速度 在适宜条件下，大多数细菌的繁殖速度极快。一般细菌繁殖一代仅需 20~30 min，个别细菌繁殖速度较慢，如结核分枝杆菌繁殖一代需 18~20 h。

(三)细菌群体生长繁殖的规律

细菌的繁殖速度极快，如大肠埃希菌分裂一次需 20 min，照此计算，1 个细菌经 10 h 后数量可超过 10 亿，24 h 后，细菌的数量将达到难以计数的程度。但实际上，由于细菌繁殖过程中营养物质的消耗、毒性代谢产物的堆积以及环境 pH 的改变，细菌不可能始终照此速度无限繁殖。经过一段时间后，细菌的繁殖速度减慢，死菌数逐渐增多，而活菌数逐渐减少。将一定数量的细菌接种于适宜的液体培养基，定时取样进行细菌计数，以培养时间为横坐标，培养基中的活菌数为纵坐标，可绘制出一条反映细菌繁殖规律的曲线，称为生长曲线（图 10-1）。细菌的生长曲线可分为四期：

1. 迟缓期　此期是细菌对新环境的适应过程，故曲线平坦，细菌分裂迟缓，繁殖极少。此时菌体增大，代谢活跃，为细菌的分裂繁殖合成并储备充足的酶、能量和中间代谢产物。迟缓期时间因菌种、接种的菌龄和菌量、培养条件不同而异，一般为接种后的1～4 h。

2. 对数期　又称为指数期。此期细菌繁殖极快，活菌数量以稳定的几何级数迅速增长，可持续几小时至几天不等，一般为培养后的8～18 h。此期细菌的形态、大小、染色性以及对外界因素的敏感性等都较典型。因此，研究细菌的生物学性状、进行药物敏感试验最好选用此期的细菌。

3. 稳定期　由于培养基中营养物质的消耗、毒性代谢产物的堆积以及培养基 pH 下降，细菌的繁殖速度减慢，死亡细菌逐渐增多，繁殖数与死亡数大致平衡，活菌数保持相对稳定。此期细菌的形态、染色性、生理性状可出现改变，细菌的芽胞、外毒素、抗生素等代谢产物多在此期形成。

4. 衰亡期　细菌的繁殖速度进一步减慢，死亡细菌明显增多，并超过活菌数量。此期细菌形态明显改变，如肿胀、变形，甚至发生自溶，生理活动也趋于停滞，故陈旧培养物中的细菌难以鉴定。

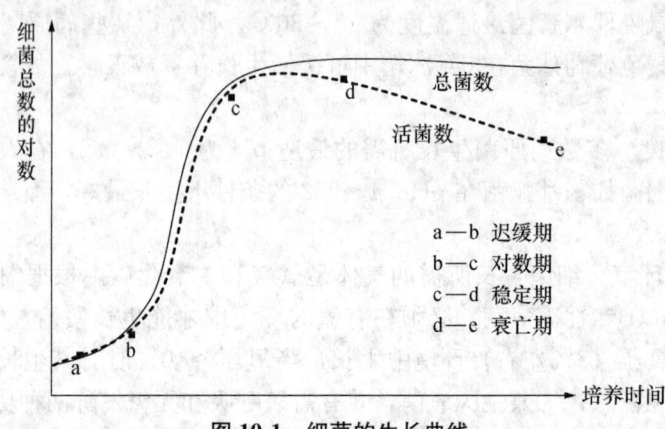

图 10-1　细菌的生长曲线

细菌的生长曲线是在体外人工培养条件下观察到的，在体内或自然界的细菌因受多种环境因素或机体免疫力等影响，不会出现以上典型的生长曲线。掌握细菌生长繁殖的规律，可以有目的地研究控制病原菌的生长，更有效地利用对人类有益的细菌。

第二节　细菌的人工培养

根据细菌生长繁殖的条件及规律，可以用人工方法提供细菌生长所需的营养物质和适宜的环境来培养细菌，对研究细菌的生物学性状和致病机制、生物制品的制备、传染病的诊断与治疗以及工农业生产等都具有重要意义。

一、培养基

培养基是用人工方法将适合微生物生长繁殖的各种营养物质配制而成的营养基质。一般将培养基的 pH 调整至 7.2～7.6，再经灭菌后即可使用。根据培养基的物理状况、用途等不同可分为若干类型。

(一）按照培养基的物理状况分类

1. **液体培养基** 将微生物生长所需各种营养成分加水配制而成，不加任何凝固剂。常用于增菌培养和鉴定细菌。
2. **半固体培养基** 在液体培养基中加入凝固剂（0.2%～0.5%琼脂）配制而成，呈半凝固状态。可用于观察细菌的运动、鉴定细菌和短期保存细菌。
3. **固体培养基** 在液体培养基中加入凝固剂（2%～5%琼脂）配制而成，呈凝固状态。常用于细菌的分离培养、鉴定、保存菌种等。

（二）按照培养基的用途分类

1. **基础培养基** 含有细菌生长所需的基本营养成分，可供大多数营养要求不高的细菌生长。如肉浸液（含牛肉膏或牛肉汤、蛋白胨、氯化钠、水）、蛋白胨水、普通琼脂培养基等。
2. **营养培养基** 是在基础培养基中加入葡萄糖、血液、血清、酵母浸膏等营养物质，可供营养要求较高的细菌生长。如血液琼脂平板、血清肉汤等。
3. **选择培养基** 根据细菌对化学物质的敏感性不同，在培养基中加入某些化学物质，使之抑制其他杂菌生长，而有利于欲分离的目的菌生长，称为选择培养基。如SS琼脂培养基含有胆盐、煌绿、枸橼酸盐等抑制剂，可抑制革兰阳性菌和肠道非致病菌的生长，从而使致病的沙门菌和志贺菌分离出来。
4. **鉴别培养基** 用于培养和鉴别细菌的培养基称为鉴别培养基。利用各种细菌对糖类和蛋白质的分解能力及代谢产物不同，在培养基中加入特定的作用底物和指示剂，观察细菌生长后对底物的分解情况，从而鉴别细菌。如各种糖发酵培养基、克氏双糖铁培养基、伊红-亚甲蓝琼脂等。
5. **厌氧培养基** 是指专供厌氧菌分离培养和鉴别用的培养基。此类培养基营养丰富，氧化还原电势低，内部为无氧环境。如庖肉培养基、硫乙醇酸盐培养基等。

二、细菌在培养基中的生长现象

（一）细菌在液体培养基中的生长现象

细菌在液体培养基中生长可出现三种生长现象：

1. **均匀混浊生长** 大多数细菌在液体培养基中生长后呈均匀混浊状，如大肠埃希菌、葡萄球菌等。
2. **菌膜生长** 需氧菌在液体培养基表面生长，形成菌膜，如枯草芽胞杆菌。
3. **沉淀生长** 厌氧菌或少数呈链状的细菌在液体培养基中沉积于试管底部，如链球菌。

（二）细菌在半固体培养基中的生长现象

半固体培养基的琼脂含量少，黏度低，可用于观察细菌的动力。

1. **有鞭毛的细菌** 沿穿刺线向四周扩散生长，穿刺线模糊不清，呈羽毛状或云雾状，如伤寒沙门菌（图10-2B）。
2. **无鞭毛的细菌** 仅沿穿刺线生长，周围的培养基澄清透明，如痢疾志贺菌（图10-2A）。

（三）细菌在固体培养基中的生长现象

将细菌划线接种于固体培养基，划线时可将许多混杂

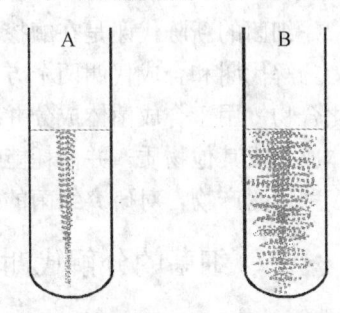

图10-2 鞭毛菌（B）与无鞭毛菌（A）穿刺培养的生长情况示意图

在一起的细菌在培养基表面分散开,一般经 18~24 h 培养后,形成由单个细菌分裂繁殖而成的肉眼可见的细菌集团,称为菌落。若多个菌落融合成片,称为菌苔。一个菌落是由一个细菌繁殖后堆积而成,挑取一个菌落再接种至另一个培养基,生长出来的细菌即为纯种,称为纯培养。不同细菌的菌落大小、形状、颜色、边缘、表面光滑度、透明度、湿润度、气味、血液琼脂平板上的溶血情况等均不相同,因此观察菌落可用于细菌的初步鉴定。细菌的菌落有以下几种类型:

1. 光滑型菌落(S 型菌落) 表面光滑、湿润,边缘整齐,如葡萄球菌、大肠埃希菌的菌落。

2. 粗糙型菌落(R 型菌落) 表面粗糙、干燥、呈皱纹或颗粒状,边缘不整齐,如枯草芽胞杆菌、结核分枝杆菌的菌落。

3. 黏液型菌落(M 型菌落) 表面黏稠、有光泽、似水珠样,如肺炎克雷伯菌的菌落。

三、细菌人工培养的意义

(一) 在医学中的应用

细菌的人工培养对感染性疾病的诊断、预防、治疗和科学研究都具有重要意义。

1. 用于感染性疾病的诊断和治疗 取患者有关标本进行病原菌的分离培养和鉴定,是诊断感染性疾病的最可靠依据,进一步通过药物敏感试验指导临床合理用药。

2. 用于细菌的鉴定和研究 研究细菌的生物学性状、遗传变异、致病性、免疫性、对抗生素的敏感性等都需要进行细菌培养。

3. 用于生物制品的制备 用于疾病诊断、预防和治疗的各种生物制品,如菌液、免疫血清、疫苗、类毒素、抗毒素等均来自人工培养的细菌或其代谢产物。

(二) 在其他方面的应用

1. 在工农业生产中的应用 细菌新陈代谢过程中产生多种代谢产物,可提取制备成抗生素、维生素、氨基酸、有机溶剂、味精等用途广泛的产品。细菌培养物还可用于处理废水和垃圾、制造菌肥和农药、生产酶制剂等。

2. 在基因工程中的应用 把带有外源性基因的重组 DNA 转化至受体菌,使其在细菌体内表达,由于细菌繁殖迅速、易于培养,其基因表达产物可通过细菌培养并提取纯化,可以极大降低成本。现用此方法已成功制备胰岛素、干扰素、IL-2、乙肝疫苗等。

第三节 细菌的代谢产物及意义

细菌的新陈代谢是在酶控制和催化下的一系列复杂的生物化学反应过程。细菌的代谢分为分解代谢和合成代谢两个方面。细菌通过其分泌的多种酶将复杂的营养物质分解为简单的化合物,用于合成菌体成分并获得能量,称为分解代谢;细菌以简单的化合物为原料合成菌体成分或其他物质,并消耗能量,称为合成代谢。细菌在分解代谢和合成代谢过程中能产生多种代谢产物,对研究细菌的致病机制、进行细菌鉴定和疾病治疗都具有重要意义。

一、细菌的分解代谢产物及其意义

不同细菌具有不同的代谢酶,因此对糖类、蛋白质的分解能力及产生的代谢产物也不相同,利用生物化学方法来检测细菌的各类分解代谢产物,可用于鉴别细菌,称为细菌的生化反应。

(一) 糖的分解代谢产物及其意义

1. **糖发酵试验** 不同细菌对各种糖类的分解能力和代谢产物不同，在培养基中加入某种鉴别用糖（如葡萄糖、乳糖、蔗糖等）和酸碱指示剂，检测细菌对糖的分解情况，可用于鉴别细菌。

2. **甲基红试验** 某些细菌（如大肠埃希菌）能将葡萄糖分解成丙酮酸，并进一步将丙酮酸分解成大量有机酸（甲酸、冰醋酸、乳酸等），使培养基pH下降至4.4以下，加入甲基红指示剂后显红色，为甲基红试验阳性。而另一些细菌（如产气肠杆菌）分解葡萄糖产酸少，并将酸分解生成醇、酮、醛等，培养基的pH在5.4以上，加入甲基红试剂显橘黄色，为甲基红试验阴性。

3. **VP试验** 某些细菌（如产气肠杆菌、阴沟肠杆菌）将葡萄糖分解成丙酮酸之后，能进一步使丙酮酸脱羧生成中性的乙酰甲基甲醇，后者在碱性环境中被空气中的O_2氧化成二乙酰，二乙酰与含胍基化合物反应生成红色的化合物，为VP试验阳性。大肠埃希菌不能生成乙酰甲基甲醇，故VP试验为阴性。

4. **枸橼酸盐利用试验** 某些细菌（如产气肠杆菌等）能利用枸橼酸盐作为唯一的碳源，并利用铵盐作为唯一的氮源，在枸橼酸盐培养基上生长，产生碳酸钠和氨，使培养基变碱性，溴麝香草酚蓝指示剂由淡绿色变成深蓝色，为该试验阳性。大肠埃希菌不能利用枸橼酸盐作为唯一碳源，故在此培养基上不生长。

(二) 蛋白质的分解代谢产物及其意义

1. **吲哚试验** 又称靛基质试验。某些细菌（如大肠埃希菌等）能分解蛋白胨中的色氨酸产生吲哚（靛基质），能与加入的靛基质试剂（对二甲氨基苯甲醛）作用，生成红色化合物——玫瑰吲哚，为吲哚试验阳性。

2. **硫化氢试验** 某些细菌（如变形杆菌）能分解培养基中含硫氨基酸（如胱氨酸、半胱氨酸等），产生硫化氢，硫化氢遇到培养基中的重金属离子如Pb^{2+}或Fe^{2+}等，形成硫化铅或硫化亚铁黑色沉淀，为硫化氢试验阳性。

3. **脲酶试验** 有些细菌（如变形杆菌）可以产生脲酶，分解培养基中的尿素产氨，使培养基变碱，酚红指示剂显红色，为脲酶试验阳性。

二、细菌的合成代谢产物及其意义

细菌通过新陈代谢不断合成自身成分，如多糖、蛋白质、细胞壁、脂类、核酸等，同时也产生一些具有重要医学意义的合成代谢产物，其中热原质、毒素和侵袭性酶与致病性有关，色素、细菌素可用于鉴别细菌，抗生素、维生素可用于疾病的防治。

(一) 热原质

热原质是细菌合成的一种注入人或动物体内能引起发热反应的物质。热原质即脂多糖，耐高温，需经高温干烤（180℃、4 h，或250℃、45 min）才能使其丧失活性。生物制品或注射液制成后除去热原质比较困难，因此在制备和使用注射药品过程中应严格无菌操作，防止细菌污染。去除热原质的最好方法是蒸馏，也可用吸附、过滤等其他方法。

(二) 毒素与侵袭性酶

病原菌可产生内毒素、外毒素和侵袭性酶，与细菌的致病性密切相关。

(三) 色素

某些细菌在一定条件下（营养丰富、氧气充足、温度适宜）能产生不同颜色的色素，可用于细菌的鉴别。细菌产生的色素有两类：①水溶性色素，能扩散到培养基或周围组织，如铜绿假单胞菌产生的绿色色素能使整个培养基或感染部位的脓汁呈绿色；②脂溶性色素，不溶于水，在培养基上仅菌落有颜色，周围的培养基不变色，如金黄色葡萄球菌产生的金黄色色素。

（四）抗生素

抗生素大多由放线菌和真菌产生，细菌产生的抗生素很少，如多黏菌素、杆菌肽等。

（五）细菌素

细菌素是由某些细菌产生的一类具有抗菌作用的蛋白质，仅能杀灭与之有亲缘关系的细菌。由于细菌素的抗菌范围狭窄，因此在治疗方面的应用价值不大，但可用于细菌的分型鉴定和流行病学调查。细菌素常以产生的细菌命名，如大肠埃希菌产生的大肠菌素、铜绿假单胞菌产生的绿脓菌素、霍乱弧菌产生的弧菌素等。

（六）维生素

某些细菌在代谢过程中可合成维生素，除供自身需要外，还能分泌至菌体外，如人体肠道中的大肠埃希菌能产生维生素 B 和维生素 K，可供人体吸收利用。

小结

细菌与其他生命体一样，具有一定的化学组成和物理性状，不断进行新陈代谢及生长繁殖。细菌生长繁殖必须具备以下基本条件：营养物质，合适的温度、酸碱度和气体环境。细菌以二分裂法进行繁殖，其繁殖速度快。在培养基中，细菌的生长繁殖分为四期：迟缓期、对数期、稳定期、衰亡期，研究细菌的生物学性状、鉴定细菌和进行药敏试验应选择对数期的细菌。检测细菌的分解代谢产物有助于细菌的鉴定。细菌的合成代谢产物中，热原质、毒素和侵袭性酶与细菌的致病性有关；色素和细菌素可用于鉴别细菌；抗生素和维生素可用于疾病的防治。

思考题

1. 细菌的生长繁殖需要哪些基本条件，具有什么规律？
2. 细菌的合成代谢产物有哪些？其分解代谢产物和合成代谢产物各有何医学意义？

（怀化医学高等专科学校　桂　芳）

第十一章 细菌的分布与消毒灭菌

> **学习目标**
> 1. 掌握细菌在正常人体的分布情况，正常菌群、菌群失调、条件致病菌的概念，消毒、灭菌、防腐、无菌和无菌操作的概念，热力消毒灭菌法的原理及适用范围，紫外线杀菌的原理、作用特点及应用。
> 2. 熟悉正常菌群与人体的关系。

细菌作为单细胞生物，极易受外界物理和化学因素的影响。环境适宜时，细菌可进行正常的新陈代谢和生长繁殖。环境不适宜时，细菌发生代谢障碍或生长受抑制，甚至死亡。利用对细菌的不利因素抑制或杀死细菌，可以达到消毒灭菌、控制和消灭传染病的目的。

第一节 细菌的分布

在自然环境中，细菌广泛分布于土壤、水和空气，在人体体表以及与外界相通的腔道中也有多种细菌存在。了解细菌的分布对保护环境、加强无菌观念、严格无菌操作、预防医院感染等具有重要意义。

一、细菌在自然界的分布

（一）土壤中的细菌

土壤具备细菌生长、繁殖所需要的良好条件，因此土壤中的细菌种类和数量很多，距地面 3~25 cm 深的土壤中细菌数量最多，土壤表层及较深土层中细菌数量少。土壤中细菌大多数为非致病菌，它们在自然界的物质循环中起着重要的作用。但其中也有来自正常人、动物及传染病患者排泄物、尸体及生活垃圾中的病原菌。这些致病菌大多数在土壤中很快死亡，只有能形成芽胞的细菌，如破伤风梭菌、产气荚膜梭菌、炭疽芽胞杆菌等，在形成芽胞后，可存活几年或几十年，芽胞菌多通过伤口使人感染。因此，在处理和治疗被泥土污染的伤口时，应采取清创等必要的措施，防止破伤风和气性坏疽等疾病的发生。

（二）水中的细菌

水中的细菌主要来自土壤、人和动物的排泄物。其中常有伤寒杆菌、痢疾杆菌、霍乱弧菌等肠道病原菌。水源被污染可引起多种消化道传染病的流行，因此加强水和粪便的管理，保护好水源，是预防和控制肠道传染病的重要措施。

（三）空气中的细菌

空气中缺少细菌生长所需的营养和水分，并受日光直接照射，不适宜细菌的生长繁殖，但由于人和动物呼吸道中的细菌可随飞沫散布在空气中，土壤中的细菌也会随尘土漂浮在空气中，因此空气中可存在许多不同种类的细菌。尤其在人群密集的公共场所或医院，空气中的细菌种类和数量显著增多。常见的病原菌有金黄色葡萄球菌、乙型溶血性链球菌、结核分枝杆菌、肺炎链球菌、白喉棒状杆菌等，可引起呼吸道传染病或伤口感染。空气中存在的微生物，又常是培养基、生物制品、医药制剂污染的来源。因此，手术室、病房、制剂室、细菌接种室等场所应经常进行空气消毒，以免造成物品或工作环境的污染及疾病的传播。

二、细菌在正常人体的分布

（一）正常菌群

自然界中广泛存在着各类微生物。在正常人的体表及与外界相通的腔道中，存在着不同种类和数量的微生物，这些微生物通常对人体无害，为人体的正常微生物群，通称正常菌群。正常菌群不仅与人体保持平衡关系，而且寄居的微生物与微生物之间也互相依存、互相制约，其种类和数量处于不断变化的动态平衡之中。分布于人体各部位的正常菌群见表11-1。

表11-1 人体常见的正常菌群

部位	主要细菌
皮肤	葡萄球菌、类白喉棒状杆菌、铜绿假单胞菌、丙酸杆菌、白假丝酵母菌、非致病性分枝杆菌
口腔	葡萄球菌、甲型和丙型链球菌、肺炎链球菌、奈瑟菌、乳杆菌、类白喉棒状杆菌、放线菌、螺旋体、白假丝酵母菌、梭菌
鼻咽腔	葡萄球菌、甲型和丙型链球菌、肺炎链球菌、奈瑟菌、类杆菌
外耳道	葡萄球菌、类白喉棒状杆菌、铜绿假单胞菌、非致病性分枝杆菌
眼结膜	葡萄球菌、干燥棒状杆菌、奈瑟菌
胃	一般无菌
肠道	大肠埃希菌、产气肠杆菌、变形杆菌、铜绿假单胞菌、葡萄球菌、肠球菌、类杆菌、产气荚膜梭菌、破伤风梭菌、双歧杆菌、乳杆菌、白假丝酵母菌
尿道	葡萄球菌、类白喉棒状杆菌、非致病性分枝杆菌
阴道	乳杆菌、大肠埃希菌、类白喉棒状杆菌、白假丝酵母菌

（二）正常菌群的生理意义

正常情况下，人体与正常菌群之间、体内微生物与微生物之间互相依存、相互制约，对构成机体的生态平衡起着重要的作用。其生理意义主要表现在：

1. 拮抗作用　正常菌群能构成生物屏障，以阻止外来细菌的进入，还可通过争夺营养、产生脂肪酸、细菌素等物质来拮抗致病菌的定居或生长。

2. 免疫作用　正常菌群的存在可促进机体免疫器官发育成熟，促进免疫细胞的分裂，刺激机体产生免疫应答，使机体对致病微生物保持一定程度的免疫力。

3. 营养作用　正常菌群参与蛋白质、糖类与脂类的代谢，促进营养物的吸收，还能合成B族维生素、K族维生素等供人体利用。

此外，正常菌群还有抗衰老和抗肿瘤作用。

（三）条件致病菌

在正常情况下，正常菌群具有相对稳定性，但在特定条件下，正常菌群与机体之间的这种生态平衡可被破坏而引起疾病。这些在正常情况下不致病，仅在特殊条件下致病的细菌称为条件致病菌。其致病的条件有以下几种：

1. 寄居部位的改变　当某一部位的正常菌群由于一些特殊的原因进入其他非正常寄居

部位时，可引起疾病。如肠道中的大肠埃希菌因外伤、手术、感染等原因进入血液、腹腔、泌尿道时，可引起相应部位的炎症病变。

2. **机体免疫功能低下** 应用大剂量皮质激素、抗肿瘤药物或放射治疗等，可引起机体免疫功能降低；大面积烧伤、过度疲劳、长期消耗性疾病亦可导致机体免疫功能降低。在这些情况下，正常菌群中的某些细菌可引起感染而出现各种疾病。

3. **菌群失调** 由于某些因素的影响，正常菌群中各种细菌的种类和数量发生较大的变化，称为菌群失调。在临床上，菌群失调常由于不适当使用抗菌药物引起，长期应用广谱抗生素的患者，正常菌群中的敏感菌被杀死，原来数量少但对抗生素耐药的菌株大量繁殖而引起菌群失调。严重的菌群失调使机体表现出一系列临床症状，称菌群失调症。菌群失调症往往是在抗菌药物治疗原有感染性疾病过程中产生的另一种新感染，临床上又称二重感染。

引起二重感染的常见病原微生物有金黄色葡萄球菌、白假丝酵母菌等。患二重感染的患者免疫力低，治疗难度大，应立即停用原抗菌药物，并对患者标本中分离的致病菌做药敏试验，选用合适的药物治疗。同时，亦可使用微生态制剂，协助调整菌群，使之恢复正常菌群的生态平衡。

第二节 消毒与灭菌

消毒灭菌是用物理、化学和生物的方法来抑制或杀死环境及机体体表的微生物，以防止微生物污染或病原微生物传播的方法。

一、基本概念

1. **消毒** 指杀死物体上病原微生物的方法。消毒后的物品或环境中，仍可含有一些非致病菌和芽胞。消毒用的化学药品称为消毒剂。一般消毒剂在常用浓度下，只对细菌的繁殖体有效。

2. **灭菌** 指杀灭物体上所有微生物（包括细菌芽胞、病原微生物和非病原微生物）的方法。经灭菌的物品称为无菌物品。凡需要进入人体组织和体腔的医疗器械都要求是无菌物品。

3. **防腐** 指防止或抑制细菌生长繁殖的方法。防腐采用的化学药品称为防腐剂，一般同一种化学药品在高浓度时为消毒剂，低浓度时则为防腐剂。

4. **无菌及无菌操作** 无菌是无活菌存在的意思。防止细菌进入人体或其他物品的操作技术，称为无菌操作。在进行微生物学实验和医疗实践时均需严格无菌操作，防止污染和感染的发生。

5. **卫生清理** 是将微生物污染了的无生命物体表面还原为安全水平的处理过程。例如患者使用过的用具、衣物等均须进行卫生清理。

二、物理消毒灭菌法

物理消毒灭菌法是医学实践中常用的方法，通常包括热力、紫外线、电离辐射、超声波和滤过除菌等。

（一）热力消毒灭菌法

高温能破坏细菌的蛋白质和核酸，使菌体蛋白变性凝固、核酸解链而死亡，因而最常用于消毒灭菌。热力法分为干热和湿热两大类，在同一温度下，湿热的效力比干热大，其原因是：①湿热时细菌吸收水分使蛋白质更易凝固；②湿热比干热穿透力强；③湿热的蒸汽与物体接触凝结成水时放出潜热，可迅速提高被灭菌物体的温度。

1. 湿热消毒灭菌法　常用方法有如下几种：

(1) 高压蒸汽灭菌法：是目前应用最广、灭菌效果最好的方法。使用密闭的高压蒸汽灭菌器，在加热产生蒸汽后，随着蒸汽压力的升高，温度也相应升高。在 103.4 kPa (1.05 kg/cm^2) 蒸汽压力下，温度达到 121.3℃，维持 15～20 min，可杀灭包括细菌芽胞在内的所有微生物。常用于一般培养基、生理盐水、手术敷料等耐高温、耐湿物品的灭菌。灭菌时，必须将锅内冷空气排尽，并应注意放置物品不宜过紧、过满，否则会影响灭菌效果。

(2) 煮沸法：在一个大气压下，100℃煮沸 5 min，可杀死细菌的繁殖体，主要用于饮水、食具、一般外科器械的消毒。杀灭芽胞则需煮沸 1～2 h。若在水中加入 2%的碳酸氢钠，既可提高沸点到 105℃，又可防止金属器械生锈。

(3) 间歇蒸汽灭菌法：常用于不耐高温的含糖、牛奶等培养基灭菌。用蒸笼或阿诺蒸锅 100℃加热 15～30 min，可杀死细菌繁殖体，然后将其置于 35℃温箱过夜，使芽胞发育成繁殖体，次日同法再蒸一次，如此重复 3 次，可达灭菌的目的。

(4) 巴氏消毒法：由巴斯德创立而得名。用较低温度杀死物品中的病原菌同时又不影响消毒物品的营养成分及香味。61.1～62.8℃加热 30 min，或 71.7℃加热 15～30 s 即可，常用于牛奶或酒类的消毒。

2. 干热灭菌法　常用方法有如下几种：

(1) 焚烧和烧灼：焚烧是直接点燃或在焚化炉内焚化。废弃物品及实验小动物尸体常采用焚烧方法灭菌。烧灼是直接用火焰灭菌，如微生物实验室使用的接种环（针）、试管口等可在火焰中直接烧灼。

(2) 干烤：在密闭的电热干烤箱内利用加热的空气进行灭菌。一般加热至 160～170℃维持 2 h 即可杀死包括芽胞的一切微生物。本法适用于高温不变质、不损坏、不蒸发的物品，如玻璃器皿、瓷器、油制剂、粉剂药品等的灭菌。

(二) 紫外线与电离辐射灭菌法

1. 日光与紫外线　波长在 200～300 nm 的紫外线具有杀菌作用，其中以 265～266 nm 波长的杀菌力最强。紫外线的杀菌机制主要是破坏 DNA 的构型，干扰 DNA 的复制和转录，从而导致细菌变异或死亡。紫外线的穿透力弱，普通玻璃、纸张等均能阻挡紫外线，故仅适用于手术室、传染病房和无菌室等的空气消毒，或用于不耐热物品的表面消毒。杀菌波长的紫外线对人体皮肤、眼睛有损伤作用，使用时应注意防护。

2. 电离辐射　包括高速电子、X 射线和 γ 射线等。电离射线具有较高的能量，在足够剂量时，对各种细菌均有致死作用。其机制在于产生游离基，破坏 DNA。电离辐射常用于大量一次性医用塑料制品的消毒，亦可用于食品的消毒。

(三) 滤过除菌法

滤过除菌法是利用具有微细小孔的滤菌器的筛滤和吸附作用，使带菌液体或空气成为无菌液体或空气。该法适用于不耐高温的血清、抗毒素、抗生素等液体的除菌，现代医院的手术室、烧伤病房、制剂室等已逐步采用高效滤菌器，以除去空气中的细菌。滤菌器的种类很多，目前常用的有蔡氏滤菌器、玻璃滤菌器、薄膜滤菌器及高效颗粒空气滤器四种。

三、化学消毒灭菌法

许多化学药物能影响细菌的化学组成、物理结构和生理活动，从而发挥防腐、消毒甚至灭菌的作用。消毒剂对人体组织细胞都有一定的毒性，故只能外用，不能内服，一般仅用于皮肤黏膜及伤口、器械、排泄物和周围环境的消毒。

（一）常用消毒剂的种类和应用

常用消毒剂种类、浓度与用途见表 11-2。

表 11-2　常用消毒剂的种类、浓度与用途

类别	名称	浓度	用途
重金属盐类	硝酸银	1%	新生儿滴眼，防治淋球菌感染
	升汞	0.05%～0.1%	非金属器皿的消毒
	硫柳汞	0.01%～0.1%	皮肤、黏膜、创口消毒
氧化剂	高锰酸钾	0.1%	皮肤、黏膜、食具、水果消毒
	过氧乙酸	0.2%～0.5%	皮肤、物体表面、空气消毒
	过氧化氢	3%	皮肤、黏膜、物体表面、空气消毒
表面活性剂	苯扎溴铵	0.05%～0.1%	皮肤、黏膜、物体表面消毒
	度米芬	0.05%～0.1%	皮肤、创口、物体表面消毒
醛类	戊二醛	2%	医疗器械消毒
烷化剂	环氧乙烷	50 mg/L	医疗器械消毒
卤素及其化合物	碘附	0.5%～1%	皮肤、物体表面消毒
	碘酊	2%～2.5%	皮肤、物体表面消毒
	氯	0.2～0.5 mg/L	饮水消毒
	含氯石灰	10%～20%	物体表面、排泄物、污水消毒
	84 消毒液	1:25～1:1000	皮肤、器材、食具、水果消毒
	漂白粉	10%～20%	地面、厕所、排泄物消毒
醇类	乙醇	70%～75%	医疗器械、皮肤消毒
酚类	甲酚皂溶液（来苏儿）	2%	皮肤、物体表面消毒
酸碱类	醋酸	5～10 ml/m^3 加等量水蒸发	空气消毒
	生石灰	加水 1:4 或 1:8 配成糊状	地面、排泄物消毒

（二）常用消毒剂的作用机制

常用消毒剂的作用机制主要有以下三方面：

1. **促使菌体蛋白质变性或凝固**　例如醇类、醛类、酸碱类、染料类以及高浓度的重金属盐和酚类均有此类效用。

2. **干扰细菌的酶系统和代谢**　如某些氧化剂、重金属盐类可与细菌酶蛋白的巯基（—SH）结合，使酶丧失活性，引起细菌代谢障碍。

3. **改变细菌细胞膜的通透性**　通过改变膜通透性，使细胞内容物溢出，导致细菌的死亡，如表面活性剂、脂溶剂、低浓度酚类等。

（三）影响消毒灭菌效果的因素

1. **消毒剂的浓度与作用时间**　一般情况下浓度愈大，杀菌作用愈强。但乙醇例外，

70%～75%的乙醇消毒效果最好，因过高浓度的乙醇会使菌体蛋白迅速脱水凝固，影响乙醇继续向内部渗入，降低杀菌效果。消毒剂在一定浓度下，对细菌的作用时间愈长，消毒效果也愈好。

2. 细菌的种类与生活状态　不同种类的细菌对消毒剂的敏感性不同。如结核分枝杆菌对酸、碱的抵抗力比其他细菌强，但对75%乙醇敏感。幼龄菌比老龄菌对消毒剂敏感，细菌的芽胞对消毒剂的抵抗力最强。

3. 环境中有机物的影响　被消毒的环境中如有血清、脓汁、粪便、痰等有机物存在，可与消毒剂结合而影响杀菌效果。故消毒皮肤或器械之前需要先洗净再消毒，对排泄物消毒时，应选择受有机物影响较小的消毒剂。

4. 酸碱度　消毒剂的杀菌作用受酸碱度的影响。如苯扎溴铵的作用，pH愈低所需杀菌浓度愈高，在pH3时所需的杀菌浓度较pH9时要高10倍左右。

5. 温度　温度升高可提高消毒效果。例如2%戊二醛杀灭每毫升含10^4个炭疽芽胞杆菌，20℃时需15 min，40℃时为2 min，56℃时仅1 min即可。

小结

　　细菌广泛分布于土壤、水、空气等自然环境和人体体表以及与外界相通的腔道中。正常菌群的生理意义有拮抗作用、免疫作用和营养作用。正常菌群与机体之间的生态平衡被破坏可引起疾病。

　　消毒灭菌是用物理、化学和生物的方法来抑制或杀死环境及机体体表的微生物，物理消毒灭菌法包括热力、紫外线、电离辐射、超声波和滤过除菌等。许多化学药物能影响细菌的化学组成、物理结构和生理活动，从而发挥防腐、消毒甚至灭菌的作用。

思考题

1. 举例说明正常菌群、菌群失调、条件致病菌三者之间的关系。
2. 热力消毒灭菌的方法有哪些？各有何应用？
3. 叙述紫外线杀菌的原理、方法及用途。

（黑龙江护理高等专科学校　曹德明）

第十二章 细菌的遗传与变异

学习目标

1. 掌握细菌变异的现象。
2. 熟悉细菌遗传变异的物质基础，细菌变异的实际意义。
3. 了解细菌变异的机制。

细菌同其他生物一样，都具有遗传和变异的生命特征。细菌在一定环境下，亲代将其生物学性状传给子代的现象称为遗传；子代与亲代之间出现差异则称为变异。遗传使细菌的性状保持相对稳定，种属得以延续；而变异可使细菌产生变种和新种，利于细菌在自然界不断地进化，以适应生存的需要。

细菌的变异分为遗传型变异和非遗传型变异。遗传型变异又称基因型变异，是由于细菌的基因结构发生了改变，形成的新性状可稳定地遗传给后代，遗传型变异是不可逆的，也不受环境因素的影响。非遗传型变异又称表型变异，是由于外界环境条件作用引起的变异，而细菌的基因结构未发生改变，当影响因素去除后，变异的性状可以复原。

第一节 细菌的变异现象

一、形态与结构的变异

（一）形态变异

细菌在适宜的环境中呈典型形态。环境改变时，其形态、大小发生改变。如鼠疫耶尔森菌在含有3%～6%的高盐琼脂培养基上，形态可由杆状变为球形、棒状、哑铃形等多种形态。

（二）结构变异

1. 荚膜变异　有荚膜的细菌在易感机体内或在含有血清的培养基上，能形成荚膜，但在普通培养基上即失去荚膜，毒力也减弱。

2. 芽胞变异　将能形成芽胞的炭疽芽胞杆菌置42℃培养10～20天后，则失去形成芽胞的能力，其毒力也相应减弱。

3. 鞭毛变异　有鞭毛的沙门菌属细菌在含0.1%石炭酸琼脂培养基上培养可失去鞭毛；如果再移种于一般培养基上，鞭毛又可恢复。但是，细菌若因突变而失去鞭毛便不再恢复，因为此时细菌的基因型发生了改变。细菌的鞭毛从有到无的变异称H-O变异。有鞭毛细菌的菌落呈薄层弥漫性生长，这种菌落称为H型菌落；无鞭毛的细菌形成单个菌落，不呈薄雾状，称为O型菌落。

二、菌落变异

细菌的菌落主要有两种类型，即光滑型（S型）与粗糙型（R型）。S型菌落表面光滑、湿润，边缘整齐；R 型菌落表面粗糙、干燥而有皱褶，边缘不整齐。细菌的菌落从光滑型变为粗糙型时，称为光滑型向粗糙型变异，即 S-R 变异。S-R 变异时，细菌的毒力、生化反应、抗原特性等往往发生较广泛的改变。

三、毒力变异

　　细菌的毒力变异可分为毒力减弱及增强两种情况。卡、介二氏曾把有毒力的牛型结核分枝杆菌培养在含有胆汁、甘油、马铃薯的培养基上，历时 13 年，传代 230 次，获得了无毒的牛型结核分枝杆菌，即现在用于预防结核病的卡介苗（BCG）。另一方面，不产生白喉外毒素的白喉棒状杆菌被 β 棒状杆菌噬菌体侵染，处于溶原状态时，能产生白喉外毒素，此为毒力增强的变异。

四、耐药性变异

　　细菌对某种抗菌药物由敏感变成耐药的变异称为耐药性变异。自从抗菌药物在临床广泛应用以来，由于滥用抗生素和不规范用药等多种因素的影响，耐药菌株逐年增加，如耐青霉素的金黄色葡萄球菌菌株，已从 1946 年的 14% 上升至目前的 80% 以上。特别是多重耐药菌株的出现，给临床感染性疾病的治疗带来了极大的困难，成为现代医学广为关注的问题。为减少耐药菌株的出现，用药前应先做药敏试验，根据结果选择敏感药物，避免盲目用药。

第二节　细菌遗传变异的物质基础

　　决定细菌遗传变异的物质基础是 DNA，它包括细菌的染色体、染色体外的质粒和寄生在某些细菌体内的噬菌体等。

一、细菌染色体

　　细菌染色体是一条环状的双螺旋 DNA 长链，高度盘旋缠绕成丝团状，裸露在细胞质中。DNA 的每一次复制后所形成的两个子代 DNA 分子被分配到两个子细胞中，但在复制过程中，若子代 DNA 碱基发生改变，就会使子代发生变异而出现新的性状。因此，染色体是细菌生命活动所必需的遗传物质，它控制着细菌的性状、代谢、繁殖、遗传和变异。

二、质粒

　　质粒（plasmid）是细菌染色体外遗传物质，为双股环状 DNA，具有以下特征：①质粒可自主复制或与染色体整合后一起复制，并随细菌的分裂传入子代细菌；②质粒能编码细菌某些性状，如致育性、耐药性、致病性等；③质粒可自行丢失或经理化因素处理后消除，但细菌仍然存活；④质粒可通过接合等方式在细菌之间转移而引起细菌变异；⑤一个细菌可带有一种或几种不同的质粒。

　　医学上重要的质粒有：①F 质粒，有 F 质粒的细菌有性菌毛，为雄性菌，无 F 质粒的细菌无性菌毛，为雌性菌。②R 质粒，带有一种或多种耐药基因，可使细菌获得对抗菌药物的耐药性。③Vi 质粒，其编码产物与细菌的致病性有关。④Col 质粒，大肠埃希菌产生大肠菌素能力由 Col 质粒编码。

三、噬菌体

噬菌体（bacteriophage, phage）是一类侵袭细菌、真菌、支原体、放线菌或螺旋体等的病毒。噬菌体分布广泛且有严格的宿主特异性，故可利用噬菌体进行细菌的流行病学鉴定与分型。由于噬菌体的结构简单，基因数少，常用于分子生物学与基因工程研究。

（一）噬菌体的生物学性状

1. **形态与结构** 噬菌体在普通显微镜下看不见，在电子显微镜下有三种外形，即蝌蚪形、微球形和丝形。大多数噬菌体呈蝌蚪形，由头部和尾部两部分组成。在头、尾连接处有一尾领结构，可能与头部装配有关。尾部末端有尾板、尾刺和尾丝（图12-1）。尾板内可能有能使宿主菌细胞裂解的溶菌酶。尾丝为噬菌体的吸附器官，能识别宿主菌体表面的特殊受体。

2. **化学组成** 噬菌体主要由核酸和蛋白质组成。核酸是噬菌体的遗传物质。蛋白质构成噬菌体头部的外壳及尾部，包括尾髓、尾鞘、尾板、尾刺和尾丝。蛋白质起着保护核酸的作用，并有决定噬菌体外形和表面特征的作用。噬菌体的核酸为DNA或RNA，因此噬菌体分成DNA噬菌体和RNA噬菌体两大类。

3. **免疫原性** 噬菌体能刺激机体产生特异性抗体。该抗体能抑制相应噬菌体侵袭敏感细菌，但对已吸附或已进入宿主菌的噬菌体不起作用，噬菌体仍能复制增殖。

4. **抵抗力** 噬菌体对理化因素的抵抗力比一般细菌的繁殖体强。噬菌体对紫外线和X射线敏感，一般经紫外线照射10～15 min即失去活性。大多数噬菌体能抵抗乙醚、氯仿和乙醇。在过饱和氯化钠溶液中，保持数年不失活。

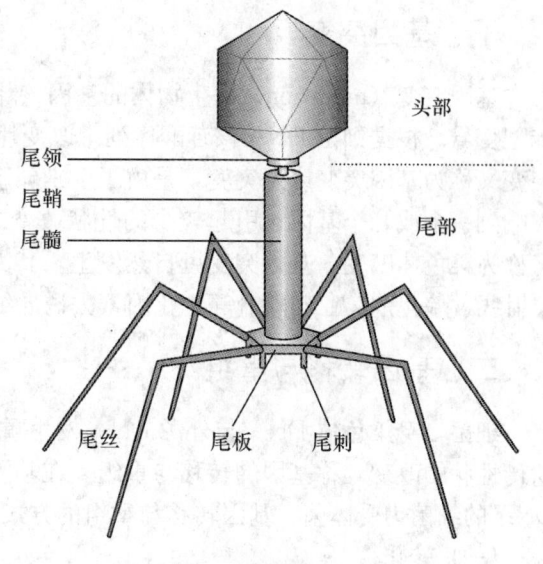

图12-1 蝌蚪形噬菌体结构模式图

（二）噬菌体与宿主菌的相互关系

根据噬菌体与宿主菌的相互关系，可分为两种类型：一种是裂解细菌，完成溶菌周期，此种噬菌体为毒性噬菌体；另一种是细菌感染了噬菌体后两者建立溶原状态，此种噬菌体为温和噬菌体。

1. **毒性噬菌体** 噬菌体感染细菌时，先通过尾刺或尾丝特异性地吸附于敏感细菌表面相应受体上，尾鞘收缩，头部中的核酸经尾髓小孔注入细菌细胞内，蛋白质外壳留在菌体外。噬菌体DNA注入菌体细胞后，细菌不再复制自身的DNA，而以噬菌体的DNA为模板复制子代噬菌体DNA，同时合成子代噬菌体的外壳蛋白质。子代DNA与子代外壳蛋白在菌体细胞内装配成完整的子代噬菌体。当子代噬菌体增殖到一定数量时，细菌即发生裂解释放出噬菌体，又可去感染其他的敏感细菌。这种能在敏感细菌中增殖并引起细菌裂解的噬菌体称为毒性噬菌体。

2. **温和噬菌体** 有些噬菌体感染细菌后并不增殖，而是将噬菌体的基因整合到细菌的基因中，并随着细菌基因进行复制，当细菌分裂时，噬菌体基因随同分裂传至两个子代细菌中，这种随着细菌分裂而传代的状态称为溶原状态。形成溶原状态的噬菌体称为溶原性噬菌体或温和噬菌体。整合在细菌 DNA 上的噬菌体基因称为前噬菌体。带有前噬菌体的细菌称为溶原性细菌。整合的前噬菌体可偶尔自发地或在某些因素的诱导下脱离宿主菌染色体进入溶菌周期，导致细菌裂解。所以，温和噬菌体既有溶原周期又有溶菌周期，一般温和噬菌体可转变为毒性噬菌体，而毒性噬菌体则只有溶菌周期。

第三节　细菌变异的发生机制

细菌的遗传型变异是由基因结构改变而引起的变异，主要是通过基因突变、基因转移与重组来实现。

一、基因突变

基因突变（mutation）是生物体的基因核苷酸序列或数目发生了改变，导致其性状的遗传型变异。根据细菌 DNA 核苷酸序列中改变片段大小的不同，可分为小突变和大突变。小突变又称为基因突变或点突变，是由于个别碱基的置换、插入、缺失等引起，出现的突变只影响到一个或几个基因，引起较少的性状改变。大突变涉及大段 DNA 核苷酸序列的改变，又称为染色体畸变。基因突变可自然发生，其突变率仅为 $10^{-10} \sim 10^{-6}$。如用高温、紫外线、X 射线、烷化剂、亚硝酸盐等理化因素去诱导细菌突变，可使突变率提高到 $10^{-6} \sim 10^{-4}$。

二、基因转移与重组

细菌自身染色体 DNA 与外源 DNA 发生重组，引起细菌原有基因组的改变，导致细菌遗传性状的改变，称基因的转移与重组。在基因转移中，提供 DNA 的细菌为供体菌，接受 DNA 的细菌为受体菌。基因转移与重组的方式有转化、转导、接合和溶原性转换等。

（一）转化

受体菌直接摄取供体菌游离的 DNA 片段，并与自身 DNA 进行整合重组，使受体菌获得新的性状称为转化。例如Ⅱ型无荚膜、无毒力的肺炎链球菌摄取Ⅲ型有荚膜、有毒力的肺炎链球菌 DNA 后，即转化为有荚膜、有毒力的Ⅲ型肺炎链球菌（图 12-2）。

在转化过程中，受体菌只有处于感受态时才能摄取游离的 DNA。感受态一般出现在细菌对数生长期的后期，保持时间短，只有几分钟至三四个小时，此时细菌表面有一种吸附 DNA 的受体，容易吸收供体菌 DNA 而发生转化。

（二）转导

以温和噬菌体为载体，将供体菌的遗传物质转移到受体菌中去，使受体菌获得新的遗传性状称为转导。根据转导基因片段的范围，分为普遍性转导与局限性转导。

1. 普遍性转导　当温和噬菌体终止溶原周期进入到溶菌周期时，在裂解期的后期，噬菌体的 DNA 已大量复制，外壳蛋白已经合成。在噬菌体 DNA 装配入外壳蛋白质组成新的噬菌体时，大约在 $10^5 \sim 10^7$ 次装配中会有一次装配错误，误将细菌残留的 DNA 片段装入噬菌体外壳蛋白中，当此噬菌体再次感染受体菌时，则将供体 DNA 带入受体菌内。此误被装入的 DNA 片段可以是供体菌染色体上的任何部分，称为普遍性转导。

在普遍性转导中，如供体菌的 DNA 片段与受体菌的染色体整合，随染色体而传代，称完全转导；如供体菌的 DNA 片段不能与受体菌染色体整合，仍保持游离状态，也不自身复制，因此当细菌分裂时，游离 DNA 只能进入一个子代细菌，供体菌 DNA 的遗传性状不能在受体菌中传代和表达，故称流产性转导。

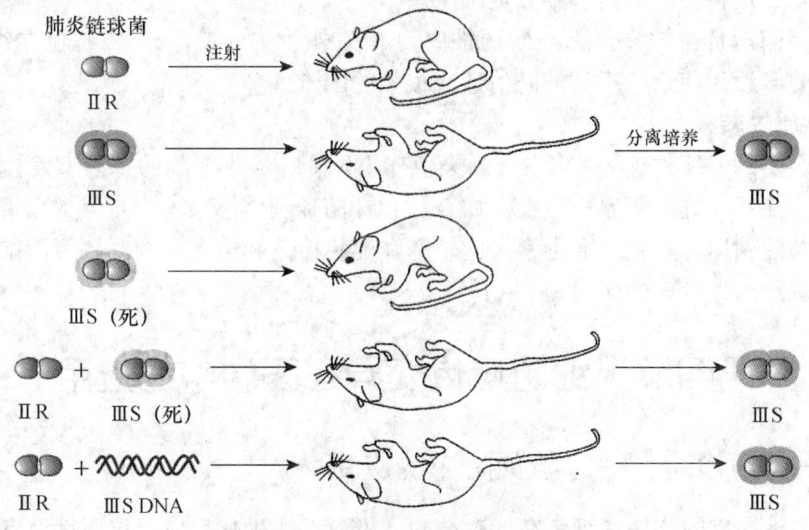

图 12-2　肺炎链球菌的转化试验

2. 局限性转导　温和噬菌体的基因以前噬菌体的形式整合在细菌染色体 DNA 的某一特定位置，当终止这种溶原状态时，前噬菌体从细菌染色体上脱落下来，含有 10^{-6} 机会发生偏差脱离，连同相邻的一段细菌染色体上的基因一起包装到噬菌体衣壳内。当此噬菌体再次侵入受体菌时，可带入原供体菌的特定基因，使受体菌获得供体菌的某些遗传性状。由于所转移的只限于供体菌 DNA 上个别的特定基因，故称为局限性转导。

（三）接合

供体菌和受体菌通过性菌毛相互连接沟通，将遗传物质（质粒）转移给受体菌的过程称为接合。质粒可分接合性质粒与非接合性质粒两类，前者可通过接合转移。接合性质粒有 F 质粒、R 质粒、Col 质粒、毒力质粒等。

1. F 质粒的接合　F 质粒的转移通过性菌毛。接合时，F^+ 菌的性菌毛末端可与 F^- 菌表面上的受体结合。接合后性菌毛逐渐缩短，使二菌紧靠在一起。F^+ 菌中 F 质粒的一股 DNA 链断开，逐渐由细胞连接处伸入 F^- 菌。继而以滚环模式进行复制。所以，在受体菌获得 F 质粒时供体菌并不失去 F 质粒。受体菌在获得 F 质粒后即变为 F^+ 菌，也长出性菌毛（图 12-3）。

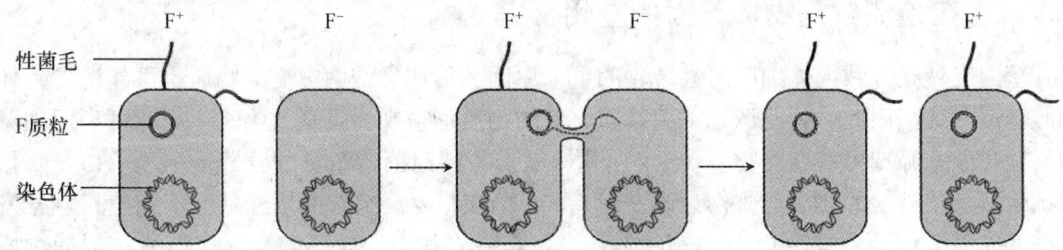

图 12-3　F 质粒接合转移模式图

2. R 质粒的接合　细菌耐药性变异与耐药性基因突变及 R 质粒的接合转移有关。1959 年，日本学者将具有多重耐药性的大肠埃希菌与敏感的宋内志贺菌混合培养后，分离到抗多种药物的宋内志贺菌多重耐药株，而且耐药性传播迅速。后来研究证实在 R 质粒上带有几种耐药基因，通过接合同时转移到其他细菌。

目前耐药菌株日益增多，除与耐药性突变有关外，主要是由于 R 质粒在细菌间转移，造成耐药性的广泛传播，给疾病的防治造成很大的困难。

（四）溶原性转换

温和噬菌体的 DNA 整合到宿主菌的染色体 DNA 后，使细菌的基因型发生改变，从而获得新的遗传性状，称为溶原性转换。如 β-棒状杆菌噬菌体感染不产毒素的白喉杆菌后，形成溶原性白喉杆菌即可产生白喉毒素。此外产气荚膜梭菌和肉毒梭菌分别可因溶原性转换而获得产 α 毒素和肉毒毒素的能力。

第四节　细菌遗传变异在医学中的应用

一、在疾病诊断、治疗与预防中的应用

由于受多种因素的作用，细菌在形态结构、染色性、生化反应、抗原性及毒力等方面可发生变异。如金黄色葡萄球菌应以产生金黄色色素为其特点，但耐药菌株多产生灰白色色素；从临床新分离的伤寒沙门菌中，约有 10% 的菌株并不产生鞭毛，动力试验（－），患者也不产生抗鞭毛（H）抗体，进行血清学（肥达）试验时，不出现 H 凝集或 O 凝集效价很低，这些都会给试验结果的判断带来一定的困难。所以在临床细菌学检查中不仅要熟悉细菌的典型特性，还要了解细菌的变异规律，这样才能作出正确的诊断。

由于抗生素的广泛使用，临床分离出的细菌中耐药菌株日益增多，甚至发现有多重耐药菌株的存在。而且有些耐药性质粒同时带有编码毒力的基因，使其致病性增强。这些变异的后果给疾病的治疗带来了很大的困难。为此，对临床分离的致病菌，应在药物敏感性试验指导下正确选择用药，不可滥用抗生素。一般来说，细菌同时对两种以上抗菌药物产生耐药性突变的机会比对一种抗菌药物产生耐药突变要少得多。因此，为提高抗生素的疗效，防止耐药菌株的扩散，对于某些慢性传染病需要长期用药者，应考虑几种药物联合应用，以避免耐药性的产生。

细菌遗传变异的研究对传染病的预防也具有重要意义。将毒力减弱而保留免疫原性的菌株制成减毒活疫苗，已成功地用于某些传染病的预防。

二、在检测致癌物质方面的应用

基因突变是导致人体细胞恶性转化的重要原因。能诱导细菌突变的物质也可能诱发人体细胞基因突变。因此，凡能诱导细菌基因突变的物质均被视为可疑致癌物，据此可利用细菌为实验对象，筛选可疑致癌物。Ames 用几株鼠伤寒沙门菌的组氨酸营养缺陷型（his$^-$）作为试验菌，用被检的化学物质作为诱变剂。his$^-$ 菌在组氨酸缺乏的培养基上不能生长，若发生突变成为 his$^+$ 菌则能生长，这表明细菌的营养缺陷基因发生了突变，作为诱变剂的物质则为可疑致癌物。

三、在基因工程方面的应用

基因工程是根据细菌可因基因转移和重组而获得新性状的原理设计的。其主要步骤是：①从供体细胞（细菌或其他生物细胞）的DNA上切取一段需要表达的基因，即所谓目的基因。②将目的基因结合在合适的载体（质粒或噬菌体）上。③通过载体将目的基因转移到受体菌（工程菌）内，随着细菌的大量繁殖表达出大量的目的基因产物。目前通过基因工程已能大量生产胰岛素、干扰素、生长激素、白介素等生物活性物质和乙肝疫苗等生物制品。目前已在探索用基因工程技术治疗基因缺陷性疾病。随着医学和生命科学的发展，基因工程技术必将在医学领域和生命科学中得到更广泛的应用，创造出更多的生命奇迹。

小结

　　常见的细菌变异现象有形态结构的变异（细胞壁、荚膜、鞭毛、芽胞）、菌落的变异（S-R变异）、毒力的变异和耐药性变异。

　　细菌遗传变异的物质基础包括细菌染色体、质粒和噬菌体。

　　细菌变异的机制是细菌的基因产生了突变、转移与重组。突变是细菌遗传基因的结构发生了突然而稳定的改变，导致细菌遗传性状的变异。细菌基因转移和重组方式包括转化、转导、接合和溶原性转换。

思考题

1. 常见的细菌变异现象有哪些？有何意义？
2. 何谓质粒？其主要特性有哪些？
3. 简述细菌基因转移与重组的四种方式。

（黑龙江护理高等专科学校　曹德明）

第十三章 细菌的感染与免疫

> **学习目标**
> 1. 掌握细菌致病性的概念及细菌的致病因素。
> 2. 熟悉感染的来源及类型。
> 3. 了解机体抗菌免疫的机制。

细菌的感染是指细菌在一定条件下，突破宿主防御功能，侵入机体并定居，在体内生长繁殖、扩散、释放毒性物质等，从而引起宿主不同程度的病理变化过程，感染（infection）又称传染。细菌能否侵入机体引起感染，取决于细菌的致病性和机体的抗感染免疫力。

第一节 细菌的致病性

细菌的致病性（pathogenicity）是指细菌引起疾病的性能。细菌的致病性是对特定宿主而言的，有的细菌只对人有致病性，有的仅对动物有致病性，有的既对人有致病性又对动物有致病性。不同的细菌可引起宿主不同的病理变化及不同的疾病，例如结核分枝杆菌引起结核，伤寒沙门菌则引起伤寒。细菌的致病性与其本身的毒力、侵入的数量、侵入途径等密切相关。

一、细菌的毒力

细菌的毒力（virulence）是指细菌致病性强弱的程度。细菌的毒力物质主要包括侵袭力和毒素。

（一）侵袭力

侵袭力是指病原菌突破机体防御功能，在宿主体内定植、繁殖及扩散的能力。侵袭力与细菌表面结构和侵袭性物质相关。

1. 细菌菌体表面结构

（1）荚膜：细菌的荚膜具有抗吞噬和抗杀菌物质的作用，可导致细菌在宿主体内迅速繁殖和扩散。荚膜在细菌的免疫逃逸现象中起着重要作用。另外，A 群链球菌的 M 蛋白、伤寒沙门菌的 Vi 抗原等位于细菌细胞壁外层的结构，称为微荚膜，其功能与荚膜相似。

（2）黏附素：细菌的黏附素是指细菌表面与黏附相关的蛋白质，主要包括菌毛黏附素和非菌毛黏附素。菌毛黏附素由细菌菌毛分泌产生，例如淋病奈瑟菌的菌毛黏附素。非菌毛黏附素则为细菌表面的某些成分，如 A 群链球菌的脂磷壁酸等。不同的黏附素与宿主细胞表面黏附素受体发生特异性结合，使细菌黏附于宿主细胞而引起感染。

2. 侵袭性酶　某些细菌在代谢过程中，常产生一些对宿主细胞有损伤作用的侵袭性物质。如金黄色葡萄球菌产生的血浆凝固酶，能使血浆中的纤维蛋白原转变为纤维蛋白，纤维蛋白包绕在菌体表面，从而保护细菌不易被吞噬细胞吞噬；A 群链球菌产生的透明质酸酶，能分解宿主细胞间质的透明质酸，使细菌易在组织中扩散，链激酶能使血液中纤维蛋白酶原转变为纤维蛋白酶，溶解血块或阻止血浆凝固，亦利于细菌在组织中扩散，链道酶能降解脓液中具有高度黏稠性的DNA，使脓液变稀薄，促进细菌扩散。

（二）毒素

毒素（toxin）是细菌在代谢过程中产生和释放的毒性成分，可直接或间接损伤宿主组织细胞和器官，干扰其生理功能。重要的毒素包括外毒素（exotoxin）和内毒素（endotoxin）。

1. 外毒素　外毒素是细菌在代谢过程中产生并分泌到细菌菌体细胞外的毒性物质。许多革兰阳性菌，如破伤风梭菌、肉毒梭菌、产气荚膜梭菌、白喉棒状杆菌、金黄色葡萄球菌等能产生外毒素。部分革兰阴性菌，如产毒性大肠埃希菌、鼠疫耶尔森菌、霍乱弧菌、铜绿假单胞菌等也能产生外毒素。

大多数外毒素在细菌细胞内合成并分泌至菌体细胞外，但少数外毒素存在于菌体内，只有当菌体裂解后才释放出来。外毒素特性如下：

（1）化学成分：为蛋白质，多数外毒素由A、B两个亚单位组成，A亚单位是毒性成分，决定毒素的毒性效应；B亚单位无毒性，是外毒素分子与靶细胞结合的部位，具有介导A亚单位进入靶细胞的作用。A或B亚单位单独存在时均无致病作用，两种亚单位必须同时存在才能发挥毒性作用。

外毒素易被蛋白酶分解，对理化因素不稳定，易被酸和热等理化因素破坏，例如破伤风痉挛毒素在60℃经20 min即可被破坏。

（2）毒性作用：外毒素毒性作用强，且具有选择性，极少量即可使易感动物死亡。如由肉毒梭菌产生的肉毒毒素毒性十分强烈，比氰化钾的毒性强1万倍，是目前发现的毒性最强的剧毒物，1 mg肉毒毒素可杀死2亿只小白鼠。大多数外毒素对组织器官具有选择性，通过与靶细胞表面受体结合，引起特征性的病变。

（3）免疫原性：外毒素免疫原性强，可刺激机体产生抗体，其抗体称为抗毒素，抗毒素可中和相应外毒素的毒性。外毒素经0.3%甲醛作用脱毒后，可保留免疫原性，从而制成类毒素，类毒素刺激机体亦可产生抗毒素，故类毒素可用于人工主动免疫预防相应疾病。

根据外毒素对宿主细胞的亲和性及作用机制不同，把外毒素分为神经毒素、细胞毒素和肠毒素三大类，其作用机制见表13-1。

表13-1　常见细菌外毒素及作用机制

类别	外毒素	产生的细菌	作用机制	所致疾病	症状和体征
神经毒素	肉毒毒素	肉毒梭菌	抑制胆碱能运动神经释放乙酰胆碱	肉毒中毒	肌肉松弛性麻痹
	破伤风痉挛毒素	破伤风梭菌	阻断抑制性神经递质甘氨酸的释放	破伤风	骨骼肌强直性痉挛
细胞毒素	白喉毒素	白喉棒状杆菌	抑制细胞蛋白质的合成	白喉	肾上腺出血，心肌损伤，周围神经麻痹
	致热外毒素	A群链球菌	破坏毛细血管内皮细胞	猩红热	皮疹
肠毒素	肠毒素	霍乱弧菌	激活腺苷酸环化酶，提高细胞cAMP水平	霍乱	小肠上皮细胞内水及电解质丢失，腹泻、呕吐
		金黄色葡萄球菌	作用于呕吐中枢	食物中毒	呕吐、腹泻

2. **内毒素** 是革兰阴性细菌细胞壁中的脂多糖成分,当细菌裂解后才释放出来。衣原体、立克次体、螺旋体等胞壁中也具有内毒素样物质,具有内毒素的活性。

内毒素的化学成分为脂多糖,由特异性多糖、非特异性核心多糖、脂质A三部分组成。内毒素耐热,100℃加热1h不失活,加热到160℃2~4h,或用强碱、强酸、强氧化剂煮沸30 min才被破坏。内毒素的免疫原性弱,不能脱毒成为类毒素。

内毒素的主要毒性成分是类脂A,其毒性相对弱,且对组织无选择性。内毒素不同于外毒素,两者区别见表13-2。各种革兰阴性菌产生的内毒素的致病作用相似,其生物学作用如下:

(1) 发热反应:内毒素进入血液后即可引起发热反应。其机制是LPS激活巨噬细胞、血管内皮细胞,使其释放IL-1、IL-6、TNF-α等细胞因子,这些细胞因子作为内源性致热原作用于下丘脑体温调节中枢,引起发热反应。

(2) 白细胞反应:内毒素能激活毛细血管的内皮细胞,表达一系列黏附分子,从而使大量白细胞黏附于微血管壁,并游出血管进入组织,使循环血液中白细胞急剧减少。数小时后,由于脂多糖诱生中性粒细胞释放因子刺激骨髓,使骨髓中的中性粒细胞大量释放入血,导致血液循环中的白细胞数增高,12~24h达高峰。但伤寒沙门菌的内毒素则使循环血中白细胞减少,其机制尚不清楚。

(3) 内毒素血症与内毒素休克:当血液中有革兰阴性菌大量繁殖或病灶内细菌释放大量内毒素入血或输入被内毒素污染的液体,即可导致内毒素血症。内毒素作用于单核-巨噬细胞、中性粒细胞、血小板、内皮细胞、补体系统、激肽系统、凝血系统等,诱生TNF-α、IL-1、IL-6、组胺、5-羟色胺、前列腺素、激肽等血管活性介质,使全身小血管舒缩功能紊乱而出现微循环障碍,组织器官毛细血管灌注不足,缺氧,酸中毒等。严重者可导致以微循环衰竭和低血压为特征的内毒素休克。

(4) 弥散性血管内凝血(DIC):高浓度的内毒素活化凝血系统,引起血液凝固,广泛性血管内凝血致使大量凝血因子消耗,进而引起广泛性出血,最终导致DIC。DIC常引起皮肤和黏膜出血、渗血及内脏广泛性出血,严重者可致死亡。

表13-2 细菌外毒素与内毒素的主要区别

区别	外毒素	内毒素
产生的细菌	革兰阳性菌及部分革兰阴性菌	革兰阴性菌
化学成分	蛋白质	脂多糖
稳定性	60~80℃加热30 min被破坏	160℃加热2~4h被破坏
免疫原性	强,易刺激机体产生抗毒素。外毒素经甲醛处理后脱毒形成类毒素	较弱,刺激机体产生中和抗体,中和抗体作用弱。内毒素经甲醛处理后不能形成类毒素
毒性作用	毒性强,各种外毒素对组织器官有选择性毒害作用,引起特殊临床症状	毒性较弱,各种内毒素毒性反应大致相同,引起发热、白细胞反应、微循环障碍、休克、DIC等

二、细菌的侵入数量

细菌引起机体感染,除必须具有一定的毒力外,还必须有足够的数量。一般情况下,细菌的毒力愈强,其引起感染所需的菌量越少;细菌毒力越弱,其引起感染所需菌量越大。例如毒力强的鼠疫耶尔森菌,在无特异性免疫力的机体中只需数个细菌侵入就可引起鼠疫,而毒力较弱的引起食物中毒的沙门菌则需要数亿个细菌侵入才引起急性胃肠炎。

三、细菌侵入的途径

具有一定毒力及足够数量的致病菌,还需要通过特定途径侵入宿主特定的器官和细胞才可引起感染。如痢疾志贺菌必须经口侵入肠道繁殖才能引起痢疾,破伤风梭菌必须侵入窄而深的伤口才能引起破伤风。但有的细菌可通过多种途径侵入机体,如结核分枝杆菌可通过呼吸道、消化道、皮肤创伤等多个途径侵入机体引起感染。

第二节 机体的抗菌免疫

抗菌免疫是指机体抵御细菌感染的能力。在抗感染免疫过程中,机体的非特异性免疫首先对感染的细菌发生抵御作用,一般经7~10天,机体产生特异性免疫之后,机体的非特异性免疫与特异性免疫相互配合,共同发挥抗菌免疫效应而杀灭致病菌。

一、非特异性免疫

非特异性免疫又称先天性免疫或天然免疫,是机体在种系发育和进化过程中逐渐建立起来的天然防御功能。非特异性免疫受遗传基因控制,生来就有,可以遗传,无特异性,对各种细菌均有一定的抵御能力,应答迅速。

(一) 屏障结构

1. 皮肤与黏膜 皮肤与黏膜是保护机体的外部屏障,是阻止细菌侵入的第一道防线。当皮肤与黏膜受损时,易受病原菌的感染。皮肤和黏膜能分泌多种杀菌物质,例如皮肤汗腺分泌的乳酸,皮脂腺分泌的脂肪酸,以及黏膜分泌的溶菌酶、胃酸、蛋白酶等均有杀灭细菌等微生物的作用。

2. 血-脑屏障 血-脑屏障由软脑膜、脉络丛、脑毛血管及星状胶质细胞等组成。可阻挡微生物、毒素及大分子物质从血液进入脑组织或脑脊液,具有保护中枢神经系统的作用。由于婴幼儿血-脑屏障发育不完善,故易发生中枢神经系统的感染。

3. 胎盘屏障 胎盘屏障由母体子宫内膜的基蜕膜和胎儿绒毛膜组成,能阻挡细菌等病原体及其有害产物从母体进入胎儿体内。在妊娠3个月内,胎盘屏障发育尚未完善,若母体发生感染,细菌等病原体可经胎盘侵入胎儿,影响胎儿正常发育,导致胎儿畸形甚至死亡。

(二) 吞噬细胞

吞噬细胞分为小吞噬细胞和大吞噬细胞两类。小吞噬细胞主要是血液中的中性粒细胞,大吞噬细胞包括血液中的单核细胞和组织中的巨噬细胞。吞噬细胞吞噬杀菌过程包括以下三个阶段:

1. 接触 吞噬细胞与细菌相互接触可以是两者随机相遇,或通过趋化因子的吸引。趋化因子包括补体活化产物如C3a、C5a、C567,细菌的成分或其代谢产物,某些细胞因子等。这些趋化因子能促使吞噬细胞向感染部位移行聚集,使吞噬细胞与细菌接触。

2. 吞入 吞噬细胞与细菌接触部位的细胞膜发生内陷,同时伸出伪足将细菌包围并摄入吞噬细胞内,形成部分细胞膜包绕的吞噬体,此为吞噬。对于病毒等较小的微生物,吞噬细胞则内陷形成吞饮小泡,将病毒包绕在小泡中,此为吞饮。

3. 杀灭消化　当吞噬体形成后，吞噬细胞内溶酶体向吞噬体靠近，融合形成吞噬溶酶体。溶酶体内的溶酶体酶可杀死细菌，而蛋白酶、多糖酶、酯酶、核酸酶等则将蛋白质、多糖等分解，最后吞噬细胞将不能消化的残渣排到细胞外。吞噬细胞吞噬病原菌后，可出现两种不同的吞噬后果：

（1）完全吞噬：有些细菌（如化脓性球菌）被吞噬后，5～10 min 内死亡，30～60 min 内被消化分解。

（2）不完全吞噬：有些细菌如结核分枝杆菌、嗜肺军团菌等，在免疫力低下的机体内被吞噬后，不能被杀死，称为不完全吞噬。此种吞噬对机体不利，因病原菌在吞噬细胞内繁殖，可使吞噬细胞死亡破裂，未破裂的吞噬细胞还可成为这些细菌的保护体，使其避免药物及血清中抗菌物质的作用，并随游走的吞噬细胞经淋巴道、血液扩散到其他部位，引起感染的扩散。

（三）体液中的抗微生物物质

1. 溶菌酶　溶菌酶主要来源于吞噬细胞，是一种低分子碱性蛋白质，广泛分布于机体正常组织和体液中。溶菌酶能裂解革兰阳性细菌细胞壁肽聚糖，使细胞壁损伤而溶菌。

2. 补体　补体被激活后，通过发挥趋化、免疫调理及免疫黏附等作用而杀灭细菌。

3. 防御素　防御素是一类富含精氨酸的小分子多肽，其作用主要是杀灭胞外感染的细菌。

二、特异性免疫

特异性免疫又称后天性免疫或获得性免疫，是指人出生后，在生活过程中与病原体及其代谢产物等抗原分子接触后产生的免疫。特异性免疫有明显的针对性和记忆性。特异性免疫是在非特异性免疫的基础上建立起来的，通过抗体和效应淋巴细胞而发挥体液免疫和细胞免疫作用。

（一）体液免疫

体液免疫的效应分子是抗体。特异性抗体的作用有：①抗毒素能中和细菌的外毒素；②IgG 类抗体通过调理作用促进吞噬细胞对细菌的吞噬作用；③IgM、IgG 类抗体与病原菌形成的复合物，可激活补体经典途径而溶解细菌；④sIgA 可阻挡病原菌定植。

（二）细胞免疫

细胞免疫通过产生效应 T 细胞及细胞因子而发挥免疫效应。当效应 T 细胞再次接触相同病原菌时，CTL 可直接杀伤该菌。$CD4^+$ Th 细胞产生多种细胞因子，这些细胞因子可通过趋化、活化吞噬细胞而吞噬消化病原菌。

（三）抗感染免疫的特点

1. 抗胞外菌感染的免疫　大多数致病菌都寄居在细胞外，如葡萄球菌、脑膜炎奈瑟菌及多种革兰阴性杆菌等。这些致病菌产生外毒素、内毒素和侵袭性胞外酶而致病。抗胞外菌感染的免疫以体液免疫为主，通过抗体与补体的调理作用以及抗毒素对外毒素的中和作用而发挥免疫效应，达到抗胞外菌感染的目的。

2. 抗胞内菌感染的免疫　有的病原菌（如伤寒沙门菌、结核分枝杆菌等）侵入机体后，进入宿主细胞内繁殖而引起感染。这些细菌被吞噬细胞吞入后产生不完全吞噬，体液免疫产生的抗体不能进入细胞发挥免疫作用，抗胞内菌感染的免疫主要依靠细胞免疫而发挥效应。

第三节　感染的来源与类型

一、感染的来源

感染的来源也称为传染源。传染源是指宿主体内有致病菌生长繁殖，并能将致病菌排出体外的人和动物。感染来源于宿主体外称为外源性感染，感染来源于患者自身体内或体表则称为内源性感染，也称为自身感染。

（一）外源性感染

1. **患者**　是传染病的主要来源，病原菌可通过多种途径与方式在人与人之间传播。感染后的患者从疾病的潜伏期到病后恢复期，都可通过接触或从环境中传给周围正常人，因此对传染病及早作出诊断，隔离和治疗患者对控制外源性感染有重要意义。

2. **带菌者**　是指携带致病菌但未出现临床症状并能不断向体外排菌者。带菌者因无临床症状，不易被人们发觉。在疾病的传染上，其危害性高于患者。

3. **病畜与带菌动物**　有些细菌如鼠疫耶尔森菌、炭疽芽胞杆菌、牛型结核分枝杆菌等可引起人畜共患病，因而患病或带菌动物所带的病原菌可传染人。

（二）内源性感染

内源性感染大多由体内正常菌群引起，或由某些曾感染过而潜伏下来的病原体引起。引起内源性感染的细菌多为条件致病菌。当机体长期大量使用广谱抗生素以及各种原因使宿主免疫力下降时，常发生内源性感染，如晚期癌症患者、艾滋病患者、器官移植使用免疫抑制剂者等均易发生内源性感染。

二、感染的类型

感染的发生、发展和结局是机体与病原菌在一定条件下相互作用和较量的复杂过程。随着双方力量的变化，导致出现不同的感染类型及临床表现。

（一）隐性感染

当宿主免疫力较强，侵入机体的病原菌数量较少、毒力较弱时，细菌感染对机体造成的病理损害较轻微，不出现明显的临床症状，称隐性感染（亦称为亚临床感染）。在大多数传染病的流行过程中，感染人群90％以上不表现临床症状，呈现隐性感染。隐性感染后机体可产生特异性免疫力，可防御同种致病菌再次感染。

（二）显性感染

当机体抗感染免疫力较弱，或侵入机体的病原菌毒力强、数量多时，机体组织和细胞受到不同程度的损害，生理功能亦发生改变，并出现临床症状或体征，此为显性感染。

1. 根据病情缓急、病程长短不同分为急性感染和慢性感染。

（1）急性感染：发病急，常表现为突然发作，症状明显，病程较短，一般为数日至数周，病愈后致病菌从体内消失。引起急性感染的致病菌常见的有脑膜炎奈瑟菌、霍乱弧菌等。

（2）慢性感染：发病缓慢，病程长，可持续数月或数年。引起慢性感染的致病菌多为胞内寄生菌，如结核分枝杆菌、麻风分枝杆菌等。

2. 根据感染的部位和性质不同可分为局部感染与全身感染。

(1) 局部感染：致病菌侵入机体后，局限在一定部位生长繁殖，引起局部病变。如化脓性球菌引起的疖、痈、甲沟炎等。

(2) 全身感染：病原菌侵入机体后，致病菌及其毒性代谢产物通过血液向全身扩散引起全身症状。临床上全身感染常见的有下列几种情况：①菌血症（bacteremia），致病菌由局部侵入血流，但未在血流中繁殖或极少量繁殖，只是一时性或间断性地经过血流到达体内适宜的组织器官，引起轻微的症状。如伤寒的早期可出现菌血症。②毒血症（toxemia），即产生外毒素的致病菌侵入机体后，在局部组织生长繁殖，释放外毒素进入血液，到达特定靶器官组织细胞，引起特殊的毒性症状。毒血症时致病菌一般不进入血液。例如白喉、破伤风等。③内毒素血症（endotoxemia），革兰阴性菌侵入血液并在其中大量生长繁殖，崩解后释放出大量内毒素引起中毒症状，或是病灶内大量革兰阴性菌死亡裂解，释放的内毒素进入血液引起中毒症状。严重的革兰阴性菌感染时，常发生内毒素血症。④败血症（septicemia），致病菌侵入血流，并在其中大量生长繁殖，产生外毒素或内毒素等毒性产物，引起全身性中毒症状，表现为高热、皮肤黏膜淤血、肝脾肿大，甚至肾衰竭等。鼠疫耶尔森菌、炭疽芽胞杆菌等可引起败血症。⑤脓毒血症（pyemia），化脓性细菌侵入血液后在其中大量繁殖，并通过血液扩散到其他组织器官（如肝、肾、肺等），产生新的化脓性病灶。如金黄色葡萄球菌引起的脓毒血症，可导致多发性肝脓肿、皮下脓肿和肾脓肿等。

3. 根据感染人群所处环境而分为社会感染与医院感染。

(1) 社会感染：指在医院外发生的一切感染。社会感染受自然因素与社会因素影响较大。气候、季节、温度及地理条件等自然因素均会影响传染病的发生与流行。而社会因素对感染的发生也有较大的影响，例如战争、贫困、自然灾害等因素会促使传染病的发生与流行。因此，改善生活环境和劳动条件、开展防病治病、计划免疫、建立医疗保健制度等对于控制社会感染具有十分重要的意义。

(2) 医院感染：医院感染是指人群在医院内所获得的感染，又称为医院内感染或医院内获得性感染。医院感染的对象是所有在医院内活动的人群，包括住院和门诊患者、陪护人员、探视者及医务人员等，而主要是患者。医院感染发生的地点是在医院内，感染发生的时间是在医院期间。

引起医院感染的微生物种类多，包括细菌、支原体、衣原体、病毒、真菌等，但以机会性致病微生物为主。

预防和控制医院感染的措施包括：①健全和完善预防医院感染的管理制度，进行广泛宣传，提高医务人员对医院感染的认识，增强医务人员的责任心；②进行隔离预防，防止病原微生物从患者或带菌者传给其他人群；③在医院的各项诊疗过程中，严格执行无菌操作技术，加强消毒灭菌；④合理使用抗菌药物，降低医院感染率；⑤对急诊室、重症监护室、婴儿室、手术室、治疗室、供应室等部门应进行医院感染密切监测和预报。对一次性使用的医疗器具及医院污物等，应按照有关部门规定和要求进行规范化管理或销毁处理。

(三) 带菌状态

宿主在隐性感染或显性感染的主要症状、体征消失后，病原菌并未立即消失，而是在体内存留一定时间，与机体免疫力处于相对平衡状态，称为带菌状态。处于带菌状态的人称为带菌者，带菌者没有临床症状，但会经常或间歇排出病原菌，成为重要的传染源，因此及时发现带菌者并对其进行有效治疗，对于控制传染病的流行具有重要意义。

小结

感染是指在一定条件下，细菌突破宿主防御功能，侵入机体并定居，在体内生长繁殖、扩散、释放毒性物质等，从而引起宿主不同程度的病理变化过程。感染的发生取决于细菌的致病性和机体的抗感染免疫力。细菌的致病性是指细菌引起疾病的性能，与细菌的毒力、侵入的数量、侵入途径密切相关。细菌的毒力包括毒素和侵袭力。

抗菌免疫是指机体抵御细菌感染的能力。在抗细菌感染免疫过程中，非特异性免疫与特异性免疫相辅相成，共同发挥抗菌免疫作用从而杀灭致病菌。

感染按来源可分为外源性感染和内源性感染两种，根据细菌的致病性与机体免疫力双方力量的变化情况可形成隐性感染、显性感染及带菌状态等感染类型。

思考题

1. 细菌的致病因素有哪些？
2. 比较细菌内毒素与外毒素的异同。
3. 细菌引起的全身感染有哪些类型？
4. 什么是医院感染？医院感染的病原体有什么特点？

（江西护理职业技术学院　李剑平）

第十四章 球 菌

> **学习目标**
> 1. 掌握病原性球菌的概念及种类。
> 2. 掌握葡萄球菌属、链球菌属、脑膜炎奈瑟菌和淋病奈瑟菌的主要生物学性状、致病物质及所致疾病。
> 3. 熟悉上述细菌的微生物检查方法及防治原则。

球菌是细菌中的一大类，种类繁多，广泛分布于自然界和人体，大多数为非致病菌。少数对人有致病性的球菌称为病原性球菌，因其能引起各种化脓性炎症，故又称化脓性球菌。根据革兰染色性不同将病原性球菌分为两大类：革兰阳性球菌有葡萄球菌、链球菌、肺炎链球菌，革兰阴性球菌主要有脑膜炎奈瑟菌和淋病奈瑟菌。

第一节 葡萄球菌属

葡萄球菌属（*Staphylococcus*）的细菌因堆积成葡萄状而得名，广泛分布于自然界、人和动物的体表及与外界相通的腔道中。大多数葡萄球菌为非致病菌，少数对人致病，如金黄色葡萄球菌。有些人的皮肤和鼻咽部携带致病菌，一般人群的带菌率为20%～30%，医务人员的带菌率高达70%以上，是医院内交叉感染的重要来源。致病性葡萄球菌是最常见的化脓性球菌，80%以上的化脓性感染由此类细菌引起。

一、生物学性状

（一）形态与染色

菌体呈球形或椭圆形，直径约1μm，常呈不规则、葡萄状排列（图14-1），在脓汁或液体标本中也可散在或短链状排列，无鞭毛，无芽胞，某些金黄色葡萄球菌菌株在体内可形成荚膜。革兰染色阳性，但在衰老、死亡或被中性粒细胞吞噬后可转为革兰阴性。

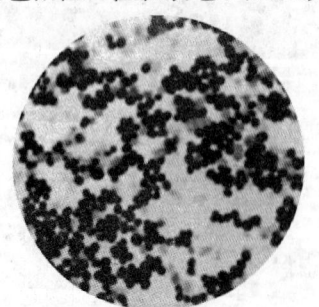 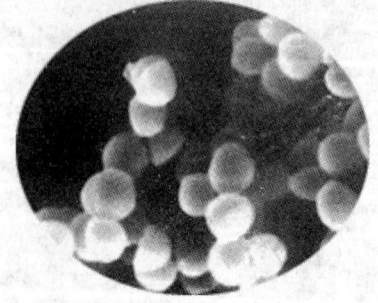

图14-1 葡萄球菌形态
左：光镜下形态；右：扫描电镜下形态

(二) 培养特性与生化反应

营养要求不高，在普通培养基上生长良好，需氧或兼性厌氧，最适温度为37℃，最适pH为7.4，耐盐性强，能在含10%～15%NaCl培养基中生长。在液体培养基中呈均匀混浊生长；在普通琼脂平板上的菌落呈圆形、光滑、不透明、凸起，不同菌种可产生金黄色、白色、柠檬色等脂溶性色素；在血液琼脂平板上多数致病菌株菌落周围有透明溶血环（β溶血）。多数菌株能发酵葡萄糖、麦芽糖和蔗糖，产酸、不产气，金黄色葡萄球菌能分解甘露醇。

(三) 抗原构造

葡萄球菌的抗原结构复杂，有30多种抗原，其中两种抗原有重要医学意义。

1. 葡萄球菌A蛋白（staphylococcal protein A，SPA） 是存在于大多数金黄色葡萄球菌细胞壁表面的一种单链多肽，与肽聚糖共价结合。SPA能与人和多种哺乳动物的IgGFc段（除IgG3外）非特异性结合，而IgG的Fab段仍能特异性结合抗原。SPA具有以下作用：①SPA通过与吞噬细胞竞争结合IgGFc段，有效降低抗体的调理作用，从而帮助细菌抗吞噬；②临床上将特异性抗体结合于SPA作为诊断试剂，广泛用于多种微生物抗原的检测，这种简便、快速的检测方法称为协同凝集试验。

2. 多糖抗原 为细胞壁中的核糖醇磷壁酸，是一种具有型特异性的半抗原。

(四) 分类

根据色素和生化反应不同，将葡萄球菌分为三种：金黄色葡萄球菌、表皮葡萄球菌、腐生葡萄球菌。金黄色葡萄球菌致病性强，表皮葡萄球菌为条件致病菌，腐生葡萄球菌一般不致病，三种葡萄球菌的主要性状区别见表14-1。此外，根据是否产生血浆凝固酶将葡萄球菌分为凝固酶阳性菌株和凝固酶阴性菌株两类。

表14-1 三种葡萄球菌的主要性状

性状	金黄色葡萄球菌	表皮葡萄球菌	腐生葡萄球菌
色素	金黄色	白色	白色或柠檬色
血浆凝固酶	+	−	−
α溶血素	+	−	−
耐热核酸酶	+	−	−
SPA	+	−	−
分解甘露醇	+	−	−
磷壁酸类型	核糖醇型	甘油型	两种兼有
致病性	强	弱或无	无

(五) 抵抗力

在无芽胞菌中抵抗力最强。耐热，60℃加热1h或80℃加热30min才被杀灭。耐干燥，在干燥脓汁、痰液中可存活2～3个月。在2%石炭酸、1‰升汞中10～15min死亡。对甲紫敏感，1：(100 000～200 000) 稀释的甲紫可抑制其生长。对青霉素、红霉素、磺胺、金霉素、庆大霉素等多种抗生素敏感，但易发生耐药性变异。如金黄色葡萄球菌菌株有90%以上耐青霉素G，耐甲氧西林的金黄色葡萄球菌（MRSA）现已成为医院内感染最常见的致病菌。

二、致病性与免疫性

(一) 致病物质

1. 毒素 致病性葡萄球菌可产生多种毒素，主要有：

(1) 葡萄球菌溶血素：分为 α、β、γ、δ、ε 五类溶血素，对人致病的主要是 α 溶血素。α 溶血素为一种外毒素，不耐热，抗原性强，对人和多种哺乳动物的红细胞、白细胞、血小板、肝细胞、成纤维细胞、血管平滑肌细胞等均有毒性作用。经甲醛处理可制成类毒素，用于葡萄球菌感染的预防和治疗。

(2) 杀白细胞素：大多数金黄色葡萄球菌能产生杀白细胞素，该毒素能破坏中性粒细胞和巨噬细胞，增强细菌的侵袭力。抗杀白细胞素的抗体具有抵抗葡萄球菌再感染作用。

(3) 肠毒素：约50%临床分离的金黄色葡萄球菌可产生肠毒素，共有9个血清型。葡萄球菌肠毒素是一种对热稳定的蛋白质，100℃加热 30 min 仍保持部分活性。该毒素是超抗原，能非特异性激活 T 细胞，释放大量细胞因子而引起组织损伤。若食用被葡萄球菌肠毒素污染的食品，该毒素作用于内脏神经受体，刺激呕吐中枢引起呕吐等急性胃肠炎症状。

(4) 毒性休克综合征毒素-1（TSST-1）：曾称为肠毒素 F，约20%从临床分离的金黄色葡萄球菌可产生此毒素。可引起机体发热，毛细血管通透性增加，机体对内毒素的敏感性增强，导致多组织、器官功能紊乱或毒性休克综合征（TSS）。

(5) 表皮剥脱毒素：又称表皮溶解毒素，为蛋白质。能裂解表皮组织的棘状颗粒层，使表皮与真皮脱离，引起剥脱性皮炎（又名葡萄球菌烫伤样皮肤综合征）。

2. 侵袭性酶 金黄色葡萄球菌可产生血浆凝固酶，能使人或兔血浆发生凝固，增强细菌的侵袭力。血浆凝固酶有两种：①游离凝固酶，是分泌至菌体外的蛋白质，可被血浆中的协同因子激活成为凝血酶样物质，使液态的纤维蛋白原变为固态的纤维蛋白，从而使血浆凝固。②结合凝固酶，位于菌体表面不释放，能与血浆中的纤维蛋白原结合，使纤维蛋白原变为纤维蛋白并沉积在菌体表面，引起细菌凝集，帮助细菌抵抗吞噬细胞的吞噬作用以及体液中杀菌物质的作用。同时，由于纤维蛋白沉积在细菌表面，限制了细菌向周围组织扩散，故葡萄球菌感染易局限化和形成血栓。

血浆凝固酶仅来源于金黄色葡萄球菌，故可作为金黄色葡萄球菌的重要鉴别指标。

(二) 所致疾病

1. 化脓性感染 根据感染部位可分为：

(1) 皮肤软组织感染：如疖、痈、毛囊炎、蜂窝织炎、伤口化脓等。其感染特点是：脓汁黄而黏稠，病灶局限，与周围组织界限清楚。

(2) 内脏器官感染：如肺炎、气管炎、脓胸、中耳炎、脑膜炎、心包炎等。

(3) 全身性感染：如败血症、脓毒血症。

2. 毒素性疾病 由葡萄球菌产生的外毒素引起。

(1) 食物中毒：食入被葡萄球菌肠毒素污染的食物 1～6 h 后出现恶心、呕吐、腹痛、腹泻等急性胃肠炎症状，以呕吐症状最突出，预后良好，大多数患者于 1～2 天可自行恢复好转。

(2) 假膜性肠炎：正常人体肠道内有少量金黄色葡萄球菌存在，若长期使用广谱抗生素引起肠道菌群失调，耐药的金黄色葡萄球菌则大量繁殖并产生毒素，患者出现以腹泻为主的临床症状。其病理特点是肠黏膜被一层炎性假膜覆盖，此假膜由炎性渗出物、肠黏膜坏死组织和细菌组成。

（3）烫伤样皮肤综合征：由产生表皮剥脱毒素的金黄色葡萄球菌引起，多见于幼儿和免疫力低下的成人。发病初期皮肤出现弥漫性红斑，1~2天内表皮起皱，继而出现清亮的水疱，最后表皮上层大片脱落，死亡率较高。

（4）毒性休克综合征：由产生 TSST-1 的金黄色葡萄球菌引起，多见于月经期使用阴道塞的女性。表现为突发的高热、红斑皮疹伴脱屑、低血压、心肾衰竭或休克。

（三）免疫性

人体对葡萄球菌具有一定的天然免疫力。只有在皮肤黏膜损伤、慢性消耗性疾病（如糖尿病、肿瘤、结核）或免疫力低下时，才易发生葡萄球菌感染。病后机体能产生调理素和抗毒素，前者可增强吞噬细胞的吞噬功能，后者能中和外毒素的毒性作用，但维持时间短，难以防止再感染。

三、微生物学检查

根据疾病类型不同采集不同标本，如化脓性病灶取脓汁，败血症取血液，食物中毒取可疑食物或呕吐物，假膜性肠炎取粪便等。

（一）直接涂片染色镜检

取标本直接涂片，经革兰染色后镜检，根据细菌形态、染色性、排列方式可作出初步诊断。

（二）分离培养与鉴定

脓汁标本直接接种于血液琼脂平板进行分离培养，血液标本需先用液体培养基增菌后再进行分离培养。经37℃培养18~24 h，观察菌落特征，并挑取可疑菌落涂片染色镜检，通过生化反应作进一步鉴定。致病性葡萄球菌的主要特点是：①产生金黄色色素，②菌落周围有透明溶血环，③产生血浆凝固酶和耐热核酸酶，④发酵甘露醇产酸。

四、防治原则

注意个人卫生，对皮肤创伤及时消毒处理。加强医院管理，严格无菌操作，防止医源性感染。加强食品和饮食行业的监督管理，皮肤（尤其是手部）有化脓性感染者，在治愈前不能从事餐饮工作，防止食物中毒。

由于葡萄球菌易发生耐药性变异，因此应根据药物敏感试验合理选择抗生素，防止滥用抗生素。对反复发作的皮肤感染，可试用自身菌苗或类毒素治疗。

第二节 链球菌属

链球菌属（*Streptococcus*）是另一类常见的化脓性球菌，菌体呈球形、链状排列，广泛分布于自然界和人体上呼吸道、胃肠道，大多数是人或动物体内的正常菌群。少数致病菌可引起多种化脓性炎症和超敏反应性疾病。

一、生物学性状

（一）形态与染色

菌体呈球形或卵圆形，直径 0.6~1 μm，链状排列（图 14-2）。链的长短与菌种和生长环境有关,在固体培养基中呈短链状,在液体培养基中呈长链状,临床标本中常成对或短链状。无芽胞,无鞭毛,有菌毛样结构。多数 A 群链球菌在培养早期可形成透明质酸荚膜,但随着培养时间的延长,因菌体产生透明质酸酶而溶解消失。革兰染色阳性,在衰老、死亡或被吞噬细胞吞噬后变为革兰阴性。

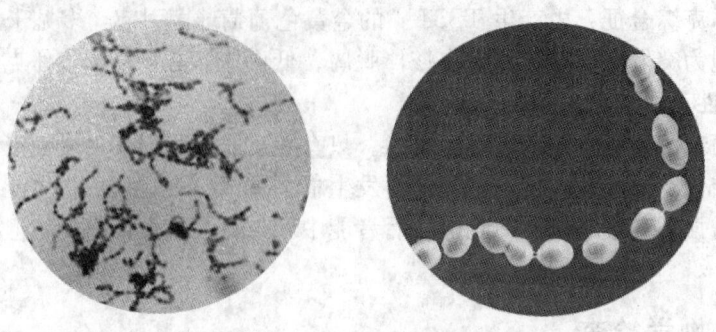

图 14-2　链球菌形态

左:光镜下形态；右:扫描电镜下形态

(二) 培养特性与生化反应

链球菌的营养要求高,必须在含有血液、血清、葡萄糖的培养基中才能生长,需氧或兼性厌氧。最适生长温度 37℃,最适 pH7.4～7.6。在血清肉汤中易形成长链,呈絮状沉于管底。在血液琼脂平板上菌落呈圆形、细小、灰白色、光滑、凸起、透明或半透明,不同菌种有不同溶血现象。链球菌不分解菊糖,不被胆汁溶解,可用于鉴别甲型溶血性链球菌和肺炎链球菌。

(三) 分类

1. 按溶血现象分类　根据链球菌在血液琼脂平板上的溶血情况将其分为以下三类:

(1) 甲型溶血性链球菌:菌落周围有狭窄草绿色溶血环,称为甲型溶血或 α 溶血,故亦称草绿色链球菌。草绿色溶血环是细菌产生的过氧化氢使血红蛋白氧化成正铁血红蛋白所致。该菌是人体上呼吸道的正常菌群,属于条件致病菌。

(2) 乙型溶血性链球菌:菌落周围有宽而透明的溶血环,是细菌产生的溶血素溶解破坏红细胞所致,称为 β 溶血,故亦称溶血性链球菌。该菌致病性强,可引起多种疾病。

(3) 丙型链球菌:不产生溶血素,菌落周围无溶血环,亦称不溶血性链球菌。该菌常存在于乳类和粪便中,一般不致病。

2. 按抗原结构分类　根据细胞壁中多糖抗原(C 抗原)的不同,将链球菌分为 A～V 等 20 个血清群,对人致病的链球菌 90% 属于 A 群。根据表面蛋白质抗原不同可分型,如 A 群链球菌根据 M 蛋白不同分为 80 多个型,B 群分 4 个型,C 群分 13 个型等。

(四) 抵抗力

链球菌的抵抗力不强,不耐热,60℃ 加热 30 min 被杀灭。在干燥的痰液、尘埃中可生存数周至数月,对一般消毒剂敏感。乙型溶血性链球菌对青霉素、红霉素、磺胺等敏感,极少有耐药菌株。

二、致病性与免疫性

(一) 致病物质

A 群链球菌致病性强,其致病物质主要有菌体表面结构、多种外毒素和侵袭性酶等。

1. **菌体表面结构** A群链球菌细胞壁中具有一些能增强细菌侵袭力的菌体表面结构，主要有：

（1）脂磷壁酸：能使细菌黏附于多种具有相应受体的细胞（如皮肤和呼吸道黏膜上皮细胞）。

（2）M蛋白：具有抗吞噬、抗杀菌物质作用和黏附作用。M蛋白与人肾小球基底膜细胞和心肌细胞具有共同抗原，可诱发超敏反应，引起风湿热和急性肾小球肾炎。M蛋白刺激机体产生的抗体对同型细菌感染有保护作用。

2. **外毒素**

（1）致热外毒素：又称为红疹毒素或猩红热毒素。它能促进吞噬细胞释放内源性致热原，作用于下丘脑体温中枢引起发热；此外还具有细胞毒作用，引起皮疹，是引起猩红热的主要毒素。该毒素耐热，96℃加热45 min才能完全灭活。其抗原性强，刺激机体产生的抗毒素具有中和作用。

（2）链球菌溶血素：根据对氧的敏感性不同分为两种：①链球菌溶血素O（streptolysin O，SLO），是一种含—SH的蛋白质毒素，对氧敏感，遇氧时—SH被氧化成—S—S—而失去溶血活性，若加入亚硫酸钠或半胱氨酸等还原剂，即可恢复其溶血活性。SLO中的—SH能与细胞膜上的胆固醇结合，使细胞膜出现微孔，导致细胞裂解。SLO对红细胞的溶解作用最强，对中性粒细胞、血小板、巨噬细胞、神经细胞、心肌细胞等也具有毒性作用。SLO抗原性强，在链球菌感染后2～3周至病愈后数月到1年内，85%～90%的患者血液中均可检出SLO抗体，该抗体可中和溶血素的毒性作用。②链球菌溶血素S（streptolysin S，SLS），是一种小分子糖肽，对氧不敏感，无抗原性。乙型溶血性链球菌在血液琼脂平板上产生的溶血环即由此毒素所致。SLS对白细胞、血小板和多种组织细胞均有破坏作用。

3. **侵袭性酶类** A群链球菌可产生多种侵袭性酶，包括：

（1）透明质酸酶：能水解细胞间质中的透明质酸，有利于细菌在组织中的扩散，故又称扩散因子。

（2）链激酶：又称溶纤维蛋白酶，能使血液中的溶纤维蛋白酶原转变为溶纤维蛋白酶，溶解血块或阻止血浆凝固，有利于细菌的扩散。

（3）链道酶：又称DNA酶，能分解脓汁中高度黏稠性的DNA，使脓液稀薄，利于细菌的扩散。

（二）**所致疾病**

约90%的链球菌感染是由A群链球菌引起的，分为急性化脓性、毒素性、超敏反应性疾病三类。

1. **急性化脓性炎症**

（1）局部皮肤和皮下组织感染：如丹毒、脓疱疮、蜂窝织炎、痈等。其特点是：病灶与周围组织界限不清，脓汁稀薄、带血性，细菌有扩散倾向。

（2）其他系统感染：经呼吸道感染可引起扁桃体炎、咽喉炎、鼻窦炎，扩散后引起中耳炎、脑膜炎等；经产道感染引起产褥热；经淋巴管或血液扩散后引起淋巴管炎、淋巴结炎、败血症等。

2. **毒素性疾病——猩红热** 是由产生致热外毒素的A群链球菌引起的急性呼吸道传染病，多见于10岁以下儿童。临床特征为：发热、咽炎、全身弥漫性红疹，皮疹消退后出现明显脱屑。少数患者可因超敏反应出现心、肾损害。

3. 超敏反应性疾病

(1) 风湿热：多继发于 A 群链球菌引起的咽炎，易感人群为 10 岁以下儿童。其发病机制不十分清楚，可能是链球菌的 M 蛋白与心肌具有共同抗原引起的Ⅱ型或Ⅲ型超敏反应所致，表现为发热、不适、关节炎、心肌炎。

(2) 急性肾小球肾炎：多见于儿童和青少年，多由 A 群链球菌 12 型引起，表现为蛋白尿、水肿、高血压。其发病机制是：因链球菌的抗原与肾小球基底膜细胞具有共同抗原，故机体产生的链球菌抗体可与肾小球基底膜细胞结合，引起Ⅱ型超敏反应；也可是链球菌抗原与相应抗体结合后形成的免疫复合物沉积于肾小球基底膜，引起Ⅲ型超敏反应，最终导致肾小球基底膜的损伤。

此外，其他链球菌在一定条件下也可致病，如甲型溶血性链球菌可引起亚急性细菌性心内膜炎；B 群链球菌可引起新生儿肺炎、败血症、脑膜炎；变异链球菌与龋齿密切相关。

(三) 免疫性

机体感染链球菌后可获得一定免疫力。链球菌感染后几周至几个月内可在血清中检出 M 蛋白抗体，可防止同型菌株再次感染。但因链球菌型别多，各型之间无交叉免疫力，故仍可发生其他型别的反复感染。猩红热患者可产生致热外毒素的抗体，对同型菌株具有较牢固的免疫力。

三、微生物学检查

(一) 病原学检查

1. 标本　根据病情采取不同标本，如脓汁、鼻咽拭子、血液等。

2. 直接涂片染色镜检　脓汁标本可直接涂片，革兰染色后镜检，发现典型链状排列的革兰阳性球菌可作出初步判断。

3. 分离培养与鉴定　脓汁标本可直接接种于血液琼脂平板进行分离培养，血液标本需先用肉汤增菌后再分离培养。根据菌落形态、溶血情况、菌体形态及相关鉴定试验作出最终鉴定，若为 α 溶血菌落需与肺炎链球菌鉴别，若为 β 溶血菌落需与葡萄球菌鉴别。

(二) 抗链球菌溶血素 O 试验

抗链球菌溶血素 O 试验简称抗 O 试验，常用于风湿热的辅助诊断。该试验是用 SLO 抗原检测患者血清中的抗溶血素 O 抗体（ASO）效价。风湿热患者血清中 ASO 显著增高，一般在 250 单位以上，活动性风湿热患者的 ASO 常超过 400 单位。

四、防治原则

积极治疗患者和带菌者，以减少传播机会。对急性咽喉炎和扁桃体炎患者（特别是儿童）治疗一定要及时彻底，以防止链球菌感染后肾小球肾炎和风湿热等超敏反应性疾病。治疗 A 群链球菌感染的首选药是青霉素 G，也可选用磺胺、红霉素等，长效青霉素可用于预防链球菌感染。

第三节　肺炎链球菌

肺炎链球菌（S. pneumoniae）简称肺炎球菌（pneumococcus），广泛分布于自然界及人体上呼吸道，多数不致病，少数可引起大叶性肺炎、脑膜炎、支气管炎、中耳炎、鼻窦炎等。

一、生物学性状

肺炎链球菌为革兰阳性球菌,呈矛头状,直径约 $0.5\sim1.5\,\mu m$,尖端向外,常成双排列,在痰液、脓汁标本中可呈单个或短链状排列(图14-3)。无鞭毛、无芽胞,有毒菌株在人体内可形成较厚的荚膜,人工培养后荚膜消失。

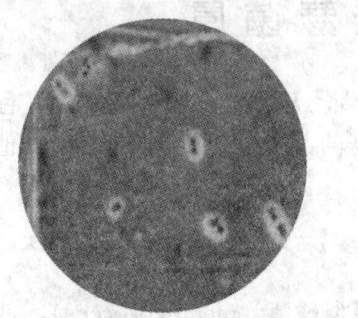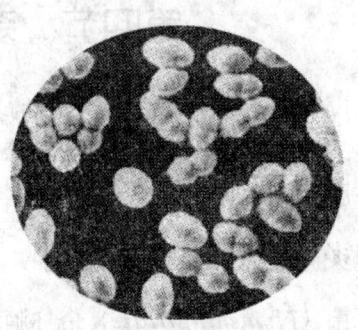

图14-3 肺炎链球菌形态
左:光镜下形态;右:电镜下形态

肺炎链球菌兼性厌氧,营养要求高,必须在含有血液或血清的培养基上才能生长。在血液琼脂平板上的菌落细小、圆形、光滑、扁平、透明或半透明,菌落周围有狭窄草绿色溶血环,与甲型溶血性链球菌相似。因该菌在繁殖过程中可产生自溶酶,故培养 48 h 后,菌落发生部分自溶使中央凹陷呈脐状。在血清肉汤培养基中呈均匀混浊生长,培养时间稍长后因细菌溶解而使培养基变澄清。常用胆汁溶菌试验、菊糖发酵试验与甲型溶血性链球菌相鉴别。

肺炎链球菌荚膜多糖抗原存在于细菌的荚膜中,具有型特异性,据此抗原不同可分为 90 个血清型,其中 1~3 型致病力较强。

抵抗力较弱,56℃加热 15~30 min 可被杀死,有荚膜菌株耐干燥。对一般消毒剂、青霉素、红霉素、林可霉素等敏感。

二、致病性与免疫性

肺炎链球菌的致病物质主要是荚膜,荚膜具有抗吞噬和抗杀菌物质的作用。一旦失去荚膜,其毒力即减弱或消失。该菌还可产生肺炎链球菌溶血素 O、神经氨酸酶。

肺炎链球菌正常情况下可寄居在人体的口腔和鼻咽腔,为条件致病菌。若机体抵抗力下降,引起大叶性肺炎。表现为恶寒、高热、胸痛、咳嗽、咳铁锈色痰。可继发胸膜炎、脓胸,也可引起中耳炎、乳突炎、败血症、脑膜炎等。

病后可获得对同型菌株较牢固的免疫力,机体产生的荚膜多糖抗体可发挥调理作用,增强吞噬细胞的吞噬功能。

三、微生物学检查与防治原则

根据感染部位不同采取不同标本,如痰液、脓汁、血液、脑脊液等。标本(血液除外)可直接涂片、染色、镜检,如发现典型革兰阳性球菌,呈矛头状,成双排列,可作出初步诊断。痰液、脓汁直接接种于血液琼脂平板进行分离培养,血液、脑脊液需先用肉汤增菌后再分离培养，37℃孵育24h后，取可疑菌落作进一步鉴定，注意与甲型溶血性链球菌鉴别。小鼠对肺炎链球菌高度敏感，必要时做小鼠毒力试验以鉴别。

肺炎链球菌对多种抗生素敏感，治疗时常采用大剂量青霉素G或林可霉素。目前国外采用肺炎链球菌荚膜多糖疫苗预防肺炎链球菌感染。

第四节 奈瑟菌属

奈瑟菌属（*Neisseria*）是一群革兰阴性球菌，无鞭毛，无芽胞，有菌毛，其中对人致病的是脑膜炎奈瑟菌和淋病奈瑟菌。除淋病奈瑟菌寄居在泌尿生殖道外，其他奈瑟菌多寄生在人体鼻咽腔黏膜上。

一、脑膜炎奈瑟菌

脑膜炎奈瑟菌（*N. meningitidis*）俗称脑膜炎球菌（meningococcus），是流行性脑脊髓膜炎（简称流脑）的病原菌。

（一）生物学性状

1. **形态与染色** 为革兰阴性球菌，呈肾形或豆形，直径 $0.6\sim0.8\,\mu m$，常成双排列，凹面相对。人工培养后多呈卵圆形或球形，排列不规则。在脑脊液标本中的细菌形态典型，多位于中性粒细胞内。新分离的菌株有荚膜和菌毛。

2. **培养特性与生化反应** 营养要求高，必须在含血液或血清的培养基上才能生长。最常用的分离培养基是巧克力色血琼脂平板，该培养基是血液琼脂培养基加热至80℃制备而成，因血液经加热后颜色变为巧克力色而得名。专性需氧，初次分离培养需提供 $5\%\sim10\%$ CO_2。在巧克力色血琼脂平板上经37℃培养24h后，菌落呈圆形、细小、直径约1~1.5mm、无色透明、光滑、露滴状、不溶血。在血清肉汤培养基中呈均匀混浊生长，并有少量沉淀，可产生自溶酶，培养至48h后菌体发生自溶，因此培养物应及时转种。脑膜炎奈瑟菌一般能分解葡萄糖和麦芽糖，产酸、不产气。

3. **抗原构造与分类** 荚膜多糖抗原具有群特异性，据此抗原不同可将脑膜炎奈瑟菌分为A、B、C、D、X、Y、Z、29E、W135、H、I、K、L 13个群，对人致病的多为A、B、C三群，我国以A群为主。

4. **抵抗力** 抵抗力弱，对冷、热、干燥、紫外线等都敏感，室温条件下3h即死亡，55℃加热30min可被杀死。对一般消毒剂敏感，如75%乙醇、0.1%苯扎溴铵、1%石炭酸可迅速杀灭本菌。对磺胺、青霉素、链霉素、金霉素等敏感，对磺胺易产生耐药性。

（二）致病性与免疫性

1. **致病物质** 脑膜炎奈瑟菌的致病物质有菌毛、荚膜、内毒素。内毒素是其主要致病物质。

2. **所致疾病** 传染源是患者和带菌者，该菌正常情况下可寄居在人体鼻咽部，特别是流行性脑脊髓膜炎流行期间，人群带菌率可高达20%~70%，经飞沫传播。细菌侵入易感者机体后，感染类型与机体免疫力密切相关。免疫力强者无症状或仅有轻微呼吸道炎症。若机体免疫力低下，则细菌在鼻咽部大量繁殖后侵入血液引起菌血症或败血症，患者突发恶寒、高热、恶心、呕吐，皮肤黏膜出现出血点或瘀斑。少数患者体内细菌可突破血-脑屏障到达脑脊髓膜，引起流行性脑脊髓膜炎，表现为剧烈头痛、喷射状呕吐、颈强直等脑膜刺激症状，严重者有微循环障碍、DIC、肾上腺出血，导致中毒性休克，预后不良。

3. 免疫性　机体对脑膜炎奈瑟菌的免疫力以体液免疫为主。群特异性抗体（IgM 和 IgG）可促进吞噬细胞的吞噬作用，并可激活补体发挥溶菌和杀菌作用。母体内的 IgG 类抗体可通过胎盘进入胎儿体内，故 6 个月内的婴儿极少患病，6 个月～2 岁的婴幼儿是流行性脑脊髓膜炎的易感人群。

（三）微生物学检查

1. 标本采集　根据病情采取脑脊液、血液或瘀斑渗出液等标本，带菌者取鼻咽拭子。
2. 直接涂片镜检　脑脊液标本经离心后，取沉淀直接涂片染色镜检，如发现中性粒细胞内有革兰阴性双球菌，可初步诊断。出血点或瘀斑渗出液可制成印片，革兰染色后镜检，检出率较高。
3. 分离培养与鉴定　因本菌对温度和干燥敏感，故标本采集后应注意保温、保湿，最好是床边接种。脑脊液和血液标本先用血清肉汤增菌，然后接种到巧克力色血琼脂平板进行分离培养；鼻咽拭子、瘀斑渗出液、脑脊液离心沉淀物可直接接种到卵黄双抗血液琼脂平板（含多黏菌素 B 和万古霉素）或巧克力色血琼脂平板，置 37℃ 5%～10%CO_2 环境中培养 24 h，挑取可疑菌落涂片染色镜检，并通过生化反应、血清凝集试验作进一步鉴定。
4. 快速诊断法　其原理是用已知特异性抗体检测有无相应抗原，如对流免疫电泳、SPA 协同凝集试验、ELISA 等，不但方法简便、快速，而且敏感性高、特异性强。

（四）防治原则

防治原则是及时发现并隔离、治疗患者和带菌者。治疗首选药是青霉素 G 和磺胺药，对青霉素过敏者可用氯霉素、红霉素，或头孢曲松、头孢唑啉等第三代头孢菌素。流行期间成年人可短期服用磺胺类药物进行预防，对易感儿童可接种疫苗。

二、淋病奈瑟菌

淋病奈瑟菌（*N. gonorrhoeae*）俗称淋球菌（gonococcus），是淋病的病原菌，人是该菌的唯一宿主，引起泌尿生殖道黏膜的化脓性感染。淋病是我国目前发病率最高的一种性传播疾病，危害较大。

（一）生物学性状

1. 形态与染色　形态与脑膜炎奈瑟菌相似，为革兰阴性双球菌，两菌接触面平坦，形似一对咖啡豆。在急性淋病患者的脓汁标本中，该菌常位于中性粒细胞内，但慢性淋病时多在细胞外。无芽胞，无鞭毛，从患者体内新分离的菌株有荚膜和菌毛。
2. 培养特性与生化反应　专性需氧，营养要求高，常用的分离培养基为巧克力色血琼脂平板，初次分离培养需提供 5%～10%CO_2。经 37℃ 培养 24～48 h 后，形成圆形、较小、凸起、灰白色、光滑型菌落。只分解葡萄糖，产酸、不产气，不分解其他糖类。
3. 抗原构造与分类　淋病奈瑟菌的抗原有菌毛蛋白抗原、脂寡糖抗原和外膜蛋白抗原 3 种，其中外膜蛋白抗原又分为Ⅰ、Ⅱ、Ⅲ三类，Ⅰ类蛋白为主要蛋白，据此抗原不同可将淋病奈瑟菌分为 46 个血清型。
4. 抵抗力　淋病奈瑟菌抵抗力弱，对干燥、冷、热和一般消毒剂均敏感。在干燥环境中仅存活 1～2 h，55℃湿热 5 min 死亡，室温下可存活 1～2 天，在患者的衣物、被褥、毛巾、厕所坐垫上可存活 18～24 h。1%石炭酸 1～3 min，1：4000 硝酸银 2 min 可将其杀灭。对青霉素、金霉素、磺胺类药敏感，但易发生耐药性变异。

（二）致病性与免疫性

1. **致病物质** 主要是菌体表面结构，如菌毛、外膜蛋白、脂多糖（即内毒素）等。

2. **所致疾病** 人是淋病奈瑟菌的唯一宿主。主要经性接触传播，也可通过污染的衣物、毛巾、浴盆等间接接触的方式传播。潜伏期2~5天，在男性主要引起尿道炎，尿道口流出脓性分泌物，伴有尿频、尿急、尿痛、排尿困难等症状，还可引起前列腺炎、附睾炎等；在女性可引起阴道炎、子宫颈炎、尿道炎，排出黏液性、脓性分泌物，可继发盆腔炎或导致不育症。若孕妇感染淋病奈瑟菌，在分娩时可经产道感染新生儿，引起淋菌性眼结膜炎，患儿眼部有大量脓性分泌物流出，俗称"脓漏眼"。

3. **免疫性** 人类对淋病奈瑟菌无天然免疫力。病后虽可产生细胞免疫和体液免疫，但免疫力弱，维持时间短，可再次感染。

（三）微生物学检查与防治原则

用无菌棉拭子采集泌尿生殖道脓性分泌物，将标本直接涂片，革兰染色后镜检，若在中性粒细胞内观察到典型的革兰阴性双球菌，有初步诊断价值。将标本接种至预温的巧克力色血琼脂平板（常采用含多种抗生素的选择培养基），置5%~10% CO_2 环境中，37℃培养24~48h，取可疑菌落涂片染色镜检，同时作生化反应鉴定，还可应用固相酶免疫试验和PCR技术，检测标本中的淋病奈瑟菌抗原或核酸。

淋病是一种常见的性传播疾病，目前尚无疫苗进行特异性预防，因此，预防本病的主要措施是广泛开展性病防治知识宣传教育，防止不正当的两性关系。对淋病患者（包括其性接触者）要及时彻底治疗，首选药是青霉素G。婴儿出生时，应立即用1%硝酸银滴眼，以预防新生儿淋菌性眼结膜炎。

小结

根据革兰染色不同，将病原性球菌分为两大类：革兰阳性球菌包括葡萄球菌、链球菌、肺炎链球菌，革兰阴性球菌包括脑膜炎奈瑟菌和淋病奈瑟菌。

葡萄球菌属均为革兰阳性球菌，呈葡萄串状排列，根据色素和生化反应分为金黄色葡萄球菌、表皮葡萄球菌、腐生葡萄球菌三种。其中金黄色葡萄球菌可产生血浆凝固酶和多种外毒素，故致病性强，可引起化脓性感染、毒素性疾病和菌群失调症。表皮葡萄球菌致病力弱，只在机体抵抗力下降时才致病，是引起医院内感染的常见病原菌之一，可引起尿路感染、细菌性心内膜炎、菌血症等。腐生葡萄球菌一般不致病。

链球菌属根据溶血不同分为甲型溶血性链球菌、乙型溶血性链球菌和丙型链球菌三种，致病力最强的是乙型溶血性链球菌；根据抗原结构不同分为20个血清群，对人致病的大多属A群。A群链球菌致病物质包括M蛋白、多种侵袭性酶和外毒素，可引起化脓性、中毒性、超敏反应性三类疾病。

肺炎链球菌为革兰阳性球菌，呈矛头状，成双排列，属于条件致病菌。在免疫力低下者引起大叶性肺炎，还可引起胸膜炎、中耳炎、败血症、脑膜炎等疾病。

奈瑟菌属是一类革兰阴性球菌，对人致病的是脑膜炎奈瑟菌和淋病奈瑟菌，此两种细菌的镜下形态和培养特性相似，前者经呼吸道传播，引起流行性脑脊髓膜炎；后者经性接触传播或垂直传播，引起淋病或新生儿淋菌性眼结膜炎。

思考题

1. 病原性球菌主要有哪些类型？各引起哪些疾病？
2. 葡萄球菌和链球菌引起的化脓性炎症有何不同，为什么？

（怀化医学高等专科学校　桂　芳）

第十五章 肠道杆菌

> **学习目标**
>
> 1. 掌握肠道杆菌的概念及共同特征。
> 2. 熟悉埃希菌属、志贺菌属、沙门菌属、变形杆菌属、克雷伯菌属等的主要生物学性状及致病性。
> 3. 了解埃希菌属、志贺菌属、沙门菌属、变形杆菌属、克雷伯菌属等的微生物学检查方法及防治原则。

第一节 概 述

肠道杆菌是一大群寄居在人和动物肠道中生物学性状相近的革兰阴性杆菌,常随人和动物粪便排出体外而广泛分布于土壤、水和腐物中。该类细菌种类繁多,但大多不致病,为肠道正常菌群,当机体免疫力下降或细菌转移至肠外组织器官时,则可引起疾病。少数为致病菌,如伤寒沙门菌、福氏志贺菌、致病性大肠埃希菌等可引起人类某些肠道传染病(表15-1)。

表15-1 肠杆菌科常见菌属及代表菌的主要生化反应特性

菌属	代表菌种	双糖铁培养基(KIA)			脲酶-动力-靛基质试验(MIU)		
		乳糖	葡萄糖	H$_2$S	动力	靛基质	尿素
埃希菌属	大肠埃希菌	⊕	⊕	−	+	+	−
志贺菌属	福氏志贺菌	−	+	−	−	+/−	−
沙门菌属	伤寒沙门菌	−	+	+/−	+	−	−
变形杆菌属	普通变形杆菌	−	⊕	+/−	+	+/−	+

注:+为阳性、产酸、运动;⊕为产酸、产气;−为不分解、阴性、不运动;+/−为多数阳性,有的阴性

一、共同特征

(一)形态染色

肠道杆菌大小为(1~3)μm×(0.3~1)μm,革兰染色阴性,无芽胞,多有周鞭毛(志贺菌属等例外),少数有荚膜,致病菌多数有菌毛。

(二)培养特性

需氧或兼性厌氧,营养要求不高。在普通琼脂培养基上生长良好,形成中等大小、湿润、灰白色光滑型菌落。

(三)生化反应

生化反应活泼,触酶阳性,氧化酶阴性,还原硝酸盐为亚硝酸盐,能分解多种糖类和蛋白质,形成不同的代谢产物。在肠道鉴别培养基上,肠道致病菌一般不分解乳糖,呈无色菌

落，而非致病菌大多能分解乳糖，呈有色菌落，有鉴别意义。

（四）抗原结构

1. 菌体（O）抗原　为细菌细胞壁的脂多糖，耐热，100℃数小时不被破坏，具有属、种特异性。

2. 鞭毛（H）抗原　为细菌鞭毛蛋白质，不耐热，60℃加热30 min即被破坏。

3. 表面抗原　位于O抗原外围，可阻止O抗原凝集，为多糖类物质或蛋白质，不耐热，60℃加热30 min可被去除。重要的表面抗原有大肠埃希菌的K抗原、伤寒沙门菌Vi抗原等。

（五）抵抗力

肠杆菌科细菌在自然界中生存力强，在水、粪便中可生存较长时间。对理化因素的抵抗力不强，60℃加热30 min即被杀死，易被一般化学消毒剂杀灭。胆盐、煌绿等可抑制非致病性肠道杆菌生长。

二、分类

肠道杆菌的种类繁多，依据生化反应、抗原构造以及DNA同源性等进行分类，目前至少有44个菌属，170多个菌种，与人类感染有关的主要肠道杆菌见表15-2。

表15-2　常见的引起人类感染的肠道杆菌

属	种
埃希菌属	大肠埃希菌
沙门菌属	伤寒沙门菌、甲型副伤寒沙门菌
志贺菌属	宋内志贺菌、福氏志贺菌、痢疾志贺菌、鲍氏志贺菌
克雷伯菌属	肺炎克雷伯菌肺炎亚种
肠杆菌属	产气肠杆菌、阴沟肠杆菌
变形杆菌属	奇异变形杆菌、普通变形杆菌
沙雷菌属	黏质沙雷菌

第二节　埃希菌属

埃希菌属（*Escherichia*）包括6个种，其中，大肠埃希菌（*E.coli*）是临床最常见的分离菌。大肠埃希菌俗称大肠杆菌，在婴儿出生后数小时定居肠道，并伴随终生。该菌是肠道中重要的正常菌群，但当宿主免疫力降低或侵入肠外组织器官时，可引起肠道外感染。有些特殊菌株毒力较强能引起腹泻，称致病性大肠埃希菌。此外，在环境卫生和食品卫生学中，大肠埃希菌常被用做粪便污染的卫生学检测指标。

一、生物学性状

（一）形态与染色

该菌属为革兰阴性短杆菌，无芽胞，多数菌株有周身鞭毛，有菌毛，某些菌株有微荚膜。

（二）培养特性与生化反应

该菌属兼性厌氧，营养要求不高，在普通琼脂培养基上形成中等大小、圆形、凸起、灰白色、光滑型菌落。某些菌株在血液琼脂平板上可呈β溶血，在液体培养基中呈混浊生长。能发酵葡萄糖、乳糖等多种糖类产酸、产气。在SS琼脂或中国蓝琼脂平板上因分解乳糖形成有色菌落，IMViC 试验（吲哚、甲基红、VP 和枸橼酸盐试验）结果为＋＋－－，不产生硫化氢。

（三）抗原构造

大肠埃希菌有 O、H、K 三种抗原，是血清学分型的基础。现已知有 O 抗原 170 余种、H 抗原 50 余种、K 抗原 100 余种。大肠埃希菌血清型的表示方式是按 O：K：H 的顺序排列，字母后加数字表示，如 O8：K40：H9 或 O157：H7 等。

（四）抵抗力

该菌对热的抵抗力比其他肠道杆菌强，60℃加热 15 min 仍有部分细菌存活。在自然界中生存力较强，在土壤、水中可存活数周至数月。对胆盐、煌绿及磺胺、链霉素、庆大霉素、氯霉素等抗菌药物敏感，但易产生耐药性。

二、致病性

（一）致病物质

1. **定居因子** 细菌表面 K 抗原具有抗吞噬作用，并能抵抗抗体和补体的杀菌作用。菌毛可黏附于宿主黏膜表面而定植，继而侵犯宿主引起感染。

2. **毒素** 大肠埃希菌可产生内毒素、外毒素（肠毒素）。肠毒素分为不耐热肠毒素（LT）和耐热肠毒素（ST）两种，均能引起肠液大量分泌而导致腹泻。内毒素可引起宿主发热、休克、DIC 等。

（二）所致疾病

1. **肠道外感染** 多数大肠埃希菌在肠道内不致病，但如移位致肠外组织器官，则引起尿道炎、膀胱炎、肾盂肾炎，亦可引起腹膜炎、阑尾炎、手术创口感染、新生儿腹膜炎等。婴儿、老年人或免疫力低下者可引起败血症等。

2. **肠道感染** 大肠埃希菌的某些血清型可引起人类腹泻，严重的出现霍乱样症状，根据其致病机制和临床症状不同，分为五种类型（表 15-3）。

表 15-3 常见引起肠道感染的大肠埃希菌致病特性

菌 株	致病机制	症 状	感染类型
肠产毒型（ETEC）	LT 和 ST 肠毒素致过度分泌	腹痛、腹泻、脱水等	婴幼儿、旅行者腹泻
肠侵袭型（EIEC）	黏附和破坏结肠黏膜上皮细胞	发热、腹痛、水样便，继以少量血便等	志贺样痢疾
肠致病型（EPEC）	黏膜上皮细胞排列紊乱、功能受损	发热、水样便或黏液便等	婴儿腹泻
肠出血型（EHEC）	毒素致靶细胞损伤，伴小肠绒毛结构破坏，导致吸收受损	发热、剧烈腹痛、水样便、大量出血等	腹泻、出血性结肠炎
肠集聚型（EAggEC）	集聚性黏附上皮细胞，阻断液体吸收	持续水样便、呕吐、脱水等	婴儿腹泻

三、微生物学检查

（一）临床标本细菌学检查

1. **标本采集** 肠外感染可取患者尿液（中段尿）、脓液、分泌物、血液、胆汁、穿刺液、痰液、脑脊液等标本。肠道感染可采集粪便标本。

2. 细菌的分离培养与鉴定　血液标本先接种肉汤增菌，尿液取离心沉淀物，脓液、分泌物、穿刺液、脑脊液等直接划接种于血液琼脂平板，粪便标本接种在肠道选择培养基上，35℃孵育 18～24 h，观察菌落特征。挑取可疑菌落涂片，染色镜检，并做生化反应加以鉴定。再用 ELISA、核酸杂交、PCR 等方法检测不同类型致胃肠炎大肠埃希菌肠毒素、毒力因子和血清型等。尿路感染应计数尿液中细菌菌落总数，每毫升尿液中细菌数大于 10 万，有诊断价值。

(二) 卫生细菌学检查

大肠埃希菌可随宿主粪便排出污染周围环境、水源、饮料、食品等。样品中的大肠埃希菌菌量越多，说明被粪便污染程度愈严重，并间接表明有肠道致病菌污染的可能性。故卫生细菌学以大肠菌群指数作为饮用水、食品等被粪便污染的指标之一。大肠菌群指数系指每升或每克样品中所含有的大肠菌群数，大肠菌群是指在 37℃ 24 h 内发酵乳糖产酸、产气的肠道杆菌。我国卫生标准规定，大肠菌群数在每升饮水中不得超过 3 个；每 100 ml 瓶装汽水、果汁中不得超过 5 个。

四、防治原则

预防人类感染的疫苗正在研究中。严格的无菌操作可防止尿道插管和膀胱镜中的医源性感染。良好的卫生习惯有益于防止尿路感染。保证饮食卫生安全是防止肠道感染的重要措施。大肠埃希菌易产生耐药性，应根据药物敏感试验选择有效药物进行治疗。

第三节　志贺菌属

志贺菌属（*Shigella*）是人类细菌性痢疾的病原菌，通常称为痢疾杆菌。

一、生物学性状

(一) 形态与染色
为革兰阴性短小杆菌，有菌毛，无荚膜，无鞭毛。

(二) 培养特性与生化反应
需氧或兼性厌氧，在普通培养基上生长良好，可形成中等大小、半透明的光滑型菌落，但宋内志贺菌常出现扁平粗糙型菌落。在肠道菌鉴别培养基上形成无色菌落。能分解葡萄糖产酸，不产气；除宋内志贺菌能迟缓发酵乳糖外，均不分解乳糖；不分解尿素，不产生 H_2S。

(三) 抗原构造与分类
志贺菌属具有 O 抗原而无鞭毛 H 抗原，O 抗原有群和型的特异性，是分类的标志。按 O 抗原及生化反应的不同，可将志贺菌属分为不同的群和血清型（表 15-4）。

表 15-4　志贺菌属的分类

菌种	群	型	亚型	乳糖	甘露醇	吲哚	鸟氨酸脱羧酶
痢疾志贺菌	A	1～10	8a, 8b, 8c	−	−	−	−
福氏志贺菌	B	1～6, x, y 变种	1a, 1b, 2a, 2b, 3a, 3b, 3c, 4a, 4b	−	+	+/−	−
鲍氏志贺菌	C	1～18		−	+	+/−	−
宋内志贺菌	D	1		+迟缓/−	+	−	+

(四) 抵抗力

志贺菌抵抗力较弱,尤其对酸敏感,在粪便中受产酸细菌影响,于数小时内死亡。60℃加热 10 min 可被杀死,在 1％石炭酸中 15 min 即可灭活。对多种抗生素敏感但易产生耐药性。

二、致病性与免疫性

(一) 致病物质

1. **侵袭力** 菌毛能黏附于回肠末端和结肠黏膜上皮细胞表面,继而侵入上皮细胞内生长繁殖,并扩散至邻近细胞,引起炎症反应。

2. **内毒素** 内毒素作用于肠黏膜可使其通透性增高,促进毒素吸收,引起发热、神志障碍,甚至中毒性休克等一系列中毒症状。内毒素可破坏肠黏膜,形成炎症、溃疡,出现脓血黏液便。内毒素还可作用于肠壁自主神经,使肠道功能紊乱,肠蠕动失调和痉挛,尤其是直肠括约肌痉挛最明显,因而临床表现腹痛、里急后重等症状。

3. **外毒素** A 群志贺菌 I 型和 II 型可产生毒性很强的外毒素,称为志贺毒素。该毒素具有神经毒性、细胞毒性和肠毒性等多种生物活性,可严重损伤中枢神经系统,使肠黏膜细胞变性坏死,并可导致肠黏膜细胞分泌大量肠液而致水样泻。志贺毒素可介导肾小球内皮细胞损伤,导致溶血性尿毒综合征。

(二) 所致疾病

该菌属引起细菌性痢疾,传染源是患者和带菌者,人类对此菌易感,经粪-口途径传播,潜伏期一般 1~3 天。志贺菌属引起的细菌性痢疾可分为以下三种类型:

1. **急性细菌性痢疾** 发病急促且有明显症状,常有发热、腹痛、里急后重、黏液脓血便等症状,经合理治疗后,预后良好,如治疗不及时可转为慢性。

2. **慢性细菌性痢疾** 病程在 2 个月以上,常反复发作,呈慢性过程。多为急性细菌性痢疾治疗不彻底,或营养不良、胃酸过低,伴有肠道寄生虫病或免疫功能低下者易患慢性细菌性痢疾。

3. **中毒性细菌性痢疾** 以儿童常见。主要是志贺菌的内毒素导致微循环功能紊乱,一般是肠道症状出现之前就表现中毒症状,如高热、休克、多器官功能衰竭、脑水肿等全身中毒症状,若抢救不及时,往往造成死亡。

(三) 免疫性

病后可获得一定程度的免疫力,主要是肠道黏膜表面的 sIgA 发挥作用。

三、微生物学检查

(一) 标本

在发病早期(或治疗前)取患者粪便的黏液脓血部分做床边接种或立即送检,若不能及时送检,宜将标本置 30％甘油缓冲盐水中保存。中毒性细菌性痢疾取肛门拭子。

(二) 培养与鉴定

将标本接种于肠道菌鉴别培养基或选择培养基,37℃培养 18~24 h,取可疑菌落进行生化反应和血清学鉴定,以确定菌群和菌型。

(三) 快速诊断

1. **荧光免疫菌球法** 将标本接种于含有荧光素标记的志贺菌诊断血清液体培养基中,

37℃培养 4~8 h。若标本中有相应型别的志贺菌,则生长繁殖后与荧光素抗体凝集成为带荧光的菌球,可在低倍或高倍荧光显微镜下观察。

2. 协同凝集试验　用志贺菌的 IgG 抗体与富含 A 蛋白的葡萄球菌结合成为检测试剂,以此测定患者粪便中有无志贺菌的可溶性抗原。

此外,尚有乳胶凝集试验、PCR 技术、基因探针等快速检测技术。

四、防治原则

应采取综合性防治措施,对患者及带菌者要早发现、早隔离、早治疗,加强食品卫生管理。治疗可选用诺氟沙星、呋喃唑酮、氨苄西林等,因易出现多重耐药菌,因此,必须根据药敏试验选择用药。接种多效价减毒活疫苗(如链霉素依赖株活疫苗),预防效果较好。

第四节　沙门菌属

沙门菌属（*Salmonella*）是一群寄居于人和动物肠道中,生化反应和抗原构造相似的革兰阴性杆菌。目前已被确定的沙门菌有 2500 多个血清型,仅少数沙门菌如伤寒、甲型副伤寒、肖氏和希氏等沙门菌对人致病。此外猪霍乱、鼠伤寒、肠炎等沙门菌对人和动物均能致病。

一、生物学性状

(一) 形态与染色

沙门菌属为革兰阴性杆菌,除鸡沙门菌和雏鸭沙门菌等外,都有周身鞭毛,一般无荚膜,多数有菌毛。

(二) 培养特性与生化反应

沙门菌属为兼性厌氧,营养要求不高,在普通培养基上可生长,在 SS 琼脂、麦康凯琼脂或中国蓝琼脂等肠道选择培养基上,形成中等大小、无色半透明的 S 型菌落。其生化特性见表 15-5。

表 15-5　常见致病性沙门菌的生化特性

细菌	葡萄糖	乳糖	麦芽糖	甘露醇	硫化氢	靛基质	甲基红	VP	尿素	枸橼酸盐利用	赖氨酸脱羧酶	鸟氨酸脱羧酶
伤寒沙门菌	+	−	+	+	−/+	−	+	−	−	−	+	−
甲型副伤寒沙门菌	⊕	−	⊕	⊕	−/+	−	+	−	−	−	−	+
肖氏沙门菌	⊕	−	⊕	⊕	+++	−	+	−	−	−/+	+	+
希氏沙门菌	⊕	−	⊕	⊕	+	−	+	−	−	+	+	+
鼠伤寒沙门菌	⊕	−	⊕	⊕	+++	−	+	−	−	+	+	+
肠炎沙门菌	⊕	−	⊕	⊕	+++	−	+	−	−	+	+	+

注：+,阳性或产酸；⊕,产酸、产气；−,阴性

(三) 抗原构造

1. O 抗原　是细菌细胞壁上的脂多糖,耐热,性质稳定,至少有 58 种,以阿拉伯数字

1、2、3等顺序排列。每个沙门菌含有一种或多种O抗原。把具有相同O抗原的沙门菌归为一个组，可将沙门菌分为A～Z、O51～O63、O65～O67等42个组。引起人类疾病的大多数在A～F组。

2. H抗原　为蛋白质，性质不稳定，60℃加热15 min即被破坏。H抗原有两相，第Ⅰ相特异性高，用a、b、c等表示；第Ⅱ相特异性低，用1、2、3等表示。同时具有第Ⅰ相和第Ⅱ相H抗原的称双相菌，仅有一相者称单相菌。每一组沙门菌根据H抗原不同，可进一步分成不同的菌型。

3. 表面抗原　主要是Vi抗原，为不耐热的酸性多糖。Vi抗原存在于菌体表面，它可阻止O抗原与相应抗体的凝集反应。

（四）抵抗力

沙门菌不耐热，60℃加热15 min即死亡，70%乙醇或5%石炭酸中5 min可被杀死，在水中能生存2～3周，粪便中可存活1～2个月。

二、致病性与免疫性

（一）致病因素

1. 侵袭力　沙门菌借助菌毛吸附于肠黏膜上，穿过上皮细胞层至黏膜下组织，被吞噬细胞吞噬，但不被杀灭，在吞噬细胞中生长繁殖，由吞噬细胞将其携带至机体的其他部位。Vi抗原具有抗吞噬、阻挡抗体与补体等的杀菌作用。

2. 内毒素　内毒素可致机体发热、白细胞减少，大剂量时可导致中毒性休克等。

3. 肠毒素　某些沙门菌如鼠伤寒沙门菌能产生肠毒素，可导致腹泻。

（二）所致疾病

1. 肠热症（伤寒或副伤寒）　伤寒沙门菌引起伤寒，甲型副伤寒沙门菌、肖氏沙门菌和希氏沙门菌引起副伤寒。伤寒、副伤寒致病机制和临床症状基本相似，副伤寒的病情较轻，病程较短。传染源是患者及带菌者。病菌进入消化道后，侵入小肠壁和肠系膜淋巴组织大量繁殖，再经胸导管进入血流，引起第一次菌血症。此时，患者有发热、乏力、全身酸痛等症状。病菌再经血流侵入肝、脾、肾、骨髓、胆囊等实质性器官，在上述器官内繁殖后再次进入血液，导致第二次菌血症。此时，患者持续高热、相对缓脉、肝脾肿大、皮肤玫瑰疹、外周血白细胞减少，全身中毒症状明显。胆囊内细菌可随胆汁进入肠道，一部分随粪便排出，另一部分细菌能再次侵入肠壁淋巴组织，使已致敏的组织发生Ⅳ型超敏反应，导致局部坏死、溃疡，严重的有出血或肠穿孔等并发症。

2. 食物中毒　是最常见的沙门菌感染，因食入含有大量鼠伤寒沙门菌、猪霍乱沙门菌、肠炎沙门菌的食物所致。潜伏期为6～24 h，起病急，患者表现为发热、恶心、呕吐、腹痛、水样泻等急性胃肠炎症状。严重者可因迅速脱水导致休克、肾衰竭而死亡，多见于婴儿、老人及体质衰弱者。一般多在2～3天自愈。

3. 败血症　多由猪霍乱沙门菌、希氏沙门菌、鼠伤寒沙门菌、肠炎沙门菌等引起。细菌经口进入肠道后很快侵入血流，肠道病变不明显，但全身中毒症状严重，有高热、寒战、厌食和贫血等，有的患者可出现脑膜炎、骨髓炎、胆囊炎、心内膜炎、肾盂肾炎及内脏脓肿等。

（三）免疫性

病后患者可获得一定程度的免疫力。细胞免疫发挥主要防御作用，而存在于细胞外和血流中的细菌，则由特异性抗体发挥免疫作用。胃肠炎的恢复则与肠道局部生成的sIgA有关。

三、微生物学检查

(一) 细菌分离与鉴定

1. **标本采集** 根据伤寒、副伤寒病程的变化取不同的标本,原则上发病第1周取外周血,第2周取粪便和尿液,全程均可取骨髓。食物中毒者取粪便、呕吐物或可疑食物。败血症取血液。

2. **分离培养与鉴定** 骨髓和血液需先增菌,再用血液琼脂平板分离培养,粪便或尿液沉淀物可接种肠道选择培养基,培养后再挑取可疑菌落进行系列生化反应,并用沙门菌多价抗血清做玻片凝集试验予以确定。

3. **快速诊断** 常用SPA协同凝集试验、乳胶凝集试验及ELISA等方法来快速检测血液、粪便或尿液标本中沙门菌可溶性抗原。亦可采用PCR技术和核酸杂交技术检查标本中沙门菌的DNA。

(二) 血清学实验

常用肥达反应,即用已知的伤寒沙门菌H、O抗原,甲型副伤寒沙门菌、肖氏沙门菌和希氏沙门菌的H抗原,分别与患者血清做定量凝集试验,以测定患者血清中有无相应抗体以及相应抗体的效价,以辅助诊断肠热症。肥达反应结果判定必须结合临床表现、病程、病史以及地区流行情况。

1. **正常值** 由于隐性感染或预防接种等,正常人血清中可含有一定量的有关抗体,其效价随地区而有差异。通常,伤寒沙门菌O凝集效价<1∶80,H凝集效价<1∶160,甲型副伤寒沙门菌、肖氏沙门菌和希氏沙门菌H凝集效价<1∶80。当检测结果等于或大于以上数值时有诊断价值。

2. **动态观察** 发病第一周末,抗体开始产生,以后逐渐增多,故在患病初期抗体多在正常范围内。在病程中应逐周复查,若效价逐次增强或恢复期效价比初次效价增高4倍或4倍以上时,即有诊断意义。

3. **O与H抗体在诊断上的意义** 患肠热症后,O与H抗体在体内的消长情况不同。O抗体为IgM类,出现较早,维持时间短(约半年),而H抗体多为IgG类,出现较晚,但维持时间可长达数年。因此,若O、H凝集效价均高,则患肠热症的可能性大;若二者均低,患病可能性小;若O高H不高,则可能是感染早期或是与伤寒沙门菌O抗原有交叉反应的其他沙门菌感染;若O不高H高,有可能是预防接种或非特异性回忆反应。

四、防治原则

防治原则为及时发现患者,隔离治疗患者及带菌者。加强食品、饮水卫生及粪便管理。接种伤寒Vi荚膜多糖疫苗,可提高人群免疫力。目前治疗使用的药物主要是环丙沙星。

第五节 其他肠杆菌科细菌

一、克雷伯菌属

克雷伯菌属(*Klebsiella*)共有7个种,为革兰阴性球杆菌,无鞭毛,有较厚的荚膜,多数菌株有菌毛。营养要求不高,在普通培养基上形成较大、灰白色、呈黏液状菌落。在肠道杆菌选择培养基上，因能发酵乳糖，形成有色菌落。与人类关系密切的主要是肺炎克雷伯菌（*K. pneumoniae*），肺炎克雷伯菌可分为肺炎克雷伯菌肺炎亚种、肺炎克雷伯菌鼻炎亚种、肺炎克雷伯菌鼻硬结亚种等。

肺炎克雷伯菌是重要条件致病菌，已成为医源性感染的重要细菌。当机体免疫功能下降、应用免疫抑制剂或长期大量应用抗菌药物导致菌群失调时，可引起感染，常引起肺炎、支气管炎、泌尿道和创口感染，有时也可导致严重的败血症、脑膜炎、腹膜炎等。肺炎克雷伯菌鼻炎亚种能引起慢性萎缩性鼻炎。肺炎克雷伯菌鼻硬结亚种可引起鼻腔、咽喉及其他呼吸道硬结病。

二、变形杆菌属

变形杆菌属（*Proteus*）是人和动物肠道中的正常菌群，为革兰阴性杆菌，呈多形态性，无荚膜，有周身鞭毛，运动活泼。需氧或兼性厌氧，营养要求不高，在普通琼脂培养基上常呈扩散生长，形成以接种部位为中心的厚薄交替、同心圆形的波状菌苔，称为迁徙生长现象。不分解乳糖，迅速分解尿素，苯丙氨酸脱氨酶阳性，大多能产生 H_2S。

普通变形杆菌X19、X2、XK菌株含有的O抗原与某些立克次体有共同抗原成分，故可替代立克次体抗原与相应患者血清进行凝集反应，此称为外斐试验，用以辅助诊断立克次体病。

变形杆菌属包括8个菌种，其中普通变形杆菌与奇异变形杆菌可引起人的原发和继发感染，产生的脲酶可分解尿素产氨，使尿液pH增高，碱性条件下利于变形杆菌的生长，促进肾结石和膀胱结石的形成。有的变形杆菌亦可引起泌尿道感染、创伤感染、慢性中耳炎、肺炎、腹膜炎、脑膜炎、败血症及食物中毒等。

小结

肠道杆菌是一大群寄居在人和动物肠道中，生物学性状相近的革兰阴性杆菌。无芽胞，多数有鞭毛和菌毛。生化反应活泼，有鉴别意义。抗原构造复杂，是分类、分型和鉴定肠道杆菌的重要依据。

大肠埃希菌是肠道正常菌群，可作为条件致病菌引起肠道外感染，有些血清型引起人类腹泻，称为致病性大肠埃希菌。在环境卫生和食品卫生学中，大肠埃希菌常被用做粪便污染的卫生学检测指标。

志贺菌属是人类细菌性痢疾的病原体，分为痢疾志贺、福氏志贺、鲍氏志贺菌、宋内志贺菌四群。通过菌毛的吸附作用及产生内外毒素而导致细菌性痢疾，临床分为急性细菌性痢疾、慢性细菌性痢疾和中毒性细菌性痢疾。

与人类疾病关系密切的沙门菌主要有伤寒沙门菌、甲型副伤寒沙门菌、肖氏沙门菌、希氏沙门菌、猪霍乱沙门菌、鼠伤寒沙门菌、肠炎沙门菌等，可引起伤寒、副伤寒、食物中毒、败血症等疾病。伤寒病后可获牢固的免疫力，应用肥达反应可辅助诊断伤寒和副伤寒。

肺炎克雷伯菌是重要条件致病菌，当机体免疫功能下降或菌群失调时常引起肺炎、支气管炎、泌尿道和创口感染、败血症等。普通变形杆菌与奇异变形杆菌可引起人的原发和继发感染。

思考题

1. 何谓肠道杆菌？有哪些共同生物学特征？
2. 大肠埃希菌可引起哪些疾病？
3. 简述志贺菌属的致病物质及致病机制。
4. 沙门菌属包括哪些常见致病菌？各引起什么疾病？

（江西护理职业技术学院　李剑平）

第十六章　弧菌属与弯曲菌属

> **学习目标**
> 1. 掌握霍乱的发病机制与防治原则。
> 2. 熟悉霍乱弧菌的一般生物学性状。
> 3. 了解副溶血性弧菌、空肠弯曲菌、幽门螺杆菌的致病性。

弧菌属（*Vibrio*）广泛分布于自然界，以水表面最多；目前有 36 种，有 12 种与人类感染有关，如霍乱弧菌和副溶血性弧菌等。

第一节　弧 菌 属

一、霍乱弧菌

霍乱弧菌（*V.cholerae*）是烈性肠道传染病霍乱的病原体。霍乱属于甲类传染病之一，两千多年前就有该病的记载。其中霍乱弧菌古典生物型自 1817 年以来，已引起 6 次世界性大流行，均起源于孟加拉盆地；1961 年开始的第 7 次大流行，由霍乱弧菌 El Tor 生物型引起；1992 年新的非 O1 群霍乱弧菌流行株 O139（Begal）出现于沿孟加拉湾的印度和孟加拉一些城市，并很快波及亚洲、欧洲和美洲。

（一）生物学性状

1. **形态与染色**　为革兰阴性菌，呈弧形或逗点状，大小为 (0.3～0.6)μm×(1.0～3.0)μm，一端有单鞭毛，鞭毛比菌体长 3～4 倍，呈穿梭样或流星状运动，非常活泼。有菌毛，无芽胞，有些菌株（包括 O139）有荚膜。经人工培养后的细菌常呈杆状而不易与肠道杆菌区别。

2. **培养特性与生化反应**　兼性厌氧，但在氧气充分的条件下生长更好。生长所需的温度范围广（18～37℃）。营养要求不高，在普通培养基上可形成突起、光滑、圆形、无色的菌落。耐碱不耐酸，在 pH8.4～9.2 的碱性蛋白胨水或碱性琼脂平板上生长良好。亦可在无盐环境中生长，而其他致病性弧菌则不能。能发酵多种单糖、双糖和醇糖，如葡萄糖、蔗糖和甘露醇，产酸，不产气；不分解阿拉伯胶糖；亚硝酸盐还原反应、吲哚反应、过氧化氢酶和氧化酶试验均为阳性。

3. **抗原结构与分型**　有耐热的 O 抗原和不耐热的 H 抗原。H 抗原均相同，无特异性。O 抗原特异性强，现已发现 155 个血清群，其中 O1 群和 O139 群是引起霍乱流行的菌群。O1 群霍乱弧菌的菌体抗原又有 a、b、c 三种抗原组分，故 O1 群又可分为小川型（含 a、b）、稻叶型（含 a、c）、和彦岛型（含 a、b、c）三个血清型。每一个血清型均包括两个生物型，即古典生物型和 El Tor 生物型。O1 群的古典生物型不溶解羊红细胞，不凝集鸡红细胞，对 50 单位的多黏菌素敏感，可被第Ⅳ群噬菌体裂解，而 O1 群的 El Tor 生物型则完全相反。O139 群在免疫原性方面与 O1 群之间无交叉反应。

4. 抵抗力　El Tor 生物型和其他非 O1 群霍乱弧菌的生存力较强。在河水、井水及海水中至少可存活 1～3 周；在各种食品和海产品上可存活 7 天，有时还可越冬。霍乱弧菌不耐酸，在正常胃酸中仅能存活 4 min。55℃湿热 15 min、100℃煮沸 1～2 min、0.5 mg/L 氯作用 15 min 能杀死霍乱弧菌。漂白粉按 1∶4 比例处理患者排泄物或呕吐物，经 1 h 可达到消毒目的。

（二）致病性与免疫性

1. 致病物质

(1) 霍乱肠毒素：为不耐热的多聚体蛋白，由 1 个 A 亚单位和 5 个相同的 B 亚单位结合而成。B 亚单位是结合单位，可与小肠黏膜上皮细胞 GM1 神经节苷脂受体结合，形成亲水性跨膜孔道。A 亚单位为毒性单位，通过亲水孔道进入细胞浆，在蛋白酶的作用下裂解为 A1 和 A2 两条多肽。A1 可使细胞内的 cAMP 水平升高，导致 Na^+、Cl^-、HCO_3^- 和水向肠道大量分泌，造成严重的腹泻与呕吐。

(2) 鞭毛、菌毛等：鞭毛有助于弧菌穿过肠壁的黏液层，普通菌毛有利于弧菌在肠上皮细胞的黏附定居与繁殖，其他毒力因子还有辅助定居因子、多糖荚膜等。

2. 所致疾病　霍乱弧菌引起烈性肠道传染病霍乱，人类是其唯一的易感者。该菌主要通过污染的水源、未煮熟的食物等，经口感染。霍乱弧菌在小肠黏膜上皮细胞刷状缘的微绒毛上繁殖，产生肠毒素而致病，但霍乱弧菌不侵入肠上皮细胞和肠腺。霍乱潜伏期一般 1～4 天，患者多突然发病，表现为剧烈的腹泻与呕吐，腹泻物为黄水样或米泔样粪便；呕吐物先为食物残渣，后为水样。患者常有严重的脱水、电解质紊乱（低钾、低钠、低钙）、代谢性酸中毒、微循环衰竭等症状，严重者可致死亡。O139 群霍乱弧菌感染比 O1 群严重。

病愈后一些患者可短期带菌，一般不超过 2 周。感染 El Tor 生物型的个别患者病后带菌可达数月或数年，病菌主要存在于胆囊中。

3. 免疫性　感染 O1 群霍乱弧菌后，机体可获得牢固免疫力，再感染少见。免疫力主要为肠腔中的 sIgA 和血清中的抗霍乱肠毒素抗体与抗菌抗体。O1 群与 O139 群无交叉免疫作用。O139 群的保护性免疫以针对脂多糖和荚膜多糖的抗菌免疫为主。

（三）微生物学检查

1. 标本　采集患者的吐泻物或肛拭子，流行病学调查还包括水样。
2. 直接镜检　包括霍乱弧菌形态与运动方式观察。
3. 分离培养　碱性蛋白胨水增菌→选择培养基硫代硫酸钠-枸橼酸盐-胆盐-蔗糖琼脂平板（TCBS）培养→黄色菌落或可疑菌落的进一步鉴定。
4. 快速诊断试验　可用荧光菌球试验或协同凝集试验等。

（四）防治原则

加强国境检疫，防止传入。加强疫区水源和粪便管理，严格隔离患者。预防可接种霍乱死疫苗。治疗应及时补充液体和电解质，合理使用抗生素。

二、副溶血性弧菌

副溶血性弧菌（*V. parahaemolyticus*）常存在于近海的海水、海底沉积物，以及鱼类、贝壳等海产品中，主要引起食物中毒，以日本、东南亚、美国，以及中国台北、大陆沿海地区多见。

（一）生物学性状

该菌为嗜盐性细菌，革兰阴性，单鞭毛。在含 3.5% NaCl 的培养基中生长良好，当 NaCl 浓度高于 8% 时不能生长，无盐也不能生长。在盐浓度不适宜时，细菌呈长杆状或球杆状等多形态。该菌不耐热，90℃加热 1 min 即被杀死；不耐酸，在 1% 醋酸或 50% 食醋中 1 min 死亡。

该菌在普通血液琼脂平板（含羊、兔或马等血液）上不溶血或只产生 α 溶血。但在特定条件下，某些菌株在琼脂平板上（含 7% 高盐、人 O 型血或兔血、D-甘露醇）可产生 β 溶血，称为神奈川现象（Kanagawa phenomenon，KP）。日本学者检测了 3370 株副溶血性弧菌，来自患者的菌株中 96.5% 为 KP^+，而来自海产品及海水的菌株仅 1% 阳性。

（二）致病性

KP^+ 菌株可产生耐热直接溶血素和耐热相关溶血素，有溶血作用；此外，还能产生黏附素和黏液素酶等致病物质。人因食入未煮熟的海产品或被污染的盐腌制品等而引起食物中毒。该病常年均可发生，潜伏期平均 24 h，主要症状有腹痛、腹泻、呕吐和低热，粪便多为水样，少数为血水样。病程 1～7 天，恢复较快。病后免疫力短暂，可重复感染。

（三）微生物学检查与防治原则

微生物学检查可取患者的粪便、肛拭子或剩余食物，直接分离培养后，取可疑菌落，进一步鉴定。也可用基因探针杂交、PCR 法进行快速诊断，或直接检测耐热毒素基因。

防治原则：饮食卫生是关键，煮熟消毒再食用；治疗可用抗菌药，防止产生耐药性；严重病例需输液，及时补充电解质。

第二节　空肠弯曲菌

空肠弯曲菌有广泛的动物宿主，尤其禽类、家畜带菌率高，也是引起人类腹泻的常见病原菌。

一、生物学性状

菌体细长弯曲，呈 S 形、逗点状、海鸥状或螺旋形，大小为 $(0.2～0.5)\mu m \times (1.5～2.0)\mu m$，一端或两端有单鞭毛，运动活泼。无荚膜，不形成芽胞。革兰阴性。微需氧，在 $5\% O_2$、$10\% CO_2$ 和 $85\% N_2$ 的气体环境下生长良好。空肠亚种最适温度为 42～43℃，25℃ 则不能生长。营养要求高，营养培养基中需加入血液或血清。初次分离可见两种菌落，一种为细小、凸起、半透明、光滑型；另一种为扁平、灰白、湿润、边缘不整齐。生化反应不活泼。该菌对一般消毒剂敏感，在室温保存的培养物中可存活 2～20 周，在潮湿环境中 4℃ 下可存活 3～4 周，在干燥环境中仅存活 3 h，56℃加热 5 min 即可杀死。

二、致病性与免疫性

空肠弯曲菌是禽类和家畜肠道的正常菌群，也可存在于食物、水、牛奶、动物的粪便及患者的吐泻物中。人类通过消化道或接触而感染，该菌到达肠道后，依赖其迅速的旋转运动穿越肠壁黏液层，定居于黏膜上皮细胞并大量繁殖，产生细胞毒素和不耐热的霍乱样肠毒素，引起腹痛、腹泻、脓血便等临床症状，也可引起败血症等。

空肠弯曲菌能感染各年龄组人群。机体感染后，能产生特异性抗体，但免疫力短暂，可再次感染。

三、微生物学检查及防治原则

取新鲜粪便标本，①直接涂片做形态学检查，或进行运动方式观察；②接种于选择培养基培养，并进行生化鉴定。

预防以加强水源和饮食卫生的管理，切断传播途径为主。治疗可选用红霉素、氨基糖苷类抗生素。

第三节 幽门螺杆菌

幽门螺杆菌（*Helicobacter pylori*，HP）于1982年首次从慢性活动性胃炎患者的黏膜活检标本中分离成功，被命名为幽门弯曲菌。

一、生物学性状

HP革兰染色为阴性，呈典型的螺旋形、S形或海鸥形，大小为 $(0.5\sim1.0)\mu m \times (2.5\sim4.0)\mu m$，一端有2～6根鞭毛，运动活泼，常呈鱼群样排列，传代培养后变为杆状或球形。微需氧，营养要求高，在含血液、血清或心脑浸液琼脂培养基上，生长缓慢，通常需要3天或更长时间，才形成细小、针尖状、无色透明菌落。生化反应不活跃，不分解糖类。脲酶丰富是其显著特点，快速脲酶试验呈强阳性。氧化酶和过氧化氢酶试验均阳性。

二、致病性与免疫性

HP是慢性胃炎、消化性溃疡的主要病因，与胃腺癌、黏膜相关淋巴组织淋巴瘤也有关，人是主要的传染源。HP在上消化道尤其是胃窦部寄居。感染者大多无明显症状。少数可出现急性胃炎症状，用抗生素妥善治疗后消退。

致病机制可能为：①损伤胃黏膜屏障。HP通过鞭毛、黏附素穿透胃黏液层，定居于黏膜表面，造成炎症；脲酶分解尿素产生NH_3，NH_3中和胃酸，既有利于本菌生存，又对胃黏膜有毒性作用；黏液酶、脂酶和磷脂酶A、LPS能进一步损伤胃黏膜。②引起胃黏膜的增生和萎缩。③HP为第Ⅰ类生物致癌因子。④影响胃酸分泌，引起超敏反应等。

HP感染后，胃液和血清中可出现特异性抗体，持续一年左右，保护作用不清楚。细胞因子的作用是双向的，除抗感染外，也参与炎症发生。

三、微生物学检查及防治原则

①通过胃镜采取活检组织分离培养后，再做酶试验进行鉴定。②快速诊断方法有直接涂片镜检、快速脲酶分解试验、细菌DNA检测法。

基因重组脲酶幽门螺杆菌疫苗正在试用阶段。药物治疗一般采用胶态铋制剂加两种抗生素，疗程为2周。敏感抗菌药物有阿莫西林、甲硝唑、替硝唑、克拉霉素、四环素、多西环素、呋喃唑酮等。

小结

霍乱弧菌引起烈性肠道传染病霍乱,主要经污染的水源传染、流行。霍乱毒素与鞭毛是重要的致病性物质,引起剧烈的腹泻与呕吐,导致电解质紊乱、脱水与低血容量性休克等,故纠正水、电解质紊乱是治疗霍乱的关键。

副溶血性弧菌可因食用海产品导致食物中毒。空肠弯曲菌的主要传染源为禽类与家畜,引起腹痛、腹泻、脓血便等临床症状。幽门螺杆菌是慢性胃炎、消化性溃疡的主要病因。

思考题

1. 简述主要致病性弧菌的生物学特征、霍乱毒素的作用机制、霍乱的主要表现及预防原则。
2. 简述空肠弯曲菌、幽门螺杆菌的生物学特征与所致疾病。

(张掖医学高等专科学校　许红霞)

第十七章 厌氧性细菌

> **学习目标**
> 1. 掌握主要厌氧芽胞梭菌的生物学性状、致病性物质、所致疾病与防治原则。
> 2. 熟悉无芽胞厌氧菌的致病特点。
> 3. 了解其他厌氧芽胞梭菌、无芽胞厌氧菌的致病与防治。

厌氧性细菌（anaerobic bacteria）是一群必须在无氧环境下才能生长繁殖的细菌，可分为厌氧芽胞梭菌属和无芽胞厌氧菌两大类。

第一节 厌氧芽胞梭菌属

一、破伤风梭菌

破伤风梭菌（C. tetani）常以芽胞的形式存在于土壤、人或动物的肠道中，可引起破伤风。

（一）生物学性状

1. 形态与染色　革兰阳性细长杆菌，有周鞭毛。芽胞正圆形，位于菌体顶端，比菌体粗，使菌体呈鼓槌状。

2. 培养特性与生化反应　专性厌氧菌。在庖肉培养基上，生长后肉汤变浑浊，肉渣变色，有腐败臭味；在固体培养基上，形成中心紧密、周边疏松似羽毛状的不规则菌落，有迁徙生长。能产生β溶血。大多数生化反应阴性。

3. 抵抗力　芽胞抵抗力很强，5%石炭酸经15h才能杀死；100℃煮沸1h被完全破坏；在干燥的土壤和尘埃中可存活数年。

（二）致病性与免疫性

1. 致病条件　破伤风梭菌为专性厌氧菌，感染的重要条件是在伤口周围形成厌氧性微环境：①伤口窄而深，有泥土或异物污染；②大面积创伤或烧伤，坏死组织多，造成局部组织缺血、缺氧；③伴有需氧菌或兼性厌氧菌混合感染等。

本菌无侵袭性，其致病物质主要为破伤风痉挛毒素（tetanospasmin）。该毒素属神经毒素，对人的致死量小于1μg。其化学性质为蛋白质，不耐热，65℃加热30 min即被破坏，亦可被肠道中的蛋白酶破坏。

2. 致病机制和所致疾病　破伤风痉挛毒素可通过周围神经轴突或淋巴液和血液到达中枢神经系统，对脑干和脊髓前角的细胞有高度亲和力。该毒素可封闭抑制性中间神经元，阻止其释放抑制性神经递质，导致屈肌、伸肌同时发生强烈收缩，骨骼肌出现强直痉挛，造成破伤风特有的牙关紧闭、苦笑面容、角弓反张等症状。

破伤风潜伏期不定，平均7~14天。潜伏期越短，病死率越高。初期有发热、头痛、肌肉酸痛等前驱症状；接着出现局部肌群抽搐、张口困难、咀嚼肌痉挛，患者牙关紧闭，呈苦笑面容；进而颈部、躯干、四肢肌肉持续性痉挛，呈现角弓反张；最后，全身肌肉强直性收缩，全身颤抖，呼吸困难，可因窒息而死亡。

3. 免疫性　破伤风免疫主要是抗毒素发挥中和作用，无牢固免疫力。

（三）微生物学检查

伤口直接涂片镜检和病菌分离培养阳性率很低，故一般不进行。结合破伤风典型的症状和病史可作出诊断。

（四）防治原则

本病应以预防为主，对易感人群接种破伤风类毒素。①计划免疫，3～6个月的儿童接种白百破三联疫苗，时间为出生后第3、4、5月连续免疫3次，2岁、6岁时各加强1次，以建立基础免疫。②部队战士、建筑工人等高危人群接种2次作为基础免疫，1年后加强1次，以后每5～10年再强化接种1次。

发生外伤时应做好：①正确处理创口，清创扩创，阻止厌氧微环境的形成；②对伤口污染严重而又未经过基础免疫者，应立即注射破伤风抗毒素（TAT），达到紧急预防和治疗的效果；③早期、足量使用青霉素，可有效抑制细菌的繁殖，阻止毒素的释放；④一旦发病采取对症治疗，如给予镇静剂、肌肉松弛剂、大剂量TAT等。

二、产气荚膜梭菌

（一）生物学性状

1. 形态与染色　产气荚膜梭菌（*C. perfringens*）为革兰阳性粗大杆菌，两端几乎平切。芽胞呈椭圆形，位于次极端，小于菌体横径。无鞭毛，在体内形成明显荚膜。

2. 培养特性与生化反应　厌氧，最适生长温度为45℃，繁殖周期仅为8min。在血液琼脂平板上，多数菌株有双层溶血环，内环为完全溶血，外环为不完全溶血。在蛋黄琼脂平板上，菌落周围出现乳白色浑浊圈，此现象称Nagler反应。在牛乳培养基上能分解乳糖产酸，使其中的酪蛋白凝固；同时产生大量气体（H_2和CO_2），将凝固的酪蛋白冲成蜂窝状，气势凶猛，故称"汹涌发酵"。

（二）致病性

1. 致病物质　①产生多种具有侵袭性的毒素和酶，造成细胞溶解和组织坏死。其中，α毒素为卵磷脂酶，能分解细胞膜上的卵磷脂，造成红细胞、白细胞、血小板和内皮细胞溶解，导致血管通透性增加伴大量溶血、组织坏死，肝、心功能受损，在气性坏疽的形成中起主要作用。②产生肠毒素，引起腹泻或作为超抗原致病。

2. 所致疾病

(1) 气性坏疽：潜伏期短，一般为8～48h。产气荚膜梭菌在感染局部迅速繁殖，产生多种毒素和酶：①分解糖产生大量气体，形成局部气肿；②血管通透性增加，形成局部水肿；③加速细菌的扩散与坏死组织的蔓延等，造成组织缺血坏死。严重者表现为皮下气肿，组织胀痛剧烈，大块组织坏死，并有恶臭。该病死亡率高达40%～100%。

(2) 食物中毒：潜伏期约10h，临床表现为腹痛、腹胀、水样腹泻。1～2天后自愈。

（三）微生物学检查

气性坏疽病情凶险，应尽早作出细菌学诊断。

从深部创口取材，涂片镜检，查找革兰阳性杆菌。取坏死组织制成悬液，进行厌氧培养，观察其生长现象。必要时可取细菌培养液 0.5～1 ml 进行动物实验。对于食物中毒者，用 ELISA 实验检查患者粪便中的肠毒素。

(四) 防治原则

作出正确的早期诊断，及时破坏和消除感染性创口，给予足量的抗生素，有条件时可使用 α 抗毒素和高压氧舱疗法，严重时考虑截肢。

三、肉毒梭菌

(一) 生物学性状

1. **形态与染色** 肉毒梭菌（*C. botulinum*）为革兰阳性粗短杆菌，有鞭毛。芽胞呈椭圆形，大于菌体横径，位于次极端，使菌体呈网球拍状。

2. **培养特性与生化反应** 严格厌氧，营养要求不高。在血液琼脂平板上有 β 溶血；在疱肉培养基消化肉渣而变黑，并有恶臭。

3. **抵抗力** 芽胞对热的抵抗力很强，可耐热 100℃ 1 h 以上，高压蒸汽灭菌法 30 min 才能杀死芽胞。肉毒毒素不耐热，煮沸 1 min 即可被破坏；耐酸，在胃酸中 24 h 不被破坏。

(二) 致病性

肉毒梭菌存在于土壤中，其致病物质主要为肉毒毒素。肉毒毒素的毒性比氰化钾强 1 万倍，对人的致死量小于 0.1 μg，共有 8 个型，引起人类疾病的主要为 A、B 和 E 型。该毒素经小肠吸收后，进入淋巴液和血液，作用于脑神经核、周围神经-肌肉接头处及自主神经末梢，封闭乙酰胆碱的释放，导致肌肉弛缓性麻痹。各型毒素只能被同型抗毒素中和。

1. **成人肉毒中毒** 因食入带有肉毒毒素的食物而发生的食物中毒。引起中毒的食物：国外以罐头、香肠、腊肠等食品为主，国内则以发酵豆制品为主。肉毒中毒潜伏期可短至数小时，主要为神经末梢麻痹。初期为复视、眼睑下垂、吞咽、口齿不清等症状，严重者出现膈肌、心肌麻痹而导致死亡。肉毒中毒很少见肢体麻痹，患者不发热，神智清楚。

2. **婴儿肉毒中毒** 见于 4～26 周的婴儿，因喂被肉毒梭菌芽胞污染的食物（蜂蜜）而患病。

3. **创伤性肉毒中毒** 肉毒芽胞梭菌由伤口进入，潜伏期 10～14 天，表现与食物中毒相似，但无恶心、呕吐等胃肠道症状。

(三) 微生物学检查

可用动物实验检测剩余食物或呕吐物中的肉毒毒素，也可用直接 ELISA 法检测患者血清。

(四) 防治原则

预防以加强食品卫生管理和监督、注重食品的低温保存和加热消毒为主。对患者应尽早根据症状作出诊断，迅速注射 A、B、E 三型多价抗毒素，同时加强护理和对症治疗，特别是维持呼吸功能，可以显著降低死亡率。

第二节　无芽胞厌氧菌

一、常见无芽胞厌氧菌种类及在人体中的分布

无芽胞厌氧菌共有 23 个属，为人和动物体内的正常菌群，并在菌群中占绝对优势（至

少 80%～90%)（表 17-1）。

表 17-1 常见无芽胞厌氧菌的种类及其分布

类别	菌属	皮肤	口腔	上呼吸道	肠道	尿道	阴道
革兰阳性球菌	消化球菌属（Peptococcus）	+	++	+	++	±	++
	消化链球菌属（Peptostreptococcus）	+	++	+	++	±	++
革兰阳性杆菌	双歧杆菌属（Bifidobacterium）	-	+	-	++	-	±
	乳杆菌属（Lactobacillus）		+		++	±	++
	丙酸杆菌属（Propionibacterium）	++	±	+	±	±	±
革兰阴性球菌	韦荣菌属（Veillonella）		+		+		+
革兰阴性杆菌	类杆菌属（Bacteroides）		+	+	+	+	+
	梭杆菌属（Fusobacterium）		++	+	+	+	+
	普雷沃菌属（Prevotella）	-	++	+	++	+	+

注：-：无或很少；+：常有；++：大量；±：不规则

（一）革兰阴性无芽胞厌氧杆菌

类杆菌属中的脆弱类杆菌（B. fragilis）最为重要，占临床厌氧菌分离株的 25%，占类杆菌分离株的 50%，其形态呈多形性，有荚膜，主要引起腹腔脓肿、败血症等。普雷沃菌属形态呈多形性。梭杆菌属为细长杆菌，两端尖细呈梭形。

（二）革兰阳性无芽胞厌氧杆菌

丙酸杆菌属为小杆菌，常呈链状或成簇排列，无鞭毛，能发酵糖类产生丙酸。普通培养基上生长需 2～5 天。以痤疮丙酸杆菌（P. Acnes）最为常见。双歧杆菌属呈多形态，为婴儿、成人肠道的正常菌群。

（三）厌氧性球菌

革兰阳性厌氧球菌以消化链球菌属最重要，主要寄居于阴道。在临床厌氧菌分离株中，占 20%～35%，为第 2 位，仅次于脆弱类杆菌。消化球菌属和消化链球菌属大多见于混合感染。

革兰阴性厌氧球菌以韦荣菌属最重要，直径 0.3～0.5 μm，成对、成簇或短链状排列，为混合感染菌之一。

二、致病性

无芽胞厌氧菌作为条件致病菌，其致病物质并不完全相同，有菌毛、荚膜等表面吸附结构，以及所产生的多种毒素、胞外酶和可溶性代谢物等。

致病条件：①寄居部位的改变，②宿主免疫力下降，③菌群失调，④局部厌氧微环境的形成等。

感染特征：①常为内源性感染；②感染部位接近黏膜表面；③分泌物多为血性或黑色，并有恶臭；④分泌物直接涂片可见细菌；⑤长期使用氨基糖苷类抗生素治疗无效等。

无芽胞厌氧菌所致疾病可参见表 17-2。

表 17-2　常见无芽胞厌氧菌感染部位与所致疾病

感染部位	所致疾病	常见致病菌
颅内感染	脑脓肿、脑膜炎、硬膜外或硬膜下脓肿	脆弱类杆菌、普雷沃菌属
口腔与牙齿感染	齿槽脓肿、下颌骨骨髓炎、急性坏死性溃疡性齿龈炎、慢性牙周炎	核梭杆菌、普雷沃菌属
呼吸道感染	扁桃体周围蜂窝织炎、吸入性肺炎、坏死性肺炎、肺脓肿和脓胸	普雷沃菌属、消化链球菌
腹部感染	腹膜炎、腹腔脓肿	脆弱类杆菌
女性生殖道感染	盆腔脓肿、输卵管卵巢脓肿、子宫内膜炎、脓毒性流产	消化链球菌属、脆弱类杆菌、普雷沃菌属
皮肤和软组织感染	痤疮、酒渣鼻	痤疮丙酸杆菌属
其他	败血症、亚急性心内膜炎	脆弱类杆菌、乳杆菌属

三、微生物学检查

标本应从感染中心处采取，如活检得到的组织标本，从感染深部吸取的渗出物或脓汁。脓汁标本可直接涂片染色后观察细菌的形态特征、染色性及菌量多少。如需进一步检查，标本应立即接种到适宜的培养基中，厌氧培养，判断是否为专性厌氧菌；再进行生化反应、核酸杂交、PCR 及气液相色谱鉴定。

四、防治原则

主要是提高机体的免疫力，避免条件致病菌的诱发因素，选用敏感的抗生素治疗。

小结

厌氧芽胞梭菌为革兰阳性大杆菌，有特征性芽胞，致病凶险，重在防治。其中，破伤风梭菌和肉毒梭菌均可产生神经毒素。破伤风痉挛毒素引起破伤风，肉毒毒素导致肉毒中毒；产气荚膜梭菌产生多种毒素和酶，可致气性坏疽和食物中毒。

无芽胞厌氧菌是机体内占绝对优势的正常菌群，成为条件致病菌后，可引起不同部位的化脓性感染、败血症等，常见菌有革兰阳性球菌与杆菌、革兰阴性球菌与杆菌，如脆弱类杆菌、消化链球菌等，故防治很重要。

思考题

1. 主要的厌氧芽胞梭菌有哪三种？简述各菌的形态特点、致病性物质、所致疾病与防治原则。
2. 简述无芽胞厌氧菌的感染特点、细菌类型与所致疾病。

（张掖医学高等专科学校　许红霞）

第十八章 分枝杆菌属、放线菌属与诺卡菌属

> **学习目标**
> 1. 掌握结核分枝杆菌的主要生物学性状、致病物质及所致疾病。
> 2. 熟悉结核分枝杆菌的微生物学检查与防治原则，麻风杆菌的生物学性状、致病性、微生物学检查。
> 3. 了解放线菌的生物学性状、致病性。

第一节 结核分枝杆菌

结核分枝杆菌（M. tuberculosis），俗称结核杆菌，是引起结核病的病原菌。可侵犯全身各器官，但以肺结核为最多见。结核病至今仍为重要的传染病。据WHO报道，世界人口中1/3感染结核分枝杆菌，全球每年约有800万～1000万结核新病例，至少有300万人死于该病。新中国成立前死亡率达（200～300）/10万，居各种疾病死亡原因之首，新中国成立后人民生活水平提高，卫生状态改善，特别是开展了群防群治，儿童普遍接种卡介苗，结核病的发病率和死亡率大为降低。但应注意，因艾滋病、吸毒、免疫抑制剂的应用、酗酒和贫困及耐药结核菌的出现等原因，结核病的发病率又有上升趋势。

一、生物学性状

（一）形态与染色

结核分枝杆菌为细长略带弯曲的杆菌，大小为（1.0～4.0）μm×0.4μm。现证明结核分枝杆菌在细胞壁外有一层荚膜，一般因制片时遭受破坏而不易看到，在电镜下可看到菌体外有一层较厚的透明区，即荚膜，荚膜对结核分枝杆菌有一定的保护作用。分枝杆菌属的细菌细胞壁脂质含量较高，约占干重的60%，特别是有大量分枝菌酸包围在肽聚糖层的外面，可影响染料的穿入。分枝杆菌一般用齐-尼（Ziehl-Neelsen）抗酸染色法染色，分枝杆菌呈红色，而其他细菌和背景为蓝色。

（二）培养特性

结核分枝杆菌为专性需氧，最适生长温度为37℃，最适pH为6.5～6.8。常用含蛋黄、甘油、马铃薯、无机盐和孔雀绿等的罗氏固体培养基分离培养结核分枝杆菌。由于细胞壁的脂质含量较高，影响营养物质的吸收，故生长缓慢，一般2～4周形成可见菌落。菌落呈颗粒、结节或花菜状，乳白色或米黄色，不透明。在液体培养基中由于接触营养面大，细菌生长较为迅速。

（三）抵抗力

结核分枝杆菌抵抗力较强。在干痰中存活6～8个月，若黏附于尘埃上，保持传染性8～10天。能耐受3%盐酸、6%硫酸、4%氢氧化钠，因而常用酸碱处理标本以杀死杂菌和

消化标本中的黏稠物质，提高检出率。但对湿热、紫外线、乙醇的抵抗力弱。在液体中 62~63℃加热 15 min、日光直射下 2~7 h、75%乙醇内数分钟即死亡。

（四）变异性

结核分枝杆菌的形态、菌落、毒力及耐药性等均可发生变异。

卡介菌（BCG）是卡-介二氏将牛型结核分枝杆菌培养于胆汁、甘油、马铃薯培养基中，经 230 次传代，历时 13 年，使其毒力发生变异，成为对人无致病性而仍保持良好免疫原性的菌苗株，用于结核病预防。

结核分枝杆菌对链霉素、利福平、异烟肼等抗结核药物较易产生耐药性。耐药菌菌株常伴随活力和毒力减弱，如异烟肼耐药菌株对豚鼠的毒力消失，但对人们仍有一定的致病性。

二、致病性

（一）致病物质

研究表明，结核分枝杆菌的毒力不稳定，从世界不同地区分离的野生菌株毒力不完全一致。

1. 荚膜　荚膜的主要成分为多糖、部分脂质和蛋白质。其致病作用有：①荚膜能与吞噬细胞表面的补体受体 3（CR3）结合，有助于结核分枝杆菌在宿主细胞上的黏附与入侵；②荚膜中有多种酶可降解宿主组织中的大分子物质，供入侵的结核分枝杆菌繁殖所需的营养；③荚膜能防止宿主的有害物质进入结核分枝杆菌。结核分枝杆菌入侵后荚膜还可抑制吞噬体与溶酶体的融合。

2. 脂质　据实验研究细菌毒力可能与其所含复杂的脂质成分有关，特别是糖脂更为重要。①索状因子是分枝菌酸和海藻糖结合的一种糖脂，能使细菌在液体培养基中呈索状排列，能破坏细胞线粒体膜，影响细胞呼吸，抑制白细胞游走和引起慢性肉芽肿。②磷脂能促使单核细胞增生，并使炎症灶中的巨噬细胞转变为上皮样细胞，从而形成结核结节。③硫酸脑苷脂可抑制吞噬细胞中吞噬体与溶酶体的结合，使结核分枝杆菌能在吞噬细胞中长期存活。④蜡质 D 是一种肽糖脂和分枝菌酸的复合物，可从有毒株或卡介苗中用甲醇提出，具有佐剂作用，可激发机体产生迟发型超敏反应。

3. 蛋白质　有抗原性，和蜡质 D 结合后能使机体发生超敏反应，引起组织坏死和全身中毒症状，并在形成结核结节中发挥一定作用。

4. 多糖　多糖常与类脂结合存在于胞壁中，主要有阿拉伯半乳聚糖、阿拉伯甘露聚糖等。多糖的致病作用不明，但具有介导速发型超敏反应及非特异性增强机体免疫功能的作用。

（二）所致疾病

结核分枝杆菌可通过呼吸道、消化道或皮肤损伤侵入易感机体，引起多种组织器官的结核病，其中以通过呼吸道引起肺结核为最多。

1. 肺部感染　由于感染菌的毒力、数量、机体的免疫状态不同，肺结核可有以下两类表现：

（1）原发感染：结核分枝杆菌初次感染而在肺内发生的病变，称为原发性肺结核，常见于小儿。当结核分枝杆菌侵入肺泡后被巨噬细胞吞噬，由于菌体含有丰富的类脂，能抵抗巨噬细胞的吞噬杀菌作用而大量生长繁殖，导致巨噬细胞裂解破坏，释出的结核分枝杆菌再次被吞噬而重复上述过程，引起肺泡渗出性炎症，称为原发灶。原发灶好发于胸膜下通气较好的部位，一般多见于肺上叶下部和下叶上部。此时，人体缺乏对结核分枝杆菌的特异性免疫力，故病灶局部反应轻微。原发灶内的结核分枝杆菌常沿淋巴管扩散到肺门淋巴结，引起肺门淋巴结肿大。原发灶、淋巴管炎和肿大的肺门淋巴结称为原发综合征，随着特异性免疫的建立，原发感染大多可经纤维化和钙化而自愈。原发灶内仍有一定量的结核分枝杆菌长期潜伏，机体处于带菌状态，称为结核分枝杆菌携带者。一旦免疫力下降，则潜伏的结核分枝杆菌大量繁殖，结核复发，成为日后内源性感染的来源。

（2）继发感染：多发生于成年人，感染多由原发病灶中潜伏的结核分枝杆菌引起。在人体抵抗力下降时，残存的结核分枝杆菌再度大量繁殖而发病；也可由外界的结核分枝杆菌再次侵入而发病。继发感染时机体已建立了对结核分枝杆菌的特异性免疫应答的能力，因此病灶多局限，一般不累及邻近淋巴结，但易发生干酪样坏死和形成空洞，因此痰中可带大量的结核分枝杆菌，称为开放性肺结核。

2. 肺外感染　免疫力低下的患者中，结核分枝杆菌可经血液、淋巴液扩散侵入肺外组织器官，引起相应的脏器感染。常见于脑、肾、骨、关节、生殖系统等脏器。在极少数原发感染患儿或免疫力极度低下的个体（如艾滋患者）中，严重时可形成全身粟粒性结核或播散性结核。肺结核的患者也可因痰菌被咽入消化道引起肠结核、腹膜结核等。此外，结核分枝杆菌通过破损的皮肤伤口感染可导致皮肤结核。

三、免疫性与超敏反应

（一）免疫性

人类结核分枝杆菌的感染率很高，但发病率却较低，这表明人体感染结核分枝杆菌可获得一定的抗结核免疫力。抗结核免疫力的持久性，依赖于结核分枝杆菌在机体内的存活，一旦体内结核分枝杆菌消亡，抗结核免疫力也随之消失，这种免疫称为有菌免疫或传染性免疫。

抗结核免疫主要是细胞免疫，包括致敏的T淋巴细胞和被激活的巨噬细胞。致敏的T淋巴细胞可直接杀死带有结核分枝杆菌的靶细胞，同时可释放多种作用于巨噬细胞的淋巴因子，使巨噬细胞聚集在病灶周围形成以单核细胞为主的增生性炎症。被激活的巨噬细胞对结核分枝杆菌的吞噬消化、抑制繁殖、阻止扩散，甚至销毁的能力得到极大增强，充分发挥了细胞免疫的作用。

（二）免疫与超敏反应

随着机体对结核分枝杆菌产生保护作用的同时，也可以看到有迟发型超敏反应的产生，二者均为T细胞介导的结果。从郭霍现象可以看到，将结核分枝杆菌初次注入健康豚鼠皮下，10~14天后局部溃烂不愈，附近淋巴结肿大，细菌扩散至全身，表现为原发感染的特点。若以结核分枝杆菌对以前曾感染过结核的豚鼠进行再感染，则于1~2天内局部迅速产生溃烂，易愈合；附近淋巴结不肿大，细菌亦很少扩散，表现为原发后感染的特点。可见再感染时溃疡浅，易愈合，不扩散，表明机体已有一定免疫力。但再感染时溃疡发生快，说明在产生免疫的同时有超敏反应的参与。

近年来研究表明结核分枝杆菌诱导机体产生免疫和超敏反应的物质不同。超敏反应主要由结核菌素蛋白和蜡质D共同引起，而免疫则由结核分枝杆菌核糖体RNA引起。免疫和超敏反应是由不同抗原成分激活不同的T细胞亚群释放出不同的淋巴因子所致的不同结果。

（三）结核菌素试验

结核菌素试验是应用结核菌素进行皮肤试验来测定机体对结核分枝杆菌是否有细胞免疫及引起超敏反应的一种皮肤试验。

1. **结核菌素试剂** 一种是旧结核菌素（old tuberculin，OT），是将结核分枝杆菌接种于甘油肉汤培养基，培养4~8周后加热浓缩过滤制成。稀释2000倍，每0.1ml含5单位。另一种是纯蛋白衍化物（purified protein derivative，PPD）。PPD有两种：人结核分枝杆菌制成的PPD-C和卡介苗制成的BCG-PPD。每0.1ml含5单位。

2. **试验方法与意义** 常规试验分别取2种PPD 5个单位注射两前臂皮内，48~72h后红肿硬结≥5mm为阳性，≥15mm为强阳性，＜5mm为阴性，对临床诊断有意义。若PPD-C侧红肿大于BCG-PPD侧为感染。反之，BCG-PPD侧大于PPD-C侧，可能是卡介苗接种所致。

阴性反应表明未感染过结核分枝杆菌，但应考虑以下情况：①感染初期；②老年人；③严重结核病患者或正患有其他传染病，如麻疹导致的细胞免疫低下；④细胞免疫低下，如细胞免疫缺陷、艾滋病、应用免疫抑制剂者等。

四、微生物学检查

结核病的症状和体征往往不典型，虽可借助X线摄片诊断，但确诊仍有赖于细菌学检查。

（一）标本采集

标本的选择根据感染部位可取痰、支气管灌洗液、尿、粪、脑脊液、胸腔积液、腹水等。其他肺外感染可取血或相应部位分泌液或组织细胞。痰、尿和粪便等含杂菌多的标本需用酸碱处理，浓缩集菌后进行检测。

（二）直接涂片镜检

标本可以直接或集菌后涂片，抗酸染色后镜检。如查到抗酸染色阳性菌可以初步诊断。

（三）分离培养

将处理后的标本接种于固体培养基上，以蜡封口防止干燥。37℃培养4~6周后检查结果。根据菌落特点、染色抗酸性进行诊断。如菌落、菌体染色都不典型，则可能为非典型分枝杆菌，应进一步作鉴别。

（四）动物实验

将浓缩集菌处理的标本注射于豚鼠腹股沟皮下，经3~4周饲养观察，如出现局部淋巴结肿大、消瘦或结核菌素试验转阳，可及时剖检。若观察6~8周后，仍未见发病者，也要剖检。剖检时应注意观察淋巴结、肝、脾、肺等脏器有无结核病变。

（五）快速诊断

目前已将PCR扩增技术应用于结核分枝杆菌DNA鉴定，每毫升中只需含几个细菌即可获得阳性，且1~2天得出结果。

五、防治原则

（一）预防

控制结核病的主要方法有：①新生儿接种卡介苗；②发现和治疗痰菌阳性者。接种卡介苗后2~3个月应再做结核菌素试验，以确定免疫效果。

（二）治疗

结核病的治疗原则：早期发现、早期用药、联合用药、彻底治疗。利福平、异烟肼、乙胺丁醇、链霉素为一线药物。利福平与异烟肼合用可以减少耐药性的产生。对严重感染，可以吡嗪酰胺与利福平、异烟肼合用。

第二节　麻风分枝杆菌

麻风分枝杆菌（*M. leprae*），俗称麻风杆菌，引起麻风，是一种慢性传染病，流行广泛。目前全世界约有病例 1200 万，主要分布在亚、非和拉丁美洲。新中国成立前流行较严重，估计约有 50 万例患者。目前，发病率已大幅度下降。近三年病例已稳定在 2000 例左右。但治愈后有一定复发率（约 3.7%），应予重视。

一、生物学性状

麻风分枝杆菌的形态、染色与结核分枝杆菌相似。细长、略带弯曲，常呈束状排列。无荚膜和鞭毛，不形成芽胞。革兰和抗酸染色均为阳性。麻风分枝杆菌是一种典型胞内菌，患者渗出物标本涂片中可见大量麻风分枝杆菌存在于细胞内。这种细胞的胞浆呈泡沫状，称麻风细胞。这与结核分枝杆菌区别有重要意义。

麻风分枝杆菌在体外人工培养至今仍未成功。有人将麻风分枝杆菌注入小鼠足垫，并将小鼠足垫的温度降低，即可见麻风分枝杆菌繁殖并能传代。此法可供药物筛选和免疫及治疗研究之用。

二、致病性与免疫性

通过呼吸道、接触传播。人对麻风分枝杆菌的抵抗力较大，主要靠细胞免疫。根据机体的免疫状态、病理变化和临床表现可将大多数患者分为瘤型和结核样型两型。少数患者处于两型之间的界线类和未定类，该两类可向两型转化。

1. 瘤型　瘤型麻风患者有细胞免疫缺损，巨噬细胞功能低下，但体液免疫正常。该型麻风分枝杆菌主要侵犯皮肤、黏膜。鼻黏膜涂片中可见大量抗酸性细菌。此型传染性强，为开放性麻风。若不治疗，将逐渐恶化，累及神经系统。患者血清内的抗菌抗体和自身抗体形成的免疫复合物，沉淀在皮肤或黏膜下，形成红斑和结节，称为麻风结节，面部结节融合可呈狮面状。

2. 结核样型　该型患者的细胞免疫正常。病变早期在小血管周围可见淋巴细胞浸润，随病变发展有上皮样细胞和巨噬细胞浸润。细胞内很少见麻风分枝杆菌。此型传染性小，属闭锁性麻风。病变都发生于皮肤和周围神经，不侵犯内脏。该型稳定，极少演变为瘤型，故亦称良性麻风。

3. 界线类　兼有瘤型和结核样型的特点，但程度可以不同，能向两型分化。大多数患者麻风菌素试验阴性，但也有阳性。病变部位可找到含菌的麻风细胞。

4. 未定类　属麻风病的前期病变，病灶中很少能找到麻风分枝杆菌。麻风菌素试验大多阳性，大多数病例最后转变为结核样型。

三、微生物学检查

主要是标本涂片抗酸染色镜检。一般瘤型和界线类患者标本中可检到麻风分枝杆菌，有诊断意义。结核样型患者中很少找到细菌。欲提高检查的阳性率，也可以用金胺染色后以荧光显微镜检查。

因与结核菌有交叉反应，麻风菌素试验对诊断没有重要意义，但可用于麻风的分型和预后。

四、防治原则

麻风病目前尚无特异性预防方法。由于麻风分枝杆菌和结核分枝杆菌有共同抗原，曾试用卡介苗来预防麻风取得一定效果。早发现、早治疗、隔离治疗很重要。治疗药物主要有氨苯砜、利福平、氯法齐明等。目前多采用两三种药联合治疗，以防止耐药性产生。

第三节 放线菌属和诺卡菌属

放线菌（actinomyces）是介于真菌与细菌之间，但比较接近于细菌的一类原核细胞型微生物。放线菌有发育良好的菌丝，多数还产生孢子，在培养基上的生长状态像真菌。放线菌广泛分布于土壤、空气和水中。种类繁多，大多数不致病。对人致病的放线菌可分为不含分枝菌酸的放线菌属和含分枝菌酸的诺卡菌属。

一、放线菌属

（一）生物学性状

放线菌属（*Actinomyces*）为革兰染色阳性丝状菌。不形成孢子，无动力。菌丝直径 $0.5\sim0.8\,\mu m$，长 $0.4\,\mu m$ 至数微米。菌丝易断裂成链球或链杆状，有的像类白喉棒状杆菌。

在患者的病灶组织和脓汁中可找到肉眼可见的黄色小颗粒，称为硫黄颗粒，是放线菌在组织中形成的菌落。将硫黄颗粒制成压片或做组织切片，在显微镜下可见菊花状，中心部分交织成团的丝状物，或断裂成圆球形，革兰染色阳性；周围部分菌丝细长、放射状排列，末端膨大呈棒状，革兰染色阴性。

放线菌培养较困难，厌氧或微需氧。初分离时加入 $5\%CO_2$ 能促进生长。在血液琼脂平板上，37℃培养 4～6 天后，可形成灰白色或淡黄色的粗糙型小菌落，不溶血。在含糖的肉汤中生长可形成球形小集落。

（二）致病性与免疫性

衣氏放线菌可存在于正常人口腔、齿垢、齿龈、扁桃体与咽部，属正常菌群。机体抵抗力减弱、口腔卫生不良、拔牙或外伤时，可引起内源性感染。若放线菌直接由口腔黏膜创口侵入，感染多发生于颈面部。若通过吞咽或吸入，感染多发生于腹部或胸部。腹部感染也可因为腹壁外伤或阑尾穿孔引起，并可继发盆腔感染。外伤或昆虫叮咬可引起原发性皮肤放线菌病。放线菌病初为局部组织水肿，逐渐发展为中心坏死脓肿，周围组织增生、纤维化，形成许多瘘管。在脓肿的壁上和排出的脓液中可见硫黄颗粒。很少看到游离分散的放线菌。

放线菌病患者血清中可测到多种抗体。抗体对机体无保护作用，亦无诊断价值。机体对放线菌的免疫主要靠细胞免疫。

（三）微生物学检查

主要方法是在痰和脓汁中寻找硫黄颗粒。先用肉眼寻找，发现可疑颗粒制成压片，革兰染色，镜下检查是否有呈放射状排列的菌丝。必要时取检材做厌氧培养。放线菌生长缓慢，需于 37℃培养 1 周以上，再观察菌落或做涂片检查。亦可取活组织做切片检查。

(四)防治原则

注意口腔卫生,牙病早日治疗。脓肿和瘘管应进行外科清创处理,同时应用大剂量青霉素较长时间治疗。甲氧苄啶-磺胺甲基异噁唑(TMP-SMZ)有良效,亦可用克林霉素、红霉素或林可霉素等治疗。

二、诺卡菌属

诺卡菌属(*Nocardia*)是一群需氧性放线菌,广泛分布于土壤中。多数为腐物寄生性非病原菌。对人致病的主要有星形诺卡菌、豚鼠诺卡菌和巴西诺卡菌。在我国最常见的是星形诺卡菌。

(一)生物学性状

形态基本上与衣氏放线菌相似,但在分枝末端不膨大呈棍棒状。革兰染色阳性。部分诺卡菌抗酸染色也呈阳性反应,但如延长脱色时间则变为阴性,据此与典型的结核分枝杆菌相区别。

诺卡菌属与放线菌属不同,为专性需氧菌。营养要求不高,在普通培养基上于室温或37℃均可生长。但繁殖速度较慢,一般需1周以上始见菌落。菌落可呈干燥或蜡样,颜色有红、粉红、黄、白或紫色不等。诺卡菌在液体培养基中形成菌膜,浮于液面,液体澄清。

(二)致病性与免疫性

星形诺卡菌为外源性感染,多见于T细胞缺陷(如白血病或艾滋病患者)及器官移植后使用免疫抑制剂治疗的患者。主要引起原发性、化脓性肺部感染,出现类似肺结核的症状。从肺部病灶可转移至皮下组织,引起脓肿和多发性瘘管,也可扩散至其他脏器,引起腹膜炎、脑膜炎、脑脓肿等。

巴西诺卡菌可因外伤侵入皮下组织,形成结节、脓肿或慢性瘘管。从瘘管中可流出许多小颗粒,即诺卡菌的菌落。好发于足部和腿部,又称足菌肿。

(三)微生物学检查

无菌收集脓、痰、支气管灌洗液、脑脊液、活检组织等标本,涂片和压片检查,可见有革兰阳性和部分抗酸性分枝菌丝。若见散在的抗酸性杆菌,应与结核分枝杆菌相区别。可用沙保培养基或脑心浸液琼脂平板分离,用生化反应鉴定。诺卡菌入侵肺部后可变为L型,常需反复检查才能证实。

(四)防治原则

局部治疗主要为手术清创,切除坏死组织。各种感染应用磺胺药治疗,有时还可加用环丝氨酸。一般治疗时间不少于6周。

小结

结核分枝杆菌细长或略带弯曲,有时呈分枝状,主要通过呼吸道、消化道或皮肤黏膜损伤进入机体,引起肺或其他脏器病变,其中以肺结核占多数。可用卡介苗接种预防结核病。麻风分枝杆菌是麻风病的病原菌。人类是本菌的唯一自然宿主。密切接触可导致传染,鼻黏膜分泌物通过呼吸道传播也可能是一个重要途径。放线菌属是无芽胞、无运动性、非抗酸性、呈分枝状或棍棒状的革兰染色阳性杆菌,引起放线菌病。诺卡菌属是一群需氧性放线菌,广泛分布于土壤中,多数为腐物寄生性非病原菌。

思考题

1. 试述结核菌素试验的原理和结果分析。
2. 简述结核分枝杆菌的形态染色特征。
3. 试述结核分枝杆菌的致病物质及所致疾病。

(大庆医学高等专科学校 卢 杰)

第十九章 动物源性细菌

> **学习目标**
> 1. 熟悉布鲁菌的生物学性状、致病性及防治原则。
> 2. 了解鼠疫耶尔森菌、炭疽芽胞杆菌的生物学性状、致病性、微生物学检查。

动物疫源菌是指感染人类的病菌来自宿主动物,可通过接触媒介动物,也可经污染物(土壤、污水和食物等)而传播。动物疫源菌属人畜共患疾病的病原菌。

第一节 布鲁菌属

布鲁菌属(*Brucella*)细菌是一类人畜共患传染病的病原菌,有4个生物种、13个生物型,因最早由美国医师David Bruce首先分离出而得名。本属使人致病的有牛、羊、猪和犬布鲁杆菌,在我国流行占绝对优势的是羊布鲁菌病。

一、生物学性状

布鲁菌为革兰阴性小杆菌或短杆菌。无芽胞,无鞭毛,光滑型菌有微荚膜。革兰染色阴性。布鲁菌为需氧菌,牛布鲁菌在初分离时需$5\%\sim10\%CO_2$。布鲁菌对营养要求较高,在普通培养基上生长缓慢。布鲁菌在血液琼脂平板上不溶血,在液体培养基中可形成轻度混浊并有沉淀。大多能分解尿素和产生H_2S。布鲁菌含有两种抗原物质,即A抗原和M抗原。抵抗力较强,在土壤、毛皮、病畜的脏器和分泌物、肉和乳制品中可生存数周至数月。但在湿热60℃、日光直接照射下20 min可死亡;对常用消毒剂均较敏感,如3%来苏儿作用数分钟可杀死。对常用的广谱抗生素也较敏感。

二、致病性与免疫性

布鲁菌的主要致病物质是内毒素。荚膜与侵袭酶(透明质酸酶、过氧化氢酶等)增强了该菌的侵袭力,使细菌能通过完整皮肤、黏膜进入宿主体内,并在机体脏器内大量繁殖和快速扩散入血。

人类对布鲁菌易感,主要通过接触病畜及其分泌物或接触被污染的畜产品,经皮肤、黏膜、眼结膜、消化道、呼吸道等不同途径感染。布鲁菌侵入机体被中性粒细胞和巨噬细胞吞噬,成为胞内寄生菌,经淋巴管到达局部淋巴结生长繁殖。当细菌繁殖达到一定数量侵入血流,出现菌血症。由于内毒素的作用致患者发热,随后细菌进入肝、脾、骨髓和淋巴结等脏器,发热也渐消退。细菌在细胞内繁殖到一定程度可再度入血,又出现菌血症而致体温升高。如此反复形成的菌血症,使患者的热型呈波浪式,临床上称为波状热。感染易转为慢性,在全身各处引起迁徙性病变,伴发热、关节痛和全身乏力等症状,体征有肝脾肿大。

机体感染布鲁菌后可产生免疫力,且各菌种和生物型之间有交叉免疫。一般认为此免疫力是有菌免疫，即当机体内有布鲁菌存在时，对再次感染则有较强免疫力。但近来认为随着病程的延续，机体免疫力不断增强，病菌不断被消灭，最终可变为无菌免疫。

三、微生物学检查

（一）细菌学检测

最常用的标本是血液，急性期血培养阳性率高达70%。骨髓检测在急性期、亚急性期均可阳性。将标本接种于双相肝浸液培养基（液相为肝浸液的琼脂斜面）置37℃、5%~10% CO_2 孵箱中培养。菌落大多在4~7天形成，若30天时仍无菌生长可报告为阴性。若有菌生长，可进一步鉴定型别。

抗体自病后1周出现，可用凝集试验、抗球蛋白试验（Coomb试验）、补体结合试验等血清学方法检测。

（二）皮肤试验

取布鲁菌素或布鲁菌蛋白提取物0.1 ml做皮内注射，24~48 h后观察结果。局部红肿浸润直径1~2 cm者为弱阳性，大于2 cm为阳性。若红肿在4~6 h内消退者为假阳性。

四、防治原则

控制和消灭家畜布鲁菌病、切断传播途径和免疫接种是三项主要的预防措施。急性患者用抗生素治疗，慢性者除继续用抗生素治疗外，应采用综合疗法以增强机体免疫力，也可用特异性疫苗进行脱敏治疗。

第二节　耶尔森菌属

耶尔森菌属（Yersinia）是一类革兰阴性小杆菌，属于肠杆菌科。本属细菌包括11个菌种，动物是其主要自然宿主。对人有致病作用的包括鼠疫耶尔森菌、小肠结肠炎耶尔森菌和假结核耶尔森菌。

一、鼠疫耶尔森菌

鼠疫耶尔森菌俗称鼠疫杆菌，是鼠疫的病原菌。鼠疫是一种人兽共患的自然疫源性烈性传染病，人类鼠疫多为带菌鼠蚤叮咬而感染，是我国法定的甲类传染病。

（一）生物学性状

1. **形态与染色**　为革兰染色阴性短粗杆菌，菌体两端钝圆且浓染。一般分散存在，偶尔成双或呈短链排列。无鞭毛，不形成芽胞。在陈旧培养物或在含3% NaCl的高盐培养基中，菌体呈明显多形性，有球形、杆形、哑铃形等。

2. **培养特性**　兼性厌氧，最适宜生长温度27~30℃，最适宜pH为6.9~7.1。在含血液或组织液的营养培养基中，经24~48 h形成可见菌落。菌落细小、圆形、无色半透明，中央厚而致密，边缘薄而不规则。有毒菌株形成灰白色、黏液性菌落。在肉汤培养基中沉淀生长和形成菌膜，液体一般不混浊，稍加摇动，菌膜呈钟乳石状下沉，此特征有一定鉴别意义。

3. **抵抗力**　鼠疫耶尔森菌对理化因素抵抗力较弱，70~80℃湿热10 min或100℃加热1 min死亡。在干燥的痰、蚤粪、土壤中能存活数周。

（二）致病性

鼠疫是自然疫源性传染病，鼠疫耶尔森菌主要寄生于啮齿类动物，传播媒介以鼠蚤为主。临床上常见的有三种类型：

1. 腺鼠疫　最常见，多发生于流行初期。可引起出血坏死性淋巴结炎，多见于腹股沟淋巴结。
2. 肺鼠疫　由于吸入病原菌造成肺部感染（原发型），或由腺鼠疫、败血症型鼠疫继发而致。患者高热、咳嗽，痰中带血及大量病菌，可在2～4天内死于休克、心力衰竭等。
3. 败血症型鼠疫　可原发或继发。此型病情凶险，发病初期体温高达39～40℃，皮肤黏膜出现出血点与广泛瘀斑，死者皮肤常呈黑紫色，故有"黑死病"之称。若抢救不及时，可在数小时至2～3天发生休克而死亡。

（三）微生物学检查

鼠疫耶尔森菌的检验必须严格执行烈性菌管理规定，注意防止实验室感染。动物实验应有防护设备，实验耗材应及时灭菌处理。

取检材涂片，用甲醇或乙醇乙醚混合液固定5～10 min，然后进行革兰或亚甲蓝染色，镜检观察鼠疫耶尔森菌的形态特征。

将检材接种血液琼脂平板上，27～30℃孵育24 h后观察菌落特征，必要时，做噬菌体裂解、凝集或沉淀试验等进一步鉴定。确诊第一例鼠疫报告时，须做豚鼠皮下或擦皮接种试验。

（四）防治原则

灭鼠、灭蚤是消灭鼠疫疫源、切断传播途径的根本措施。鼠疫耶尔森菌感染应早期足量使用抗菌药物治疗，氨基糖苷类抗生素及磺胺类药物均有效。

二、小肠结肠炎耶尔森菌

小肠结肠炎耶尔森菌（Y. enterocolitica）是1949年Hassig等从败血症患者中分离出来的，是人类小肠结肠炎、败血症等疾病的病原菌。

小肠结肠炎耶尔森菌为革兰阴性小杆菌，有毒株多呈球杆状。无荚膜，无芽胞。对营养要求不高，在普通培养基上能够生长。

致病物质包括侵袭力、肠毒素、O抗原。根据病变部位及发病机制不同，临床类型有：①胃肠炎型（或小肠结肠炎型），②回肠末端炎、阑尾炎和肠系膜淋巴结炎型，③结节性红斑关节炎型，④败血症型。

微生物学检查根据临床病例采取粪便、血液、可疑食物等相应标本进行。治疗可选用卡那霉素、庆大霉素和磺胺类药物。

第三节　炭疽芽胞杆菌

炭疽芽胞杆菌（B. anthracis）是动物和人类炭疽病的病原菌，是人类历史上第一个被发现的病原菌，俗称炭疽杆菌。

一、生物学性状

（一）形态与染色

炭疽芽胞杆菌是致病菌中最大的革兰阳性粗大杆菌，两端截平，无鞭毛。取自患者或病畜新鲜标本直接涂片时，常单个或呈短链，经培养后则形成长链，呈竹节样排列。芽胞在有氧条件下形成，呈椭圆形，位于菌体中央。有毒菌株在人和动物体内或含血清的培养基中可形成荚膜。

（二）培养特性与生化反应

炭疽芽胞杆菌为需氧菌，在普通琼脂培养基上形成灰白色粗糙型菌落，边缘不整齐，在低倍镜下观察边缘呈卷发状。在血液琼脂平板上不溶血。在明胶培养基中经37℃培养24 h可使表面液化呈漏斗状，由于细菌沿穿刺线向四周扩散成倒松树状。有毒菌株在含碳酸氢钠的血液琼脂平板上，置5%CO_2孵箱37℃孵育24～48 h可产生荚膜，变为黏液性菌落，用接种针挑取时可见拉丝状。而无毒株仍形成粗糙型菌落。

（三）抗原结构

炭疽芽胞杆菌的抗原有三种：荚膜抗原、菌体抗原、保护性抗原。

（四）抵抗力

炭疽芽胞杆菌繁殖体的抵抗力与一般无芽胞的细菌相似，但其芽胞对外界因素的抵抗力很强。在室温干燥环境中能存活二十余年，在皮革中能存活数年。对青霉素、先锋霉素、链霉素、卡那霉素和多西环素高度敏感。

二、致病性与免疫性

（一）致病物质

荚膜和毒素是炭疽芽胞杆菌致病的两个主要因素。荚膜具抗吞噬作用，利于炭疽芽胞杆菌在机体内生存、繁殖和扩散。炭疽毒素主要是损害微血管的内皮细胞，增强血管壁的通透性，使有效血容量不足，致微循环灌注量减少，血液呈高黏滞状态，易发生DIC和感染性休克而导致死亡。

（二）所致疾病

炭疽芽胞杆菌可经皮肤、呼吸道和胃肠道侵入机体引起炭疽病。临床类型有三种：皮肤炭疽、肺炭疽和肠炭疽。

（三）免疫性

病后可获得持久免疫力，再次感染者甚少。主要是由于产生特异性抗体和吞噬细胞作用加强。

三、微生物学检查

（一）标本

根据炭疽的不同类型分别采取渗出液、脓液、痰、粪便及血液送检。炭疽动物尸体严禁剖检，必要时可割取耳朵或舌尖组织送检。

（二）直接镜检

将标本直接涂片、干燥、固定后，再用1∶1000升汞固定5 min以杀死芽胞，革兰染色、镜检，若发现有荚膜的典型竹节状革兰阳性粗大杆菌，结合临床症状即可初步诊断。

（三）分离培养与鉴定

将标本接种于普通琼脂平板、血液琼脂平板和碳酸氢钠平板上，37℃培养24 h后，根据炭疽杆菌菌落特征，挑取可疑菌落进一步做青霉素串珠试验及动物试验等进行鉴定。

四、防治原则

预防炭疽病的根本措施是加强病畜的管制。病畜的尸体必须焚毁或深埋于 2 米以下。青霉素是治疗炭疽的首选药物，应早期应用，也可采用其他抗生素、磺胺类药物及抗炭疽血清的综合疗法。

小结

布鲁菌是一类革兰染色阴性短小杆菌，可引起布鲁菌病，属自然疫源性疾病，引起动物流产、人的"波状热"。鼠疫耶尔森菌为革兰阴性短粗杆菌，是鼠疫的病原菌。临床常见腺型、败血症型、肺型。传染性强，病死率高，易酿成大流行。炭疽芽胞杆菌为革兰阳性大杆菌，两端平切呈竹节状排列，有氧时形成芽胞；能引起羊、牛、马等动物及人类的炭疽病。

思考题

1. 主要的动物源性细菌有哪些？各引起哪些人畜共患病？
2. 简述炭疽芽胞杆菌的防治原则。

（大庆医学高等专科学校　卢　杰）

第二十章 其他致病菌

> **学习目标**
> 1. 熟悉白喉棒状杆菌的生物学性状、致病性及防治原则。
> 2. 了解百日咳杆菌、流感嗜血杆菌、铜绿假单胞菌的生物学性状、致病性、微生物学检查。

第一节 白喉棒状杆菌

一、生物学性状

(一)形态与染色

菌体为细长弯曲的棒状杆菌。革兰染色阳性,菌体粗细不一,常一端或两端膨大呈棒状,故有此名。排列不规则,呈栅栏状,无荚膜,无鞭毛,不产生芽胞。用亚甲蓝染色后,菌体两端或一端可见着色较深的异染颗粒,有鉴定意义。

(二)培养特性

白喉棒状杆菌需氧或兼性厌氧。对营养要求较高,在含有血清的吕氏培养基上生长迅速,12~18 h 即形成细小、灰白色、湿润、圆形突起的菌落。涂片染色,菌体形态典型,异染颗粒明显。白喉棒状杆菌分为三种类型:重型、轻型和中间型。

(三)抵抗力

白喉棒状杆菌对干燥、寒冷和日光的抵抗力较其他无芽胞细菌强。但对湿热的抵抗力不强,100℃加热 1 min 或 58℃加热 10 min 即可将其杀死。对青霉素及多数广谱抗生素敏感,但对磺胺不敏感。

二、致病性与免疫性

(一)致病物质

包括白喉毒素、索状因子和 K 抗原三种致病物质。

(二)所致疾病

白喉棒状杆菌的主要致病物质是白喉毒素。白喉棒状杆菌存在于患者或带菌者鼻咽腔内,经飞沫或污染物品传播,引起白喉。白喉棒状杆菌最常侵犯的部位是咽喉和气管黏膜。形成灰白色膜状物,即假膜。咽、喉、气管黏膜水肿及假膜脱落,可引起呼吸道阻塞,甚至窒息死亡。

(三)免疫性

白喉的免疫主要依靠抗毒素。白喉病后、隐性感染及预防接种均可获得免疫力。

三、微生物学检查

（一）直接镜检

将棉拭子标本直接涂片，进行亚甲蓝、革兰或奈瑟染色法染色后镜检。如有典型形态的白喉棒状杆菌，结合临床症状可作初步诊断。

（二）分离培养

将标本接种于吕氏血清斜面上，培养至 18 h 即可见灰白色小菌落，再涂片染色镜检。必要时用生化反应和毒力试验进一步鉴定。

四、防治原则

1. **人工自动免疫** 目前我国应用白喉类毒素、百日咳菌苗、破伤风类毒素的混合制剂（DPT 混合疫苗）进行人工自动免疫，效果良好。

2. **人工被动免疫** 白喉患者及与白喉患者密切接触的易感儿童需肌内注射 1000～2000 单位白喉抗毒素进行紧急预防。对白喉患者的治疗要早期、足量注射白喉抗毒素。注射前做皮肤试验，阳性者应采取脱敏注射。

3. **抗菌治疗** 应用青霉素、红霉素，不仅能抑制白喉杆菌，还能抑制混合感染的细菌生长，预防继发感染及恢复期带菌者的出现。

第二节　百日咳鲍特菌

百日咳鲍特菌简称百日咳杆菌（*Bordetella pertussis*）是人类百日咳的病原菌。

一、生物学性状

百日咳杆菌为卵圆形短小杆菌，无鞭毛、芽胞。革兰染色阴性。用甲苯胺蓝染色可见两极异染颗粒。

百日咳杆菌专性需氧，初次分离培养时营养要求较高，需用马铃薯血液甘油琼脂培养基才能生长。经 37℃ 培养 2～3 天后，可见细小、圆形、光滑、凸起、银灰色、不透明的菌落，周围有模糊的溶血环。液体培养呈均匀混浊生长，并有少量黏性沉淀。

百日咳杆菌含有耐热的菌体（O）抗原和不耐热的荚膜（K）抗原。前者为鲍特菌属共同抗原，后者仅存于百日咳杆菌。本菌常发生光滑型到粗糙型的相变异：Ⅰ相为光滑型，菌落光滑，有荚膜，毒力强；Ⅳ相为粗糙型，菌落粗糙，无荚膜，无毒力；Ⅱ、Ⅲ相为过渡相。

本菌抵抗力弱。56℃ 加热 30 min、日光照射 1 h 可致死亡。对多黏菌素、氯霉素、红霉素、氨苄西林等敏感，对青霉素不敏感。

二、致病性与免疫性

与致病性有关的物质除荚膜、脂多糖外，尚有多种生物学活性物质。百日咳外毒素是主要的致病因子，能诱发机体的持久免疫力，并有多种生物活性。百日咳杆菌经飞沫传播，引起人类百日咳。发病早期（卡他期）仅有轻度咳嗽。细菌此时在气管和支气管黏膜上大量繁殖并随飞沫排出，传染性最强。1～2 周后出现阵发性痉挛性咳嗽（痉挛期），这时细菌释放毒素，导致黏膜上皮细胞纤毛运动失调，大量黏稠分泌物不能排出，刺激感觉神经末梢产生强烈痉咳，呈现出特殊的高音调鸡鸣样吼声。本病病程较长，故名百日咳。

感染百日咳后可出现多种特异性抗体，免疫力较为持久。黏膜局部的 sIgA 具有阻止细菌黏附气管黏膜上皮细胞的作用。

三、微生物学检查

标本采用鼻咽拭子或咳皿法，在马铃薯血液甘油琼脂培养基上孵育，根据菌落形态，涂片染色镜检作出初步诊断。确诊可用分离菌与 I 相免疫血清做玻片凝集试验或免疫荧光检测。

四、防治原则

预防以自动免疫为主，在我国常用白百破三联疫苗，接种对象为一岁以下幼儿。治疗可用红霉素、氨苄西林等。

第三节　流感嗜血杆菌

流感嗜血杆菌俗称流感杆菌，它是流行性感冒（流感）时继发感染的常见细菌。

一、生物学性状

流感嗜血杆菌为革兰阴性短小杆菌。长期人工培养物中呈明显多形性。无鞭毛，不形成芽胞。多数菌株有菌毛。有毒菌株有明显荚膜，但在陈旧培养物中往往丧失荚膜。

需氧或兼性厌氧，生长需要 X 因子和 V 因子。X 因子是细菌合成过氧化氢酶、过氧化物酶、细胞色素氧化酶等呼吸酶的辅基。V 因子是 NAD 和 NADP，在细菌呼吸中起递氢体作用。新鲜血液中 V 因子常处于被抑制状态，可经 80~90℃加热 10 min，破坏红细胞膜上不耐热的抑制物，将 V 因子释放出来。故流感嗜血杆菌在巧克力血琼脂平板上生长良好。培养 24 h，可形成无色透明、露滴状小菌落，48 h 后菌落增大，呈灰白色、光滑型，无溶血。如将流感嗜血杆菌与金黄色葡萄球菌共同培养于血液琼脂平板，由于金黄色葡萄球菌能合成较多的 V 因子，可促进流感嗜血杆菌生长，因此，在金黄色葡萄球菌菌落附近的流感嗜血杆菌菌落较大，随距离加大，菌落逐渐变小，此现象称为"卫星现象"，有助于流感嗜血杆菌的鉴定。

根据荚膜多糖抗原，将流感嗜血杆菌分为 a~f 共 6 个血清型，其中 b 型致病力最强。肺炎链球菌荚膜多糖与本菌有部分共同成分，两者之间有交叉反应。

流感嗜血杆菌抵抗力较弱，对热、干燥、常用消毒剂敏感，56℃加热 30 min 可被杀死。在干燥痰中 48 h 内死亡。

二、致病性与免疫性

流感嗜血杆菌的致病物质为菌毛、荚膜、IgA 蛋白酶、内毒素，可引起原发性感染和继发性感染：①原发性感染，多由 b 型菌株引起，表现为急性化脓性感染，以小儿多见。其中急性咽喉会厌炎是一种进行性咽喉和会厌的蜂窝织炎，常因气道阻塞而有生命危险；②继发性感染（内源性感染），常继发于流感、麻疹、百日咳、结核病等，多由呼吸道寄居无荚膜菌株引起，表现为慢性支气管炎、鼻窦炎、中耳炎等，以成人多见。

流感嗜血杆菌为胞外菌，体液免疫在抗感染中发挥重要作用。

三、微生物学检查

根据临床病型采取相应标本，直接涂片镜检，对脑膜炎、关节炎、下呼吸道感染有快速诊断价值。乳胶凝集试验、免疫荧光及荚膜肿胀试验检测荚膜抗原，有助于脑膜炎的快速诊断。血液等标本可接种于巧克力色琼脂，根据培养特性、菌落形态、卫星现象、生化反应、荚膜肿胀试验等进行鉴定。

四、防治原则

b 型流感嗜血杆菌荚膜多糖疫苗对 18 个月以上儿童免疫效果较好。纯化多糖与蛋白质载体偶联制备的疫苗可对 6 周龄婴儿进行预防接种，能有效降低儿童化脓性脑膜炎发病率。治疗可用磺胺类药物、氨苄西林、氯霉素等。

第四节　铜绿假单胞菌

铜绿假单胞菌俗称绿脓杆菌，广泛分布于自然界以及医院内的潮湿环境，免疫力低下者及住院患者检出率高，本菌为条件致病菌。由于产生水溶性色素，感染时脓汁呈绿色，故有此名。

一、生物学性状

铜绿假单胞菌为直或稍弯、两端钝圆的杆菌，有 1～3 根单端鞭毛，运动活泼。临床分离的菌株常有菌毛和微荚膜，不形成芽胞。革兰染色阴性。

铜绿假单胞菌为专性需氧菌，在普通培养基上生长良好，菌落大小不一、扁平，边缘不整齐，且常呈相互融合状态。其色素使培养基被染成蓝绿色或黄绿色。在血液琼脂平板上菌落较大，有金属光泽和生姜气味，菌落周围形成透明溶血环。铜绿假单胞菌可产生多种水溶性色素，可用于本菌的鉴别和分型。

该菌抵抗力较强，在潮湿环境中能较长期存活，56℃加热 1 h 可被杀死。

二、致病性与免疫性

铜绿假单胞菌的致病性与多种因素有关：菌毛、鞭毛、微荚膜，还有内毒素、外毒素 A、胞外酶 S、蛋白分解酶、细胞溶解毒素等。铜绿假单胞菌为条件致病菌，是医院内感染的主要细菌之一。当机体局部或全身免疫功能下降时，以及在医院接受某些诊疗过程中引起感染。感染部位可波及任何组织。

患者感染后可产生特异性抗体，有一定的抗感染作用。

三、微生物学检查

可采取脓汁、创面渗出液、痰、尿、血液等标本，或在可疑物品器械上取材，接种于血液琼脂培养基上分离培养细菌。根据菌落特点、色素、生化反应等进行鉴定。

四、防治原则

在提高机体免疫力的同时，预防医院内感染是十分重要的。应加强一些特殊病房及检查室、诊疗器械的消毒管理，同时要避免医务人员与患者之间的交叉感染。因该菌对一些抗生素有抵抗，应合理选择有效抗生素。

第五节　嗜肺军团菌

军团菌于 1984 年被正式定为军团菌科、军团菌属，包括 39 个菌种和 61 个血清型，是自然界普遍存在的一群细菌。嗜肺军团菌是本属细菌中的主要致病菌。

一、生物学性状

嗜肺军团菌为杆状，有时呈多形态。革兰染色微弱阴性。通常用吉曼尼兹染色法或镀银染色法染色。无芽胞、无荚膜，但有菌毛和一至数根鞭毛，能运动。

该菌对营养要求特殊，常接种于复合培养基中，生长环境中必须含半胱氨酸和铁。需氧，$2.5\% \sim 5\%$ CO_2 能促进生长。生长缓慢，3 天后才可见圆形菌落，直径 $1 \sim 2\,mm$，灰白色、有光泽、湿润、半透明，有特殊臭味。

军团菌在自然界中抵抗力很强，自来水中可生存一年左右。对酸有抵抗力，对 pH2 的盐酸可耐受 30 min。

二、致病性

嗜肺军团菌有微荚膜和菌毛等结构，能抵抗宿主吞噬细胞内杀菌物质的作用，并在其中生长繁殖，产生多种酶、外毒素及内毒素样物质。军团菌病临床表现有肺炎型和流感样型。

三、微生物学检查

标本为痰、胸腔积液、血液或肺活检组织。可用镀银法染色直接镜检，亦可用特异性荧光抗体染色后镜检带有荧光的菌体。可用特异性核酸探针和 PCR 方法进行诊断。

四、防治原则

至今尚无嗜肺军团菌疫苗可用于特异性预防。治疗军团菌病可首选红霉素，必要时可联合使用利福平或其他药物。

　　白喉杆菌为革兰阳性细长棒状杆菌，有异染颗粒；经呼吸道传播，引起小儿白喉。百日咳杆菌为卵圆形短小杆菌，用甲苯胺蓝染色可见两极异染颗粒；经呼吸道感染，引起人类百日咳。流感嗜血杆菌，为革兰阴性短小球杆菌，对营养要求高，需提供 X、V 因子；是流感时继发感染的常见细菌。铜绿假单胞菌为革兰阴性小杆菌，能产生水溶性色素，是一种致病力较弱但抗药性强的条件致病菌，能引起化脓性病变，是伤口感染较常见的一种细菌。嗜肺军团菌是一种有鞭毛、革兰染色阴性、多形态的短小球杆菌，经呼吸道传播，引起肺炎型及流感样型军团菌病。

思考题

1. 简述白喉棒状杆菌的形态染色特征及防治原则。
2. 简述百日咳杆菌的致病机制及所致疾病。
3. 简述铜绿假单胞菌的致病性。

(大庆医学高等专科学校 卢 杰)

第二十一章 其他原核细胞型微生物
（支原体、立克次体、衣原体、螺旋体）

> **学习目标**
> 1. 掌握支原体、立克次体、衣原体、螺旋体的主要生物学性状。
> 2. 熟悉支原体、立克次体、衣原体、螺旋体的致病物质及所致疾病。
> 3. 了解支原体、立克次体、衣原体、螺旋体的微生物学检查方法及防治原则。

第一节 支原体

支原体（mycoplasma）是一类无细胞壁，可通过除菌滤器，能在无生命培养基中生长繁殖的最小的原核细胞型微生物。支原体在自然界分布广泛，种类多，其中致病性支原体主要有肺炎支原体、人型支原体、生殖支原体、穿透支原体及解脲脲原体等。

一、生物学性状

（一）形态与结构

支原体大小为 0.2~0.3μm，因缺乏细胞壁而呈高度多形性，有球形、杆状、丝状和分枝状等多种形态。革兰染色阴性，但不易着色。吉姆萨染色呈淡紫色。支原体细胞膜分三层，内外层为蛋白质和糖类，中层为脂质，其中胆固醇含量较多。

（二）培养特性

支原体兼性厌氧，大多数支原体适宜 pH 为 7.6~8.0，营养要求较高，培养基中须添加 10%~20% 人或动物血清等才能生长。支原体以二分裂繁殖为主，生长较慢，经 37℃ 培养 2~7 天后，形成"荷包蛋"状菌落。

（三）生化反应

根据支原体分解葡萄糖、精氨酸及尿素的能力，可对支原体进行鉴别。如肺炎支原体、生殖支原体、穿透支原体能分解葡萄糖，人型支原体、穿透支原体能分解精氨酸，解脲脲原体能分解尿素。

（四）抗原构造

支原体抗原主要由细胞膜上的蛋白质和糖脂组成。各种支原体均有型特异性抗原，很少有交叉反应。

（五）抵抗力

支原体对理化因素较敏感，易被消毒剂灭活。对干扰细胞壁合成的抗生素如青霉素、头孢菌素等不敏感，对干扰蛋白质合成的抗生素如红霉素、四环素等敏感。

（六）与 L 型细菌的区别

支原体和 L 型细菌生物学性状和致病性等方面有某些共同特点，如无细胞壁，呈多形性,对渗透压敏感,形成"荷包蛋"状菌落,引起泌尿生殖道炎症等。但L型细菌在去除抗生素等诱因后,易返祖为原菌,支原体则在遗传上与细菌无关;支原体细胞膜中含高浓度的胆固醇,L型细菌则不含胆固醇。

二、主要病原性支原体

(一) 肺炎支原体

肺炎支原体是主要引起支原体肺炎的病原体,也可引起上呼吸道感染和慢性支气管炎等。支原体肺炎主要通过飞沫经呼吸道传播,临床症状为头痛、发热、咳嗽等,其病理变化以间质性肺炎为主,X线检查肺部有明显浸润。偶有严重者,表现为顽固性咳嗽、胸痛、淋巴结肿大等,可伴有心血管、神经系统症状等。

(二) 解脲脲原体

解脲脲原体主要经性接触传播,引起非淋球菌性尿道炎、前列腺炎、盆腔炎、阴道炎、输卵管炎等。亦可通过胎盘感染胎儿,引起早产、死胎,或分娩时经产道引起新生儿呼吸道感染。解脲脲原体感染还可引起不孕症。

(三) 其他致病性支原体

1. 人型支原体　主要通过性接触传播,引起宫颈炎、输卵管炎、盆腔炎、附睾炎等。
2. 生殖支原体　生殖支原体通过性接触传播,主要引起尿道炎。
3. 穿透支原体　穿透支原体通过顶端结构黏附和穿入细胞。感染后即可进入人的红细胞、单核-巨噬细胞和 $CD4^+T$ 细胞以及人尿道上皮细胞,并在其中大量繁殖,使宿主细胞受损并死亡。穿透支原体可能是艾滋病发病的一个辅助因素。

三、微生物学检查

(一) 分离培养

取患者痰液或咽拭子进行分离培养,根据菌落特点、生化反应、生长抑制试验、代谢抑制试验等可对肺炎支原体作出鉴定。解脲脲原体感染可取患者中段尿、宫颈分泌物、前列腺液等接种于尿素培养基中,若分解尿素,再取培养物转种固体培养基上,根据菌落特点,再做血清学试验鉴定。

(二) 血清学试验

1. 生长抑制试验　将支原体培养液涂布于专用固体平板上,待稍干后,再贴上浸有特异性支原体抗体的滤纸片,37℃孵育,平板上出现抑制生长环者为阳性。
2. 代谢抑制试验　解脲脲原体能分解尿素,当加入特异性抗血清后,可抑制相对应支原体生长,使其不能分解尿素,培养基中指示剂酚红不变色。

(三) PCR技术

用PCR技术可检测患者痰液标本中肺炎支原体的DNA,亦可检测泌尿生殖道标本中解脲脲原体的脲酶基因。

四、防治原则

目前,尚无预防支原体感染的有效疫苗。加强宣传教育,注意性卫生,切断传播途径是预防解脲脲原体感染的重要措施。对于感染者,宜使用大环内酯类、四环素类、喹诺酮类等尽早彻底治疗。

第二节 立克次体

立克次体（rickettsia）是一类以节肢动物为传播媒介，严格细胞内寄生的原核细胞型微生物，是引起斑疹伤寒、恙虫病等的病原体。1909年，美国病理学家立克次首先发现立克次体，在研究斑疹伤寒时不幸感染而为医学科学献身，为纪念立克次而将此类微生物命名为立克次体。

常见立克次体所致疾病和流行环节见表21-1。

表21-1 常见立克次体所致疾病和流行环节

属	群	种	所致疾病	传播媒介	储存宿主
立克次体属	斑疹伤寒群	普氏立克次体	流行性斑疹伤寒	人虱	人
		莫氏立克次体	地方性斑疹伤寒	鼠蚤	鼠
	斑点热群	立氏立克次体	洛杉矶斑点热	蜱	狗和野鼠等
东方体属	恙虫病群	恙虫病立克次体	恙虫病	恙螨	野鼠等
埃立克体属		查菲埃克体	人单核细胞埃立克体病、猫抓病	蜱	啮齿类

一、生物学性状

（一）形态与结构

立克次体大小介于细菌与病毒之间，呈多形态性，以球形或杆状多见。革兰染色阴性，但不易着色，用吉姆萨染色呈紫蓝色。立克次体结构与革兰阴性菌相似，其细胞壁最外层是由多糖组成的微荚膜样黏液层，具有黏附宿主细胞和抗吞噬作用，与致病性有关。

（二）培养特性

立克次体须在专性活细胞内寄生，以二分裂方式繁殖，繁殖速度较慢，繁殖一代需要9～12h。常用细胞培养、鸡胚卵黄囊接种及动物接种技术分离培养立克次体。

（三）抗原构造

立克次体有群特异性抗原（脂多糖）和种特异性抗原（外膜蛋白）两种。其脂多糖与普通变形杆菌X19、X2、XK菌株有共同抗原，因此用变形杆菌的O抗原（OX19、OX2、OXK）代替立克次体抗原进行交叉凝集反应（表21-2），以检测患者血清中立克次体的抗体，此试验称外斐反应。

表21-2 常见立克次体与变形杆菌菌体抗原交叉反应

立克次体种名	变形杆菌菌株		
	OX19	OX2	OXK
普氏立克次体	+++	+	-
莫氏立克次体	+++	+	-
恙虫病立克次体	-	-	+++

（四）抵抗力

立克次体抵抗力均较弱，56℃、0.5％石炭酸和75％乙醇数分钟可被灭活，在节肢动物粪便中可存活一年以上。对四环素、氯霉素等抗生素敏感，磺胺类药物则可刺激其生长繁殖。

二、致病性与免疫性

（一）致病物质

致病物质主要有脂多糖和磷脂酶A。脂多糖具有与细菌内毒素相同的毒性，磷脂酶A可破坏红细胞膜而导致溶血，并能促使立克次体从细胞内的吞噬体中释放到细胞质中繁殖。

（二）致病机制

立克次体侵入人体后，先在局部小血管内皮细胞中繁殖，进入血液引起第一次菌血症，再经血流扩散至全身器官的小血管内皮细胞中繁殖后，大量立克次体释放入血流，引起第二次菌血症，导致脏器功能紊乱和皮疹。晚期机体出现免疫病理损害。

（三）所致疾病

1. 流行性斑疹伤寒　由普氏立克次体引起，传播媒介是人虱。患者既是储存宿主，又是唯一的传染源。临床表现为高热、头痛、皮疹，可伴有神经系统、心血管系统的损伤。

2. 地方性斑疹伤寒　由莫氏立克次体引起，主要储存宿主是鼠，传播媒介是鼠蚤和鼠虱，经鼠蚤叮咬传染人。发病缓慢，主要症状为发热和皮疹，皮疹持续时间短，很少累及神经系统和心血管系统。

3. 恙虫病　由恙虫病立克次体引起，恙螨是储存宿主和传播媒介。人被恙螨幼虫叮咬后可引起感染，临床表现为突然高热和剧烈头痛，可出现耳聋，被叮咬处出现红斑样皮疹，形成水疱，破裂后发生溃疡，周围红润，上覆黑色痂皮，称为焦痂，此为恙虫病特征之一。

4. Q热　由贝纳柯克斯体（亦称Q热柯克斯体）引起，传播媒介是蜱，感染动物的尿及粪便污染环境，经呼吸道或消化道感染人体而引起Q热。临床表现为高热、寒战，常伴剧烈头痛、肌痛和食欲减退，有的患者合并心包炎、心内膜炎及精神和神经系统症状。

（四）免疫性

病后多数患者可获得牢固的免疫力，以细胞免疫为主，体液免疫为辅。

三、微生物学检查

（一）标本采集

采集患者血液进行分离培养和血清学试验。做病原体分离的标本应在发病急性期应用抗菌药物之前采集，血清学试验时应在急性期和恢复期采集双份血清标本。

（二）分离培养

将待检标本接种至易感动物腹腔（恙虫病立克次体用小鼠，其他用雄性豚鼠）培养。若接种后动物体温>40℃，表示可能发生感染，取动物睾丸鞘膜、肝、脾等涂片染色镜检，并用免疫学实验进行鉴定。

（三）血清学实验

外斐反应抗体效价在1∶160以上，或恢复期效价比急性期增高4倍以上时有诊断意义。

四、防治原则

注意个人卫生，改善环境条件，灭鼠、灭蚤、灭虱、灭螨、灭蜱，加强个人防护是预防立克次体感染的有效措施。接种灭活疫苗或减毒活疫苗可进行特异性预防。治疗可用四环素、多西环素等。

第三节 衣 原 体

衣原体（chlamydia）是一类能通过细菌滤器，严格在真核细胞内寄生，有独特发育周期的原核细胞型微生物。衣原体广泛寄生于人、哺乳动物及禽类，大多数不致病，仅少数具有致病性。与人类疾病有关的衣原体主要有沙眼衣原体、肺炎嗜衣原体、鹦鹉热衣原体等。

一、生物学性状

（一）形态染色与发育周期

衣原体在宿主细胞内增殖，有独特的发育周期，用光学显微镜可观察到两种形态，即原体和始体。原体呈球形，体积小，直径 $0.2\sim0.4\mu m$，有细胞壁，是发育成熟的衣原体，吉姆萨染色呈紫色，麦氏染色（Macchiavello's staining）为红色。原体有高度传染性，但无繁殖能力。原体感染宿主细胞后，被细胞膜包围形成空泡，原体在空泡内体积逐渐增大发育为始体。始体呈球形，无胞壁，体积较大，直径 $0.5\sim1.0\mu m$，电子致密度低，呈纤维网状结构，故又称为网状体。麦氏染色呈蓝色。始体无感染性，以二分裂方式繁殖后形成子代原体，子代原体成熟后从宿主细胞中释放出来，再感染新的易感细胞，开始新的发育周期。

（二）培养特性

大多数衣原体可在 $6\sim8$ 日龄鸡胚卵黄囊中生长繁殖，形成始体、原体和包涵体。性病淋巴肉芽肿衣原体可接种于小鼠脑内培养，鹦鹉热衣原体可接种于小鼠腹腔内培养。衣原体亦可在传代细胞株中生长繁殖，形成包涵体，引起细胞病变。

（三）抗原构造与分类

衣原体主要有属特异性抗原、种特异性抗原和型特异性抗原。据此可将衣原体分为不同的属、种及血清型。如沙眼衣原体可分为 19 个血清型，包括沙眼生物亚种 15 个血清型，性病淋巴肉芽肿亚种 4 个血清型。

（四）抵抗力

衣原体不耐热，60℃ 仅能存活 $5\sim10$ min，0.5% 石炭酸 30 min 或 2% 来苏儿 5 min 可灭活衣原体。大环内酯类、四环素、红霉素等抗生素可抑制衣原体的繁殖。

二、致病性与免疫性

（一）致病物质

衣原体能产生与革兰阴性菌内毒素相似的毒性物质，可抑制宿主细胞代谢。衣原体主要外膜蛋白能阻止吞噬体与溶酶体的融合，有助于衣原体在宿主细胞内繁殖并破坏宿主细胞。

（二）所致疾病

1. 沙眼　由沙眼亚种 A、B、Ba 和 C 血清型引起。主要经眼-眼或眼-手-眼方式传播。沙眼衣原体侵入眼结膜上皮细胞，引起炎症，早期出现流泪、结膜充血、滤泡增生和黏液脓性分泌物等。后期炎症灶出现纤维组织增生，结膜瘢痕，引起眼睑内翻、倒睫及角膜血管翳，视力下降，严重者甚至失明。

2. 包涵体结膜炎　由沙眼亚种 B、Ba、D~K 血清型引起。婴儿经产道感染，引起化脓性结膜炎（包涵体脓漏眼）。成人经手-眼途径，或因污染的游泳池水而感染，引起滤泡性结膜炎。

3. 泌尿生殖道感染　由沙眼亚种 D～K 血清型引起。男性大多表现为非淋球菌性尿道炎，亦可合并附睾炎、直肠炎等。女性表现为尿道炎、宫颈炎、盆腔炎和输卵管炎，如输卵管炎反复发作，可导致不孕或宫外孕等严重并发症。

4. 性病淋巴肉芽肿　由性病淋巴肉芽肿生物型引起。通过性接触传播，主要侵犯淋巴组织。在男性常侵犯腹股沟淋巴结，引起化脓性淋巴结炎和慢性淋巴肉芽肿，常形成瘘管。女性则常侵犯会阴、肛门及直肠组织，引起会阴-肛门-直肠狭窄。

5. 呼吸道感染　主要由鹦鹉热衣原体和肺炎嗜衣原体引起。经呼吸道感染，常可引起肺炎、支气管炎、鼻咽炎等。沙眼衣原体亦可引起婴幼儿肺炎。近年发现，肺炎嗜衣原体的感染与动脉粥样硬化和冠心病密切相关。

（三）免疫性

衣原体感染后，宿主可获得以细胞免疫为主的短暂免疫力，故常可造成持续感染和反复感染。

三、微生物学检查

（一）直接镜检

根据不同疾病采集不同标本，如取患者眼穹隆或眼结膜分泌物、痰液或咽拭子、尿液、宫颈分泌物或刮取物、淋巴结抽取液等涂片，采用吉姆萨染色或荧光抗体染色镜检，观察有无包涵体和衣原体。

（二）分离培养

将分泌物、刮取物、感染的组织匀浆等标本接种于鸡胚卵黄囊、传代细胞或敏感动物，分离衣原体后用免疫学方法鉴定。

（三）血清学诊断

用微量免疫荧光试验、ELISA 等血清学试验可检测患者的特异性抗体，以辅助诊断肺炎嗜衣原体及鹦鹉热衣原体的感染。

（四）核酸检测

用 PCR 技术可直接检测衣原体核酸，此方法快速、敏感性高、特异性强。

四、防治原则

注意个人卫生，不共用毛巾、浴巾和脸盆，避免直接或间接接触传染，可预防沙眼。预防泌尿生殖道衣原体感染应广泛开展卫生宣教，积极治疗患者和带菌者。治疗药物可选用利福平、四环素、红霉素、诺氟沙星等。

第四节　螺　旋　体

螺旋体（spirochete）是一类细长、柔软、弯曲呈螺旋状、运动活泼的原核细胞型微生物，其基本结构与细菌相似。螺旋体广泛存在于自然界和动物体内，种类繁多，包括 3 个科 13 个属。与人类疾病有关的主要有 3 个属：①钩端螺旋体属，螺旋细密、规则，一端或两端弯曲呈钩状。对人有致病性的主要有问号钩端螺旋体等。②密螺旋体属，螺旋细密、规则，两端尖直。对人致病的主要有梅毒螺旋体等。③疏螺旋体属，螺旋稀疏、不规则，呈波浪状，对人有致病性的主要有回归热螺旋体、伯氏螺旋体等。

一、钩端螺旋体

钩端螺旋体（leptospira）简称钩体，种类多，包括问号钩端螺旋体和双曲钩端螺旋体等。致病的钩端螺旋体主要是问号钩端螺旋体，该螺旋体引起人畜共患的钩端螺旋体病。

（一）生物学性状

1. 形态与染色　菌体长与宽分别为 6～20 μm 和 0.1～0.2 μm，一端或两端弯成钩状，常呈"C"、"S"或"8"字形。螺旋盘曲细密、规则，形似一串细小珠粒，运动活泼。革兰染色阴性，但不易着色，常用 Fontana 镀银染色法，菌体染成棕褐色。

2. 培养特性　需氧或微需氧，营养要求较高，常用含 10％兔血清、蛋白胨、磷酸盐缓冲液的柯索夫培养基培养。最适 pH 为 7.2～7.4，最适生长温度为 28～30℃。钩体生长缓慢，在液体培养基中 1～2 周可见半透明云雾状生长现象。

3. 抗原构造与分类　包括属特异性抗原、群特异性抗原和型特异性抗原。目前全世界发现的问号钩端螺旋体至少有 25 个血清群、273 个血清型，其中我国已发现 19 个血清群、161 个血清型。

4. 抵抗力　对干燥、紫外线抵抗力较弱。在湿土或水中可存活数周至数月，4℃可存活 1～2 周。加热 56℃、5％来苏儿、1％漂白粉、1％石炭酸可杀灭钩端螺旋体。对青霉素、四环素等敏感。

（二）致病性与免疫性

1. 致病物质　问号钩端螺旋体的致病物质主要包括：①溶血素，能破坏红细胞膜而溶血，注入小羊体内可引起贫血、肝大、出血、黄疸与血尿；②内毒素样物质，能引起动物发热、炎症和坏死；③细胞毒因子，可致小鼠肌肉痉挛、呼吸困难、死亡。

2. 所致疾病　钩端螺旋体病属于人畜共患病，动物感染钩端螺旋体后呈带菌状态，螺旋体在动物肾内大量繁殖，并不断随尿排出，污染水源和土壤。人与污染的水或泥土接触而感染，亦可通过胎盘而感染胎儿。钩端螺旋体能穿透破损甚至完整的皮肤、黏膜进入人体，在局部迅速生长繁殖，进入血液而引起钩端螺旋体血症。临床表现主要为发热、恶寒、全身酸痛、头痛、乏力、眼结膜充血、腓肠肌压痛、浅表淋巴结肿大等。随后钩端螺旋体随血液侵入肝、脾、肺、心、淋巴结及中枢神经系统等组织器官，引起相关脏器和组织的损害。根据损伤的脏器不同将钩端螺旋体病分为流感伤寒型、黄疸出血型、肺出血型、脑膜脑炎型、肾衰竭型及胃肠炎型等。

3. 免疫性　病后机体可获得对同型钩端螺旋体的持久免疫力，以体液免疫为主。

（三）微生物学检查

1. 病原学检查　发病第 1 周内取血液，2 周后取尿，有脑膜刺激症状者取脑脊液检查。将标本离心后用暗视野显微镜检查，或镀银染色、免疫荧光法检查。用柯索夫培养基分离培养钩端螺旋体，结合血清学方法可定群和型。也可接种豚鼠或地鼠做动物试验。

2. 血清学诊断　一般在病初及病后 2～3 周各采血一次。做显微镜凝集试验，若单份血清凝集效价在 1：400 以上或双份血清效价增长 4 倍以上，有诊断意义。亦可用间接凝集试验或 ELISA 方法检测血清中相应钩端螺旋体抗体。

(四)防治原则

防鼠灭鼠,管理好家畜,保护水源,避免或减少与污染的水和土壤接触。对易感人群接种钩端螺旋体多价全细胞死疫苗。近年我国研制的钩端螺旋体外膜疫苗获得了满意的效果。治疗首选青霉素。

二、梅毒螺旋体

梅毒螺旋体(*Treponema pallidum*,TP)又称苍白密螺旋体,是引起人类梅毒的病原体。

(一)生物学性状

1. **形态与染色** 梅毒螺旋体螺旋致密、规则,两端尖直,运动活泼。长与宽分别为 $6\sim15\,\mu m$ 和 $0.1\sim0.2\,\mu m$。普通染料不易着色,用 Fontana 镀银染色呈棕褐色。

2. **培养特性** 梅毒螺旋体的人工培养到目前仍未成功,有些梅毒螺旋体株能在家兔睾丸或眼前房内缓慢生长。

3. **抗原结构** 梅毒螺旋体主要有表面特异性抗原,能刺激机体产生特异性抗体,该抗体对机体有保护作用。梅毒螺旋体侵入机体破坏组织后,组织中磷脂黏附于螺旋体表面形成复合抗原,刺激机体产生抗磷脂的自身抗体,该抗体称为反应素,可用于梅毒的血清学诊断。

4. **抵抗力** 梅毒螺旋体抵抗力极弱,离开宿主后,干燥 $1\sim2\,h$,血液中 $4\,℃$ 放置 3 天、$50\,℃$ 加热 $5\,min$ 即死亡。对化学消毒剂敏感,对砷剂、青霉素、红霉素、四环素等敏感。

(二)致病性与免疫性

1. **致病物质** 梅毒螺旋体的致病物质主要有荚膜样物质和透明质酸酶。荚膜样物质具有黏附宿主细胞、阻止补体和吞噬细胞的杀菌作用。透明质酸酶可分解组织、细胞基质内和血管基底膜的透明质酸,有利于梅毒螺旋体的扩散。

2. **所致疾病** 在自然情况下,梅毒螺旋体只感染人而引起梅毒,故人是梅毒唯一的传染源。根据感染方式不同,梅毒可分先天性和获得性两种。

获得性梅毒通过性接触传播,分为三期,表现为反复、潜伏和再发。

(1)一期梅毒:梅毒螺旋侵入机体 3 周左右,患者出现无痛性硬性下疳,多见于外生殖器,其溃疡渗出物中含大量梅毒螺旋体,传染性极强。约 1 个月,下疳常自愈,螺旋体则潜伏于体内,经 $2\sim3$ 个月无症状的潜伏期后进入第二期。

(2)二期梅毒:全身皮肤、黏膜常出现梅毒疹,淋巴结肿大,也可累及骨、关节、眼及其他器官。在梅毒疹及淋巴结中有大量梅毒螺旋体,如不治疗,一般 $1\sim3$ 个月后症状消退,但常发生复发性二期梅毒。

(3)三期梅毒:一般发生在感染后的两年。患者皮肤、黏膜出现溃疡性坏死病灶,梅毒螺旋体侵犯内脏组织或器官,严重者经 $10\sim15$ 年后,心血管及中枢神经系统出现病变,导致动脉瘤、脊髓痨或全身麻痹等,肝、脾及骨骼常被累及。此期病灶中不易找到梅毒螺旋体,传染性小,但病程长,破坏性大,可危及生命。

孕妇体内的螺旋体通过胎盘传给胎儿,引起先天性梅毒,导致流产、早产或死胎,或生出活的梅毒儿,表现为锯齿形牙、间质性角膜炎、鞍形鼻、神经性耳聋等特殊症状。

3. **免疫性** 体液免疫和细胞免疫均发挥作用,但以细胞免疫为主。

（三）微生物学检查

1. 病原学检查　取梅毒硬性下疳的渗出物、梅毒疹渗出物或局部淋巴结的抽取液，在暗视野显微镜下检查或镀银染色后镜检，若发现密螺旋体有助于诊断。

2. 血清学诊断

（1）非螺旋体抗原试验：用正常牛心肌的心脂质作为抗原，测定患者血清中的反应素。国内常用不加热血清反应素试验（USR）和快速血浆反应素环状卡片试验（RPR）。

（2）螺旋体抗原试验：用梅毒螺旋体或重组蛋白作抗原，测定患者血清中梅毒螺旋体特异性抗体。常用方法有荧光密螺旋体抗体吸收试验和梅毒螺旋体血凝试验等。

（四）防治原则

梅毒是一种性病，应加强性卫生宣传教育和严格社会管理。梅毒确诊后，应及早予以彻底治疗，治疗时首选青霉素，并且剂量和疗程要足够。

三、伯氏疏螺旋体

伯氏疏螺旋体（*Borrelia burgdorferi*）是莱姆病的病原体，由于莱姆病于1977年在美国康涅狄格州莱姆镇首次发现，故名莱姆病。

（一）生物学性状

1. 形态与染色　螺旋稀疏、不规则，两端稍尖，运动活泼。革兰染色为阴性，但不易着色。吉姆萨染色为淡紫色，镀银染色呈棕褐色。

2. 培养特性　营养要求高，常用BSK培养基（含有牛血清白蛋白和加热灭活的兔血清等），最适生长温度32~34℃，pH7.5，5%~10%CO_2可促进其生长，生长速度缓慢，一般需培养2~3周才长出小菌落。

（二）致病性与免疫性

1. 致病性　伯氏疏螺旋体通过蜱传播引起莱姆病，硬蜱为主要传播媒介。蜱叮咬人后，螺旋体随其唾液侵入皮肤，在局部繁殖，叮咬部位可出现一个或数个慢性游走性红斑（ECM），早期临床表现为发热、头痛、乏力、肌肉及关节炎等。如不经治疗，大约80%的患者可发展为晚期，主要表现为慢性关节炎、心内膜炎、神经系统与皮肤异常等。

2. 免疫性　抗伯氏疏螺旋体的免疫主要是特异性抗体发挥效应。

（三）微生物学检查

由于伯氏疏螺旋体在致病的过程中数量较少，直接镜检和分离培养阳性率低，因此，主要通过血清学试验和分子生物学技术检测其特异性抗体和DNA来诊断莱姆病。如用ELISA和免疫荧光法检测伯氏疏螺旋体的特异性抗体，用PCR技术检查伯氏疏螺旋体的DNA片段。

（四）防治原则

加强对疫区人员的防护，避免硬蜱叮咬。伯氏疏螺旋体感染早期可口服四环素、阿莫西林及多西环素等，晚期一般使用青霉素联合头孢曲松等静脉滴注。

四、回归热疏螺旋体与奋森疏螺旋体

（一）回归热疏螺旋体

回归热疏螺旋体是引起回归热的病原体。回归热是一种以周期性反复发作为特征的急性传染病。按传播媒介不同，可将回归热疏螺旋体分为两类：一类是回归热疏螺旋体，通过人虱传播，引起流行性回归热；另一类是赫姆斯疏螺旋体，通过软蜱传播，引起地方性回归热。

回归热疏螺旋体侵入人体后，在血液中大量繁殖，患者出现高热、头痛、肝脾肿大，持续3~4天后热退，间隔1周左右，又出现高热，如此反复发作3~9次或更多。

发热期间采集患者血液，涂片后用吉姆萨染色，在光学显微镜下观察到疏螺旋体即可诊断。

(二) 奋森疏螺旋体

奋森疏螺旋体在正常情况下，与梭形杆菌一起寄居在人体口腔牙龈部。当机体免疫力下降时，两种微生物大量繁殖，协同引起樊尚咽峡炎、牙龈炎、口腔坏疽等。

取患者局部病变材料直接涂片后进行革兰染色镜检，可观察到革兰阴性疏螺旋体和革兰阴性梭杆菌。

小结

支原体缺乏细胞壁，呈高度多形性，能在无生命培养基中生长繁殖，形成"荷包蛋"状菌落。支原体和L型细菌的生物学性状有某些共同特点，但支原体无返祖现象。常见病原性支原体有肺炎支原体，引起支原体肺炎；解脲脲原体、人型支原体和生殖支原体，引起泌尿生殖道感染。

立克次体严格活细胞内寄生。常见的病原性立克次体有普氏立克次体、莫氏立克次体、恙虫病立克次体、贝纳柯克斯体，它们通过虱、鼠蚤、恙螨、蜱等节肢动物传播，分别引起流行性斑疹伤寒、地方性斑疹伤寒、恙虫病、Q热等。

衣原体专性活细胞内寄生，有独特的发育周期，包括原体和始体两个阶段。原体具有感染性，始体以二分裂方式进行繁殖，无感染性。仅少数衣原体具有致病性，最常见的是沙眼衣原体，其沙眼亚种可引起沙眼、包涵体结膜炎、泌尿生殖道感染等，另外，性病淋巴肉芽肿亚种通过性传播引起性病淋巴肉芽肿。

螺旋体是细长、柔软、弯曲呈螺旋状、运动活泼的原核细胞型微生物，基本结构与细菌相似。常见的病原性螺旋体有问号钩端螺旋体、梅毒螺旋体、伯氏疏螺旋体、回归热疏螺旋体等。问号钩端螺旋体引起钩端螺旋体病；梅毒螺旋体通过性传播引起获得性梅毒，通过胎盘垂直传播引起先天性梅毒；伯氏疏螺旋体引起莱姆病；回归热疏螺旋体引起回归热。

思考题

1. 支原体主要生物学性状有哪些？常见病原性支原体有哪些？
2. 立克次体的传播媒介有哪些？致病机制是什么？
3. 常见病原性衣原体有哪些？各可引起什么疾病？
4. 钩端螺旋体和梅毒螺旋体的致病物质有哪些？感染途径是什么？如何防治？

（江西护理职业技术学院　李剑平）

第二十二章 真　菌

> **学习目标**
> 1. 掌握真菌的生物学性状、致病机制，认识学习医学真菌学的重要任务是提出更有效的防治措施。
> 2. 熟悉皮肤癣菌、白假丝酵母菌与新生隐球菌的一般生物学性状、致病性物质与传染途径，病原性真菌的微生物学检查方法与防治原则。

真菌（fungus）为真核细胞型微生物，具有典型的细胞核及完善的细胞器，不含叶绿素，无根、茎、叶的分化，能进行无性或有性繁殖。大多数为多细胞，少数为单细胞。真菌有十余万种之多，大部分对人类有益，少数能引起人类疾病。

第一节　真菌的生物学性状

真菌界分为黏菌门和真菌门。真菌门中对人致病的真菌主要有四个亚门：①接合菌亚门，多为条件致病性真菌，如毛霉属等。②子囊菌亚门，大多数为腐生性真菌，少数为致病性和条件致病性真菌，如组织胞浆菌属和酵母菌属等。③担子菌亚门，多为食用或药用真菌，如蘑菇和灵芝等；少数为致病性真菌，如新生隐球菌。④半知菌亚门，大多数对人致病的真菌属此亚门，如各种皮肤癣菌和假丝酵母菌属等。对人有致病性的真菌有近三百种，常见的有一百种左右，包括致病性真菌和条件致病性真菌。

一、形态与结构

真菌一般比细菌大几倍至几十倍，用普通光学显微镜放大几百倍就能观察到。按形态特征，可将真菌分为单细胞和多细胞真菌两大类。

(一) 单细胞真菌

单细胞真菌又称为酵母菌，菌体呈圆形或卵圆形，直径为 $3\sim15\mu m$，以出芽方式繁殖，芽生孢子成熟后脱落成独立的个体，如新生隐球菌和白假丝酵母菌等。

(二) 多细胞真菌

多细胞真菌也称霉菌或丝状菌，由菌丝和孢子组成，两者互相交织存在。

1. **菌丝**　呈管状，直径一般为 $2\sim10\mu m$，长度因生长条件而异。在适宜的环境条件下，由孢子长出芽管而形成菌丝。菌丝可长出许多分枝，并交织成团，成为菌丝体。菌丝按功能不同可分为营养菌丝（吸取营养物质）、气中菌丝（向空气中生长）和生殖菌丝（产生孢子）三部分。按结构不同可分为有隔菌丝和无隔菌丝。不同真菌的菌丝形态有所不同，可见螺旋状、球拍状、结节状、鹿角状、梳状和关节状菌丝等。菌丝形态有助于鉴别真菌（图22-1）。

2. **孢子**　是真菌的繁殖器官，可分为有性孢子和无性孢子。无性孢子可分为以下三种（图22-1）：

（1）分生孢子：是最常见的一种无性孢子。由生殖菌丝末端的细胞分裂或收缩形成，也可由菌丝侧面出芽形成，有两种类型：①大分生孢子，由多个细胞组成，体积较大，多呈梭状、棒状或梨状；②小分生孢子，仅由一个细胞构成，体积小。各种真菌都能产生小分生孢子。

（2）叶状孢子：由菌丝内细胞直接形成，有三种类型：①芽生孢子，由细胞出芽生成，多数芽生孢子生长到一定大小即与母体脱离；若不脱离，则形成菌丝状，称为假菌丝。前者如隐球菌，后者如假丝酵母菌。②厚膜孢子，由菌丝内胞浆浓缩、胞壁增厚形成，是大多数真菌在不利环境中形成的一种孢子形式，具有抵抗力强、代谢率低的特点，条件适宜时又可进行出芽繁殖。③关节孢子，由菌丝细胞壁变厚、分隔所形成的长方形片段，多出现于陈旧的培养物中。

（3）孢子囊孢子：由菌丝末端膨大而形成的囊状结构，内含许多孢子，孢子成熟后则破囊而出，可见于毛霉、根霉等。

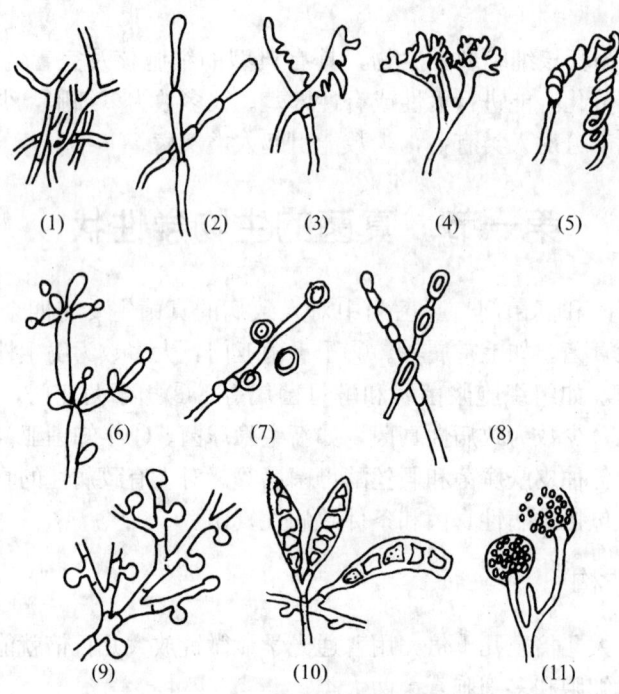

图 22-1　真菌的菌丝及孢子
(1) 有隔菌丝；(2) 球拍状菌丝；(3) 梳状菌丝；(4) 鹿角状菌丝；(5) 螺旋状菌丝；(6) 芽生菌丝；
(7) 厚膜孢子；(8) 关节孢子；(9) 小分生孢子；(10) 大分生孢子；(11) 孢子囊孢子

真菌的双相性：随着环境条件（营养、温度等）的改变，部分真菌的形态可在单细胞真菌与多细胞真菌间转换，称为真菌的双相性或二相性。如组织胞浆菌和球孢子菌等，它们在室温（25℃）条件下为丝状菌，而在宿主体内或在含有动物蛋白的培养基上（37℃）则呈酵母菌型。

二、培养特性

（一）培养条件

真菌的营养要求不高，培养真菌常用沙保培养基，其成分简单，主要含葡萄糖、蛋白胨和琼脂。鉴定真菌时均以沙保培养基上形成的菌落形态为准。大多数致病性真菌生长较慢，常需 1~4 周，但腐生性真菌则生长很快。为防止污染，需在培养基中加入放线菌酮和氯霉素，前者抑制污染真菌的生长，后者可抑制细菌的生长。培养真菌最适酸碱度为 pH 4~6，最适的温度一般为 22~28℃，但有些深部感染真菌在 37℃条件下才生长良好。培养真菌需较高的湿度和氧气。

（二）真菌的繁殖方式

真菌的繁殖方式可归纳为无性繁殖和有性繁殖两大类型。无性繁殖是指不经过两性细胞的结合而形成新个体的繁殖方式。病原性真菌主要以此种方式繁殖，如：①由菌丝细胞断裂形成新个体，如关节孢子的产生；②细胞直接分裂产生子细胞，仅见于少数双相性真菌；③产生芽生孢子，是较常见的真菌繁殖方式，如酵母菌的繁殖；④产生孢子囊孢子和分生孢子，为丝状菌繁殖的主要方式。

有性繁殖是指通过两性细胞的结合而产生新个体的繁殖方式，是普通真菌的主要繁殖方式，也可见于部分条件致病性真菌（毛霉）和某些致病性真菌（皮炎芽生菌和组织胞浆菌）等。

（三）菌落特征

真菌经培养后可形成三种类型的菌落：

1. **酵母型菌落** 为单细胞真菌形成的菌落形式。菌落光滑湿润、柔软且致密，无菌丝形成，类似细菌菌落，但较细菌菌落大而厚。大多数单细胞真菌培养后都能形成酵母型菌落，如隐球菌的菌落。

2. **类酵母型菌落** 也是单细胞真菌形成的菌落形式。外观与酵母型菌落相似，由于部分单细胞真菌形成的假菌丝可伸入培养基中，故称类酵母型菌落，如白假丝酵母菌的菌落。

3. **丝状菌落** 为多细胞真菌形成的菌落形式。菌落较疏松，呈绒毛状、棉絮状和粉末状等。菌落与培养基连接紧密，不易挑起，如丝状菌的菌落。菌落中心与边缘及正面与背面可呈不同的颜色。丝状菌菌落的形态、结构和颜色可作为鉴别真菌的依据。

三、抵抗力

真菌对干燥、阳光、紫外线及一般化学消毒剂有较强的抵抗力，但不耐热。菌丝与孢子 60℃加热 1h 均可被杀死；对 2%石炭酸、10%甲醛、0.1%升汞和 2.5%碘酊敏感；对常用于抗细菌的抗生素不敏感。抗真菌药物如灰黄霉素、制霉菌素 B、二性霉素 B、氟康唑和酮康唑等，对多种真菌均有抑制作用。

第二节　真菌的致病性与免疫性

一、致病性

真菌的致病性与真菌的毒力、侵入途径等有关。真菌的毒力涉及：①黏附性，即真菌繁殖体在机体细胞表面的黏附能力；如白假丝酵母菌具有黏附人体细胞的能力，随着其芽管的形成，黏附力加强。②组织侵袭，指致病性真菌引起机体感染时常发生形态转换，二相真菌如荚膜组织胞浆菌、皮炎芽生菌等进入机体后必须先转换成酵母型，在巨噬细胞中才不被杀灭反而扩散。新生隐球菌的荚膜有抗吞噬作用。③组织内繁殖，致病性真菌侵犯人体时在局部繁殖，发生耐热性和特殊酶的表达等，以适应在宿主体内的生长与繁殖。④组织损伤，包括不同程度的化脓、巨噬细胞和多核巨细胞浸润、干酪样坏死和纤维化形成等，不同真菌各有特征性的炎症反应。如白假丝酵母菌、烟曲霉、黄曲霉的细胞壁糖蛋白有内毒素样活性，能引起组织化脓性反应和休克，烟曲霉和黄曲霉还能致多种器官出血和坏死等。真菌的致病类型有下列几种：

（一）致病性真菌感染

主要是一些外源性真菌感染，根据感染部位可分为浅部真菌感染和深部真菌感染。

（二）条件致病性真菌感染

由一些内源性真菌与非致病的腐生性真菌引起，这些真菌的致病性不强，多在菌群失调或机体免疫力降低时才感染。

（三）真菌变态反应性疾病

某些真菌的菌丝或孢子可作为过敏原，当敏感患者吸入或食入时，可引起各种类型的超敏反应，如荨麻疹、变应性皮炎与哮喘等。

（四）真菌毒素中毒症

某些真菌可在粮食或食品中产生毒素，人一旦摄入真菌或其产生的毒素，可引起急、慢性中毒称为真菌中毒症。病变多样，因毒素而异。有的引起肝、肾损害，有的引起血液系统变化，有的作用于神经系统引起抽搐、昏迷等症状。部分真菌本身就有毒，如有毒的蘑菇。

（五）真菌毒素与肿瘤

研究发现黄曲霉毒素是一种双呋喃氧杂萘邻酮衍化物，毒性很强，小剂量即有致癌作用。在肝癌高发区的花生、玉米、油粮作物中，黄曲霉污染率很高，黄曲霉毒素含量可高达 1 mg/kg。其他致癌的真菌毒素还有赭曲霉产生的黄褐毒素也可诱生肝肿瘤，镰刀菌 T-2 毒素可诱发大鼠胃癌、胰腺癌、垂体和脑肿瘤，展青霉素可引起局部肉瘤等。

二、免疫性

抗真菌免疫包括天然免疫和获得性免疫。天然免疫是防止致病真菌感染的第一道防线，获得性免疫则对不同真菌产生特异性反应。

（一）天然免疫

正常机体的皮肤、黏膜是一道有效的物理屏障，一旦破损、受创伤或放置导管，真菌即可入侵。皮脂腺分泌饱和、不饱和脂肪酸均有杀真菌作用。在黏膜表面，通过黏膜上皮细胞的周期性脱落与正常菌群的拮抗作用等，可有效抵挡真菌的黏附与侵入。

免疫细胞数量与功能的正常，不仅维护了天然免疫，也是获得性免疫的基础。中性粒细胞、嗜酸性粒细胞和单核-巨噬细胞等，均是感染早期发挥效应的炎症细胞；此外，补体等体液因子，在调节局部微环境、限制真菌的扩散和清除真菌方面均有作用。血浆中的转铁蛋白，经皮下小血管或汗腺扩散至皮角质层内，则可限制数种真菌的生长。

（二）获得性免疫

体液免疫中特异抗体的产生，可阻止孢子转为菌丝相以提高吞噬率，并抵制真菌吸附于细胞表面。如白假丝酵母菌，sIgA 抗体即可与其表面甘露聚糖复合体结合阻止其吸附。

细胞免疫方面，真菌抗原可刺激特异性淋巴细胞增殖，释放 IFN-γ 和 IL-2 等激活巨噬细胞、NK 细胞和 CTL 等，通过调理作用、ADCC 作用及特异性细胞毒作用，参与对真菌的杀伤。播散性真菌感染患者常伴有 T 细胞功能的抑制，如获得性免疫缺陷综合征、淋巴瘤和使用免疫抑制剂等。真菌感染也可引发迟发型超敏反应，如临床上常见的癣菌疹。

第三节 常见病原性真菌

一、浅部感染真菌

浅部感染真菌引起皮肤、黏膜和皮下组织的感染，多为慢性感染。皮肤感染真菌是指寄生或腐生于角蛋白组织（表皮角质层、毛发和甲板等）的真菌。主要引起各种癣病，包括体癣、股癣、手癣和足癣等，一般不侵犯皮下等深部组织和内脏，不引起全身性感染。引起皮肤感染的真菌有皮肤癣菌和角层癣菌。

（一）皮肤癣菌

皮肤癣菌分为三个菌属，即毛癣菌属、表皮癣菌属和小孢子癣菌属（表 22-1），引起外源性感染，传染源为癣病患者或患病动物如猫、狗等。一种癣菌可引起机体不同部位的感染，而同一部位的病变也可由不同癣菌引起。

表 22-1　皮肤癣菌的形态特点与侵犯部位

菌属	代表性皮肤真菌	菌落特点	孢子和菌丝的特点	侵犯部位		
				皮肤	指甲	毛发
毛癣菌属	红色毛癣菌、紫色毛癣菌、须毛癣菌、许兰毛癣菌、断发毛癣菌等	呈颗粒状、粉末状、绒毛状或羊毛状等，颜色为红、白、黄、棕色等	可见细长棒状的薄壁大分生孢子，葡萄状、梨状的小分生孢子，菌丝可有螺旋状、球拍状和鹿角状等	+	+	+
表皮癣菌属	絮状表皮癣菌	开始如白色鹅毛状，后呈黄绿色粉末状	椭圆形大分生孢子，陈旧培养物中有很多厚膜孢子；菌丝为球拍状和螺旋状	+	+	−
小孢子癣菌属	铁锈色小孢子癣菌	菌落由绒毛状逐渐变至粉末状，颜色有灰、橘红或棕黄色	厚壁梭形大分生孢子和卵圆形小分生孢子；菌丝有结节状、梳状和球拍状等	+	−	+

（二）角层癣菌

角层癣菌是指寄生于表皮角质或毛干表面，主要侵犯皮肤或毛干浅表的一些真菌。主要的角层癣菌有糠秕马拉色菌和白吉利毛孢子菌等（表 22-2）。

表 22-2　角层癣菌的形态特点与侵犯部位

代表性角层癣菌	菌落特点	孢子和菌丝	侵犯部位与致病
糠秕马拉色菌	在含橄榄油的培养基中可形成酵母样菌落	成簇分布的圆形或卵形的芽生孢子，菌丝为腊肠样	嗜脂性酵母样菌，可侵犯颈、胸、腹、背等部位皮肤角质层，发生黄褐色的汗斑；还可能与脂溢性皮炎有关
白吉利毛孢子菌	酵母样菌落，淡黄深黄至棕色，中央隆起	可见芽生孢子、厚壁孢子和关节菌丝，关节菌丝易断裂成关节孢子	可引起毛干感染，主要在毛发周围形成白色小结节

二、皮下组织感染真菌

（一）着色真菌

着色真菌是在分类上近似，引起的症状相似，均能引起病损皮肤颜色改变的真菌的总称。广泛存在于土壤、腐木（草）以及一些植物和农作物中。一般经外伤侵入人体，潜伏期长短不一，一般为0.5～1个月（表22-3）。

表22-3　着色真菌的形态特点与侵犯部位

代表性着色真菌	菌落特点	分生孢子形态	侵犯部位	致病机制	所致疾病
卡氏枝孢霉 裴氏着色真菌	在沙保培养基上生长缓慢，常需培养数周，形成丝状菌落，但菌丝较短，菌落多呈灰黑色或墨黑色	树枝形 树枝形、剑顶形和花瓶形	多发生于皮肤暴露部位，以四肢多见	局部小丘疹→疣状结节（暗红色或黑色）→反复感染，瘢痕广泛→影响淋巴回流	局部小丘疹、疣状结节，皮肤瘢痕，肢体象皮肿，偶可侵犯脑组织和内脏

（二）申克孢子丝菌

申克孢子丝菌属于腐生性真菌，广泛存在于土壤、木材及植物表面等（表22-4）。感染常因伤口接触被孢子丝菌污染的柴草、腐植和土壤等而引起，以农民或在阴暗潮湿环境中工作及从事园林工作的人居多。

表22-4　申克孢子丝菌的形态特点与侵犯部位

形态特点	侵犯部位	所致疾病	诊断
在组织内为酵母型，镜下可见圆形、雪茄烟样的出芽细胞，常位于中性粒细胞和单核细胞内，偶见菌丝和星状体 在沙保培养基上培养为菌丝型，菌落由灰白色黏稠小点→黑褐色较大的皱褶薄膜；在含胱氨酸的血液琼脂平板上37℃培养，则长出酵母型菌落	多发生在皮肤、皮下组织及其附近的淋巴管，也可引起深部感染	可致化脓、溃疡渗出和亚急性或慢性肉芽肿，典型损害是沿淋巴管发生呈串状分布的结节	①进行临床和真菌学检查；②用申克孢子丝菌素对患者进行皮肤试验，24～48 h局部出现直径 0.5～1.0 cm 的红色斑丘疹为阳性（辅助临床诊断）

三、深部感染真菌

深部感染真菌可引起机体深部组织和内脏疾病，包括致病性真菌和条件致病性真菌。致病性真菌属外源性、双相性真菌，如组织胞浆菌、副球孢子菌，在我国较少见。条件致病性真菌多数属于宿主的正常菌群，主要有白假丝酵母菌、新生隐球菌、曲霉和毛霉等。

（一）白假丝酵母菌

白假丝酵母菌（*C. albicans*）即白色念珠菌，是最常见的假丝酵母菌。

1. 生物学性状　菌体呈圆形或椭圆形，大小为3～6 μm。革兰染色阳性，着色不均。以芽生孢子出芽方式繁殖，孢子伸长形成芽管，不与母体分离时，则形成假菌丝（图22-2）。

营养要求不高，在沙保培养基（室温或 37℃）上培养 1~3 天长出酵母型菌落，呈奶油色、蜡状、光滑、湿润，有浓厚的酵母气味。培养稍久，呈类酵母型菌落。在玉米粉培养基上可长出厚膜孢子。

2. 致病性　白假丝酵母菌通常存在于人的口腔、上呼吸道、肠道及阴道黏膜。机体抵抗力下降或菌群失调是其侵入机体的主要原因，白假丝酵母菌主要引起以下感染：

（1）皮肤、黏膜感染：皮肤感染好发于皮肤皱褶处，如腋窝、腹股沟、乳房下、会阴部及指（趾）间等皮肤潮湿部位。黏膜感染可发生鹅口疮、口角糜烂、外阴与阴道炎等，以鹅口疮最为常见。

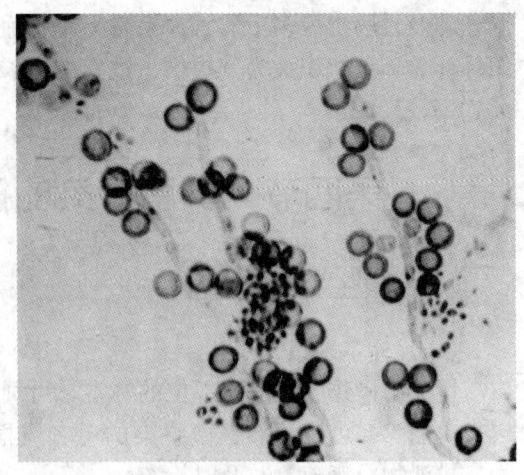

图 22-2　白假丝酵母菌的假菌丝和厚膜孢子

（2）内脏感染：常可引起支气管炎、肺炎、食管炎、肠炎、膀胱炎、肾盂肾炎、心内膜炎及心包炎等。偶尔也可引起败血症。

（3）中枢神经系统感染：可引起脑膜炎和脑脓肿等。常由呼吸系统及消化系统病灶播散所致。

（二）新生隐球菌

新生隐球菌（*Cryptococcus neoformans*）为环境腐生菌，广泛生存于土壤和鸽粪中。当机体抵抗力降低时，才易侵入人体而致病。

1. 生物学性状　为圆形的酵母型菌，其外周有宽阔的荚膜，菌体直径 4~20 μm，荚膜宽 3~5 μm，菌体内有一个或多个反光颗粒。部分菌体可见出芽，但不形成假菌丝。非致病性隐球菌无荚膜。

新生隐球菌在沙保培养基和血琼脂培养基上，于 25℃ 和 37℃ 均能生长，非致病性隐球菌则在 37℃ 不能生长。培养数日形成酵母型菌落，表面黏稠，初为乳白色，后转变成橘黄色。

2. 致病性　新生隐球菌的荚膜多糖是其主要的致病物质，能抑制中性粒细胞的吞噬作用，削弱 T 细胞对其产生免疫应答等。

新生隐球菌一般为外源性感染，主要的入侵途径是呼吸道。大多数感染者症状不明显，且能自愈。对于细胞免疫功能低下者，首先引起肺部感染，再经血行播散至其他部位，最易侵犯中枢神经系统，主要引起脑膜的亚急性和慢性感染，死亡率高，还可播散至皮肤、黏膜、骨和内脏器官等部位。

（三）曲霉

曲霉是自然界分布最广泛的真菌之一，能感染人和动物的有二十余种。最常见的致病菌是烟曲霉，主要由呼吸道侵入，引起支气管哮喘和肺部感染，也可侵入血流播散至各器官引起全身性感染。黄曲霉产生的黄曲霉毒素可引起真菌毒素中毒和诱发肝癌等。

（四）毛霉

毛霉广泛存在于自然界，在粮食和水果上尤为多见。在机体免疫力低下或静脉插管、血液透析，甚至绷带污染等条件下可经多种途径侵入人体，首要途径是呼吸道。病变可累及脑、肺及胃肠道等多个器官。毛霉易侵犯血管，引起动脉内膜损伤，致血栓形成，进而使组织坏死。坏死组织又为其提供了适宜的生长环境，形成恶性循环，因而病情发展较为迅速，死亡率较高。

第四节　真菌感染的微生物学检查及防治原则

一、微生物学检查

（一）标本采集

用无菌操作收集适宜部位的标本，可疑浅部真菌感染应取病变部位的毛发、指（趾）甲屑及皮屑等，可疑深部真菌感染的患者应根据临床症状和体征选取血液、脑脊液，或分泌物、排泄物及痰液等并及时检查。

（二）直接镜检

皮屑、指（趾）甲和毛发等致密而难以透明的标本应先用10%的KOH微加温处理，溶解角质层和细胞基质，然后进行镜检。脓、痰或血标本可直接涂片镜检。镜下观察是否有孢子、菌丝或假菌丝。若怀疑新生隐球菌等有荚膜的真菌感染，根据所致疾病选取标本，经墨汁负染后镜检，见有芽生菌体外围绕着宽厚的荚膜即可作出诊断。

（三）分离培养

直接镜检不能确诊时应做真菌培养。皮肤、毛发和甲屑等标本，需经70%乙醇或2%石炭酸浸泡2~3min杀死杂菌，再经无菌盐水洗净后接种于沙保培养基上，在25~28℃的条件下培养数日至数周，观察菌落特征。可疑深部真菌感染的标本可接种于血液琼脂平板、肉渣培养基或硫酸钠肉汤内，分别在室温和37℃培养数日至数周。若疑为白假丝酵母菌，可取菌落接种于0.5ml血清试管内，37℃ 1h后涂片，革兰染色后镜下见有假丝酵母菌细胞长出芽管即可初步鉴定为白假丝酵母菌。必要时可在玻片上做真菌小培养，能在光镜下观察真菌的形态和结构的特点及生长发育的全过程，便于鉴别。

（四）血清学检查

为真菌感染性疾病的辅助检查。常用乳胶凝集、补体结合试验、ELISA等方法检测血清中的真菌抗原。但是多种真菌细胞壁缺乏具有免疫原性的成分。

（五）核酸检测

核酸探针技术、核酸（G+C）mol%测定、随机扩增多态性DNA（RAPD）和限制性酶切片段长度多态性分析等技术可以快速、准确地鉴定真菌。

二、防治原则

1. **皮肤癣菌感染的防治**　注意皮肤卫生，保持鞋袜清洁、干燥，防止真菌繁殖；避免与患者及其污染的物品直接接触。局部治疗可用5%硫黄软膏、咪康唑霜、克霉唑霜或0.5%碘附。

2. **深部真菌感染的防治**　主要应提高机体的免疫力，防止条件致病性真菌的大量繁殖；避免外源性真菌的感染。治疗可口服抗真菌药物；如二性霉素B、制霉菌素、咪康唑、酮康唑、氟康唑和伊曲康唑等。

3. **真菌性食物中毒的预防**　应严禁销售和食用发霉的食品，加强市场管理和卫生宣传。

小结

真菌可分为单细胞真菌和多细胞真菌两类。白假丝酵母菌为单细胞真菌，可形成假菌丝，新生隐球菌有宽厚的荚膜，二者均为深部真菌。多细胞真菌由菌丝和孢子构成，如皮肤癣菌、申克孢子丝菌（二相真菌）。真菌致病的类型有：致病性真菌感染、条件致病性真菌感染、真菌毒素中毒、真菌过敏反应及真菌毒素的致癌作用等。真菌性疾病的检查与防治，依感染类型与所致疾病而有差别。

思考题

1. 简述真菌的形态特征，真菌对人类所致疾病的几种类型。
2. 简述真菌感染性疾病微生物学检查的基本原则。
3. 深部感染真菌主要包括哪些？分别指出其感染途径与所致主要疾病。
4. 浅部感染真菌包括哪些？微生物学检查的主要方法是什么？

（张掖医学高等专科学校　许红霞）

第二十三章 病毒的基本性状

> **学习目标**
> 1. 掌握病毒的概念,病毒的大小、形态、结构、化学组成及功能,病毒的复制周期,病毒的干扰现象。
> 2. 熟悉病毒与细菌的区别。
> 3. 了解理化因素对病毒的影响,病毒的变异,病毒的分类。

病毒(virus)是一类形态微小、结构简单,仅含有一种类型核酸,在活的易感活细胞内以复制方式进行增殖的非细胞型微生物。病毒体是结构完整并具有感染性的病毒颗粒。病毒与其他微生物的主要区别见表23-1。

表23-1 病毒与其他微生物的比较

种类	病毒	细菌	支原体	立克次体	衣原体	螺旋体	真菌
结构	非细胞	原核细胞	原核细胞	原核细胞	原核细胞	原核细胞	真核细胞
细胞壁	−	+	−	+	+	+	+
核酸类型	DNA/RNA	DNA+RNA	DNA+RNA	DNA+RNA	DNA+RNA	DNA+RNA	DNA+RNA
繁殖方式	复制	二分裂	二分裂	二分裂	二分裂	二分裂	有性或无性
人工培养基生长	−	+	+	−	−	+	+
抗生素敏感性	−	+	+	+	+	+	+
干扰素敏感性	+						

病毒与人类疾病的关系非常密切,人类传染病75%以上系病毒所致,95%的急性呼吸道感染病因是病毒。常见的病毒性疾病有流行性感冒、病毒性肝炎、病毒性脑炎、狂犬病、艾滋病等。病毒性疾病数量多、传染性强、流行范围广,治疗上缺乏有效的药物。近年来病毒变异及新的病毒不断出现,使病毒性疾病的预防、控制与治疗已成为人们关注与研究的重点。研究病毒的生物学性状、致病性与免疫性及诊断和防治方法,是医学微生物学的重要任务。

第一节 病毒的形态与结构

一、病毒的大小与形态

(一)病毒的大小

测量病毒体大小的单位为纳米(nm)。各种病毒大小相差悬殊,大多数病毒都在100 nm

左右。大的病毒约为 200～300 nm，小的病毒约为 20～30 nm（图 23-1）。

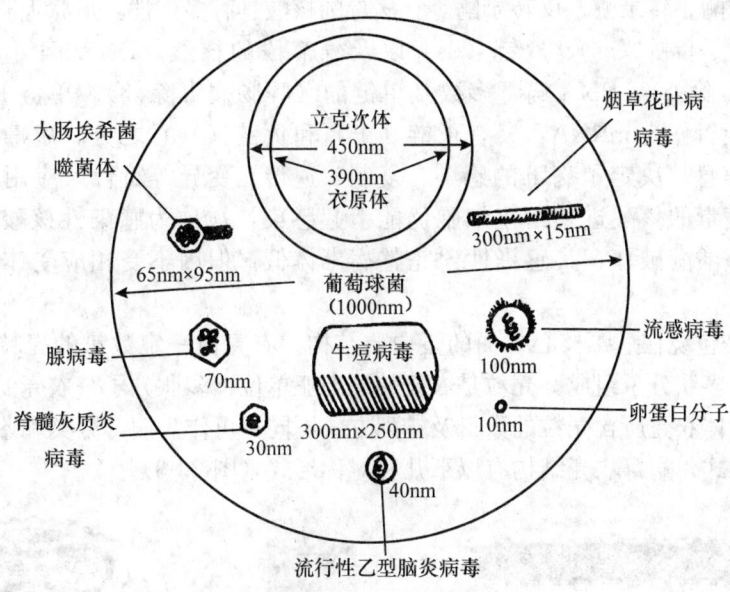

图 23-1　微生物大小的比较示意图

（二）**病毒的形态**

病毒有多种形态，大多数病毒呈球形或近似球形（图 23-2），少数病毒呈砖块形（痘病毒）、子弹状（狂犬病病毒）、丝状（初分离时的流感病毒）、杆状（烟草花叶病病毒）、蝌蚪状（噬菌体）。

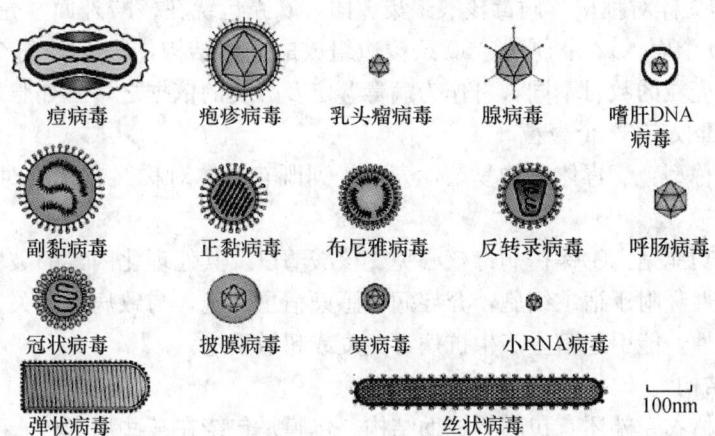

图 23-2　常见病毒体的形态与结构示意图

二、病毒的结构与化学组成

病毒的基本结构包括核心和衣壳，构成核衣壳。无包膜病毒体就是核衣壳，也称为裸病毒。有些病毒在其核衣壳外面还有包膜等辅助结构。

（一）**基本结构**

1. **核心**　是病毒的中心结构，主要由一种类型核酸即 DNA 或 RNA 组成，构成病毒的基因组。此外，核心还有少量病毒基因编码的非结构蛋白，也是病毒增殖过程需要的功能蛋白，如核酸多聚酶、转录酶、反转录酶等。病毒的核酸具有多样性，形状上有线形和环形之分，构成上可以是单链（ss）、双链（ds）以及分节段的核酸。DNA 病毒多数是双链的（微小 DNA 病毒除外），RNA 病毒多数是单链的（呼肠病毒除外）。单链 RNA 根据在复制过程中核酸能否作为 mRNA，又有正链（＋）和负链（－）之分。病毒核酸携带着病毒的全部遗传信息，决定了病毒的感染、复制、遗传、变异等特性。应用化学方法除去衣壳后，有些病毒的核酸进入宿主细胞仍能引起感染，被称为感染性核酸。由于缺乏衣壳保护，易被核酸酶破坏，其感染性比完整病毒体低，但因不受相应受体限制，感染宿主范围更广泛。

2. 衣壳　是包绕在病毒核心外面的蛋白质结构。衣壳由一定数量的壳粒组成，每个壳粒由一个或几个多肽分子组成。壳粒是衣壳的形态亚单位，多肽分子是衣壳的结构或化学亚单位。不同病毒体衣壳所含壳粒的数目及排列方式不同，可作为病毒分类和鉴别的依据。根据壳粒的排列方式，病毒衣壳结构有以下几种对称形式（图 23-3）。

螺旋对称型　　　　　20 面体立体对称型　　　　　复合对称型

图 23-3　病毒结构对称型示意图

（1）螺旋对称型：病毒核酸呈螺旋形，壳粒沿着螺旋形的核酸链对称排列。如弹状病毒、正黏和副黏病毒等。

（2）20 面体立体对称型：病毒核酸聚集成团，衣壳包绕在核酸外面，壳粒呈 20 面体对称排列。即由 20 个面、12 个顶角、30 条棱边组成的立体结构，20 面体每个面均呈等边三角形。不同病毒壳粒的数目不同，可作为病毒鉴定及分类的依据之一。如腺病毒有 252 个壳粒、小 RNA 病毒仅有 32 个壳粒。

（3）复合对称型：病毒体结构复杂，壳粒排列既有立体对称又有螺旋对称，如噬菌体、痘病毒。

衣壳的主要功能是：①保护病毒核心免受核酸酶以及其他理化因素的破坏；②裸病毒的衣壳蛋白可特异性吸附于宿主细胞，介导病毒感染宿主细胞，与致病性有关；③衣壳蛋白具有良好的免疫原性，能引起宿主产生抗病毒免疫或超敏反应。

（二）辅助结构

某些病毒在核衣壳外还有包膜等辅助结构。包膜是包绕在某些病毒核衣壳外面的脂质双层膜，它是病毒核衣壳在宿主细胞内成熟后以出芽方式释放获得的细胞膜或核膜，由宿主细胞的膜成分（脂类、多糖和少量蛋白质）及病毒基因编码的蛋白质构成。有些病毒包膜表面有突起结构，称为包膜子粒或刺突，其化学成分为糖蛋白。

包膜的主要功能是：①具有维护病毒结构的完整性、加固病毒的作用；②在刺突的介导下与宿主细胞膜发生融合，因此与病毒入侵易感细胞及感染性有关；③包膜上的刺突还具有病毒抗原的特异性，可用于病毒的鉴定与分类，还与致病性和免疫性有密切关系。

第二节 病毒的增殖

由于病毒缺乏独立进行代谢活动的酶系统，病毒只有进入活的宿主细胞内，由宿主细胞提供合成病毒核酸与蛋白质的原料，才可能增殖。病毒以复制的方式增殖，整个过程一般可分为吸附、穿入、脱壳、生物合成、组装、释放 6 个阶段，称复制周期（图 23-4）。

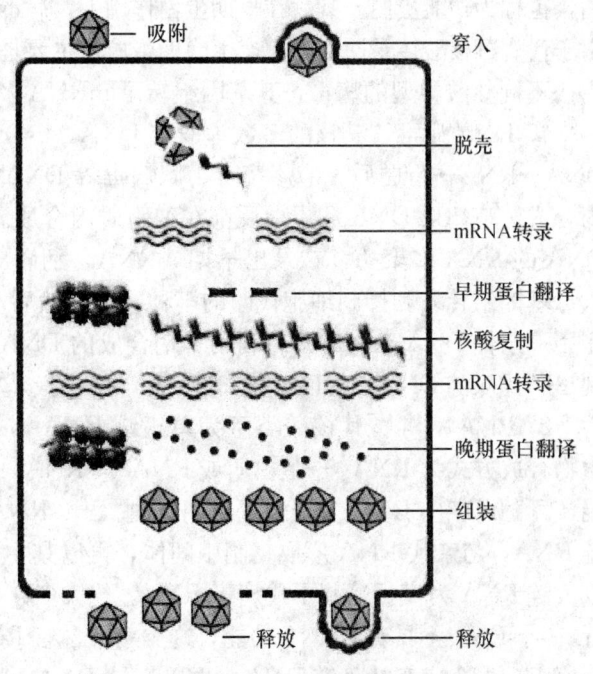

图 23-4　DNA 病毒复制示意图

一、病毒的复制周期

（一）吸附

病毒感染细胞，首先必须接近并吸附于易感细胞表面。病毒体与细胞接触后，包膜病毒通过包膜、无包膜病毒通过衣壳表面的配体蛋白与易感细胞表面相应的受体特异性结合。吸附是特异性的，不可逆的。这就决定了病毒的不同嗜组织性和感染宿主的范围。如人类免疫缺陷病毒（HIV）包膜糖蛋白 gp120 的受体是人类 Th 细胞表面的 CD4 分子；脊髓灰质炎病毒衣壳蛋白能与灵长类动物神经细胞表面脂蛋白受体结合；流感病毒包膜的刺突血凝素可与宿主呼吸道黏膜上皮细胞的唾液酸分子结合。吸附过程可在数分钟到数十分钟内完成。

（二）穿入

病毒吸附于宿主细胞膜后，穿过细胞膜进入细胞的过程称为穿入。穿入方式主要有三种：包膜融合、细胞吞饮、直接进入。包膜病毒通过包膜与细胞膜融合后，核衣壳进入细胞质。多数无包膜病毒感染细胞时，通过细胞膜内陷将病毒包进细胞质内，以胞饮方式进入易感细胞内。少数无包膜病毒在吸附过程中，其衣壳蛋白的某些多肽成分发生改变，病毒可直接穿过细胞膜进入细胞。

（三）脱壳

穿入细胞质的核衣壳必须脱去蛋白衣壳，裸露的病毒核酸才能发挥指令作用，此过程称为脱壳。多数病毒是通过宿主细胞溶酶体酶的作用，脱去衣壳蛋白释放出核酸来。少数病毒的脱壳过程较复杂，如痘病毒分为两步脱壳，首先由溶酶体酶作用脱去外壳蛋白，再经病毒编码的脱壳酶作用脱去内层衣壳，核酸才能完全释放。

（四）生物合成

病毒经脱壳后，核酸进入细胞质中，利用宿主细胞提供的原料和能量等合成子代病毒核酸以及结构蛋白，称为病毒的生物合成阶段。此阶段在细胞内查不到完整病毒，故这一阶段被称为隐蔽期。不同病毒隐蔽期长短不一，如脊髓灰质炎病毒为 3～4 h，而腺病毒可长达 16～18 h。

不同核酸类型的病毒在细胞内复制核酸的部位有所不同，DNA 病毒在细胞核内复制（痘病毒除外），而大多数 RNA 病毒在细胞质内复制。

生物合成一般可分为早期和晚期两个阶段。首先病毒核酸在细胞内进行转录、翻译产生早期蛋白，即病毒生物合成中必需的酶类以及某些抑制或阻断细胞核酸、蛋白质合成的非结构蛋白，也称为功能蛋白。其后在早期蛋白作用下，病毒的核酸开始复制，产生子代病毒核酸，再由子代病毒核酸转录、翻译而产生晚期蛋白，主要是结构蛋白如衣壳蛋白和基质蛋白等。

不同核酸类型的病毒，其基因组转录 mRNA 及转译蛋白质方式亦不相同。

1. DNA 病毒　其核酸多数为双链 DNA（dsDNA），其生物合成按遗传中心法则进行：DNA→RNA→蛋白质。疱疹病毒、腺病毒等 DNA 复制在细胞核内进行，蛋白质在细胞质内合成。痘病毒 DNA 和蛋白质都在细胞质内合成。首先病毒 DNA 利用宿主细胞核内依赖 DNA 的 RNA 多聚酶，转录出早期 mRNA，翻译出早期蛋白，包括 DNA 多聚酶以及调控病毒基因组转录和抑制细胞代谢的多种酶类。然后 DNA 按半保留复制形式复制，在解链酶作用下亲代 DNA 双链解开，利用早期合成的 DNA 多聚酶，分别以这两条单链为模板，复制出子代双链 DNA，再以子代 DNA 分子为模板，转录晚期 mRNA，翻译合成晚期蛋白。

2. RNA 病毒　其核酸类型为单正链 RNA（＋ssRNA）或单负链 RNA（－ssRNA），生物合成方式为 RNA⁺→蛋白质或 RNA⁻→RNA⁺→蛋白质。＋ssRNA 本身具有 mRNA 功能，可翻译产生 RNA 多聚酶等早期蛋白。＋ssRNA 在 RNA 多聚酶作用下，合成互补的负链 RNA，与亲代 RNA 形成复制中间体，再以其中的正链 RNA 为 mRNA，翻译晚期蛋白，以负链 RNA 为模板复制子代病毒 RNA。绝大多数＋ssRNA 病毒的生物合成都在细胞质内进行。－ssRNA 不具有 mRNA 功能，这类病毒含有 RNA 多聚酶，在此酶作用下，以－ssRNA 为模板首先合成互补正链 RNA，再以正链 RNA 翻译出病毒非结构蛋白和结构蛋白，并复制出子代－ssRNA。

3. 反转录病毒　其核酸类型为单正链 RNA，但是生物合成过程与其他单链 RNA 不同。首先在反转录酶（依赖 RNA 的 DNA 聚合酶）的作用下，以亲代 RNA 为模板，合成互补的 DNA，形成 RNA：DNA 中间体，其中的 RNA 链被 RNA 酶 H 水解，单链 DNA 在 DNA 多聚酶作用下形成双链 DNA 分子，以前病毒形式整合到宿主细胞的染色体上。前病毒被激活后，转录出子代病毒 RNA，RNA 在细胞质中翻译出子代病毒蛋白。

（五）组装

子代病毒核酸与结构蛋白在宿主细胞内组装为病毒核衣壳的过程。大多数 DNA 病毒在细胞核内组装（痘病毒除外），RNA 病毒与痘病毒在细胞质内组装。

（六）释放

有包膜病毒以出芽方式释放，通常不直接导致细胞死亡。释放时，病毒将其编码的特异性糖蛋白插入细胞膜或核膜的特定部位，这些部位就是核衣壳出芽的位置。无包膜病毒则以破胞方式释放，即核衣壳组装成熟后，宿主细胞裂解，子代病毒一次性释放到细胞外。有些病毒如巨细胞病毒，则通过细胞间桥或细胞融合在细胞之间传播，很少释放到细胞外。

二、病毒的异常增殖

（一）顿挫感染

某些病毒感染宿主细胞后，如细胞不能为病毒增殖提供所需的酶、能量以及必要的成分，则不能合成子代病毒的结构蛋白或合成后不能组装和释放，这种感染称为顿挫感染，亦称流产感染。这种不能为病毒增殖提供必要条件的细胞称非容纳细胞。

(二) 缺陷病毒

由于病毒基因组不完整或发生改变而不能进行正常增殖，不能复制出完整的具有感染性的子代病毒，这种病毒称为缺陷病毒。当缺陷病毒与辅助病毒共同感染细胞时，就可进行正常增殖而产生完整的子代病毒。如丁型肝炎病毒是缺陷病毒，必须依赖乙型肝炎病毒才能复制，乙型肝炎病毒是丁型肝炎病毒的辅助病毒。

三、病毒的干扰现象

当两种病毒感染同一种细胞或机体时，可发生一种病毒抑制另一种病毒增殖的现象，称为干扰现象。干扰现象不仅可发生在不同种病毒之间，也可发生在同种病毒的不同型或不同株之间，甚至灭活病毒能干扰活病毒，缺陷病毒能干扰完整病毒。干扰现象的机制主要是由于病毒诱导宿主细胞产生干扰素，抑制另一种病毒的复制；病毒吸附时也可破坏细胞表面受体或改变宿主细胞代谢途径，从而影响另一种病毒的吸附、穿入、生物合成等过程。病毒之间干扰现象能够使感染终止或阻止发病。鉴于干扰现象也可发生在病毒与疫苗之间、疫苗与疫苗之间，因此，在预防接种时，应注意避免发生干扰而影响疫苗的接种效果。

第三节 病毒的变异

病毒的变异有多种，如抗原性变异、毒力变异、宿主范围变异等。病毒发生变异的机制是：基因突变、基因重组。

一、基因突变

基因突变是由于病毒基因组中的核苷酸链发生碱基置换、缺失或插入而发生的改变。病毒在复制过程中常自发突变，一般突变率为 $10^{-8} \sim 10^{-6}$；在理化因素（温度、X射线、亚硝基胍、5-氟尿嘧啶）作用下可诱发突变。

二、基因重组

两种有近缘关系的病毒感染同一细胞时，病毒基因组可发生交换，称基因重组。重组不仅可以发生于两种活病毒之间，也可发生于活病毒与灭活病毒之间，甚至还可发生于两种灭活病毒之间。基因重组按方式可分为分子内重组和分子间重排。分子内重组发生于基因组不分节段的病毒之间，两种病毒的核酸分子断裂、交叉连接，使得各自核酸分子内部序列重新排列。分子间重排发生于基因组分节段的病毒之间，两种病毒通过基因片段发生互换，从而产生不同的稳定重排株。

第四节 理化因素对病毒的影响

病毒在体外受到理化因素作用后失去感染性，称为灭活。灭活的病毒仍能保留某些特性，如免疫原性、吸附红细胞等。不同种类的病毒对理化因素的敏感性也不相同。

一、物理因素对病毒的影响

（一）温度

大多数病毒耐冷不耐热。在－70℃或液氮温度（－196℃）条件下，病毒感染性可保持数月至数年。保存病毒标本应尽快低温冷冻，但反复冻融也可使病毒失活。大多数病毒在50～60℃加热30 min或100℃加热数秒钟即可被灭活，但乙型肝炎病毒需100℃加热10 min才能灭活。包膜病毒比无包膜病毒更不耐热，37℃以上可迅速灭活。

（二）射线

X射线、γ射线、紫外线等均能以不同机制使病毒灭活。但有些病毒（如脊髓灰质炎病毒）经紫外线灭活后，在可见光照射下可发生复活。因此，不宜用紫外线制备灭活疫苗。

二、化学因素对病毒的影响

（一）脂溶剂

包膜病毒的包膜富含脂类，对乙醚、氯仿、丙酮、去氧胆酸盐、阴离子去污剂等脂溶剂敏感。脂溶剂可使包膜溶解，失去吸附宿主细胞的能力，而对无包膜病毒几乎无作用。

（二）酸碱度

大多数病毒在pH5～9范围内较稳定，但也因病毒种类不同而异。肠道病毒对酸的抵抗力较强，在pH3～5的环境下稳定，而鼻病毒则迅速被灭活。披膜病毒在pH8.0以上的碱性环境中保持稳定。

（三）化学消毒剂

病毒对消毒剂的抵抗力一般比细菌强。强酸、强碱、酚类、醛类、氧化剂、卤素及其化合物等化学消毒剂对大多数病毒均有灭活作用。常用的有次氯酸盐、过氧乙酸、过氧化氢、戊二醛、甲醛、碘附等。甲醛可破坏病毒感染性，但对病毒的免疫原性影响不大，因此甲醛常用于制备灭活疫苗。

（四）其他

现有的抗生素对病毒无抑制作用，而中草药如板蓝根、贯仲和七叶一枝花等对某些病毒有一定的抑制作用。

第五节 病毒的分类

一、病毒的分类方法

病毒的分类方法有多种。按其寄生宿主的不同，可分为动物病毒、植物病毒、细菌病毒和昆虫病毒。临床上习惯按病毒入侵的部位、传播途径以及所致疾病进行分类，可将病毒分为呼吸道病毒、肠道病毒、肝炎病毒、出血热病毒、性传播病毒、神经病毒及肿瘤病毒等。国际病毒分类委员会（ICTV）则主要根据病毒生物学性状和理化特性进行分类，建立了由目、科、属、种构成的病毒分类系统。2005年7月国际病毒分类委员会发表的病毒分类的第八次报告，将目前承认的5450多个病毒归属为3个目、73个科、11个亚科、289个属、1950多个种，将亚病毒感染因子分为类病毒、卫星病毒和朊粒。

二、亚病毒感染因子

亚病毒（subvirus）感染因子是近年来发现的比病毒更小的传染因子，属于非寻常病毒。

（一）类病毒

1971 年 Diener 等在研究马铃薯纺锤形块茎病时发现了比病毒更小的传染因子，仅由 250～400 个核苷酸构成单股共价闭合环状 RNA 分子，没有蛋白质，故称类病毒。类病毒主要引起植物病变。

（二）卫星病毒

卫星病毒是在研究类病毒时发现的又一种亚病毒，多引起植物病变。卫星病毒分两大类：一类能自己编码衣壳蛋白；另一类是 RNA 分子（单股闭合环状的 RNA），曾被称为拟病毒，需辅助病毒为其提供衣壳蛋白。

（三）朊粒

朊粒由 Prusiner 在研究羊瘙痒病的病因时发现，为传染性海绵状脑病的病原体，曾被称为朊病毒。其主要成分是蛋白酶抗性蛋白，对理化因素的抵抗力强。可引起中枢神经系统慢性感染，引起如人的库鲁病、克-雅病、动物的疯牛病、羊瘙痒病等。

小结

病毒是一类形态微小、结构简单，仅含有一种类型核酸，在活的易感活细胞内以复制方式进行增殖的非细胞型微生物。病毒以纳米为测量单位，有多种形态，但多数呈球形。病毒的基本结构为核心和衣壳，有些病毒在核衣壳外面还有包膜等辅助结构。

病毒以复制的方式增殖，其复制周期包括吸附、穿入、脱壳、生物合成、组装、释放等步骤。病毒在复制过程中也会出现差错，导致异常增殖。当两种病毒感染同一种细胞或机体时，可发生一种病毒抑制另一种病毒增殖的干扰现象。

病毒和其他微生物一样，可发生变异。其机制为基因突变、基因重组。

大多数病毒对热、射线、各种消毒剂敏感，某些中草药对病毒有抑制作用。

亚病毒感染因子是近年来发现的比病毒更小、结构更简单的传染因子，包括类病毒、卫星病毒、朊粒。

思考题

1. 试述病毒的结构、化学组成及其功能？
2. 病毒的复制周期包括哪些步骤？
3. 什么是病毒的干扰现象？对医学实践有何指导意义？
4. 试比较病毒与细菌的区别。

（大庆医学高等专科学校　吕茂利）

第二十四章　病毒的感染与免疫

> **学习目标**
> 1. 掌握病毒感染的方式，病毒感染的类型。
> 2. 熟悉病毒的致病机制。
> 3. 了解机体抗病毒免疫的机制。

病毒经一定途径进入机体，侵入易感细胞，并在易感细胞内增殖的过程，称为病毒感染。由于病毒的种类、对宿主细胞的亲嗜性及机体的免疫状态等因素的不同，病毒感染可表现不同的类型。感染引发机体的免疫应答，可表现为免疫保护或免疫损伤。

第一节　病毒的感染

一、病毒感染的途径和方式

病毒感染的方式包括水平传播和垂直传播。

（一）水平传播

病毒在人群中不同个体之间的传播，称水平传播。病毒水平传播的侵入途径是经黏膜和皮肤。

1. 经黏膜传播　黏膜包括与外界相通的呼吸道、消化道、泌尿生殖道黏膜，以及表浅的鼻咽部黏膜、眼结膜。①大多数病毒可通过呼吸道黏膜、消化道黏膜侵入机体，并在局部黏膜上皮细胞内增殖，表现相应部位的感染，如流感病毒、轮状病毒等。②某些病毒可经黏膜扩散至邻近组织或淋巴结，并进入血液，经血液到达易感细胞，引起全身或特定部位的感染，如麻疹病毒、脊髓灰质炎病毒等。③某些病毒可经直接、间接接触（如游泳池水、共用毛巾等）或性接触，引起眼结膜、角膜、生殖道黏膜的感染，如疱疹病毒、人类免疫缺陷病毒等。

2. 经皮肤传播　①某些病毒可通过破损皮肤侵入机体，引起局部皮肤感染，如人乳头瘤病毒。②经吸血昆虫叮咬或狂犬咬伤引起感染，如乙脑病毒、狂犬病毒等。

3. 医源性传播　经输血和血制品、共用注射器、器官移植等方式，病毒直接进入血液引起感染，如乙肝病毒、丙肝病毒、人类免疫缺陷病毒等。

（二）垂直传播

病毒经胎盘或产道由亲代传播给子代的方式称为垂直传播。垂直传播是病毒感染的特点之一，主要见于引起病毒血症或感染血细胞的病毒，如巨细胞病毒、风疹病毒、乙肝病毒、人类免疫缺陷病毒等十多种病毒。垂直传播可引起胎儿畸形、死胎、流产、早产或成为病毒携带者。

临床常见病毒的感染途径及方式（表24-1）。

表 24-1 常见病毒的感染途径及方式

感染途径	传播方式及媒介	病毒种类
呼吸道	空气、飞沫、痰、皮屑	流感病毒、副流感病毒、呼吸道合胞病毒、鼻病毒、冠状病毒、腺病毒、单纯疱疹病毒、麻疹病毒、腮腺炎病毒、风疹病毒、水痘-带状疱疹病毒、EB病毒、巨细胞病毒、汉坦病毒
消化道	污染的食物或水	甲肝病毒、戊肝病毒、脊髓灰质炎病毒、柯萨奇病毒、埃可病毒、轮状病毒、诺瓦克病毒、腺病毒、EB病毒、单纯疱疹病毒、巨细胞病毒、人乳头瘤病毒
眼及泌尿生殖道	密切接触、性交、公共游泳池游泳	人类免疫缺陷病毒、人乳头瘤病毒、乙肝病毒、单纯疱疹病毒、腺病毒、肠道病毒70型
破损皮肤	吸血昆虫、狂犬、鼠类	乙脑病毒、登革病毒及其他脑炎病毒、出血热病毒、狂犬病病毒、人乳头瘤病毒
血液	输血、注射、器官移植	人类免疫缺陷病毒、乙肝病毒、丙肝病毒、丁肝病毒、人类嗜T细胞病毒、庚肝病毒、TT型肝炎病毒、巨细胞病毒
经胎盘或产道	胎盘、产道	风疹病毒、巨细胞病毒、人类免疫缺陷病毒、单纯疱疹病毒、人乳头瘤病毒、乙肝病毒、丙肝病毒、人类嗜T细胞病毒

二、病毒的感染类型

不同种类的病毒侵入机体，所表现的感染过程可表现为多种类型。

(一) 隐性感染

病毒进入机体后，不引起临床症状的感染称为隐性感染。隐性感染时，因病毒的毒力较弱或机体免疫力较强，病毒在体内不能大量增殖，对组织细胞的损伤不明显而不出现临床症状。但病毒在体内仍有增殖并向外界排出，成为重要的传染源。隐性感染者因此而产生对应该病毒的特异性免疫力，从而终止感染。大多数肠道病毒的感染为隐性感染，如脊髓灰质炎病毒、甲型肝炎病毒等。呼吸道病毒感染约1/3为隐性感染。

(二) 显性感染

病毒进入机体并到达靶细胞后大量增殖，导致细胞损伤或破坏，出现临床症状的感染称为显性感染。显性感染根据感染持续时间长短又分为急性感染和持续性感染。

1. 急性感染 病毒感染后潜伏期短，发病急，病程数日或数周，恢复后体内不存留病毒。如普通感冒和流行性感冒、甲型肝炎等。

2. 持续性感染 病毒可在体内持续存在数月、数年，甚至终生。由于病毒致病机制的不同，临床表现也不同，根据其在体内存在的状态又可分为慢性感染、潜伏感染、慢发感染三种类型。

(1) 慢性感染：指病毒经显性或隐性感染后持续存在于体内，并不断排出体外。其临床表现为症状可轻可重，或仅表现为病毒携带状态，或表现为症状迁延不愈，如乙型肝炎。

(2) 潜伏感染：指经急性或隐性感染后，病毒基因组长期潜伏在体内组织或细胞中，但不复制，也不出现临床症状。在某些条件下（如机体抵抗力下降），潜伏的病毒可被激活，引起急性临床症状，此时可检测到体内的病毒。如单纯疱疹病毒Ⅰ型原发感染后可潜伏于三叉神经节，机体抵抗力下降时病毒复制增殖，引起口唇单纯疱疹。

（3）慢发感染：病毒经显性或隐性感染后转入很长的潜伏期，达数月、数年甚至数十年，一旦发作，呈慢性进行性加重，最终导致死亡。如麻疹病毒感染后引起的亚急性硬化性全脑炎（SSPE），朊粒引起的人克-雅病和库鲁病。

第二节　病毒的致病机制

一、病毒对宿主细胞的直接作用

由于病毒必须侵入易感细胞才能增殖，病毒增殖所引起细胞的各种改变是病毒致病作用的基础。病毒侵入易感细胞后，可引起感染细胞发生以下改变：

（一）杀细胞感染

在体内，病毒感染细胞并大量增殖导致细胞裂解死亡，称为杀细胞效应或杀细胞性感染。体外细胞培养时，病毒可使感染细胞变圆、聚集、脱落、坏死，称为病毒致细胞病变效应（cytopathic effect，CPE）。杀细胞感染多见于无包膜、杀伤力强的病毒体，如脊髓灰质炎病毒、腺病毒等。

细胞死亡的主要机制：①病毒编码的早期蛋白通过各种途径阻断宿主细胞蛋白质和核酸的合成；②细胞溶酶体膜通透性改变，导致细胞肿胀、自溶；③产生毒性蛋白，如腺病毒表面的纤维蛋白突起，可直接导致细胞的CPE；④对细胞核、细胞膜、内质网、线粒体等的损伤。

（二）稳定状态感染

有些病毒（多见于包膜病毒）在细胞内增殖后不引起细胞裂解死亡，以出芽方式释放病毒，这些不具有杀细胞效应的病毒引起的感染称稳定状态感染。稳定状态感染可造成宿主细胞膜的改变。①细胞膜融合，有些病毒产生的酶或细胞释放的溶酶体酶能导致细胞膜融合，如麻疹病毒感染的细胞形成多核巨细胞。②细胞膜出现新抗原，细胞膜上出现病毒基因编码的蛋白抗原，或细胞受体被破坏形成新抗原，如流感病毒的血凝素蛋白可使感染细胞吸附红细胞。

（三）形成包涵体

某些病毒感染细胞后，可在胞浆或胞核内形成光镜下可见的斑块状结构，称为包涵体。包涵体由病毒颗粒或未装配的病毒成分组成，是病毒在细胞内增殖留下的痕迹，并可破坏细胞的正常结构和功能。显微镜下观察到的感染细胞内包涵体的形状、染色性和位置，对辅助诊断某些病毒的感染具有重要意义。

（四）整合感染

某些DNA病毒和反转录病毒可将其基因整合于宿主细胞中，引起整合感染。整合后的病毒可导致细胞转化，使细胞生长失去接触性抑制而成堆生长。细胞转化与肿瘤的形成有密切关系。目前已证实有多种动物病毒具致肿瘤作用。与人类肿瘤有关的病毒主要包括人T细胞白血病病毒、EB病毒、人乳头瘤病毒和乙型肝炎病毒等。

（五）细胞凋亡

细胞凋亡是一种基因控制的程序性细胞死亡。有些病毒本身或病毒编码蛋白间接作为诱导因子，引发细胞凋亡。在细胞内出现细胞核浓缩、细胞内空泡，并出现凋亡小体。

二、病毒感染的免疫病理损伤

(一) 体液免疫的损伤作用

当病毒感染的细胞表面出现新抗原（病毒抗原或暴露的隐蔽抗原），即可诱导机体产生特异性抗体并与相应抗原结合，通过激活补体或结合巨噬细胞引起感染细胞的溶解（Ⅱ型超敏反应）。病毒游离抗原与相应抗体形成的免疫复合物可长期存在于血液循环中，当此种免疫复合物沉积在机体某些部位时，可引起Ⅲ型超敏反应，导致局部炎症。如乙型肝炎病毒感染造成的肝细胞坏死、肾损伤。

(二) 细胞免疫的损伤作用

细胞免疫在发挥抗病毒感染的同时，T细胞对靶细胞的杀伤也造成了宿主细胞的损伤（Ⅳ型超敏反应）。Tc细胞识别感染细胞表面的新抗原，通过释放穿孔素直接杀伤靶细胞，Th细胞通过释放细胞因子（如TNF和IFN等）引起炎症反应，导致组织细胞损伤。

(三) 病毒感染引起的免疫抑制

某些病毒感染可抑制机体的免疫功能，降低机体的免疫应答反应，这可能与病毒直接侵犯免疫细胞有关。如麻疹病毒、风疹病毒、人类免疫缺陷病毒等。病毒对免疫系统的抑制可使病毒感染加重，并发细菌感染，促进某些肿瘤的生长。

第三节 抗病毒免疫

一、非特异性免疫

机体抗病毒的非特异性免疫包括屏障结构，吞噬细胞，体液中的补体、干扰素，但起主要作用的是干扰素和NK细胞。

(一) 干扰素

干扰素是由病毒或干扰素诱导剂诱导人或动物细胞产生的一种具有抗病毒、抗肿瘤及免疫调节等多种活性的糖蛋白。

1. **分类** 由人类细胞诱生的干扰素根据抗原性的不同可分为α、β、γ三种。IFN-α主要由人白细胞产生，IFN-β主要由人成纤维细胞产生，二者称为Ⅰ型干扰素。IFN-γ由T细胞产生，称为Ⅱ型干扰素，又称免疫干扰素。Ⅰ型干扰素的抗病毒作用强于Ⅱ型干扰素，而免疫调节和抗肿瘤作用则Ⅱ型强于Ⅰ型。

2. **生物学活性** 干扰素具有广谱抗病毒作用。干扰素的抗病毒作用是抑制，而不是杀灭。干扰素的抗病毒活性有相对的种属特异性。不同细胞对干扰素作用的敏感性也不相同；另一方面不同病毒对干扰素作用的敏感性也不同。干扰素还具有免疫调节和抗肿瘤作用。

3. **作用机制** 干扰素并非直接灭活病毒，而是先与病毒感染细胞表面的特异性受体相结合，通过信号传递，引发一系列特定的生化反应，刺激细胞合成多种抗病毒蛋白，抑制病毒蛋白的合成，影响病毒的组装和释放，从而发挥干扰素的功能（图24-1）。

(二) NK细胞

NK细胞能非特异性识别并杀伤靶细胞。NK细胞的作用特点为：不受MHC限制，不依赖抗体，可通过多种途径活化。其作用机制是：①直接与靶细胞接触，释放穿孔素溶解靶细胞。②释放IFN-γ或TNF-α等细胞因子，发挥抗病毒作用。

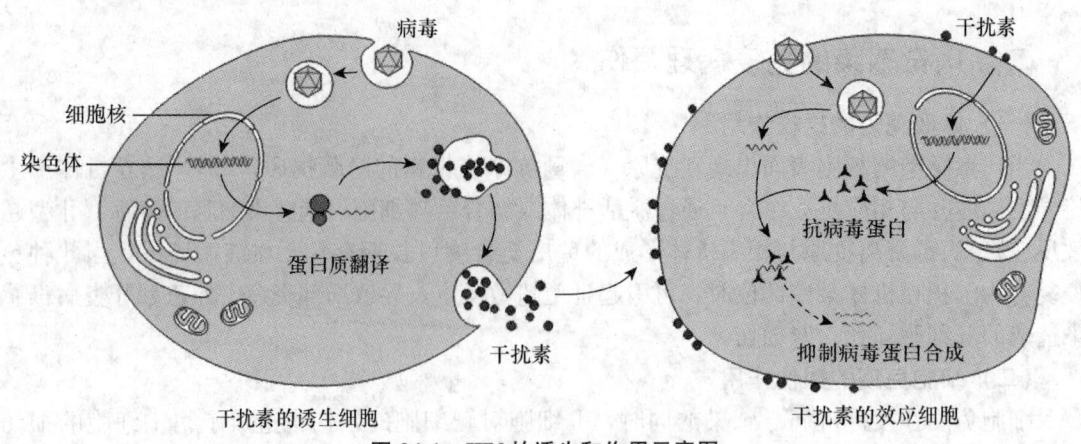

图 24-1　IFN 的诱生和作用示意图

二、特异性免疫

（一）体液免疫

病毒感染或疫苗接种后，机体可产生特异性抗体，具有保护性作用的主要是中和抗体。中和抗体主要包括三类免疫球蛋白：IgG、IgM、IgA。IgG 是主要的抗病毒中和抗体，且能通过胎盘，使新生儿获得自然被动免疫。IgM 不能通过胎盘，若新生儿血中检出 IgM 抗体可提示宫内感染。IgM 出现最早，故患者血清中出现特异性 IgM 可作为新近感染的诊断依据。sIgA 存在于呼吸道和消化道黏膜分泌物中，在局部免疫中起主要作用。中和抗体与病毒抗原结合，可阻止病毒吸附和穿入宿主细胞，但不能直接灭活病毒，因此对限制病毒感染和阻止血液中游离的病毒在宿主体内扩散具有重要作用。抗体也可经调理作用、激活补体、ADCC 作用等使病毒感染细胞溶解破坏。

（二）细胞免疫

病毒进入宿主细胞后，体液免疫的作用受到限制，主要依赖细胞免疫清除病毒，即 Tc 及 Th1 细胞发挥抗病毒作用。Tc 可与相应的靶细胞特异性结合，释放穿孔素及颗粒酶。穿孔素在靶细胞膜上穿出许多小孔，颗粒酶可使靶细胞裂解或发生凋亡。活化的 Th1 细胞可释放多种细胞因子，如 IL-2、IFN-γ、TNF 等，这些细胞因子激活 T 细胞、巨噬细胞、NK 细胞等，在抗病毒感染中发挥重要作用。

小结

病毒感染的方式包括水平传播和垂直传播。水平传播经黏膜和皮肤侵入。垂直传播经胎盘或产道传播。病毒的感染类型有显性感染和隐性感染。显性感染可分为急性感染和持续性感染，后者根据病毒致病机制及在体内存在的状况又分为慢性感染、潜伏感染、慢发感染。

病毒在细胞内增殖，可直接造成宿主细胞的损伤，也可通过免疫病理反应导致细胞损伤。

机体在抗病毒免疫中，非特异性免疫与特异性免疫共同发挥作用。非特异性免疫中干扰素、NK 细胞起主要作用。特异性免疫中体液免疫主要通过抗体中和胞外病毒，细胞免疫主要通过 Tc 杀伤胞内病毒。

思考题

1. 简述病毒感染的方式及途径。
2. 简述病毒的感染类型。
3. 什么是干扰素？其作用机制是什么？
4. 简述病毒的致病机制。

（大庆医学高等专科学校　吕茂利）

第二十五章 病毒感染的检查方法与防治原则

> **学习目标**
> 1. 熟悉病毒的分离培养方法，病毒感染的防治原则。
> 2. 了解病毒感染的检查方法。

第一节 病毒感染的检查

一、标本的采集与送检

（一）标本采集

根据病毒感染部位及病期采集不同的标本。如呼吸道感染可采集鼻咽洗漱液或痰液，肠道感染取粪便，有病毒血症时取血液，脑内感染取脑脊液。分离病毒的标本最好在发病初期（1~2 天内）采取。做血清学检查应取急性期和恢复期双份血清，以检查血清中抗体含量的动态变化。

（二）标本处理与送检

严格无菌操作是采集病毒标本的首要原则，对带有杂菌的标本，应使用高浓度抗生素（如青霉素、链霉素）处理。病毒标本采集后应立即送往实验室，最好在 1~2 h 送到。如标本需较长时间运送，应将标本置于装有冰块的保温瓶中或置于含抗生素的 50% 甘油缓冲盐水中尽快送检。不能立即检查的标本应低温（-70℃）保存。

二、病毒的形态学检查

（一）光学显微镜检查

主要用于观察病毒感染后引起的细胞病变，如包涵体、多核巨细胞病变等。也可用于观察大型病毒，如痘类病毒等。

（二）电子显微镜检查

1. 电镜直接检查法　可直接观察病毒的形态和大小。如疱疹病毒感染的疱疹液，甲型肝炎病毒、轮状病毒感染的粪便，乙型肝炎患者的血清，均可快速直接检出典型的病毒颗粒。

2. 免疫电镜检查法　将病毒标本与特异性抗体混合，使病毒颗粒凝聚成团，再用电镜观察，可提高病毒检出率。用此法从粪便标本检查甲型肝炎病毒和轮状病毒，比电镜直接检查法更为特异和准确。

三、病毒的分离培养

病毒具有严格的活细胞内寄生性，因此应使用易感的活细胞对病毒进行分离培养。实验室分离病毒的主要方法包括：动物接种、鸡胚培养和细胞培养。

（一）动物接种

动物接种是最原始的病毒分离方法，现已很少应用。根据病毒种类，选择敏感动物及合适接种部位。常用的实验动物有鼠类、兔类、猴等。如嗜神经性的狂犬病病毒、乙型脑炎病毒可进行小白鼠脑内接种，痘苗病毒可接种于家兔角膜或皮内。

（二）鸡胚培养

鸡胚培养是一种较经济简便的方法，多采用孵化9～12日龄的鸡胚，根据病毒种类不同接种于鸡胚的不同部位。如疱疹病毒的培养常接种于绒毛尿囊膜，初次分离流感病毒接种于羊膜腔，流感病毒、腮腺炎病毒的培养接种于尿囊腔。目前鸡胚接种仍是培养流感病毒最敏感、特异的方法。

（三）细胞培养

细胞培养是目前分离培养病毒最常用的方法。用于病毒分离培养的细胞主要有原代细胞、二倍体细胞和传代细胞。原代细胞是由新鲜组织（动物、鸡胚或人胚组织）制备的单层细胞，对多种病毒的敏感性高，但由于制备不方便，已逐渐少用。二倍体细胞在传代过程中保持二倍体性质，可用于多种病毒的分离和疫苗的制备。目前最常用于培养病毒的细胞为传代细胞。传代细胞是能在体外持续传代的单细胞，由突变的二倍体细胞传代或由人和动物的肿瘤细胞建立。常用于分离病毒的传代细胞有：Vero（传代非洲绿猴肾）细胞、Hela（宫颈癌）细胞、Hep-2（人喉上皮癌）细胞等。多数病毒增殖后可用光学显微镜直接观察细胞病变——变圆、空泡、溶解、脱落等。有的细胞不发生病变，但培养液可发生 pH 改变或出现红细胞吸附及血凝现象。有时也可用免疫荧光技术检查细胞中的病毒和细胞变化。

四、其他检查方法

（一）血清学检查

1. 病毒抗原的检查　用已知的特异性抗体来检测可疑标本中是否有相应病毒的抗原，此法具有操作简便、特异、敏感、快速而实用等优点。常用的技术手段包括荧光标记技术、酶标记技术、放射免疫标记技术，其中 ELISA 是应用最为广泛的检测方法。

2. 病毒抗体的检测　用已知病毒抗原检测患者血清中有无相应的特异性抗体，是某些病毒感染的辅助诊断方法。应采集患者急性期和恢复期的双份血清，如恢复期血清效价大于急性期效价的4倍或以上才有诊断价值。由于特异性 IgM 出现早、消失快，故特异性 IgM 的出现或升高是早期病毒感染的标志，如出现 IgM 类乙肝病毒核心抗体常提示机体处于乙肝病毒感染早期。常用的检测病毒特异性抗体的方法有中和试验、血凝抑制试验、补体结合试验、蛋白质印迹技术、免疫荧光法、放射免疫法、酶联免疫吸附法等。

（二）病毒基因组检查

1. 核酸杂交技术　是近几年迅速发展起来的一种新技术，较免疫电镜、免疫酶技术更特异、更敏感和快速，而且能定量和分型。其原理是根据双股 DNA 具有可解离和重组合的性质，用一条标记上放射性同位素的已知单股 DNA 作为探针，与固定在硝酸纤维膜上的待测单股 DNA 进行杂交，再用放射自显影技术检测，以确定待测核酸中有无同源 DNA 存在。

2. 核酸扩增技术　是一种体外快速基因扩增技术，具有特异、敏感、快速、简便等优点。它能在一至数小时内扩增出数百万倍的 DNA 片段，目前已广泛应用于病毒基因组的检查。如检测乙型肝炎病毒、人类免疫缺陷病毒等。

3. 基因芯片技术 是将大量探针分子固定于支持物上后与标记的样品分子进行杂交，通过检测每个探针分子的杂交信号强度进而获取样品分子的数量和序列信息。基因芯片技术可同时对大量样品进行高效、快速、低成本检测和分析，在病毒感染性疾病的临床诊断方面具有广泛的应用前景。

第二节 病毒感染的防治原则

一、病毒感染的预防

由于缺乏特效药物有效控制病毒感染，因此预防病毒感染显得尤为重要。

(一) 人工自动免疫

用于人工自动免疫的常用生物制剂有：①灭活疫苗，如流感疫苗、乙脑疫苗、狂犬病疫苗等。②减毒活疫苗，如麻疹疫苗、流行性腮腺炎疫苗、风疹疫苗、脊髓灰质炎疫苗。③基因工程疫苗，主要是基因重组疫苗，如流感病毒疫苗、乙肝病毒疫苗等。

此外，目前已经用于人体的还有亚单位疫苗、多肽疫苗、核酸疫苗等。

(二) 人工被动免疫

人工被动免疫常用的制剂有丙种球蛋白（人血清丙种球蛋白、胎盘丙种球蛋白）、转移因子、特异性免疫球蛋白等。注射人免疫球蛋白对某些常见病毒，如甲型肝炎、麻疹、脊髓灰质炎等具有紧急预防作用，可以使接触者不出现症状或症状轻微。近年来有人用含有高效价抗HBs的乙型肝炎免疫球蛋白来预防乙型肝炎，有一定效果。

二、病毒感染的治疗

(一) 抗病毒化学药物

1. 核苷类药物 大部分抗病毒药物都是核苷类似物，其作用机制主要是：①取代正常核苷，在病毒核酸复制时参入子代病毒核酸链中，造成病毒基因组缺陷；②竞争抑制与病毒复制相关的酶类而发挥作用。常用的核苷类药物包括：

（1）阿糖腺苷：对多种DNA病毒引起的感染有较显著的抑制作用，如疱疹病毒和嗜肝DNA病毒等。

（2）阿昔洛韦：是目前最有效的抗疱疹药物之一，广泛用于疱疹病毒感染引起的单纯疱疹、生殖器疱疹、带状疱疹的治疗。

（3）齐多夫定（叠氮胸苷）：是最早用于治疗艾滋病的药物。类似药物还有用于治疗慢性乙型肝炎的拉米夫定等。

（4）利巴韦林（三氮唑核苷）：临床主要用于RNA病毒感染的治疗，如流感病毒和呼吸道合胞病毒感染的治疗。

2. 蛋白酶抑制剂 蛋白酶抑制剂可与人类免疫缺陷病毒的蛋白酶结合，阻断病毒前体蛋白裂解从而抑制病毒结构蛋白的形成。主要用于人类免疫缺陷病毒感染及艾滋病患者的联合抗病毒治疗。包括沙奎那韦、利托那韦、英地那韦等。

3. 其他 金刚烷胺及其衍生物甲基金刚烷胺能特异性抑制甲型流感病毒的脱壳，以抑制病毒的增殖，但对乙型、丙型流感病毒无效。

(二) 干扰素和干扰素诱生剂

干扰素具有广谱抗病毒作用。包括IFN-α、IFN-β、IFN-γ三种。其中IFN-α、β（Ⅰ型干扰素）是重要的抗病毒生物治疗药物，IFN-γ（Ⅱ型干扰素）主要具有抗肿瘤和免疫调节作用。干扰素制剂主要用于治疗慢性肝炎（乙型、丙型肝炎）、人乳头瘤病毒以及疱疹病毒感染等。

干扰素诱生剂（IFN inducer）包括多聚肌苷酸、多聚胞啶酸、细菌脂多糖、甘草酸、灵芝多糖等。

（三）抗病毒基因制剂

目前研制的抗病毒基因制剂主要有反义寡核苷酸和核酶。

1. 反义寡核苷酸 反义寡核苷酸是根据病毒基因组的已知序列设计并合成的能与其某序列互补的寡核苷酸。将反义寡核苷酸导入感染的细胞内，通过与病毒基因的相应序列互补结合，从而抑制病毒的复制。目前已应用于临床的反义寡核苷酸用于巨细胞病毒性视网膜炎的局部治疗。

2. 核酶 核酶是一类具有双重功能的 RNA 分子。既能识别特异的靶 RNA 序列，并与之互补结合；又具有酶活性，能通过特异性位点切割降解病毒的靶 RNA，从而抑制病毒的复制。

（四）中草药

迄今，具有抗病毒作用的中草药有二百余种，如金银花、板蓝根、大青叶、螃蜞菊、苍术、大蒜的提取物、天然花粉蛋白等。其作用机制多不明确，还有待于进一步研究。但中草药抗病毒已有不少临床应用有效的报道。如板蓝根、大青叶能抑制多种病毒；苍术、艾叶在组织培养细胞中能抑制腺病毒、鼻病毒、疱疹病毒、流感病毒等；紫草根能抑制麻疹病毒等。

小结

病毒标本的采集可根据不同感染部位进行采集，应做到早期采集、冷藏送检、低温保存、无菌操作。病毒感染的检查可通过下列方法：显微镜进行病毒形态学检查；病毒的分离培养，方法有动物接种、鸡胚培养和细胞培养；病毒的血清学检查；病毒基因组的检查。

病毒感染的防治以预防为主，可通过接种特异疫苗进行人工自动免疫，接种丙种球蛋白、特异性免疫球蛋白进行人工被动免疫。病毒感染的治疗可应用抗病毒化学药物、干扰素和干扰素诱生剂、抗病毒基因制剂、中草药等。

思考题

1. 简述分离培养病毒的方法。
2. 简述病毒感染的防治原则。
3. 病毒标本的采集及送检应注意哪些问题？

（大庆医学高等专科学校 吕茂利）

第二十六章 呼吸道病毒

> **学习目标**
> 1. 掌握流感病毒核酸结构特点、分型和变异及其与流感流行的关系、致病性与免疫性，SARS冠状病毒生物学性状及致病性。
> 2. 熟悉流感病毒形态、抗原构造与防治原则，SARS冠状病毒感染的防治原则，麻疹病毒的致病特点、所致疾病及继发感染，腮腺炎病毒所致疾病，风疹病毒防治原则。
> 3. 了解冠状病毒所致疾病，麻疹病毒的生物学性状及防治原则，腺病毒、呼吸道合胞病毒的致病特点与防治原则。

呼吸道病毒是指以呼吸道为主要侵入门户，引起呼吸系统局部感染和（或）全身感染的病毒。此类病毒分属于不同科属，包括正黏病毒科中的流行性感冒病毒，副黏病毒科中的副流感病毒、呼吸道合胞病毒、麻疹病毒和腮腺炎病毒，以及其他病毒科中的病毒，如腺病毒、风疹病毒、冠状病毒和呼肠病毒等。

第一节 流行性感冒病毒

流行性感冒病毒（influenza virus），简称流感病毒，属于正黏病毒科，分甲、乙、丙三型，可引起人和动物的流行性感冒。其中甲型流感病毒很容易发生重组变异形成新的亚型，常引起大流行甚至世界性大流行。

一、生物学性状

（一）形态与结构

流感病毒的形态呈球形、椭圆形或丝状，直径 80~120 nm。病毒体的结构包括核心和包膜（图 26-1，图 26-2）。

1. **核心** 由核酸和核蛋白（NP）缠绕组成核衣壳，或称核糖核蛋白体，此外还连接有 RNA 聚合酶复合体。病毒的核酸为分节段（7或8个）的单负链 RNA。病毒在复制增殖过程中，基因组各节段之间易发生重组而导致病毒变异，这一特点是流感病毒易变异而引起暴发流行的主要原因。每个节段分别控制编码病毒的各种蛋白，核糖核蛋白体是主要的结构蛋白，免疫原性稳定，很少发生变异，具有型特异性。

2. **包膜** 病毒体的包膜由两层组成：内层为基质蛋白 M1，免疫原性稳定，具有型特异性。外层来源于宿主细胞膜脂质双层膜，其中镶嵌着膜蛋白（M2）和糖蛋白刺突（spike）。M1 和 M2 都为基质蛋白（M蛋白，MP），与包膜的脂质双层膜紧密结合，主要功能是保护核酸并维持病毒的形态。病毒体包膜表面的刺突有两种，即血凝素（HA）和神经氨酸酶（NA）。HA 与病毒的吸附、穿入有关，能引起红细胞凝集，NA 有利于成熟病毒的释放和扩散,故两者与病毒感染性有关。HA能刺激机体产生HA抗体,此抗体具有保护作用,可中和病毒的感染性,为保护性抗体。NA虽具有免疫原性,能诱导机体产生相应抗体,但不能中和病毒,而能抑制该酶的生物学作用。HA及NA的免疫原性极不稳定,常发生变异,是甲型流感病毒分亚型的依据。

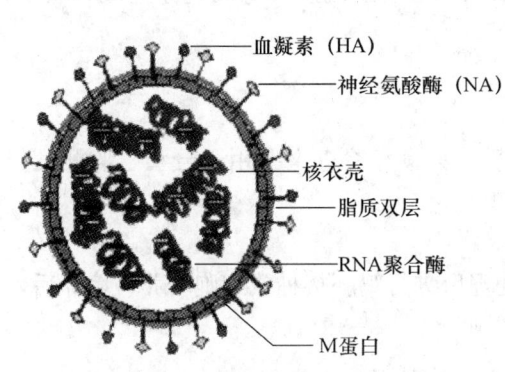

图26-1 流感病毒结构示意图

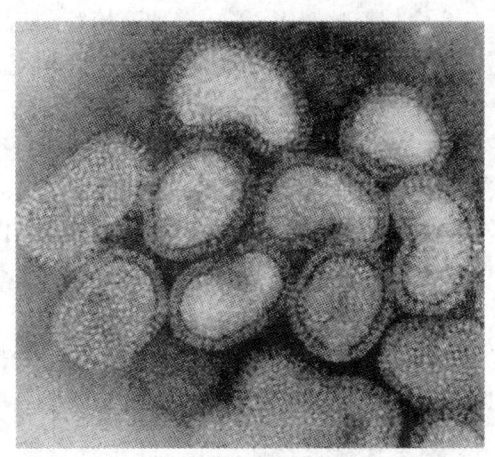

图26-2 流感病毒电镜图

(二)分型与变异

1. 分型　根据NP和MP的不同可将流感病毒分为甲、乙、丙三型。甲型流感病毒又根据HA和NA免疫原性不同,分为若干亚型,近年报道的人感染禽流感H5N1和H9N2亚型为新亚型流行。乙型和丙型流感病毒未发现亚型。

2. 变异　甲型流感病毒的刺突HA和NA均易发生免疫原性变异,是流感病毒最突出的特性,也是流感防治的困难所在。可通过两种形式发生抗原变异:①抗原漂移,变异幅度小,属于量变,仅引起局部的中小型流行;②抗原转换,变异幅度大,属于质变,致新亚型出现,常引起流感大流行。

(三)培养特性

流感病毒常采用鸡胚尿囊腔或羊膜腔接种、细胞培养等。病毒在鸡胚和细胞中增殖后不引起明显的病变,需用血凝试验判断有无流感病毒增殖。

(四)抵抗力

流感病毒的抵抗力较弱,56℃加热30 min可灭活,0～4℃能存活数周,-70℃以下可长期保存。对干燥、紫外线及一般消毒剂(如酸类、醛类等)均敏感。

二、致病性与免疫性

(一)致病性

1. 传染源　流感患者、隐性感染者及感染动物是主要传染源。
2. 传播途径　飞沫传播是其主要传播途径,也可经共用手帕、毛巾等接触而感染。
3. 致病机制及临床表现　人群普遍易感。流感病毒进入人体后,首先在呼吸道上皮细胞内大量增殖,细胞变性、坏死、脱落,黏膜局部充血、水肿,导致患者发生鼻塞、流涕、咽痛、咳嗽等上呼吸道感染症状。病毒可播散至下呼吸道,严重者可致病毒性肺炎。病毒在细胞内增殖后一般不入血,不引起病毒血症,但可释放毒素样物质入血,引起发热、头痛、畏寒、全身酸痛等症状。流感的特点是发病率高，病死率低。机体抵抗力较弱的婴幼儿、老人和心肺功能不全者可继发细菌性肺炎，是流感患者死亡的主要原因。常见继发感染的细菌有肺炎链球菌、金黄色葡萄球菌、流感嗜血杆菌等。

（二）免疫性

人体感染流感病毒或接种流感疫苗后可产生血清中和抗体和呼吸道黏膜 sIgA，对同型流感病毒再感染有免疫力，但亚型间无交叉免疫。三个型别的流感病毒在抗原上没有联系，不能诱导交叉保护。

三、微生物学检查

在流感暴发流行时，结合症状可作出临床诊断。实验室检查主要用于分型、监测变异株、预测流行趋势和制备疫苗。

（一）病毒分离

取急性期患者咽漱液或鼻咽拭子，经抗生素处理后进行鸡胚接种或细胞培养，培养后做血凝试验，阳性标本再做血凝抑制试验，以确定型别。

（二）血清学诊断

常采用血凝抑制试验，取疑似病例的急性期和恢复期双份血清，若恢复期抗体效价较急性期高 4 倍及以上者，有诊断价值。此外还可采用 ELISA、免疫荧光试验等方法。

（三）病毒核酸检测

可用核酸杂交、PCR 或序列分析检测流感病毒核酸或进行分型。

四、防治原则

流感病毒传染性强，传播快，易引起暴发流行，至今尚无有效疗法，故切实做好预防工作十分重要。

流行期间应避免人群聚集，公共场所应通风换气或用乳酸熏蒸做空气消毒。接种流感疫苗是最有效的预防方法，但需及时监测流感病毒变异动态，选择当前流行毒株或与之相似的毒株制备疫苗进行人群免疫，以防发生流行。

无特效疗法，主要是对症治疗和预防继发细菌感染。可用金刚烷胺及其衍生物阻止病毒进入细胞，有一定疗效。神经氨酸酶抑制剂可以阻止病毒释放，临床效果较好。干扰素及中草药板蓝根、大青叶、连翘等对流感也有防治作用。

第二节 麻疹病毒

麻疹病毒（measles virus）是麻疹的病原体，属副黏病毒科。麻疹是儿童常见的急性传染病。自广泛应用麻疹减毒活疫苗以来，发病率呈明显下降趋势。目前，WHO 已将麻疹列为将要消灭的传染病之一。

一、生物学性状

麻疹病毒为不分节段的单负链 RNA、有包膜的球形病毒。包膜表面有两种糖蛋白刺突，即血凝素（HA）和融合因子（F 蛋白），可分别凝集和溶解红细胞，F 蛋白还可引起细胞融合，形成多核巨细胞。病毒在感染细胞的核和胞浆内可形成嗜酸性包涵体。麻疹病毒的免疫原性较稳定，只有一个血清型，但近年来的研究表明，麻疹病毒存在抗原漂移现象。

病毒抵抗力较弱，56℃加热 30 min 即被灭活，对紫外线、干燥、一般消毒剂（如酸、醛等）均敏感。

二、致病性与免疫性

（一）致病性

人是麻疹病毒唯一的自然宿主。潜伏期（10～14 天）至急性期患者为传染源。主要通过飞沫传播，也可经污染物品或密切接触传播。病毒首先在上呼吸道黏膜上皮细胞和局部淋巴组织中增殖，入血形成第一次病毒血症。随后病毒侵入全身淋巴组织和单核-巨噬细胞系统，在细胞内大量增殖后再次入血，形成第二次病毒血症。继而侵犯全身皮肤、黏膜及中枢神经系统，引起细胞病变，导致患者出现发热、眼结膜充血、畏光、咳嗽等前驱症状。多数患者在口颊黏膜处出现灰白色外绕红晕的黏膜斑，称为柯氏斑（Koplik 斑），可作为早期临床诊断的依据之一。随后 1～2 天，患者自头颈、躯干至四肢的皮肤相继出现红色斑丘疹。若无并发症可自愈，但有的患者因抵抗力下降继发细菌或其他病毒感染，导致肺炎、中耳炎、脑膜炎等，严重可致死亡。极个别患者（百万分之一）可并发亚急性硬化性全脑炎（SSPE），表现为大脑功能渐进性衰退。

（二）免疫性

麻疹病愈后可获得终生免疫。血清中的抗体在预防再感染中有重要作用，而细胞免疫可清除细胞内病毒，是麻疹痊愈的主要因素。6 个月内的婴儿可从母体获得被动免疫力。

三、微生物学检查

典型麻疹病例无需实验室检查，根据临床症状即可诊断。病毒分离可取疑似病例早期的血液及鼻咽分泌物接种原代人或猴肾细胞，观察多核巨细胞和包涵体，也可采用免疫荧光法检查病毒抗原。

四、防治原则

接种麻疹减毒活疫苗是目前最有效的预防措施，为确保免疫效果对成人及易感儿童可进行强化免疫。对接触过麻疹的易感者，可紧急用丙种球蛋白或胎盘球蛋白进行人工被动免疫，可防止发病或减轻症状。

第三节　腮腺炎病毒

腮腺炎病毒（mumps virus）是流行性腮腺炎的病原体，属副黏病毒科。

一、生物学性状

腮腺炎病毒为球形、有包膜的单负链 RNA 病毒。包膜表面有刺突，即血凝素-神经氨酸酶（HN）和融合因子（F 蛋白），HN 具有 HA 和 NA 活性。病毒可在鸡胚羊膜腔或多种培养细胞中增殖，能使细胞融合形成多核巨细胞。腮腺炎病毒仅有一个血清型。对理化因素的抵抗力较弱，56℃加热 30 min 可灭活，对紫外线及脂溶剂敏感。

二、致病性与免疫性

人是腮腺炎病毒唯一的自然宿主，易感人群为 5~15 岁的少儿。病毒主要经飞沫传播。病毒侵入呼吸道上皮细胞内增殖后，释放入血引起病毒血症，随后经血流侵犯唾液腺引起单侧或双侧腮腺肿大，并伴有低热、乏力和肌肉疼痛等症状。若无并发感染，可自愈。病毒也可扩散至其他腺体如胰腺、睾丸或卵巢，引起相应炎症，严重者可并发病毒性脑膜炎。

腮腺炎病愈后可获得终生免疫力，6 个月内婴儿可从母体获得被动免疫力。

三、微生物学检查

典型腮腺炎病例无需做实验室检查。但不典型病例或以并发症为主要表现的患者可做病毒分离或血清学试验以明确诊断，也可采用 RT-PCR 或核酸序列测定方法进行检查。

四、防治原则

对于腮腺炎患者应及时隔离，防止传播。疫苗接种是有效的预防措施。我国已将腮腺炎病毒、麻疹病毒和风疹病毒的减毒活疫苗组成的三联苗（MMR）纳入国家计划免疫项目。目前尚无有效的治疗药物，可试用中药普济消毒饮和连翘败毒散进行治疗。

第四节　冠状病毒

冠状病毒（coronavirus，CoV）是普通感冒的病原体，也可引起消化道症状，属冠状病毒科。现已证实，2003 年冬春季节，全球暴发流行的严重急性呼吸综合征（SARS）的病原体是一种新型冠状病毒，命名为 SARS 冠状病毒（SARS-CoV）。

一、生物学性状

冠状病毒具多形性，为有包膜的单正链 RNA 病毒。包膜上具有三种蛋白质，即刺突蛋白、包膜蛋白和膜蛋白。刺突蛋白能与细胞受体结合，介导细胞融合，为冠状病毒的主要表面抗原。包膜上的刺突外观如花瓣状，形似日冕或皇冠状的突起，故得名。冠状病毒可在人胚肾、肠、肺的原代细胞中增殖，经盲目传代可增强病毒的致病变作用。病毒对理化因素的抵抗力较弱，对乙醚、氯仿、紫外线及酸类消毒剂（如乳酸、食醋等）敏感。

二、致病性与免疫性

冠状病毒感染呈世界性分布，有明显的季节性，冬春季节发病率最高。主要经飞沫传播，感染一般局限于上呼吸道，主要表现为鼻炎、咽喉炎、头痛及咳嗽。据统计，婴幼儿普通感冒多为冠状病毒所致，但 50% 以上的成人普通感冒是由鼻病毒引起，另有 10%~30% 由冠状病毒引起。冠状病毒除了感染呼吸道之外，还可引起婴幼儿急性胃肠炎，主要症状是水样便、发热、呕吐。病愈后特异性免疫力不强，可反复多次感染。

三、微生物学检查

对疑似病例可采用 ELISA、中和试验等进行血清学诊断。也可用一些快速诊断方法，如免疫荧光技术、RT-PCR 技术检测鼻分泌物、咽漱液标本中的病毒抗原或核酸。用细胞培养分离病毒较困难,不适于临床标本的诊断,但用 Vero 细胞成功培养分离到 SARS 冠状病毒。

四、防治原则

目前尚无药物和疫苗用于特异性预防和治疗普通冠状病毒引起的感染。感冒流行期间,可用酸类消毒剂熏蒸消毒室内空气。

SARS 冠状病毒

SARS 冠状病毒是 2002 年底至 2003 年在世界流行的一种新型冠状病毒,引起严重急性呼吸综合征,又称为传染性非典型性肺炎。SARS 冠状病毒与普通冠状病毒在大小、形态结构方面均相似,但 SARS 冠状病毒的核酸序列及氨基酸序列变化很大,和已知冠状病毒相比,其同源性很低。因此,在感染宿主、免疫原性及致病性等方面明显不同于普通冠状病毒。

SARS 患者是主要传染源。SARS 冠状病毒传染性极强,以近距离飞沫传播为主,也可通过接触污染物等途径传播。人类由于对这种新型冠状病毒无天然免疫力,因此普遍易感。所导致的感染较其他类型冠状病毒的感染严重,患者以发热为首发症状,体温高于 38℃,可伴有头痛、乏力等,继而出现干咳、胸闷、气短等症状,X 线检查胸部出现片状密度增高的阴影。严重者肺部病变进展迅速,出现呼吸困难、休克、DIC 等。致病机制不完全清楚,免疫病理损伤可能参与致病。

感染 SARS 冠状病毒后,患者可获得免疫力,对再感染有一定的预防作用。

SARS 冠状病毒感染可应用免疫荧光试验和 ELISA 检测患者血清中的抗体,也可应用 RT-PCR 快速检测 SARS 冠状病毒的核酸。

目前无特异性预防和治疗措施。预防 SARS 冠状病毒感染的措施主要包括:①流行期间要严格控制传染源、隔离患者及疑似病例;②勤洗手;③保持环境卫生,注意空气流通,必要时进行空气消毒。

第五节 风疹病毒

风疹病毒(rubella virus)归于披膜病毒科,引起的风疹或称德国麻疹,是一种以全身红色斑疹伴耳后及枕下淋巴结肿大为特征的急性呼吸道传染病。风疹病毒是人类重要的致畸病毒之一。

一、生物学性状

风疹病毒为不规则球形、有包膜的单正链 RNA 病毒。包膜表面有微小刺突,具有血凝和溶血活性。该病毒能在多种细胞中增殖,但不出现病毒致细胞病变效应。风疹病毒只有一个血清型。风疹病毒对理化因素的抵抗力弱,对热、紫外线、脂溶剂等敏感。

二、致病性与免疫性

人是风疹病毒的唯一自然宿主。传染源包括患者和隐性感染者,经呼吸道传播,主要易感者是儿童,引起风疹。风疹病毒侵入人体后在局部淋巴结增殖并释放入血形成病毒血症,进而扩散至全身皮肤和其他组织而发病。患者临床表现为发热、波及全身的麻疹样皮疹和耳后及颈部淋巴结肿大。大多数患者预后良好。育龄妇女如在妊娠20周内感染风疹病毒，病毒可经胎盘垂直传播感染胎儿，导致胎儿畸形、死亡、流产或先天性风疹综合征，婴儿出生后可表现为先天性心脏病、先天性耳聋、白内障等综合征。

儿童和成人自然感染风疹病毒后，可获得终生免疫力，其特异抗体可阻断病毒血症及垂直传播。6个月内婴儿可从母体获得被动免疫力。

三、微生物学检查

疑有风疹病毒感染的孕妇早期确诊十分必要，可以减少畸形儿的出生。目前临床上常用的诊断方法是 ELISA 检测血清风疹特异性 IgM 及 IgG 抗体。血清风疹特异性 IgM 检验可用于风疹急性期或新近感染的诊断。血清风疹特异性 IgG 的检验可用于证实风疹病毒的既往感染。

四、防治原则

采取以预防接种为主导的预防措施。接种重点为非孕期未患风疹的育龄妇女。目前我国采用麻疹、腮腺炎和风疹三联减毒活疫苗（MMR 三联苗）给学龄前儿童接种，已纳入计划免疫。如发现孕妇感染风疹病毒，应立即注射抗风疹人血清免疫球蛋白，若追踪观察发现其胎儿发育异常，宜终止妊娠。

第六节 腺病毒

腺病毒（adenovirus）是在健康人腺样组织（如扁桃体）中首次分离到的，故名腺病毒，属腺病毒科。腺病毒广泛分布于自然界，血清型多。人类腺病毒能引起急性咽炎、婴幼儿致死性肺炎、流行性角膜结膜炎、膀胱炎、胃肠炎等疾病。

一、生物学性状

腺病毒呈球形，为无包膜的双链 DNA 病毒。衣壳 20 面体立体对称，其顶角壳粒为五邻体壳粒，从其根部伸出一条有顶球的纤维突起。五邻体有细胞毒性，纤维突起具有血凝活性和型特异性。腺病毒只能在人源的组织细胞中增殖，引起病毒致细胞病变效应，核内可见嗜碱性包涵体。腺病毒对理化因素的抵抗力较强，对脂溶剂及酶类等不敏感，耐酸，紫外线或56℃加热 30 min 可灭活。

二、致病性与免疫性

腺病毒主要经呼吸道和眼结膜引起感染。主要感染对象是儿童和免疫力低下人群。腺病毒能在咽部和眼结膜的易感细胞中或胃肠黏膜下集合淋巴结等处增殖，可释放入血引起病毒血症，随血液扩散而波及多器官及皮肤。腺病毒多为隐性感染，少数可表现为急性咽喉炎、肺炎、胃肠炎、小儿腹泻、角膜结膜炎、出血性膀胱炎、急性心肌炎、脑膜脑炎、肝炎等。

人体感染腺病毒后，可获得对同型病毒的持久免疫力。机体产生的中和性抗体对再感染有保护作用。

三、微生物学检查与防治原则

病毒标本用人源组织细胞分离培养,检查是否有可见包涵体和血凝活性,并可应用血凝抑制试验确定型别。也可采用 ELISA、中和试验等血清学方法诊断。

在流行性角膜结膜炎流行期间,对于公共泳池要加强消毒,禁用公用毛巾和脸盆。

第七节 呼吸道合胞病毒

呼吸道合胞病毒(respiratory syncytial virus,RSV)简称合胞病毒,属副黏病毒科,是婴幼儿毛细支气管炎和肺炎等急性下呼吸道感染的主要病原微生物,严重病例可致婴儿猝死。年长儿及成人感染 RSV 可表现为鼻炎、普通感冒等上呼吸道症状。

一、生物学性状

RSV 为球形、有包膜、不分节段的单负链 RNA 病毒。包膜上有两种糖蛋白刺突,即 G 蛋白和 F 蛋白。G 蛋白能与宿主细胞膜受体结合,介导病毒穿入细胞。F 蛋白可使感染细胞互相融合。病毒可在多种细胞中缓慢增殖,病变特点是细胞相互融合成为合胞体,内含多个胞核、胞浆内嗜酸性包涵体。一般认为 RSV 只有一个血清型。病毒对理化因素的抵抗力较弱,对热、酸、胆汁及冻融等敏感。

二、致病性与免疫性

RSV 多冬季流行,传染性强,也是医院内交叉感染的主要病原体之一。RSV 经飞沫或接触而感染。RSV 局限于呼吸道上皮细胞内增殖,引起细胞融合、变性、坏死,坏死物与黏液、纤维蛋白等阻塞呼吸道,导致严重的细支气管炎和肺炎,严重时导致死亡。一般不形成病毒血症及全身感染。患者病愈后获得的免疫力不强,不能预防再度感染,母体抗体不能完全保护婴幼儿免于感染。

三、微生物学检查与防治原则

RSV 所致疾病在临床上不易与其他呼吸道病毒感染区别,需进行病毒分离和抗体检查。可用免疫荧光、免疫酶标、放射免疫、RT-PCR 等技术进行诊断。

至今尚无安全有效的预防疫苗和治疗药物。

小结

流感病毒是流感的病原体。包膜表面的刺突与病毒的致病性、抗原性、变异性和分型有关。基因组分节段的结构特点导致其最突出的特性是免疫原性变异,是易反复感染,甚至大流行的主要原因,也是流感特异疫苗制备、预防的困难所在。

麻疹病毒是麻疹的病原体,经飞沫传播,儿童是主要易感对象。主要表现为皮肤黏膜红色斑丘疹,可自愈。少数人可有并发症,个别病例可并发亚急性硬化性全脑炎。病毒血清型单一,病愈后可获得牢固免疫力。

腮腺炎病毒引起流行性腮腺炎。以腮腺肿大、疼痛为主要症状，可并发脑膜炎、睾丸炎、卵巢炎。病愈后获得牢固免疫力。接种减毒活疫苗或三联苗可有效预防。

冠状病毒是普通感冒的病原体，也可引起消化道的症状。SARS冠状病毒是一种新型冠状病毒，引起严重急性呼吸综合征，又称传染性非典型性肺炎。患者是主要传染源，以近距离飞沫传播为主，发热是其首发症状，目前无特异性预防措施和有效的治疗药物，主要是做好非特异性预防工作。

风疹病毒是引起风疹的病原体，主要易感对象是儿童。可经垂直途径传播引起胎儿先天性风疹综合征。采用风疹减毒活疫苗或三联苗预防接种，效果较好。

腺病毒可引起不同疾病如急性上呼吸道感染、肺炎、流行性角膜结膜炎等，病愈后对同型病毒有持久免疫力。呼吸道合胞病毒是婴幼儿急性下呼吸道感染的主要病原微生物，年长儿和成人感染可表现为鼻炎、普通感冒等上呼吸道症状。

思考题

1. 常见的呼吸道病毒有哪些？各引起什么疾病？
2. 流感病毒核酸的结构特点有哪些？病毒变异性与流感发生有何关系？
3. 如何预防麻疹、腮腺炎和风疹？
4. 简述SARS冠状病毒的致病性。

（山东万杰医学院　张　桥）

第二十七章 肠道病毒

> **学习目标**
> 1. 掌握肠道病毒的共同特性及脊髓灰质炎病毒的特异性预防。
> 2. 熟悉脊髓灰质炎病毒的致病性。
> 3. 了解其他常见肠道病毒及引起的主要疾病。

肠道病毒是指主要经消化道传播的病毒。主要包括：小 RNA 病毒科中的脊髓灰质炎病毒、柯萨奇病毒、埃可病毒和新肠道病毒等，以及引起胃肠炎的轮状病毒、肠道腺病毒、杯状病毒、星状病毒等。人类肠道病毒的共同特征有：①病毒体呈球形，直径约 24～30 nm，核心为单股正链 RNA，衣壳为 20 面体，无包膜；②在宿主细胞质内增殖，引起细胞病变；③耐乙醚和酸，pH3～5 条件下稳定；④临床表现多样化，经消化道传播，而所致疾病多在肠道外。

第一节 脊髓灰质炎病毒

脊髓灰质炎病毒（poliovirus）是脊髓灰质炎的病原体，大多数为隐性感染，少数感染者因病毒损害脊髓前角运动神经元细胞，导致肢体肌肉弛缓性麻痹，多见于儿童，故又称小儿麻痹症。

一、生物学性状

（一）形态与结构
病毒呈球形，直径 27～30 nm，核衣壳为 20 面体立体对称，无包膜。病毒衣壳蛋白主要由 4 种蛋白组成，分别称为 VP1、VP2、VP3 和 VP4。其中 VP1、VP2 和 VP3 暴露在病毒衣壳的表面，具有抗原性，是病毒分型的依据。VP1 与病毒吸附有关。VP4 位于衣壳内部，可维持病毒的空间构型。

（二）培养特性
脊髓灰质炎病毒仅能在人胚肾、人羊膜及猴肾等灵长类动物细胞中增殖，病毒在胞质内增殖后出现典型的溶细胞性病变，导致细胞圆缩、坏死、脱落，可形成空斑。

（三）抗原性与型别
脊髓灰质炎病毒有 3 个血清型，均可刺激机体产生中和抗体，但三型间无交叉免疫。

（四）抵抗力
病毒对外界环境的抵抗力较强，在污水和粪便中可存活数月，能耐受胃酸、蛋白酶和胆汁的作用。病毒对紫外线、热和化学消毒剂抵抗力不强，56℃加热 30 min 可迅速破坏病毒，各种强氧化剂和甲醛、氯化汞等均可灭活该病毒。

二、致病性与免疫性

（一）致病性

1. 传染源　患者、隐性感染者和无症状带病毒者为传染源。
2. 传播途径　主要经污染的食物、生活用品等通过粪-口途径传播。也有报道通过空气飞沫传播者，但很少见。
3. 致病机制及临床表现　易感者多为 5 岁以下儿童。潜伏期一般 7～14 天。病毒侵入机体后，首先在咽部和肠道集合淋巴结中增殖。约 90％以上感染者不出现症状或仅有轻微发热、咽痛、腹部不适等，表现为隐性或轻症感染。少数感染者病毒在肠道局部淋巴结增殖后进入血液，引起第一次病毒血症，临床上可出现发热、头痛、恶心等症状。病毒随血液播散到全身淋巴组织或其他易感组织进一步增殖，再次入血引起第二次病毒血症，患者全身症状加重。此时，若机体免疫力强，中枢神经系统可不受侵犯，临床上不出现麻痹症状。极少数患者病毒侵入中枢神经系统，在脊髓前角运动神经元细胞中增殖并引起病变。轻者引起暂时性肌肉麻痹，以四肢多见，下肢尤甚。重者可造成永久性弛缓性肢体瘫痪，甚至发生延髓麻痹，导致呼吸衰竭或心力衰竭而死亡。

（二）免疫性

机体感染后不久即可产生特异性抗体 sIgA 和 IgG，sIgA 能阻止病毒进入血液及清除肠道内的病毒；IgG 可阻止病毒向中枢神经系统扩散并清除体内病毒。感染后可获得对同型病毒较牢固的免疫力。

三、微生物学检查

（一）病毒分离与鉴定

粪便标本加抗生素处理后，接种原代猴肾或人胚肾细胞，置 37℃培养 7～10 天，若出现细胞病变，用中和试验进一步鉴定其型别。

（二）血清学实验

取发病早期和恢复期双份血清进行中和试验，若血清抗体效价有 4 倍或以上增长，则有诊断意义。

（三）分子生物学方法

应用 RNA 探针进行核酸杂交试验及 RT-PCR 等方法检测病毒的 RNA，可作出快速诊断。

四、防治原则

（一）一般性预防

隔离患者、消毒排泄物、保护水源以及加强饮食卫生等做好一般性预防工作。

（二）特异性防治

对婴幼儿及儿童进行人工主动免疫是预防脊髓灰质炎最为有效的方法。脊髓灰质炎疫苗有灭活疫苗和减毒活疫苗两种。我国使用口服脊髓灰质炎三价减毒活疫苗，可获得抗三种血清型脊髓灰质炎病毒的免疫力。

与患者有过密切接触的易感者，可注射丙种球蛋白做紧急被动免疫，可阻止发病或减轻症状。

第二节 柯萨奇病毒与埃可病毒

柯萨奇病毒（Coxsackie virus）和埃可病毒（ECHO virus）的生物学性状、感染和免疫过程与脊髓灰质炎病毒基本相似。致病特点是经消化道传播，可以侵犯多种组织，临床表现多样化，可引起无菌性脑膜炎、疱疹性咽炎、病毒性心肌炎、心包炎、流行性胸痛、急性出血性结膜炎和手-足-口病等。其中心肌炎和心包炎死亡率高，散发于成人和儿童。

上述肠道病毒感染后，机体可获得长期而牢固的型特异性免疫。在保护性免疫中抗体具有重要作用。sIgA 可阻止病毒在咽喉部、肠道内的吸附和穿入；IgM、IgG 可阻止病毒向靶组织扩散。中和抗体在病毒感染后 2～3 周达高峰，可维持终生。胎儿可从母体获得被动免疫。

第三节 轮状病毒

人类轮状病毒（rotavirus）属呼肠病毒科的轮状病毒属，是婴幼儿腹泻的主要病原体。全世界因急性胃肠炎而住院的儿童中，有 40%～50% 为轮状病毒引起。

一、生物学性状

病毒为 60～80 nm 球形颗粒，核心为双链 RNA，由 11 个不连续的基因节段组成，有内、外双层衣壳，排列呈放射状，形同车轮辐条，故名轮状病毒，无包膜。轮状病毒对理化因素抵抗力较强，能耐乙醚、弱酸，在室温中传染性可保持 7 个月，在粪便中可存活数日或数周。95% 乙醇是最有效的病毒灭活剂，56℃加热 30 min 也可灭活病毒。

二、致病性与免疫性

轮状病毒广泛存在于自然界，传染性强，人类轮状病毒感染常见于 6 个月～2 岁的婴幼儿，主要在冬季流行，一般经粪-口途径传播（也可通过呼吸道传播），可散发或暴发流行。潜伏期 2～4 天，病毒侵入人体后，在小肠黏膜细胞内增殖，使黏膜细胞表面微绒毛萎缩、变短，甚至脱落，使肠吸收功能受损，引起肠腔内渗透压升高，大量水分进入肠腔，导致严重水样腹泻。若受染细胞脱落或裂解，可有大量病毒随粪便排出。少数患者可出现严重脱水、电解质平衡紊乱和酸中毒，如不及时治疗，可能导致死亡。

机体感染轮状病毒后血液中很快出现特异性 IgM、IgG 抗体，肠道局部出现 sIgA，可中和病毒，对同型病毒再感染有作用。

三、微生物学检查与防治原则

取粪便直接在电镜或免疫电镜下，检查病毒颗粒或用 ELISA 双抗体夹心法或免疫荧光法检测粪便标本中的病毒抗原。治疗应及时补液，纠正电解质紊乱。特异性疫苗正在研制中。

第四节 其他肠道感染病毒

一、杯状病毒

杯状病毒（calicivirus）是一类裸露的、立体对称的单股正链 RNA 病毒，呈球形或近球形，直径 30～38 nm，其表面有杯状凹陷，故称杯状病毒。

本类病毒中引起急性胃肠炎的主要是诺瓦克（Norwalk）病毒。该病毒耐酸、耐热，60℃加热 30 min 不能完全灭活，至今细胞培养分离病毒尚未成功。

诺瓦克病毒主要通过粪-口途径传播，传染性强。该病毒是非细菌性胃肠炎暴发流行的重要病原体，主要引起较大儿童和成人急性胃肠炎，属非炎症性腹泻。感染后 1 天即发病，一般 1～2 天自愈。症状包括呕吐、腹泻和轻度发热。病后可产生抗体，但无保护作用，易再次感染。

微生物学检查可用电镜直接观察粪便标本，或采用 ELISA 检测病毒抗原或抗体。

二、肠道腺病毒

肠道腺病毒（enteric adenovirus，EadV）是含双股 DNA、直径为 70～75 nm 的 20 面立体对称、无包膜病毒。归属于人类腺病毒 F 亚属，包括 40 和 41 血清型，是引起婴幼儿腹泻的重要病原体之一，其中以 41 血清型流行最为多见。四季均可发病，临床表现以水泻为主要症状，并伴有发热。病程可持续 1～2 周。可用电镜直接观察粪便标本中的病毒颗粒。

三、星状病毒

星状病毒（astrovirus）是一种直径 28～30 nm 的球形病毒颗粒，表面有 5～6 个星芒状突起。该病毒经污染的水源和食物进入机体，引起急性胃肠炎。

肠道感染病毒是指一类通过污染的饮水、食物经消化道传播的病毒，其中对人致病的主要有脊髓灰质炎病毒、柯萨奇病毒、埃可病毒和轮状病毒等。目前尚无特效药物可用于治疗肠道病毒感染，临床治疗主要以对症为主。因此，控制传染源，切断传播途径就显得尤为重要。对易感人群进行人工免疫是预防肠道病毒感染行之有效的方法。

表 27-1 肠道感染病毒

病毒	大小（nm）	形态结构	所致疾病	疫苗
脊髓灰质炎病毒	27～30	球形，单链 RNA，无包膜	脊髓灰质炎（小儿麻痹症）	口服减毒活疫苗
柯萨奇病毒与埃可病毒	27～30	球形，单链 RNA，无包膜	无菌性脑炎、麻痹、疱疹性咽炎、胸肌痛、心肌炎、心包炎、急性出血性结膜炎	正在研制中
轮状病毒	60～80	球形，车轮状衣壳，双链 RNA，无包膜	流行性婴幼儿腹泻	口服减毒活疫苗
肠道腺病毒	70～75	球形，双链 DNA，20 面体，无包膜	流行性婴幼儿腹泻	正在研制中
杯状病毒	30～38	球形，单链 RNA，无包膜	散发婴幼儿和儿童腹泻	正在研制中
星状病毒	28～30	球形，单链 RNA，无包膜	散发婴幼儿和儿童腹泻	正在研制中

思考题

1. 说出肠道病毒的共同特征。
2. 试述脊髓灰质炎病毒的致病机制。如何预防脊髓灰质炎？有哪些注意事项？
3. 柯萨奇病毒、埃可病毒及轮状病毒可引起哪些疾病？

（青海卫生职业技术学院　乜国雯）

第二十八章　肝炎病毒

> **学习目标**
> 1. 掌握肝炎病毒的类型及传播途径。
> 2. 掌握乙型肝炎病毒的生物学性状及致病性。
> 3. 熟悉肝炎病毒的防治原则。

肝炎病毒（hepatitis virus）是引起病毒性肝炎的病原体。病毒性肝炎是危害人类健康最严重的疾病之一。目前公认的肝炎病毒至少有 5 种，即甲型肝炎病毒（HAV）、乙型肝炎病毒（HBV）、丙型肝炎病毒（HCV）、丁型肝炎病毒（HDV）、戊型肝炎病毒（HEV）。近年来又发现一些与人类肝炎有关的病毒，如己型、庚型和 TT 型肝炎病毒等。此外，还有一些病毒如 EB 病毒、巨细胞病毒、黄热病病毒等也可侵犯肝细胞，但这些病毒并不以肝细胞为唯一的靶细胞，因此不列为肝炎病毒。

第一节　甲型肝炎病毒

甲型肝炎病毒（hepatitis A virus，HAV）是甲型肝炎的病原体。甲型肝炎呈世界性分布，HAV 从感染者粪便排出，污染食物或水源而引起流行，主要感染儿童和青少年。人类感染 HAV 后，大多数表现为隐性感染，仅有少数发生急性肝炎，一般可以完全恢复，不转为慢性，不形成病毒携带者。

一、生物学性状

（一）形态与结构

HAV 为无包膜小球形病毒，直径约 27 nm。衣壳呈 20 面体立体对称，每个壳粒由 4 种（VP1~VP4）多肽组成。病毒基因组为单股正链 RNA，核酸有感染性，HAV 只有一个血清型。

（二）易感动物与培养

黑猩猩和绒猴对 HAV 易感。HAV 是唯一能在组织细胞中培养的肝炎病毒，可在非洲绿猴肾细胞、人肝癌细胞株、人胚肺二倍体细胞等多种细胞中缓慢增殖，不引起明显的细胞病变。应用免疫荧光染色法可检出培养细胞中的 HAV。

（三）免疫原性

HAV 免疫原性稳定，且只有一个血清型，可刺激机体产生中和抗体。

（四）抵抗力

HAV 抵抗力较强，比一般肠道病毒更耐酸、耐乙醚、耐热；在自然界存活能力强，在污水中可存活 1 个月，因此可通过粪便污染水源引起暴发流行。灭活 HAV 可采用 100℃加热 5 min、2% 过氧乙酸处理 4 h、0.35% 甲醛液作用 72 h 等方法。

二、致病性与免疫性

(一) 传染源与传播途径

传染源为患者与隐性感染者。甲型肝炎的潜伏期为 15~50 天，平均 30 天，患者于发病前后两周内均可自粪便排病毒，转氨酶达高峰时，粪便排病毒停止。HAV 主要通过粪-口途径传播。带病毒粪便污染食物、水源、海产品等均可造成散发或暴发流行。1988 年，上海曾发生市民因食用被 HAV 污染的毛蚶而导致 30 万人甲型肝炎暴发流行，危害十分严重。

(二) 感染类型与致病机制

人类普遍对 HAV 易感，约 70% 为隐性感染。显性感染多发生于儿童及青少年。成人体内多含抗 HAV 的抗体而不易感。病毒经口侵入后首先在口咽部或唾液腺中增殖，然后在小肠淋巴结内增殖，继而进入血流，形成病毒血症，再到达并侵犯肝，在肝细胞内增殖而致病。由于 HAV 在肝细胞内增殖非常缓慢，所以并不直接造成明显细胞损害。当黄疸出现时，血液和粪便中的 HAV 量却明显减少，同时体内出现抗体，可见病毒复制的量与症状严重程度并不一致。说明机体的免疫应答参与了肝的损伤，除了非特异性巨噬细胞、NK 细胞杀伤病毒感染的靶细胞外，还通过特异性 HAV 抗体在肝与 HAV 结合形成免疫复合物，或 CTL 细胞及其产生的细胞因子对感染病毒肝细胞的杀伤作用而引起肝损害。至今未发现 HAV 对细胞有转化作用，因此甲型肝炎预后良好。临床表现有发热、疲乏、食欲下降、肝大、肝区痛、肝功能异常、黄疸等。急性肝炎可完全恢复，不转为慢性，不形成长期携带病毒者。

(三) 免疫性

显性感染和隐性感染，机体均可产生抗 HAV 的抗体。抗 HAV IgM 在急性期早期即可产生，维持 2 个月左右；抗 HAV IgG 在恢复期出现，可维持多年，对 HAV 的再感染具有免疫作用。此外，IFN、NK 细胞和 CTL 对清除病毒、控制感染具有重要作用。

三、微生物学检查

常用放射免疫分析技术或 ELISA 检测患者血清中特异性抗体，抗 HAV IgM 类抗体升高可作为甲型肝炎早期诊断依据。也可采用电镜或免疫电镜检测急性期患者粪便中 HAV 病毒颗粒。

四、防治原则

HAV 主要通过粪-口途径传播，故预防甲型肝炎主要是控制传染源，切断传播途径，加强卫生宣传，严格管理和改善饮食和饮水卫生，对患者排泄物、食具和床单衣物等物品应进行消毒处理。预防甲型肝炎可采用接种灭活疫苗或减毒疫苗。对密切接触患者的易感者，可给予丙种球蛋白肌注进行被动免疫。

第二节　乙型肝炎病毒

乙型肝炎病毒 (hepatitis B virus，HBV) 是乙型肝炎的病原体。HBV 在世界范围内传播，估计全世界有乙型肝病毒携带者达 3.5 亿人之多，分布于各年龄段。我国为高流行区，感染率达 10% 以上。乙型肝炎的危害比甲型肝炎大，部分患者可转为慢性感染，甚至发展为肝硬化或肝癌，是我国重点防治的传染病之一。

一、生物学性状

(一) 形态与结构

乙型肝炎患者血清中存在 3 种形态的颗粒，即大球形颗粒、小球形颗粒和管形颗粒。

1. **大球形颗粒** 又称 Dane 颗粒，是 1970 年 Dane 首先在乙型肝炎患者血清中发现的。Dane 颗粒是具有感染性的完整的病毒颗粒，呈球形，直径约 42 nm。其结构由外向内依次为：①外衣壳，相当于一般病毒的包膜，由脂质双层和镶嵌蛋白构成，镶嵌蛋白即构成 HBV 的表面抗原（HBsAg）。②内衣壳，呈 20 面体对称结构，相当于一般病毒的衣壳。内衣壳蛋白构成 HBV 的核心抗原（HBcAg）和 e 抗原（HBeAg）。③核心，含双链未闭合环状 DNA 和 DNA 聚合酶。

2. **小球形颗粒** 直径为 22 nm，是由 HBV 在肝细胞内复制时产生过剩的 HBsAg 组成，不含病毒 DNA 及 DNA 聚合酶，因此无感染性，但具有免疫原性。

3. **管形颗粒** 是由小球形颗粒聚合而成，长达 100～700 nm（图 28-1）。

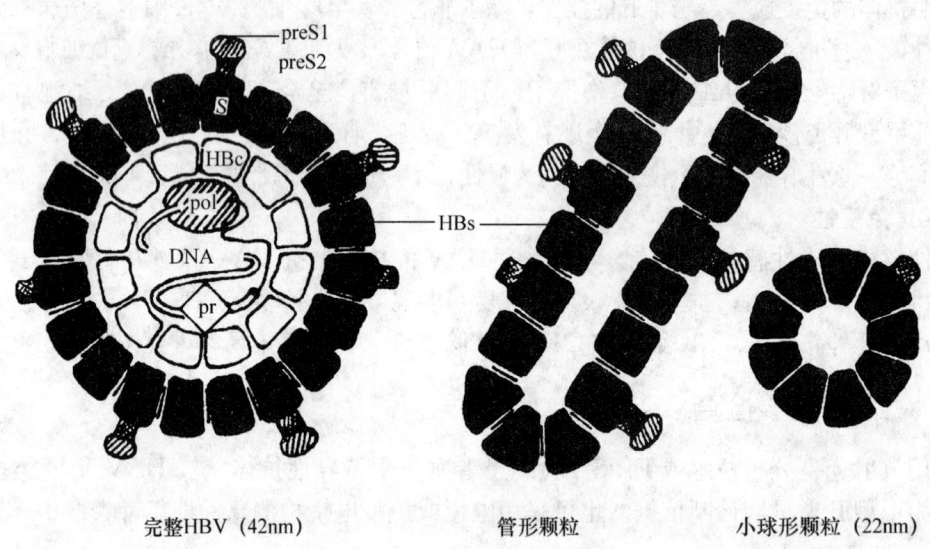

图 28-1 HBV 结构示意图

(二) 基因结构

HBV 基因组为双股环状 DNA，是由长链 L（负链）和短链 S（正链）组成。短链不含开放读码框架，长链含 4 个开放读码框架，分别称为 S、C、P 和 X 区。

1. **S 区** 包括 S 基因、preS1 和 preS2 基因，分别编码构成外衣壳的 HBsAg、preS1Ag 和 preS2Ag。

2. **C 区** 包括 C 基因和前 C（preC）基因，编码内衣壳的 HBcAg 和 HBeAg。

3. **P 区** 基因最长，与其他三个基因区，尤其是 S 区基因重叠，编码 HBV 特有的 DNA 多聚酶，具有反转录酶活性。

4. **X 区** 基因编码 HBxAg，该蛋白可激活一些细胞的癌基因，可能与肝癌的发生有关（图 28-2）。

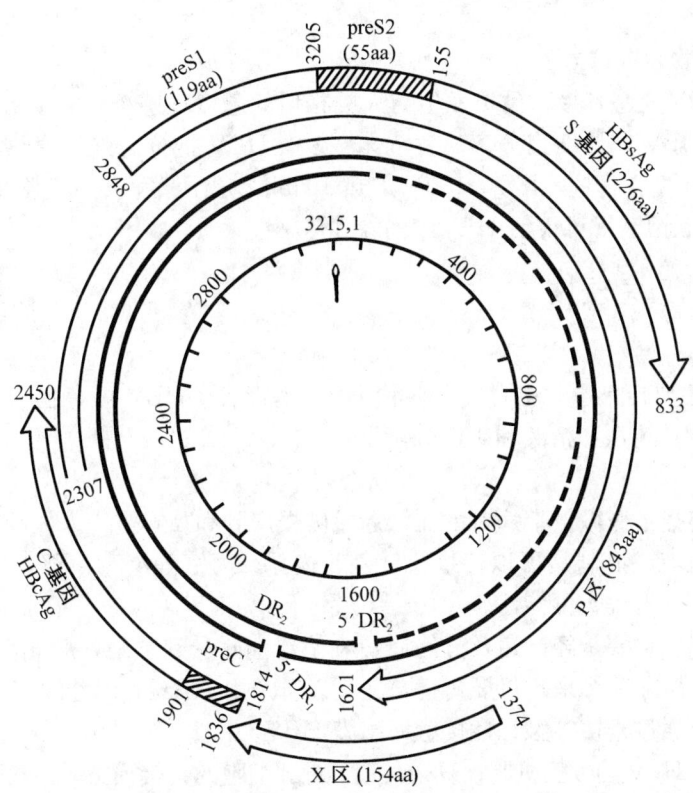

图 28-2 HBV 基因结构示意图

(三) 抗原组成

HBV 的抗原主要有三种：表面抗原（HBsAg）、核心抗原（HBcAg）和 e 抗原（HBeAg）。

1. 表面抗原（HBsAg） 即 HBV 的外衣壳小分子蛋白。血清 HBsAg 阳性表示有 HBV 感染，是 HBV 感染的主要标志。HBsAg 可刺激机体产生相应中和抗体即抗 HBs，可抵抗 HBV 的再感染。因此 HBsAg 是制备疫苗的最主要成分。HBsAg 具有一个共同的抗原决定簇 a 和两组互相排斥的亚型决定簇 d/y 及 w/r，所以 HBsAg 可分为 adw、adr、ayw 和 ayr 四种亚型。我国汉族以 adr 多见，少数民族多为 ayw。因有共同的 a 抗原，故制备疫苗时各亚型间有交叉保护作用。preS1Ag 和 preS2Ag 免疫原性较 HBsAg 更强，可刺激机体产生中和性抗体，此类抗体能阻断 HBV 与肝细胞结合而起抗病毒作用。

2. 核心抗原（HBcAg） 由 C 基因编码的 HBV 内衣壳蛋白。由于有外衣壳的包绕，血液中一般不易检测到游离的 HBcAg，但可在受感染肝细胞核内和细胞膜上表达，是 CTL 识别和攻击的主要靶抗原。HBcAg 免疫原性较强，可刺激机体产生抗 HBc。抗 HBc IgM 出现在感染早期，可作为早期诊断的重要指标，高效价抗 HBc IgM 提示 HBV 在体内复制增殖。抗 HBc IgG 产生较晚，可在血清中存在多年，但对机体无保护作用。

3. e 抗原（HBeAg） 由前 C 基因编码，整体转录翻译，经酶切后形成，以可溶性蛋白的形式游离于感染者血液中。HBeAg 在 HBV 感染中的确切功能，目前仍不清楚，推测其可能参与免疫发病机制的调节。此外，HBeAg 的存在与 HBV 的复制常成平行关系，故可将其视为体内 HBV 复制并表示血液具有传染性的指标之一。HBeAg 也具有较强的免疫原性，可刺激机体产生抗 HBe，HBeAg 也可表达在受感染的肝细胞膜上，成为免疫系统识别的靶抗原。

（四）易感动物与抵抗力

黑猩猩对 HBV 易感，接种后可发生与人类相似的急慢性感染，是研究 HBV 最理想的动物模型。目前 HBV 体外细胞分离培养尚未成功。HBV 抵抗力强，耐热、干燥、紫外线和一般化学消毒剂（如 70% 乙醇）。100℃ 加热 10 min、高压蒸汽、0.5% 过氧乙酸、5% 次氯酸钠、3% 漂白粉溶液等可灭活 HBV，消除其传染性。

二、致病性与免疫性

（一）致病性

1. **传染源**　主要传染源为患者及无症状 HBV 携带者。HBV 可存在于这些人的血液和体液（唾液、乳汁、羊水、精液和阴道分泌物）中。

2. **传播途径**

（1）经血液传播：极微量带病毒的血液通过破损皮肤和黏膜进入人体即可导致传染。因此，输入带病毒血液或血制品可以传播；针刺、拔牙、内镜等消毒不严，可引起医源性传播；共用牙刷、剃须刀等也可传播。

（2）母婴传播：主要是经产道及分娩后哺乳使新生儿受到感染，胎儿经胎盘也可感染。人群中 HBV 携带者约 50% 来自母婴传播，尤其以母亲为 HBeAg 阳性的家庭为甚。

此外，也可以通过密切接触和性接触而感染 HBV。

3. **致病机制**　HBV 的致病机制较复杂，除了对肝细胞的直接损害外，机体的免疫应答及其与病毒相互作用引起的免疫病理损伤则是造成肝损害的主要因素。HBV 的致病机制主要有：

（1）细胞免疫介导的免疫损伤：HBV 感染后在肝细胞内复制可使肝细胞表面表达出 HBsAg、HBcAg、HBeAg，这些抗原可激活 T 细胞攻击病毒感染的肝细胞，其中 CTL 对靶细胞的直接杀伤是肝细胞受损的主要原因。HBV 感染肝细胞后，使肝细胞特异脂蛋白（LSP）暴露，诱导机体产生自身免疫应答而损伤肝细胞。

（2）免疫复合物沉积引起的损伤：血清中游离的 HBsAg 和 HBeAg 与相应抗体结合，形成免疫复合物。免疫复合物随血液循环沉积于肾小球基底膜、关节滑膜等，激活补体，引发 III 型超敏反应导致损伤。慢性肝炎常同时伴有肾小球肾炎、关节炎等肝外损害。免疫复合物若沉积于肝内，可导致急性重型肝炎。

（3）病毒变异及对免疫功能的抑制：HBV 基因变异，使病毒的免疫学性状改变，可逃避免疫系统的识别和攻击。另外，HBV 感染可抑制细胞产生 IFN 和 IL-2，并使细胞表面 HLA-I 类分子的表达减少，CTL 的杀伤活性减弱。免疫逃逸和免疫抑制可造成 HBV 的持续感染，迁延不愈。

（4）病毒引起肝细胞转化：HBV 基因组能与肝细胞染色体的 DNA 整合，整合的 HBV 基因片段含 X 基因，而 X 蛋白可激活细胞内的原癌基因，引起肝细胞转化导致癌变。通过核酸杂交技术发现肝癌细胞中可检出 HBV 的 DNA，流行病学调查也证明 HBsAg 慢性携带者，其原发性肝癌的发病率较高。

免疫应答的强弱与临床类型和转归有密切的关系：①若病毒感染所波及的肝细胞数量不多，免疫应答正常，可表现为急性肝炎，最终病毒被清除而痊愈；②若感染的肝细胞数量多而细胞免疫应答过强，迅速引起大量肝细胞坏死，则表现为重症肝炎；③若机体免疫功能低下或病毒变异，不能有效地杀伤病毒感染细胞，使 HBV 不断释放并感染新的细胞，便形成慢性肝炎；④若机体对 HBV 形成免疫耐受（尤其在婴幼儿），则可表现为无症状的 HBV 携带者。

（二）免疫性

1. 体液免疫　有保护作用的中和抗体主要是抗 HBs、抗 preS1 和抗 preS2，这些抗体可阻止 HBV 进入正常肝细胞，是清除细胞外游离 HBV 的重要因素。

2. 细胞免疫　HBV 抗原激活的特异性 CTL 细胞对感染肝细胞的杀伤是机体清除细胞内 HBV 的最主要因素。NK 细胞、巨噬细胞以及一些细胞因子等也参与对靶细胞的杀伤。

HBV 所激发的免疫应答作用是双重的，一方面表现为免疫保护，如 CTL 对细胞内病毒的清除，抗 HBs 抗体对病毒的中和作用等；另一方面可造成肝细胞和肝外组织的免疫损伤。

三、微生物学检查

（一）HBV 抗原、抗体的检测

检测血清中 HBV 抗原、抗体最常用的方法是 ELISA。主要检测 HBsAg、抗 HBs、HBeAg、抗 HBe 及抗 HBc。其临床意义见表 28-1。

表 28-1　HBV 抗原、抗体检测结果的临床分析

HBsAg	HBeAg	抗 HBs	抗 HBe	抗 HBcIgM	抗 HBcIgG	结果分析
＋	－	－	－	－	－	HBV 感染或无症状携带者
＋	＋	－	－	＋	－	急性乙型肝炎早期
＋	－	－	＋	－	＋	慢性乙型肝炎，无或低病毒复制
＋	＋	－	－	＋/－	＋	慢性乙型肝炎急性发作、病毒复制
－	－	＋	＋	－	＋	乙型肝炎恢复期
－	－	－	－	－	＋	既往感染或窗口期
－	－	＋	－	－	－	既往感染已恢复或接种过疫苗

HBV 抗原、抗体检测主要用于：①诊断乙型肝炎及判断预后；②筛选献血员；③乙型肝炎的流行病学调查；④判断疫苗的免疫效果；⑤对饮食、保育及饮水管理等行业人员定期进行健康检查。

（二）HBV 核酸的测定

通过核酸杂交法及 PCR 法检测血清 HBV 核酸，血清检出 HBV DNA 是 HBV 在体内复制和血清有传染性的直接标志。

四、防治原则

（一）控制传播

严格筛选献血员，加强医疗器械的消毒管理，杜绝医源性传播。患者的血液、分泌物和排泄物、衣物及用具均需经消毒处理。提倡使用一次性注射器。

（二）人工主动免疫与人工被动免疫

采用纯化 HBsAg 制备的血源性疫苗或基因工程疫苗进行人工主动免疫为最根本的预防措施。接种对象为新生儿、接触血液的医护人员、HBsAg 阳性者的配偶及子女。新生儿接种疫苗免疫 3 次（0、1、6 个月），可获得 85%～95% 的抗 HBs 阳性率。高效价抗 HBs 的

人血清免疫球蛋白（HBIg）可用于疑似 HBV 感染者的紧急预防。

第三节 丙型肝炎病毒

丙型肝炎病毒（hepatitis C virus，HCV）是丙型肝炎的病原体。

一、生物学性状

HCV 是有包膜的球形病毒，直径约 50 nm，核酸为线状单股正链 RNA。基因组的 5′端序列保守性强，病毒株间差异小，可用于基因诊断。基因组中的包膜蛋白（E1、E2）基因易发生变异，使包膜蛋白抗原性改变而逃避免疫识别与清除。HCV 有 6 个基因型，我国以 Ⅱ 型感染为主。

HCV 体外培养尚未找到敏感有效的细胞培养系统，可感染黑猩猩并在体内连续传代，引起慢性肝炎。HCV 对脂溶剂敏感，100℃ 加热 5 min，紫外线照射、甲醛处理均可使之灭活。

二、致病性与免疫性

患者和病毒携带者是主要的传染源。其传播途径与 HBV 相似，主要经血液传播，也可经性传播及垂直传播。医源性感染是一个重要的途径，如医务人员接触患者血液以及医疗操作意外受伤等。丙型肝炎曾有输血后肝炎之称，其潜伏期平均 10 周。临床特点为：①隐性感染者较 HBV 更多见。②更易发展为慢性，许多感染者发病时已呈慢性，其中约 20% 发展为肝硬化，可能是 HCV 基因易发生变异，导致 HCV 包膜抗原的改变而逃脱了原有包膜抗体的识别，病毒得以持续存在。部分慢性感染者可发展为肝癌，我国肝癌患者血中约 10% 存在抗 HCV，癌组织中约有 10% 检测到 HCV RNA。③丙型肝炎患者恢复后，仅有低度免疫力，对再感染亦无保护力。

目前认为，HCV 的致病机制是：①病毒侵入肝细胞，在肝细胞内复制，直接损伤肝细胞，临床上丙肝患者血清 HCV RNA 的含量与血清丙氨酸转移酶的水平呈正相关。②免疫损伤，特异性 CTL 直接杀伤病毒感染的肝细胞或诱导细胞凋亡。

三、微生物学检查

用 ELISA 检测血清抗 HCV，可快速筛选献血员和诊断丙型肝炎。抗 HCV 为非保护性抗体，阳性表示被 HCV 感染，不可献血。抗 HCV IgM 阳性，常见于急性感染和慢性感染活动期；抗 HCV IgG 阳性，多见于慢性丙型肝炎或恢复期。检测血清 HCV RNA 也是诊断 HCV 感染可靠的方法。

四、防治原则

丙型肝炎的预防措施主要是严格筛选献血员和加强血制品管理，以此最大限度降低输血后肝炎的发生。目前丙型肝炎疫苗仍处于研究阶段，至今尚无理想疫苗。对丙型肝炎的治疗目前尚缺乏特效药物，除了进行改善肝功能的治疗外，IFN-α 是临床常用于治疗丙型肝炎的制剂。

第四节 丁型肝炎病毒

丁型肝炎病毒（hepatitis D virus，HDV）又称δ因子，是一种缺陷病毒，必须在乙型肝炎病毒或其他嗜肝DNA病毒辅助下才能复制。

一、生物学性状

HDV呈球形，直径约36 nm，有包膜，包膜蛋白由HBV编码，是HBV的HBsAg，核心由单股负链RNA和与之结合的丁型肝炎病毒抗原（HDV Ag）组成。敏感动物为黑猩猩、土拨鼠和北京鸭等。HDV的抵抗力、灭活方法与HBV相似。HDV只有一个血清型。

二、致病性与免疫性

HDV传播途径与HBV相同。临床上HDV感染有两种类型：①联合感染，从未感染过HBV的正常人同时感染HDV和HBV；②重叠感染，已受HBV感染的乙型肝炎患者或无症状的HBV携带者再感染HDV。重叠感染常导致原有乙型肝炎病情恶化或转为慢性，慢性感染者易在短期发展为肝硬化。

HDV感染2周后产生特异性抗HDV IgM，1个月后达高峰，以后随之下降。抗HDV IgG产生晚，一般在恢复期出现。

三、微生物学检查

实验室常用ELISA检测血清中HDV Ag或抗HDV。HDV Ag多见于急性HDV感染早期，持续时间短，不易检出；抗HDV IgM和抗HDV IgG，持续高效价提示慢性HDV感染。

四、防治原则

丁型肝炎的预防措施与乙型肝炎相同，主要是严格筛选献血员和加强血制品管理，注射乙肝疫苗可预防HDV的感染。目前治疗尚无特效药。

第五节 戊型肝炎病毒

戊型肝炎病毒（hepatitis E virus，HEV）是戊型肝炎的病原体。1978年后曾被称为肠道传播的非甲非乙型肝炎，1989年国际肝癌会议将其正式命名为戊型肝炎病毒。

一、生物学性状

HEV呈球形，直径约32~34 nm，核衣壳呈20面体对称，无包膜，表面有突起和刻缺，形如杯状，核心为单股正链RNA。目前尚不能在体外组织培养，但黑猩猩、食蟹猴、恒河猴、非洲绿猴等对HEV敏感，可用于分离病毒。HEV性质不稳定，对高热敏感，煮沸可将其灭活。

二、致病性与免疫性

HEV致病性与HAV相似。通过粪-口途径传播，潜伏期为10~60天，病毒在消化道黏膜增殖进入血液形成病毒血症，再随血流侵犯肝，在肝细胞内增殖，释放到血液和胆汁中，然后随粪便排出体外。患者在潜伏期末期至急性期早期粪便大量排毒，传染性强，病毒污染食物、水源引起散发或暴发流行。HEV通过直接损伤和免疫病理损伤作用导致肝细胞炎症、坏死。HEV感染后表现为隐性感染和显性感染。临床患者多为轻、中型急性肝炎，病程4~8周，常为自限性，预后良好，不转为慢性。主要侵犯青壮年，儿童感染多表现为隐性感染，成人病死率高于甲型肝炎，孕妇患戊型肝炎病情严重，尤其在怀孕6~9个月发生感染病死率达10%~20%。

HEV感染后可产生免疫保护作用，可防止HEV再感染。康复者血清中抗HEV持续存在数年。

三、微生物学检查

目前，临床诊断常用ELISA检测体内HEV的IgM或IgG类抗体。有条件也可用免疫电镜查粪便中HEV颗粒，或采用RT-PCR法检测粪便中的HEV RNA。

四、防治原则

因为HEV主要经消化道传播，故本病的预防主要是以切断传播途径为主的综合性预防措施，包括保证安全用水，防止水源被粪便污染，加强食品卫生管理和宣传教育，有效控制戊型肝炎的流行。

目前尚无有效的疫苗研制成功，也无特效治疗药物。

第六节 肝炎相关病毒

一、庚型肝炎病毒

庚型肝炎病毒（hepatitis G virus，HGV）与HCV同属黄病毒科，为单股正链RNA病毒，其基因组与HCV有26%的同源性。HGV基因仅含一个可译框架，可编码一条多聚蛋白前体，经水解后形成核心蛋白（C蛋白）、包膜蛋白（El和E2）和功能蛋白。其中包膜蛋白E2刺激机体产生的抗体与HGV RNA的转阴相关，可作为HGV感染恢复的指标。

HGV主要经输血或血制品传播，也可经母婴传播。单纯的HGV感染一般症状较轻，多数为急性肝炎，较少出现黄疸，只有少部分可能发展成为慢性肝炎，是否进一步发展成为肝硬化、肝癌目前尚不明确。

目前，主要是通过RT-PCR法检测血清中HGV核酸诊断HGV感染，检测E2抗体可进行流行病学调查。

二、TT型肝炎病毒

TT型肝炎病毒是1997年在日本从一例不明原因的输血后肝炎患者血清中发现的，以患者姓名（字首为TT）命名为TTV。TTV的另一含义是与输血传播相关的肝炎病毒。

TTV 为无包膜的单股负链环状 DNA 病毒，呈球形，直径为 30~50 nm。主要通过输血或血制品传播，其致病机制尚不明确。TTV 可与 HCV 重叠感染。TTV 还可能存在消化道传播途径，因为在有些患者的粪便中检测到 TTV DNA。目前的 TTV 实验室诊断，主要是采用 PCR 法检测血中 TTV 的 DNA。

小结

肝炎病毒是引起病毒性肝炎的病原体。病毒性肝炎是危害人类健康最严重的疾病之一。现公认的肝炎病毒有甲型、乙型、丙型、丁型、戊型，其中甲型、戊型肝炎病毒经粪-口途径传播，引起急性肝炎；乙、丙、丁型肝炎病毒经血液、体液、母婴途径传播，除引起急性肝炎外，还可致慢性肝炎，并与肝硬化及肝癌相关。庚、TT 型肝炎病毒为近年来发现的与人类肝炎相关的新病毒。

表 28-2 五型肝炎病毒

	甲肝病毒	乙肝病毒	丙肝病毒	丁肝病毒	戊肝病毒
缩写符号	HAV	HBV	HCV	HDV	HEV
病毒科/属	小 RNA 病毒科	嗜肝 DNA 病毒科	黄病毒科	沙粒病毒科	戊型肝炎病毒属
颗粒大小	约 27 nm	约 42 nm	约 50 nm	约 36 nm	32~34 nm
核酸型	（＋）ssRNA	dsDNA	（＋）ssRNA	（－）ssRNA	（＋）ssRNA
传播途径	粪-口	血液、母婴	血液、母婴	血液、母婴	粪-口
好发人群	儿童、青年	各年龄段	各年龄段	各年龄段	成人
病情程度	轻—中	轻/中—重	轻/中—重	轻/中—重	轻—中/重
转为慢性	－	＋	＋	＋	－
抗原携带	－	＋	＋	＋	－
肝硬化	－	＋	＋	＋	－
肝癌		＋			
主动免疫	疫苗	疫苗	－	－	－
被动免疫	丙种球蛋白	HBIg			

思考题

1. 各型肝炎病毒各有哪些形态特征？有何异同？
2. 说出 HBV 的抗原、抗体组成及其检出的实际意义是什么？
3. 试述 HBV 的生物学性状及致病机制。
4. 如何预防肝炎病毒感染？

（青海卫生职业技术学院　匄国雯）

第二十九章 反转录病毒

> **学习目标**
> 1. 掌握人类免疫缺陷病毒的生物学性状、传播途径及致病特点。
> 2. 熟悉人类免疫缺陷病毒感染的防治原则。

反转录病毒（retroviridae）是一组含有反转录酶的 RNA 病毒，对人类致病的主要有人类免疫缺陷病毒和人类嗜 T 淋巴细胞病毒。

第一节 人类免疫缺陷病毒

人类免疫缺陷病毒（human immunodeficiency virus，HIV）是引起获得性免疫缺陷综合征（acquired immunodeficiency syndrome，AIDS，艾滋病）的病原体。艾滋病以潜伏期长、传播速度快、病情凶险和高度致死性为主要特征，具有"超级癌症"之称。

一、生物学性状

(一) 形态与结构

病毒呈球形，直径 100～120 nm，电镜下可见一致密的圆锥状核心，内含两条单股正链 RNA、核蛋白以及复制病毒所需的反转录酶、整合酶、蛋白酶等。核酸外包被双层衣壳，内层衣壳由 p24 蛋白构成，呈圆锥状，外层衣壳（又称内膜蛋白或基质蛋白）由 p17 构成。双层衣壳外层为脂质双层包膜，嵌有刺突糖蛋白 gp120 和跨膜蛋白 gp41（图 29-1）。gp120

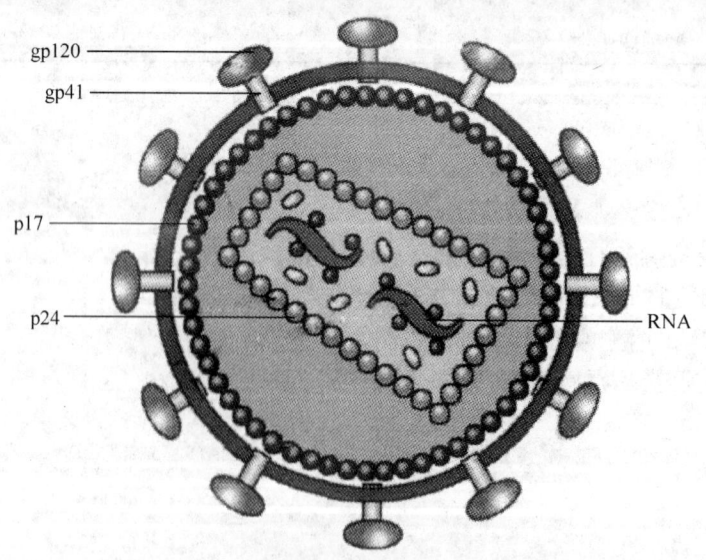

图 29-1 人类免疫缺陷病毒结构示意图

是病毒体与宿主细胞相应受体 CD4 结合的位点，也是中和抗体和 T 细胞结合的位点。gp41 可介导病毒包膜与宿主细胞膜融合。gp120、gp41 均具有免疫原性，刺激机体产生抗体，但 gp120 易发生变异，给疫苗的研制工作带来了很大困难。

(二) 基因组结构

HIV 基因组全长 9200 bp，中间含 *gag*、*pol* 和 *env* 3 个结构基因和 6 个调节基因。其中 *gag* 基因编码病毒的双层衣壳蛋白；*pol* 基因编码反转录酶、蛋白酶和整合酶，与病毒的复制有关；*env* 基因编码包膜糖蛋白刺突和跨膜蛋白。

(三) 病毒的复制

CD4 分子是 HIV 的主要受体。病毒的 gp120 与靶细胞膜表面的 CD4 分子结合，在辅助受体的协同下，病毒包膜与细胞膜发生融合，核衣壳进入细胞并脱去衣壳，释放基因组 RNA。病毒 RNA 在反转录酶作用下，生成负链 DNA，再由负链 DNA 互补正链 DNA，从而组成双链 DNA。在整合酶的作用下，双链 DNA 与细胞染色体整合，形成前病毒 DNA 并长期潜伏。前病毒 DNA 可被激活转录形成 RNA，其中一部分作为子代 RNA，另一部分成为 mRNA，翻译成病毒蛋白。最终装配为成熟的病毒颗粒，以出芽方式释放到细胞外。

(四) 培养特性

HIV 感染的宿主范围和细胞范围较窄。在体外仅感染表面有 CD4 分子的 T 细胞和巨噬细胞。实验室常用新鲜分离的正常人 T 细胞或用患者自身分离的 T 细胞培养病毒。黑猩猩和恒河猴可作为 HIV 感染的动物模型。

(五) 抵抗力

HIV 对理化因素的抵抗力较弱。56℃加热 30 min 可被灭活。但病毒在室温下可保持活力达 7 天。0.2% 次氯酸钠、0.1% 漂白粉、70% 乙醇、50% 乙醚、0.3% 过氧化氢，或 0.5% 甲醛处理 10 min，对病毒均有灭活作用。

二、致病性与免疫性

(一) 致病性

1. 传染源　艾滋病的传染源是 HIV 携带者和艾滋病患者。从艾滋病患者的血液、精液及阴道分泌物、唾液、乳汁、脑脊液、脊髓及中枢神经组织标本中均可分离到病毒。

2. 传播途径　日常生活等一般接触基本不会传染艾滋病。

(1) 性接触：同性或异性间性接触是 HIV 感染的主要传播方式。因此，艾滋病是威胁人类生命健康的最重要的性传播疾病。

(2) 血液传播：输入带有 HIV 血液或血制品、器官移植、人工授精、静脉吸毒等方式可传播。

(3) 垂直传播：包括经胎盘、产道或哺乳等方式传播。

3. 致病机制　HIV 选择性地侵犯 $CD4^+$ T 淋巴细胞、单核-巨噬细胞、树突状细胞等。HIV 的主要致病机制是：HIV 包膜蛋白 gp120 与细胞膜上 CD4 和趋化性细胞因子受体结合，gp41 介导使病毒穿入易感细胞内，通过病毒大量增殖，使受染细胞融合，并诱导受染细胞凋亡，引起严重的细胞免疫缺陷、体液免疫功能障碍和迟发型超敏反应减弱或消失。HIV 与宿主细胞基因组 DNA 整合或装配的新病毒在巨噬细胞胞质内的空泡中储存是导致机体潜伏感染的主要原因。

4. 临床表现　人体感染 HIV 后，可经历很长的潜伏期才发病。临床上将 HIV 感染至发展为典型 AIDS 分为急性期、潜伏期、AIDS 相关综合征期及 AIDS 期等四期。

(1) 原发感染急性期：HIV 在靶细胞内大量复制，形成病毒血症，并广泛播散。在感染后 2~4 周，患者出现发热、咽炎、皮疹等症状，持续 1~2 周，症状自行消退，但病毒血症可持续 8~12 周。此后，大多数病毒以前病毒形式整合于宿主细胞染色体上，长期潜伏下来。

(2) 潜伏期（无症状期）：持续 6 个月到 10 年或更长。感染者可没有任何临床症状。此期血中病毒量明显下降，HIV 感染细胞在淋巴结持续存在，并进行大量增殖，不断有少量病毒释放入血，患者的血液及体液均具有传染性。血清中可检出抗 HIV 抗体，但由于病毒滴度低，需用敏感的方法才能查出病毒。

(3) AIDS 相关综合征期：当机体受到各种因素的影响，潜伏的病毒被激活再次大量增殖，导致免疫损伤，出现临床症状，进入 AIDS 相关综合征期。患者表现有持续发热、盗汗、全身倦怠、体重下降、皮疹及慢性腹泻等症状，并有持续性全身淋巴结肿大，此期也称为持续性淋巴结肿大综合征。

(4) 典型 AIDS 期：出现严重免疫缺陷，此期有四个基本特征：①严重的细胞免疫缺陷，特别是 $CD4^+T$ 细胞严重缺陷；②严重的机会性感染，由于免疫功能严重缺损，一些病毒（如巨细胞病毒、疱疹病毒、腺病毒）、细菌（如结核分枝杆菌、李斯特菌）、真菌（如白假丝酵母菌、肺孢子菌）等大量增殖，常可造成致死性感染；③恶性肿瘤，艾滋病患者后期常伴发卡波西肉瘤、恶性淋巴瘤等；④严重的全身症状，患者全身症状加重，并可出现神经系统症状，如头痛、癫痫、进行性痴呆等。未经治疗患者，通常在临床症状出现后 2 年内死亡。

（二）免疫性

HIV 感染可诱导机体产生细胞免疫和体液免疫应答，但不能彻底清除体内的病毒。因此，HIV 仍能在体内持续复制，形成长期的慢性感染状态。

三、微生物学检查

（一）检测抗体

HIV 感染初筛最常选用 ELISA 检测 HIV 抗体，确认试验选用免疫印迹试验。若血清中同时检出 p24、gp41 和 gp120 蛋白中的两种或两种以上抗体，可确诊为受 HIV 感染。

（二）检测病毒核酸

利用核酸杂交试验、RT-PCR 定量检测病毒 RNA，具有快速、高效、敏感和特异等优点，对观察 HIV 感染者的病情发展及药物治疗效果有一定的价值。

（三）检测病毒抗原

常用 ELISA 法检测 HIV 的 p24 抗原。此抗原于病毒感染的急性期出现，潜伏期常为阴性，典型的 AIDS 期抗原又可再现。

（四）病毒分离

从患者体内直接分离出 HIV 是感染的最直接证据。但病毒分离时间较长，并要求极严格的工作条件，故不宜用于临床诊断。

四、防治原则

艾滋病是一种蔓延速度快、死亡率高的全球性严重传染病。目前，既无治愈 AIDS 的药物，也没有研制出可有效预防 AIDS 的特异性疫苗。WHO 和包括我国在内的许多国家都已采取预防 HIV 感染的综合措施，包括：①开展广泛宣传教育，普及预防知识，认识艾滋病的传染方式及其严重危害性，杜绝吸毒和不洁性行为；②控制传染源，建立 HIV 感染的监测系统，掌握该疾病的流行动态；③切断传播途径，对供血者进行抗 HIV 抗体检查，一切血制品均应通过严格检疫，确保输血和血液制品的安全性。

治疗主要采取抗病毒治疗，其目标是最大限度地抑制 HIV 复制，保存和恢复免疫功能，降低病死率和 HIV 相关疾病的发生率，提高患者的生活质量，减少艾滋病的传播。

目前临床上常联合交替使用两种 HIV 反转录酶抑制剂和一种 HIV 蛋白酶抑制剂（鸡尾酒疗法）的综合治疗。另外的配合治疗有一般支持治疗、免疫治疗、抗感染治疗等。

第二节 人类嗜 T 细胞病毒

人类嗜 T 细胞病毒（HTLV）是 1978 年美国和日本学者从人类淋巴细胞白血病细胞分离出的一种新病毒，因其与 T 淋巴细胞白血病有关而命名。HTLV 分为人类嗜 T 细胞病毒 Ⅰ 型（HTLV-Ⅰ）和人类嗜 T 细胞病毒 Ⅱ 型（HTLV-Ⅱ）。

HTLV-Ⅰ 和 HTLV-Ⅱ 在电镜下呈球形，病毒颗粒直径 100～120 nm。病毒包膜表面有糖蛋白刺突 gp120，能与靶细胞表面 CD4 分子结合，衣壳含有 p24、p19 和 p15 三种蛋白。病毒核心为 RNA 及反转录酶。

HTLV 的传染源是患者和 HTLV 感染者。HTLV-Ⅰ 型是成人 T 细胞白血病（ATL）的病原体，通过输血、共用注射器、性接触等方式水平传播，也可通过胎盘、产道和哺乳等途径垂直传播，除引起成人 T 细胞白血病，也能引起热带下肢痉挛性瘫痪、慢性进行性脊髓病和 B 细胞淋巴瘤等。HTLV-Ⅱ 型则引起毛细胞白血病和慢性 $CD4^+$ T 细胞白血病。

机体被 HTLV-Ⅰ 感染后，血清中可出现抗 HTLV-Ⅰ 抗体。但抗体出现后，病毒抗原量减少，影响细胞免疫清除感染的靶细胞。

检测 HTLV 特异性抗体是 HTLV 感染实验室诊断的主要依据。目前对 HTLV 感染尚无特效的防治措施，可以采用 IFN-α 和反转录酶抑制剂等药物进行治疗。

反转录病毒是一组含有反转录酶的 RNA 病毒，具有包膜，表面有刺突，圆球状，病毒核酸能与宿主细胞 DNA 整合。HIV 从感染到发病有三个主要特点：潜伏期长，严重的免疫系统损伤，合并各种类型的机会感染和肿瘤。目前对反转录病毒感染尚无特效的防治措施。

表 29-1 反转录病毒

病毒	大小（nm）	形态结构	所致疾病	防治原则
人类免疫缺陷病毒	100～120	球形，单链 RNA，含反转录酶，有包膜	获得性免疫缺陷综合征（艾滋病）	广泛宣传教育，杜绝吸毒和性乱交，严格检测血制品
人类嗜 T 细胞病毒	100～120	球形，单链 RNA，含反转录酶，有包膜	成人 T 细胞白血病、热带下肢痉挛性瘫痪、慢性进行性脊髓病和 B 细胞淋巴瘤	广泛宣传教育，杜绝吸毒和性乱交，严格检测血制品

思考题

1. 说出人类免疫缺陷病毒的生物学性状和致病机制。
2. 试述艾滋病的传播途径及预防措施。

(青海卫生职业技术学院　乜国雯)

第三十章 虫媒病毒与出血热病毒

> **学习目标**
> 1. 掌握流行性乙型脑炎病毒的生物学性状、致病性及防治原则。
> 2. 熟悉登革病毒的致病性,汉坦病毒和新疆出血热病毒的致病性。
> 3. 了解流行性乙型脑炎病毒感染的微生物学检查,森林脑炎病毒的致病性,汉坦病毒和新疆出血热病毒的防治原则,了解埃博拉病毒的致病特点。

第一节 虫媒病毒

虫媒病毒(arbovirus)是指通过吸血节肢动物为媒介传播,引起人类多种疾病的病毒。虫媒病毒种类繁多,分属于不同的科属。我国流行的虫媒病毒主要为黄病毒科的流行性乙型脑炎病毒、登革病毒和森林脑炎病毒。

虫媒病毒结构相似,多为有包膜的 RNA 病毒。蚊、蜱、白蛉等节肢动物可长期储存和传播病毒,经叮咬传染给脊椎动物或人。虫媒病毒致病具有明显的季节性和地域性,多数病毒能引起人畜共患的自然疫源性疾病,致病力强,潜伏期短,发病急,呈多样性的临床表现,主要包括脑炎、脑脊髓炎以及发热性疾病等。

一、流行性乙型脑炎病毒

流行性乙型脑炎病毒(epidemic type B encephalitis virus),简称乙脑病毒,属于黄病毒科,主要引起流行性乙型脑炎,简称乙脑。乙脑病毒于 1935 年首次在日本的脑炎患者脑组织中分离获得,曾命名为日本乙型脑炎病毒。经调查,我国除西藏、青海和新疆外,所有地区均有流行性乙型脑炎的发生,是我国危害严重的一种虫媒病毒,主要侵犯中枢神经系统,临床症状轻重不一,死亡率高。随着疫苗接种普及率的提高,我国乙型脑炎发病率显著下降。

(一) **生物学性状**

乙脑病毒为直径 30~40 nm、球形、有包膜的单正链 RNA 病毒。包膜上刺突为血凝素刺突(E 蛋白),能凝集鹅、鸽及雏鸡的红细胞。最易感动物为乳鼠,受染乳鼠脑组织中含大量病毒。也可在地鼠肾等细胞株中增殖,引起明显的细胞病变。乙脑病毒免疫原性稳定,迄今只发现一个血清型。病毒抵抗力弱,对脂溶剂敏感,56℃加热 30 min 可灭活,对石炭酸、来苏儿等多种化学消毒剂较敏感。

(二) **传播途径**

1. **传播媒介** 在我国,乙脑病毒主要传播媒介是三带喙库蚊和白纹伊蚊。另外,蠛蠓可能是另一种重要的媒介昆虫。

2. **传染源和储存宿主** 家畜、家禽,尤其是幼猪是乙脑病毒的中间宿主和传染源。动物感染乙脑病毒后,可成为更多蚊虫感染病毒的传染源,可形成蚊-动物-蚊的循环,若叮咬易感人群则可引起人体感染。乙脑患者和隐性感染者也可成为传染源。蚊体可携带乙脑病毒越冬以及经卵传代,因此蚊不仅是传播媒介也是重要的长期储存宿主。

(三) 致病性与免疫性

人群对乙脑病毒普遍易感,但多数表现为隐性或轻型感染,只有少数病例发生典型的流行性乙型脑炎,出现中枢神经系统症状。

乙脑病毒侵入人体首先在毛细血管内皮细胞及局部淋巴结中增殖,释放入血形成第一次病毒血症。进而随血流扩散至肝、脾的单核-巨噬细胞内继续增殖后,大量病毒再次入血形成第二次病毒血症,引起发热、寒战及全身不适等症状。此时,多数感染者病情不再继续发展,表现为顿挫感染,数日后可自愈。病毒可穿过少数患者的血-脑屏障进入脑组织中增殖,损伤脑实质及脑膜,临床表现为高热及惊厥、昏迷等严重的中枢神经系统症状。若治疗不及时,死亡率可高达10%~30%,部分患者恢复后可留下神经系统后遗症。

机体感染乙脑病毒后可产生中和抗体,维持数年至终生,对病毒再感染有免疫力。除体液免疫外,细胞免疫和完整的血-脑屏障也起重要作用。

(四) 微生物学检查

1. **病毒学检查** 早期患者的脑脊液或尸检脑组织接种于白纹伊蚊细胞或小鼠脑内,可分离出乙脑病毒。病毒分离后可采用血凝试验或免疫荧光方法鉴定。

2. **血清学检查** 一般检测患者血清中特异性乙脑病毒抗体,用血凝抑制试验、中和试验、ELISA等方法检测患者急性期和恢复期双份血清的抗体效价,后者增高4倍及以上有诊断意义。

(五) 防治原则

防蚊灭蚊和易感染人群的接种是预防乙脑的关键。我国目前使用乙脑灭活疫苗,大规模对易感人群接种,取得较好效果。控制并监测病毒在猪的流行及隔离治疗患者都很重要。

二、登革病毒

登革病毒(dengue virus)是急性传染病登革热的病原体。在东南亚、西太平洋、中南美洲流行较严重。近年在我国广东、海南及广西等地区时有发生。人和灵长类动物是登革病毒的自然宿主,伊蚊是传播媒介。病毒经伊蚊叮咬进入人体,先在毛细血管内皮细胞和单核细胞中增殖,然后经血流扩散,引起发热、肌肉和关节酸痛、淋巴结肿胀、皮肤出血、休克等。临床上分为普通型登革热和登革出血热及登革休克综合征。发病严重程度和发病机制可能与初次感染后产生的抗体和再次感染病毒所致的免疫病理反应密切相关。感染病毒的单核细胞在受到免疫攻击时释放的炎症性因子,可使血小板减少和血管通透性增高,从而引起出血和休克等严重症状。此外,登革病毒抗原与其抗体在血液循环中形成的免疫复合物,可激活补体,引起血管通透性增高,与休克的发生有关系。登革病毒感染的预防措施主要是灭蚊及改善环境卫生以减少蚊虫滋生和对人叮咬。疫苗尚在研制中。

三、森林脑炎病毒

森林脑炎病毒(forest encephalitis virus)或称蜱传脑炎病毒引起的森林脑炎是一种中枢神经系统的急性传染病,属于自然疫源性疾病,在我国东北和西北林区有流行。蜱是主要传播媒介,主要发生在春夏季,高发人群以林区人群、野外工作者等为主。病毒经蜱叮咬进入易感者体内而引起感染。山羊被叮咬后病毒可随羊奶排出，人若饮此奶也可能会感染。人感染病毒后，起病急，突然出现高热、头痛、恶心和呕吐，进而发展为昏睡、肢体弛缓性瘫痪等症状。痊愈的部分患者会留有后遗症。森林脑炎的预防以灭蜱、防蜱为重点，对易感人群可接种森林脑炎病毒灭活疫苗。感染后可获得持久免疫力。

第二节　出血热病毒

出血热病毒是指由啮齿类动物或节肢动物等传播，引起以出血和发热为主要临床症状的一类病毒。分属不同的科属，导致的疾病属自然疫源性疾病。在我国已发现的有汉坦病毒、新疆出血热病毒。另外，近年在非洲流行的出血热由埃博拉病毒引起，备受国际关注。

一、汉坦病毒

汉坦病毒（hantavirus）又叫肾综合征出血热病毒，是流行性出血热的病原体。1978年首先在韩国汉坦河附近流行性出血热疫区分离到该病毒，故名汉坦病毒。流行性出血热在我国流行范围较广，主要集中在东北三省、长江中下游和黄河下游地区。

（一）生物学性状

汉坦病毒具多形性，主要呈球形或卵圆形，平均直径120 nm。核酸类型为分节段的单负链RNA，有长、中、短3个片段，分别编码相应的功能蛋白和结构蛋白。核衣壳外有包膜，包膜表面有G1和G2两种糖蛋白刺突，具血凝活性，可刺激机体产生中和抗体。易感动物有黑线姬鼠、长爪沙鼠、大鼠和小鼠等。能在人胚肺细胞、非洲绿猴肾细胞中增殖，但CPE不明显。不同地区不同宿主分离的病毒，其抗原成分差异很大。用血清学试验可将与人类疾病有关的汉坦病毒分为6个血清型，我国流行的是Ⅰ型和Ⅱ型。病毒对紫外线、脂溶剂、酸及热等较敏感，60℃加热1h可被灭活，室温下较稳定，可长时间维持感染性。

（二）流行环节

汉坦病毒感染有明显的季节性和地域性，这与宿主啮齿类动物的分布和活动有关。我国汉坦病毒的传染源主要是黑线姬鼠和褐家鼠。携带病毒的动物通过唾液、尿和粪便排毒，而污染周围环境，人或动物经呼吸道、消化道或直接接触等方式被感染。

（三）致病性与免疫性

汉坦病毒有泛嗜性感染特点，对上皮细胞或血管内皮细胞极易感。病毒侵入人体经2周潜伏期后开始发病，出现高热、出血和肾损害的典型临床症状。典型临床经过可分为发热期、低血压期、少尿期、多尿期和恢复期。

患者病后可获持久免疫力。隐性感染免疫力不持久。

（四）微生物学检查

1. 病毒分离与抗原检测　待检标本接种Vero细胞或A549细胞（人肺癌细胞）等进行分离培养，并可用免疫荧光法检查病毒抗原。也可用易感动物分离培养。

2. 血清学检查　常用ELISA、血凝抑制法等方法，检测患者血清中病毒特异抗体，如单份血清IgM阳性或双份血清IgG抗体效价升高4倍及以上者，均有诊断意义。

（五）防治原则

做好防鼠灭鼠，加强环境卫生管理，注意个人防护等。对疫区进行疫情监测和调查，疑似病例要早诊断、早隔离、早治疗、就地治疗。易感者可接种灭活疫苗。利巴韦林治疗有一定疗效。

二、新疆出血热病毒

新疆出血热病毒（Xinjiang hemorrhagic fever virus，XHFV）是新疆出血热的病原体，1966年在我国新疆塔里木盆地分离而得名。新疆出血热是一种自然疫源性疾病，有严格的地域性和明显的季节性，主要分布于有硬蜱活动的荒漠牧场。野生啮齿类动物及家畜等是该病毒的自然宿主和传染源。硬蜱是传播媒介和储存宿主。人可经带毒蜱叮咬或通过破损伤口而感染，经1周左右的潜伏期后开始发病。临床表现主要为发热和出血，但无肾损害。病后可获得持久免疫力。本病预防主要针对传染源和传播途径采取措施。

三、埃博拉病毒

埃博拉病毒（Ebola hemorrhagic fever，EBHF）可引起埃博拉出血热，1976年在扎伊尔埃博拉河流域发生大流行而命名。啮齿类动物是埃博拉病毒的储存宿主，感染者是主要传染源，经接触传播。患者的主要临床特点是高热，肌肉疼痛，严重的皮肤、内脏出血，伴剧烈腹泻和呕吐，常导致失血性休克而死亡。人感染后，机体免疫反应的差异可影响患者的临床表现和预后，恢复期患者体内可检测到抗体，而致死性感染者则出现严重的免疫抑制。加强对感染者的隔离治疗及对易感者的保护是目前预防的最好措施。

小结

乙脑病毒、登革病毒和森林脑炎病毒都属黄病毒科，均以吸血节肢动物（蚊、蜱等）为传播媒介，引起自然疫源性疾病，有明显的季节性和地域性。这三个病毒分别引起乙型脑炎、登革热或登革出血热/登革休克综合征、森林脑炎。

出血热的病原体主要包括汉坦病毒和新疆出血热病毒。汉坦病毒由带毒鼠类污染环境，经消化道、呼吸道或接触而感染人，引起肾综合征出血热。新疆出血热病毒经蜱叮咬传播，引起出血热，但无肾损伤。预防主要是灭鼠防鼠，防蜱叮咬。

思考题

1. 简述流行性乙型脑炎病毒的传播途径、致病特点和防治原则。
2. 简述登革病毒、森林脑炎病毒和各出血热病毒的传播媒介及所引起的疾病。

（山东万杰医学院　张　桥）

第三十一章 疱疹病毒

> **学习目标**
> 1. 掌握各类疱疹病毒的致病性。
> 2. 熟悉各类疱疹病毒的生物学性状。
> 3. 了解疱疹病毒的微生物学检查、防治原则。

疱疹病毒（Herpes virus）是一群具有重要医学意义的中等大小、结构相似、有包膜的 DNA 病毒。现已发现 110 余种，感染宿主广泛分布于人类、哺乳动物、鸟类、鱼类等。根据病毒基因组的同源性、感染宿主范围等生物学性状，将疱疹病毒分为 3 个亚科：α、β、γ 疱疹病毒亚科。分别引起人和动物的多种疾病。引起人类疾病的疱疹病毒称为人类疱疹病毒（human herpes virus，HHV），其种类及所致疾病如表 31-1。

表 31-1　人疱疹病毒种类及所致的主要疾病

正式命名	常用名	传播途径	所致疾病
人类疱疹病毒 1 型（HHV-1）	单纯疱疹病毒 1 型（HSV-1）	密切接触、飞沫	唇疱疹、龈口炎、角膜结膜炎、脑炎等
人类疱疹病毒 2 型（HHV-2）	单纯疱疹病毒 2 型（HSV-2）	性接触	生殖器疱疹、新生儿疱疹
人类疱疹病毒 3 型（HHV-3）	水痘-带状疱疹病毒（VZV）	呼吸道	水痘、带状疱疹、脑炎
人类疱疹病毒 4 型（HHV-4）	Epstein-Barr 病毒（EBV）	唾液	传染性单核细胞增多症、Burkitt 淋巴瘤、鼻咽癌等
人类疱疹病毒 5 型（HHV-5）	人类巨细胞病毒（CMV）	血液、密切接触	先天性巨细胞包涵体病、单核细胞增生样综合征（嗜异性抗体阴性）、间质性肺炎、先天性畸形、肝炎
人类疱疹病毒 6 型（HHV-6）	人类疱疹病毒 6 型	唾液	婴儿急疹、间质性肺炎、骨髓抑制
人类疱疹病毒 7 型（HHV-7）	人类疱疹病毒 7 型	唾液	婴儿急疹
人类疱疹病毒 8 型（HHV-8）	人类疱疹病毒 8 型	血液	卡波西肉瘤

人类疱疹病毒的共同特点：①直径为 150～200 nm 为球形、有包膜病毒，核心由线性双链 DNA 组成，衣壳为 20 面体立体对称，由 162 个壳粒组成。最外层为包膜，表面刺突含有病毒编码的糖蛋白、免疫球蛋白 Fc 受体等。②除 EBV、HHV-8 嗜淋巴细胞外，人疱疹病毒均能在人二倍体成纤维细胞核内复制，产生明显的 CPE 及核内嗜酸性包涵体。病毒可以通过细胞间桥直接扩散感染邻近细胞，导致病变发展。感染细胞与邻近未感染细胞融合形

成多核巨细胞。③病毒可经多途径传播，表现为急性感染、潜伏感染、整合感染和先天性感染。

第一节 单纯疱疹病毒

单纯疱疹病毒（herpes simplex virus，HSV）是疱疹病毒的典型代表，由于急性期发生水疱性皮疹即单纯疱疹而得名。

一、生物学性状

单纯疱疹病毒直径约为 150 nm，有薄膜，核心为双股线形 DNA 组成，每条单链由长短两个片段组成，两个片段两端均有一小段反向重复序列，两个片段可以正向或反向方式连接，因此 HSV 基因组可以形成 4 种异构体。HSV 有 HSV-1 和 HSV-2 两个血清型，两型病毒 DNA 有 50% 的同源性。两种病毒有型间共同抗原，也有型特异抗原。HSV 宿主的范围较广，常用实验动物为家兔、豚鼠及小鼠等。HSV 在多种细胞中能增殖，常用原代兔肾、人胚肺、人胚肾以及地鼠肾等传代细胞培养分离病毒。感染细胞数天内出现明显细胞病变，表现为细胞肿胀、变圆并出现嗜酸性核内包涵体。HSV 抵抗力较弱，对脂溶剂等多种消毒剂敏感。

二、致病性与免疫性

人群中 HSV 的感染十分普遍，患者和带毒者是该病的传染源，传播途径是密切接触与性接触，也可以经飞沫传播。病毒存在于疱疹病灶或健康带毒者唾液中，通过破损的皮肤、黏膜的直接接触侵入机体，也可以垂直感染胎儿或新生儿。感染后多无明显临床症状，常见为皮肤、黏膜的局限性疱疹，偶见全身或致死性感染。单纯疱疹病毒感染通常分为原发感染、潜伏感染和先天性感染。

（一）原发感染

6 个月到 2 岁的婴幼儿和无特异抗体的学龄前儿童易发生 HSV-1 的原发感染，多数为隐性感染。HSV-1 的原发感染常局限在口咽部，尤以龈口炎最为多见。临床表现为牙龈和咽颊部黏膜产生成群的疱疹伴发热、咽喉痛，疱疹破溃后形成溃疡，病灶内病毒量大，传染性强。此外还可引起疱疹性湿疹、疱疹性甲沟炎、疱疹性角结膜炎、脑炎等。HSV-2 的原发感染主要引起生殖器疱疹，可通过性接触传播。

（二）潜伏与再发感染

HSV 原发感染后，机体产生特异免疫以清除病毒，未被清除的少数 HSV 常在感觉神经节中长期潜伏而不出现临床症状。通常 HSV-1 潜伏在三叉神经节及颈上神经节，HSV-2 潜伏在骶神经节。潜伏状态下只有很少的病毒基因表达。当机体受到发热、创伤和情绪紧张、某些病原体感染以及使用糖皮质激素等因素影响后，潜伏的病毒被激活，病毒沿感觉神经纤维轴索下行至神经末梢，感染上皮细胞。表现为同一部位的复发性疱疹。

（三）先天感染及新生儿感染

妊娠妇女感染 HSV-1，病毒可经胎盘感染胎儿，造成流产、死胎或先天性畸形。HSV-2 在分娩时可通过产道感染新生儿，发生新生儿疱疹。宫颈癌的发生与 HSV-2 感染有关。

三、微生物学检查

取疱液、脑脊液、角膜刮取物、唾液、阴道拭子等标本,接种于兔肾、人胚肾等易感传代细胞株,经 48~72 h 后,根据细胞出现的肿胀、变圆、细胞融合等病变特征,进行初步判断。然后用单克隆抗体进行免疫荧光鉴定或应用 DNA 限制性内切酶图谱分析来鉴定。HSV 的快速诊断可取病变部位标本检测病毒抗原或 PCR、原位杂交法检测病毒核酸。

四、防治原则

目前尚无特异预防方法,预防用疫苗多采用亚单位疫苗、合成肽疫苗等不含核酸的疫苗,且此类疫苗正在研制中。避免接触患者可减少感染机会。临床常用阿昔洛韦、丙氧鸟苷等进行治疗。这些药物均能抑制病毒 DNA 合成,使病毒在细胞内不能复制,从而减轻临床症状,但不能防止复发。干扰素治疗有效。

第二节 EB 病 毒

EB 病毒(Epstein-Barr virus,EBV)是引起传染性单核细胞增多症和某些淋巴细胞增生性疾病的病原体。Epstein 和 Barr 用免疫电镜从非洲儿童恶性淋巴瘤细胞系中发现,并命名为 EB 病毒。

一、生物学性状

EBV 形态结构等生物学性状与疱疹病毒科的其他成员相似,但抗原性不同。EBV 是嗜 B 淋巴细胞的病毒,因体外缺少 EBV 培养系统,故不能用常规方法培养。一般用人脐血淋巴细胞或外周血分离的淋巴细胞培养 EBV。EBV 是一种嗜 B 细胞的人疱疹病毒,但也能感染某些上皮细胞。EBV 感染多为潜伏感染,少数引起显性感染,极个别发生细胞恶性转化。EBV 的整个复制周期尚不清楚。根据 EBV 所表达的产物,将 EBV 抗原分为两类:

(一)病毒增殖性感染相关的抗原

1. EBV 早期抗原(EA) 是病毒增殖早期产生的非结构蛋白,其出现是病毒增殖开始、感染细胞进入溶解性周期的标志。

2. EBV 晚期抗原 是病毒增殖后期合成的结构蛋白,包括病毒的衣壳抗原(VCA)和病毒的膜抗原(MA)。

(二)病毒潜伏感染时表达的 EBV 抗原

1. EBV 核抗原(EBNA) 现已知有 6 种不同的 EBV 核抗原,即 EBNA1~EBNA6,存在于感染和整合细胞内,与 B 细胞转化密切相关。

2. 潜伏感染膜蛋白(LMP) 是潜伏感染 B 细胞出现的膜抗原。其中 LMP1 类似一种活化的生长因子受体,对上皮细胞和 B 细胞的转化起重要作用。LMP2 是细胞酪氨酸激酶的底物,具有阻止潜伏病毒激活的作用。

二、致病性与免疫性

人群普遍受到 EBV 感染,尤以儿童最为多见。EBV 的传染源为健康排毒者、隐性感染者和患者。EBV 主要通过唾液传播,偶见经输血传播。病毒对鼻咽部黏膜细胞有特殊亲嗜性。病毒首先侵入口咽部，在黏膜上皮细胞内形成增殖性感染。病毒可从口咽部排出，感染黏膜局部B细胞，也可入血造成全身性感染。与EBV感染有关的疾病有：

（一）传染性单核细胞增多症

传染性单核细胞增多症是一种急性全身淋巴组织增生性疾病。青少年多见，潜伏期30～50天。EBV在口咽部和唾液腺上皮细胞中复制，而后感染B淋巴细胞，唾液低水平排毒数周至数月。

典型表现为持续发热、头痛、咽痛、淋巴结和脾肿大，部分患者伴有肝大、黄疸、皮疹等，外周血单核细胞和异型淋巴细胞增多。病程持续数周，预后良好，免疫缺陷患者可出现死亡。

（二）非洲儿童恶性淋巴瘤

非洲儿童恶性淋巴瘤又称伯基特淋巴瘤，常发生在非洲与赤道相邻地区，呈地方性流行。发病前已受到EBV感染，所有患儿血清EBV抗体均显著高于正常儿童。瘤组织中可以检测到EBV的核酸及EBNA1。

（三）鼻咽癌

鼻咽癌是与EBV密切相关的一种常见上皮细胞恶性肿瘤。40岁以上多见。我国广东、广西、福建等南方地区为高发区。国内外研究表明，EBV与鼻咽癌密切相关表现在：①癌活检组织中均检出病毒的基因组DNA和EBNA表达；②患者血清中有高效价的EBV特异性衣壳抗原或早期抗体；③抗体往往随肿瘤临床表现而变化。

EBV原发感染后，诱导产生细胞免疫及特异性抗体和异嗜性抗体，体液免疫能阻止外源性再感染，但不能完全消除体内病毒。细胞免疫在病毒活化的监视和清除转化的B细胞中起主要作用。病毒以非增殖或低度增殖形式长期潜伏于人体部分B细胞中，与宿主保持相对平衡状态。当机体免疫力下降时，潜伏的EBV活化，形成再发感染。

三、微生物学检查

EBV难以分离培养，可应用核酸杂交和PCR检测病变组织中EBV DNA，以证明病毒感染的存在。多采用血清学方法作辅助诊断，常用方法有：

（一）检测EBV抗体

常采用ELISA法或免疫荧光法，检测EBV的VCA-IgG和EA-IgA抗体，抗体滴度≥1∶5～1∶10或持续升高，对鼻咽癌的诊断有意义。

（二）检测异嗜性抗体

该方法用于传染性单核细胞增多症的辅助诊断。可用凝集绵羊红细胞实验检测，若抗体滴度超过1∶80则有诊断意义。

四、防治原则

疫苗是预防EBV感染的最有效方法。基因重组疫苗、亚单位疫苗正在研制中。

阿昔洛韦能减少EBV从咽部排毒，但不能改善传染性单核细胞增多症的症状。

第三节 水痘-带状疱疹病毒

水痘-带状疱疹病毒（varicella-zoster virus，VZV）儿童初次感染引起水痘，恢复后病毒可潜居体内，少数人在青春期或成年后复发表现为带状疱疹，故被称为水痘-带状疱疹病毒。VZV 与 HSV 同属于 α 疱疹病毒亚科，具有相似的生物学性状，仅有一个血清型。病毒只在人及猴成纤维细胞中增殖，3 天至 2 周左右缓慢引起局灶性 CPE，形成细胞核内嗜酸性包涵体以及多核巨细胞。

人是 VZV 唯一自然宿主，皮肤是主要靶器官。传染源主要是患者，经呼吸道传播。2 周左右的潜伏期后，出现全身皮肤斑丘疹、水疱，并可继发感染发展成脓疱。皮疹呈向心性分布，躯干比面部和四肢多。水痘病情较轻，偶见脑炎和肺炎等并发症。成人水痘症状较严重，常并发肺炎，病死率较高。孕妇患水痘除病情严重外，可导致胎儿畸形、流产或死产。

带状疱疹仅发生于有水痘病史的人。患过水痘的儿童，少量病毒潜伏于脊髓后根神经节或脑神经的感觉神经节中。成年以后，当机体受到有害因素刺激或细胞免疫功能下降时，潜伏在神经节内的病毒被激活，病毒经感觉神经纤维轴突下行至所支配的皮肤区，增殖后引起带状疱疹。病程 1~4 周左右，少数可达数月之久。由于感觉神经受到损伤，痛觉明显，并发症有脑脊髓炎和眼结膜炎等。

儿童患水痘后，机体产生持久的细胞免疫和体液免疫，极少再患水痘。特异性免疫在限制病毒扩散以及水痘和带状疱疹痊愈中起主要作用，却无法有效地清除神经节内的潜伏病毒及阻止带状疱疹的发生。

临床典型的水痘或带状疱疹，一般不需要实验室诊断。必要时可以从疱疹内取材检测组织切片中的嗜酸性包涵体，或用单克隆抗体免疫荧光法检查 VZV 抗原，有助于快速诊断。

应用 VZV 减毒活疫苗可以有效地预防水痘的感染和流行。应用水痘-带状疱疹特异抗血清或人免疫球蛋白预防 VZV 感染有一定效果。临床可应用阿糖腺苷、阿昔洛韦及大剂量干扰素进行治疗。

第四节　巨细胞病毒

巨细胞病毒（cytomegalovirus，CMV）是新生儿巨细胞包涵体病的病原体，被感染的细胞肿大并有巨大的核内包涵体，故而命名。

一、生物学性状

CMV 具有典型的疱疹病毒形态和基因结构，与 HSV 极为相似，但种属特异性高，且感染宿主和细胞范围均狭窄。体外培养只能在人二倍体成纤维细胞中缓慢增殖。初次分离一般需 2~6 周才出现典型的病变，其特点是细胞变圆、肿胀，核变大，形成多核巨细胞，核内出现周围围绕有晕轮的大型嗜酸性包涵体，如"猫头鹰眼"状。

二、致病性与免疫性

人群中 CMV 感染极为普遍。初次感染多在 2 岁以下，常为隐性或潜伏感染。成人的抗体阳性率达 60%~90%，非洲有些地区达 100%。原发感染恢复后，即使产生高水平抗体也会建立潜伏感染。病毒在唾液腺、乳腺、肾、白细胞及其他腺体等部位潜伏。可长期或间歇地从唾液、乳汁、精液、尿、宫颈和阴道分泌物中排出，可通过口腔、胎盘、产道、哺乳、输血和器官移植等多种途径进行传播，引起先天性感染、新生儿感染、免疫功能低下者感染、输血感染等，而且 CMV 具有细胞转化与致癌的潜能。

CMV 感染后机体产生特异性抗巨细胞病毒 IgG、IgM 和 IgA 抗体，可以限制病毒复制，但不能有效防御 CMV 感染。细胞免疫抑制 CMV 感染的发生和发展。但 CMV 感染后又可以抑制细胞免疫。

三、微生物学检查

取患者尿液、唾液、阴道分泌物、血液、肝活检组织等标本接种于人二倍体成纤维细胞，观察细胞病变及核内典型包涵体；用 CMV 单克隆抗体检测 CMV 抗原，或应用 DNA 探针、PCR 检测标本中的 CMV 的 DNA，具有快速、敏感、准确的特点；免疫标记检测患者血清中的 IgM 抗体，辅助诊断近期 CMV 感染。

四、防治原则

孕妇应避免接触 CMV 感染者，婴儿室发生患儿感染时应予及时隔离以防交叉感染。重视输血或器官移植时血清 CMV 检测。目前尚无安全有效的疫苗用于预防。临床应用丙氧鸟苷、膦甲酸治疗 CMV 感染。

小结

疱疹病毒是有包膜的 DNA 病毒，引起人类疾病的疱疹病毒分 8 个型。

单纯疱疹病毒分 HSV-1、HSV-2 两型。HSV-1 主要引起口唇疱疹，经密切接触、飞沫传播；HSV-2 主要引起生殖器疱疹，经性接触传播。二者可潜伏感染，HSV-1 潜伏在三叉神经节及颈上神经节，HSV-2 潜伏在骶神经节。

EB 病毒是引起传染性单核细胞增多症、非洲儿童恶性淋巴瘤、鼻咽癌的病原体，主要通过唾液传播。

水痘-带状疱疹病毒是引起儿童水痘、成人带状疱疹的病原体，经呼吸道传播。带状疱疹仅发生于有水痘病史的人。可潜伏感染，病毒潜伏于脊髓后根神经节或脑神经的感觉神经节中。

巨细胞病毒是新生儿巨细胞包涵体病的病原体。病毒在唾液腺、乳腺、肾、白细胞等部位潜伏，主要经血液、密切接触传播。

思考题

1. 简述单纯疱疹病毒的致病性。
2. 水痘-带状疱疹病毒的致病性如何？
3. EB 病毒的致病性如何？
4. 简述巨细胞病毒的致病性。

（大庆医学高等专科学校　黄建林）

第三十二章 其他病毒及朊粒

> **学习目标**
> 1. 掌握狂犬病病毒的致病性及防治原则。
> 2. 熟悉狂犬病病毒的生物学性状，熟悉人乳头瘤病毒的致病性和预防方法。
> 3. 了解狂犬病的微生物学检查方法，朊粒的概念及致病性。

第一节 狂犬病病毒

狂犬病病毒（rabies virus）是一种嗜神经性病毒，为人和动物狂犬病的病原体，属弹状病毒科，狂犬病病毒属。狂犬病是人畜共患的自然疫源性疾病，尚无有效治疗方法，一旦发病，死亡率几乎100%。

一、生物学性状

狂犬病病毒形态呈子弹状，一端钝圆，另一端较平，大小约75 nm×180 nm。病毒颗粒主要由核衣壳和包膜两部分组成。核心为单负链RNA，被核蛋白（NP）包裹，外绕螺旋对称型的衣壳，表面被有包膜。包膜上有糖蛋白刺突，主要成分为糖蛋白G，与病毒感染性、毒力和血凝活性等有关。狂犬病病毒有嗜神经细胞性，在易感动物或人的中枢神经细胞内，特别是大脑海马回锥体细胞中增殖。可在胞浆内形成圆形或椭圆形的嗜酸性包涵体，称为内基小体，有诊断价值。亦可在人二倍体细胞、地鼠肾细胞、鸡胚和鸭胚细胞中增殖。在非洲绿猴肾细胞中生长良好，已用于灭活疫苗的生产。狂犬病病毒存在毒力变异。从自然感染动物中分离到的病毒，称为野毒株或街毒株。如果将野毒株在家兔脑内连续传代至50代左右时，潜伏期可由原来的4周左右缩短为4~6天，这种变异的狂犬病病毒称为固定毒株。固定毒株的重要特点是对家兔的致病性增强，对人或犬的致病性显著降低；犬脑外途径接种时，不能侵入脑内组织引起狂犬病。固定毒株曾用于疫苗的制备。狂犬病病毒对外界抵抗力不强。在日光、紫外线照射下迅速死亡。对热敏感，56℃加热30~60 min或100℃加热2 min可被灭活。易被脂溶剂、去污剂、强酸、强碱、甲醛、乙醇等灭活。但在4℃和0℃之下时，可分别存活数月和数年。

二、致病性与免疫性

狂犬病病毒主要在野生动物及家畜中自然感染与传播。狂犬是主要传染源，其次是猫和狼。动物发病前5天唾液中可含病毒，即具有传染性。而且隐性感染的犬、猫等动物也有传染性。人对狂犬病病毒普遍易感，通过感染动物咬伤、抓伤或与感染动物密切接触而感染。潜伏期一般为3~8周，但也有短至1周或长达数年者，主要取决于咬伤部位距头部距离、伤口深度、受伤者年龄、入侵病毒数量和毒力以及宿主免疫力等。狂犬病病毒对神经组织有很强的亲嗜性。病毒进入人体先在肌细胞中增殖，随后侵入周围神经，并沿神经末梢上行至中枢神经细胞内继续增殖，引起脑和脊髓广泛性病理损伤，并出现以神经症状为主的临床表现，最后，再沿传出神经扩散至其他组织和器官，如眼、唾液腺、皮肤、肾、肺等。在病毒进入中枢神经系统后的各过程中，均不能被中和抗体所阻断。发病早期症状有头痛、呕吐、发热、不安、乏力、流涎等；继而表现为神经兴奋性增高、躁动不安、咽喉肌肉痉挛，甚至饮水、听到水声或见水也引起痉挛发作，故又称恐水症；最后转入麻痹期，出现昏迷、呼吸及循环衰竭而死亡。

感染狂犬病病毒后，机体可产生中和抗体和致敏淋巴细胞。但体液免疫出现时间晚，细胞免疫的量又较少，难以阻止病毒在神经细胞内的复制和扩散。由于感染狂犬病病毒后潜伏期较长，可进行疫苗免疫，以阻止病毒向神经系统传播。

三、微生物学检查

根据动物咬伤史和典型临床症状可以诊断狂犬病。对可疑动物进行观察和微生物学检查非常重要。将可疑动物隔离观察，若经 7～10 天不发病，一般可认为该动物未患狂犬病或咬人时唾液中尚无狂犬病病毒。若观察期间发病，即将其处死，取海马回部位脑组织切片和涂片，寻找内基小体并用免疫荧光抗体法检查病毒抗原，也可采用核酸杂交法、RT-PCR 法检测病毒 RNA。对于发病早期或咬伤不明确的疑似患者，需要及时进行微生物学检查辅助确诊，可用免疫荧光、ELISA 等技术检测疑似患者血清中的特异性抗体，及其唾液、分泌物、尿沉渣、角膜印片等标本片中的病毒抗原，以明确诊断。

四、防治原则

加强家犬和宠物管理、捕杀野犬及狂犬、接种狂犬病疫苗是预防狂犬病的主要措施；及时进行正确的伤口处理也很重要，人被动物咬伤后，立即用 20％肥皂水、0.1％苯扎溴铵或清水反复冲洗伤口，再用 70％乙醇及 3％碘酒涂擦；伤口局部浸润注射及肌注高效价抗狂犬病病毒血清作紧急预防，并接种狂犬病疫苗。易感人群需接种狂犬病疫苗，每年检测一次血清抗体。

第二节 人乳头瘤病毒

人乳头瘤病毒（human papillomavirus，HPV）属于乳多空病毒科、乳头瘤病毒属，主要侵犯人的皮肤和黏膜组织，引起这些组织发生不同程度增生性病变，如常见的寻常疣和尖锐湿疣等，而且有些型别与宫颈癌的发生高度相关。

一、生物学性状

HPV 呈球形，直径 52～55 nm，无包膜。病毒基因组为双链环状 DNA。根据核苷酸序列的同源性分析及核酸杂交试验等分子生物学方法至今已发现 HPV 有 100 多个型。每一型别都与体内特定感染部位和病变有关。目前 HPV 尚不能在常规组织细胞中进行培养。在人皮肤和黏膜上皮细胞核内增殖并可形成嗜酸性包涵体，细胞核着色深，核周围有一圈不着色的空晕，此种病变细胞称为空泡细胞。

二、致病性与免疫性

HPV 具有宿主和组织特异性，人是 HPV 唯一的自然宿主，只能感染人的皮肤和黏膜上皮细胞。HPV 主要通过接触感染者病损部位而直接感染或间接接触病毒污染的物品而感染。

不同型别的 HPV 侵犯的部位和所致疾病不尽相同。①尖锐湿疣是性传播疾病，主要由 HPV6、11 型引起。该病近年发病率有逐年增高趋势。②皮肤疣可发生于皮肤任何部位，根据临床表现可分为跖疣、寻常疣和扁平疣。③高危型的 HPV，尤其是 HPV16、18 型感染可引起宫颈、外阴及阴茎等生殖道上皮内瘤样变，长期可发展成恶性肿瘤，最常见的是宫颈癌。

HPV 感染后，机体可产生特异性抗体，但该抗体的保护能力不强。生殖道黏膜局部 sIgA 对 HPV 经生殖道感染具有重要抵御作用。近年研究发现，HPV16 感染者产生的血清抗体对机体有一定保护作用。

三、微生物学检查

HPV 感染有典型临床损害时可根据临床表现作出诊断，但亚临床感染则需进行实验室检测。可采集感染部位脱落细胞进行涂片染色做组织细胞学检查，也可采用免疫组化方法检测病变组织中的 HPV 抗原，或用核酸杂交法、PCR 技术对 HPV 感染进行快速诊断及型别鉴定。

四、防治原则

性卫生知识的宣传教育对预防生殖道 HPV 感染十分重要。小的皮肤疣有自行消退的可能，一般无需处理。对较大的寻常疣和尖锐湿疣可用局部药物治疗或施行手术，如冷冻、电灼、激光等。由于 HPV 与宫颈癌密切相关，对其有效的防治方法成为国内外关注的焦点。采用疫苗进行 HPV 感染的预防是最理想的方法。目前用基因工程制备的预防型疫苗商品在临床取得一定免疫效果。

第三节 朊粒

朊粒（prion）又称朊病毒或传染性蛋白粒子，是人和动物传染性海绵状脑病的病原体。朊粒是一种在分类上尚未定论的病原因子，其本质是由正常宿主细胞基因编码的构象异常的蛋白质，称为朊蛋白（prion protein，PrP）。

一、生物学性状

朊粒是一种不含核酸和脂类的疏水性糖蛋白，由于是从羊瘙痒病因子感染的仓鼠脑组织内分离到的一种蛋白，有致病性和传染性，又称为羊瘙痒病朊病毒（scrapie prion protein，PrP^{sc}），能抵抗蛋白酶的消化作用，分子量为 27 000～30 000。而研究发现，正常人和动物的神经细胞能编码一种功能尚不明确的与 PrP^{sc} 相似的前体蛋白，与 PrP^{sc} 的一级结构完全相同，但空间结构存在着明显的差异，对蛋白酶敏感，没有致病性，称为细胞朊蛋白（cellular isoform of PrP，PrP^{c}）。在感染的脑组织中两种异构体均存在，而正常脑组织中仅

有 PrP^c。关于 PrP 的增殖机制目前尚不清楚。

朊粒对理化因素的抵抗力强，对热、辐射、蛋白酶、酸碱及常用消毒剂有很强的抗性。目前常用 5% 次氯酸钠或 1mol/L 的氢氧化钠浸泡手术器械 1h，高压灭菌需 134℃加热 1h 灭活朊粒。

二、致病性与免疫性

朊粒引起的传染性海绵状脑病是一种致死性的中枢神经系统的慢性退行性疾患。朊粒所引起的疾病具有共同特征：潜伏期长，可达数年至数十年；一旦发病即成慢性进行性发展，最终死亡；患者出现痴呆、共济失调、震颤等症状；病理学特点是大脑皮质的神经元退化、空泡变性，神经细胞弥漫性缺失，形成淀粉样斑块，脑组织呈海绵状改变等；感染者对朊粒缺乏免疫应答。朊粒的致病机制不完全清楚。朊粒引起羊瘙痒病、疯牛病、库鲁病、克-雅病和克-雅病变种等疾病。

三、微生物学检查

目前临床诊断朊粒感染的依据主要依赖神经病理学检查。实验室诊断常用免疫组化或免疫印迹法检测脑组织或非神经组织中的 PrP^{sc}。近期出现的基因诊断方法可进行基因序列或基因突变位点的分析。

四、防治原则

对朊粒感染尚无有效防治方法。目前主要是针对本病采取预防措施。建立完善的监测体系，杜绝朊病毒的传入和扩散；应注意医源性感染的预防；禁止用任何动物脏器加工成饲料，并加强进口牛、羊制品和饲料的检疫。

小结

狂犬病病毒是一种嗜神经性病毒，在中枢神经细胞浆内形成内基小体。主要在狗、猫等动物间传播，人因被病兽咬伤而感染引起狂犬病。病死率高。可用狂犬病疫苗预防。

人是 HPV 唯一自然宿主，对皮肤和黏膜组织有较强的亲嗜性，引起这些组织细胞发生增生性病变而形成乳头状瘤，可经接触传播。不同型别 HPV 的感染部位和所致疾病不尽相同。生殖道感染 HPV 可经性接触传播，是性传播疾病之一。新生儿可经产道而感染。

朊粒是不含核酸和脂类的传染性蛋白粒子，可引起人和动物传染性海绵状脑病。动物感染可引起羊瘙痒病、疯牛病、库鲁病、克-雅病和克-雅病变种等疾病。

思考题

1. 简述狂犬病病毒的致病性及狂犬病的防治原则。
2. 简述人乳头瘤病毒的致病性。
3. 简述朊粒的概念、本质及引起的疾病。

（山东万杰医学院　张　桥）

参考文献

1. 安云庆,姚智. 医学免疫学. 2 版. 北京:北京大学医学出版社,2009.
2. 高晓明. 医学免疫学基础. 北京:北京大学医学出版社,2001.
3. 朱万孚,庄辉. 医学微生物学. 北京:北京大学医学出版社,2007.
4. 谷鸿喜,陈锦英. 医学微生物学. 2 版. 北京:北京大学医学出版社,2009.
5. 白惠卿,陈育民,安云庆. 医学免疫学与微生物学. 4 版. 北京:北京大学医学出版社,2008.
6. 贾文祥. 医学微生物学. 北京:人民卫生出版社,2006.
7. 李凡,刘晶星. 医学微生物学. 7 版. 北京:人民卫生出版社,2008.
8. 金伯泉. 医学免疫学. 5 版. 北京:人民卫生出版社,2008.
9. 夏克栋. 病原生物与免疫学. 2 版. 北京:人民卫生出版社,2008.
10. 赵富玺. 病原生物与免疫学. 北京:人民卫生出版社,2004.
11. 肖纯凌,赵富玺. 病原生物学与免疫学. 6 版. 北京:人民卫生出版社,2009.
12. 刘荣臻. 病原生物与免疫学. 2 版. 北京:人民卫生出版社,2006.

中英文专业词汇对照索引

A

埃希菌属（*Escherichia*） 121

B

B细胞抗原受体（B cell recepter，BCR） 9
白假丝酵母菌（*C. albicans*） 174
白细胞介素（interleukin，IL） 11
败血症（septicemia） 106
变态反应（allergy） 51
丙型肝炎病毒（hepatitis C virus，HCV） 216
病毒（virus） 178
伯氏疏螺旋体（*Borrelia burgdorferi*） 167
补体（complement，C） 31
布鲁菌属（*Brucella*） 148

C

产气荚膜梭菌（*C. perfringens*） 136
超敏反应（hypersensitivity） 51
虫媒病毒（arbovirus） 225
纯蛋白衍化物（purified protein derivative，PPD） 143

D

大肠埃希菌（*E. coli*） 121
单纯疱疹病毒（herpes simplex virus，HSV） 230
单克隆抗体（monoclonal antibody，McAb） 29
丁型肝炎病毒（hepatitis D virus，HDV） 217
毒力（virulence） 100
毒血症（toxemia） 106
多克隆抗体（polyclonal antibody，PcAb） 28

E

EB病毒（Epstein-Barr virus，EBV） 231

F

反转录病毒（retroviridae） 220
放线菌（actinomyces） 145

肺炎链球菌（*S. pneumoniae*） 114
分化抗原（cluster of differentiation，CD） 8
风疹病毒（rubella virus） 201

G

干扰素（interferon，IFN） 12
甘露糖结合凝集素（mannan-binding lectin，MBL） 31
肝炎病毒（hepatitis virus） 210
革兰染色法（Gram staining，G） 73
钩端螺旋体（leptospira） 165
冠状病毒（coronavirus，CoV） 200

H

汉坦病毒（hantavirus） 227
弧菌属（*Vibrio*） 130
获得性免疫缺陷综合征（acquired immunodeficiency syndrome，AIDS） 220
霍乱弧菌（*V. cholerae*） 130

J

集落刺激因子（colony stimulating factor，CSF） 12
脊髓灰质炎病毒（poliovirus） 205
甲型肝炎病毒（hepatitis A virus，HAV） 210
结核分枝杆菌（*M. tuberculosis*） 140
旧结核菌素（old tuberculin，OT） 143
巨细胞病毒（cytomegalovirus，CMV） 233
菌血症（bacteremia） 106

K

抗体（antibody，Ab） 22
抗体依赖性细胞介导的细胞毒作用（antibody dependent cell-mediated cytotoxicity，ADCC） 10
抗原（antigen，Ag） 15
抗原结合片段（fragment antigen binding，Fab） 25
抗原提呈细胞（antigen presenting cell，APC） 10
柯萨奇病毒（Coxsackie virus） 207
可结晶片段（fragment crystallizable，Fc） 25

狂犬病病毒（rabies virus） 235

L

立克次体（rickettsia） 161
链球菌属（*Streptococcus*） 111
淋病奈瑟菌（*N. gonorrhoeae*） 117
流行性感冒病毒（influenza virus） 196
流行性乙型脑炎病毒（epidemic type B encephalitis virus） 225
轮状病毒（rotavirus） 207
螺旋体（spirochete） 164

M

麻疹病毒（measles virus） 198
梅毒螺旋体（*Treponema pallidum*，TP） 166
酶联免疫吸附试验（enzyme linked immunosorbent assay，ELISA） 65
免疫（immunity） 1
免疫球蛋白（immunoglobulin，Ig） 22
免疫应答（immune response） 41

N

奈瑟菌属（*Neisseria*） 116
脑膜炎奈瑟菌（*N. meningitidis*） 116
内毒素（endotoxin） 101
内毒素血症（endotoxemia） 106
脓毒血症（pyemia） 106

P

疱疹病毒（Herpes virus） 229
破伤风梭菌（*C. tetani*） 135
葡萄球菌A蛋白（staphylococcal protein A，SPA） 109
葡萄球菌属（*Staphylococcus*） 108

Q

趋化性细胞因子（chemokine） 13

R

人类免疫缺陷病毒（human immunodeficiency virus，HIV） 220
人乳头瘤病毒（human papillomavirus，HPV） 236
肉毒梭菌（*C. botulinum*） 137
朊蛋白（prion protein，PrP） 237

朊粒（prion） 237

S

腮腺炎病毒（mumps virus） 199
沙门菌属（*Salmonella*） 125
生长因子（growth factor，GF） 13
噬菌体（bacteriophage，phage） 95
水痘－带状疱疹病毒（varicella-zoster virus，VZV） 232

T

T细胞抗原受体（T cell receptor，TCR） 9
炭疽芽胞杆菌（*B. anthracis*） 150

W

外毒素（exotoxin） 101
微生物学（microbiology） 2
戊型肝炎病毒（hepatitis E virus，HEV） 217

X

细胞病变效应（cytopathic effect，CPE） 188
细胞因子（cytokine，CK） 11
细菌（bacterium） 71
新生隐球菌（*Cryptococcus neoformans*） 175
胸腺非依赖性抗原（thymus independent antigen，TI-Ag） 15
胸腺依赖性抗原（thymus dependent antigen，TD-Ag） 15

Y

亚病毒（subvirus） 185
厌氧性细菌（anaerobic bacteria） 135
衣原体（chlamydia） 163
乙型肝炎病毒（hepatitis B virus，HBV） 211

Z

真菌（fungus） 169
支原体（mycoplasma） 159
脂多糖（lipopolysaccharide，LPS） 74
志贺菌属（*Shigella*） 123
致病性（pathogenicity） 100
肿瘤坏死因子（tumor necrosis factor，TNF） 12
自然杀伤（natural killer，NK） 10